Jürgen H. Petersen

Erzählsysteme

Eine Poetik epischer Texte

D1733983

Verlag J.B. Metzler
Stuttgart · Weimar

Die Deutsche Bibliothek – CIP-Einheitsaufnahme

Petersen, Jürgen, H.:

Erzählsysteme: eine Poetik epischer Texte
/ Jürgen H. Petersen. – Stuttgart ; Weimar :
Metzler, 1993
(Metzler Studienausgabe)
ISBN 3–476–00896–7

ISBN 3 476 00896–7

© 1993 J.B. Metzlersche Verlagsbuchhandlung
und Carl Ernst Poeschel Verlag GmbH in Stuttgart
Satz: Johanna Boy, Fahnmühle/Brennberg
Druck: Gulde-Druck GmbH, Tübingen
Printed in Germany

Verlag J.B. Metzler Stuttgart · Weimar

EIN VERLAG DER   *SPEKTRUM FACHVERLAGE GMBH*

Inhalt

Einleitung

Von Theorien, Poetiken und Systemen

Wirft man den Geisteswissenschaften vor, sie theoretisierten zu viel, so verwechselt man den Begriff der Theorie mit dem der Abstraktheit, womöglich gar mit dem der Alltagsferne oder dem der Lebensfremdheit. In Wahrheit haben die Naturwissenschaften nicht nur viel häufiger Theorien entworfen als die Geisteswissenschaften, sondern in aller Regel auch schlüssigere und darum haltbarere. Eine Theorie im strengen Sinne liefert nämlich die gedankliche Begründung für ein empirisch sichtbares Phänomen, eine Literaturtheorie müßte daher die Herkunft der Literatur aus höheren Prinzipien ableiten oder den Zusammenhang literarischer Erscheinungen auf ein schlüssiges Theorem zurückführen. Das ist so gut wie nie geschehen und wird wohl auch in Zukunft nicht gelingen. Denn es würde voraussetzen, daß man das Wesen der Literatur bündig zu definieren wüßte bzw. daß systematische, d.h. geregelte Beziehungen zwischen den literarischen Phänomenen zu konstatieren wären. Beides ist nicht der Fall. Um nur drei Beispiele heranzuziehen: Viktor Šklovskijs »Theorie der Prosa« ist keine Prosatheorie, Welleks und Warrens »Theorie der Literatur« keine Literaturtheorie und Franz K. Stanzels »Theorie des Erzählens« keine Erzähltheorie, denn in keinem der Bücher werden die behandelten Gegenstände aus einem höheren Prinzip abgeleitet und in keinem werden geregelte Sachverhalte konstatiert und in einem Theorem begründet. Es handelt sich hier nicht um Theorien, sondern um Poetiken, wenn auch um Poetiken besonderer Art.

Jene Poetiken, die seit dem Ende des 15. Jahrhunderts auf mitteleuropäischem Boden erschienen, waren nicht weniger als das »Buch von der Deutschen Poeterey« des Martin Opitz und der »Versuch einer Critischen Dichtkunst« des Johann Christoph Gottsched normativ ausgerichtet, waren Regel- und Anleitungskompendien für den Autor. Darin wichen sie von ihren antiken Vorgängern ab. Weder Aristoteles' »Poetik« noch der unter dem nicht-authentischen Titel »Ars poetica« in die Literaturgeschichte eingegangene »Brief an die Pisonen« des Quintus Horatius Flaccus darf als Normen setzendes Regelwerk verstanden werden; vielmehr sind beide beschreibenden Charakters: Sie tragen zusammen, was die vorhandenen Dichtungen auszeichnet, und verallgemeinern dies. In diesem Punkt bildet zumal die »Poetik« des Aristoteles das Vorbild für Bücher wie die von Šklovskij, Wellek/ Warren und Stanzel, doch ist es angesichts des allgemeinen Fortschritts der Wissenschaften einerseits und der Herrschaft der sogenannten exakten Wissenschaften andererseits nur zu verständlich, daß die Ansprüche an Genauigkeit und Systematik auch bei geisteswissenschaftlichen Deskriptionen gewachsen sind. So bemühen

sich denn die genannten Schriften auch um eine viel strengere Ordnung, als sie in
dem Torso der Aristotelischen »Poetik« zu finden ist, und Stanzel unternimmt sogar den Versuch, eine Art Beschreibungssystem zur Erfassung erzählender Dichtungen zu entwerfen, nämlich eine Trias sogenannter Erzählsituationen, doch schei-
tert er damit, weil ihm ein verhängnisvoller systemlogischer Fehler unterläuft, von
dem noch ausführlich die Rede sein muß.

Gleichwohl können sich die Geisteswissenschaften im allgemeinen und die Li-
teraturwissenschaften im besonderen fürderhin weder mit einer normativen noch
mit einer bloß streng geordneten Beschreibungs-Poetik begnügen, wollen sie nicht
den Anschluß an die Exaktheit anderer Wissenschaften verlieren. Sie müssen sich
nicht nur um ein präzises Begriffsinstrumentarium, sondern in der Tat auch um ein
systematisches Vorgehen bemühen. Das ist bisher nicht in hinreichendem Maße geschehen. Die Interpretation poetischer Werke vollzieht sich auch heute noch meist
inhaltsanalytisch und historisch, was kein Fehler, aber ein Mangel ist, solange es
an der genauen Erfassung der Textphänomene und ihrer gegenseitigen Abhängigkeit, also an einer systematischen Erfassung der Textschichten fehlt, die ein
poetisches Werk über alle Inhalte hinaus erst als solches zum Vorschein bringen.
Mehr noch: wenn Poesie sich von anderen sprachlichen Äußerungen charakteristisch unterscheidet, so gewiß weniger inhaltlich als formal. Allerdings sollte man
unter ›Form‹ weniger die Gattung, die Einteilung in Kapitel, die Wahl des Me-
trums etc. als den Inbegriff jener ästhetischen (sinnlichen) Elemente verstehen, die
das Gemeinte keineswegs nur »ausdrücken«, sondern es selbst mitbestimmen, –
denn durch die ästhetische Präsentation, d.h. durch die Aussagefunktion der Form
unterscheidet sich das sprachliche Kunstwerk von einem der Information dienenden
Text. An mehreren Stellen des vorliegenden Buches wird davon die Rede sein.

Wie aber soll ein Beschreibungssystem aussehen, das poetische Textphänomene
erfaßt, von denen doch eingangs behauptet wurde, daß sie keiner festen Regelung
unterliegen? – In der Tat kann ein Beschreibungssystem nur dort wirksam werden,
wo die Gegenstände der Beschreibung ihrerseits systematisch geordnet sind. Dies
ist in der Dichtung, auch in der erzählenden Dichtung, nicht der Fall. Es gibt kein
Gesetz, das die Wahl der Ich-Form mit einem bestimmten Tempusgebrauch verknüpft, keines, das die Kombination einer bestimmten Erzählhaltung mit einem bestimmten Blickpunkt des Erzählers verbindlich festlegt oder einer bestimmten Stil-
schicht zuordnet etc. In welchem Sinn soll dann von einem poetischen System die
Rede sein, in welchem insonderheit von »Erzählsystemen«? Die Antwort lautet: in
einem doppelten Sinn von Funktionalität.

Ein Beschreibungssystem verbindet die Deskriptionskategorien nach Regeln
oder Gesetzen miteinander. Davon kann in unserem Fall nicht die Rede sein. Wohl
aber läßt sich eine Tafel aller denkbaren Beschreibungsaspekte entwickeln, die zudem miteinander in einen funktionalen Zusammenhang gebracht werden. Die Kategorien des »point of view«, der Erzählperspektive, des Erzählverhaltens und der
Erzählhaltung hängen funktional miteinander zusammen und voneinander ab, d.h.
daß die eine Kategorie sich aus der anderen nicht notwendig, aber funktional ergibt. Generell: Hat ein Erzähler einen Standort eingenommen, so gewiß, weil er die

Dinge, Vorgänge oder Personen aus einer bestimmten Perspektive beschreiben will, womit sein Erzählverhalten zusammenhängt, das seiner Erzählhaltung die Basis bietet. Speziell: Steht dem Erzähler der »point of view« der Allwissenheit zur Verfügung, so läßt sich daraus funktional ein Multiperspektivismus, auch z.B. die Perspektive des Außenstehenden ableiten, die ein auktoriales Erzählverhalten nahelegt oder zuläßt, welches seinerseits die adäquate Basis für eine ironische Erzählhaltung bildet. Ist eine solche Kategorientafel entwickelt, kann man einen erzählenden Text systematisch, nämlich nach der funktionalen Zuordnung bzw. Abhängigkeit der einzelnen Schichten beschreiben. Er läßt sich dann als Erzählsystem betrachten, in dem alle Einzelschichten miteinander funktional verknüpft sind, welche mit Hilfe der komplementär systematischen Kategorientafel erfaßt und verbunden wurden.

Nun existieren ästhetische Ausdrucksformen aber nicht an und für sich, sondern im Verbund mit dem, was man die Aussage, den Gehalt, den eigentlichen Sinn eines poetischen Textes nennen kann. Das ist nicht der »plot«, sondern das Ganze der auf bestimmte ästhetische Weise präsentierten Elemente der Handlung, der Probleme, der Figurenkonstellationen etc. In einem sprachlichen Kunstwerk sind alle Elemente miteinander funktional verbunden und machen als diese Verbindung das artistische Gebilde aus. Die Wahl der jeweiligen Erzählform, der Erzählerstandorte, der Erzählperspektiven, des Erzählverhaltens usf. erfolgt nicht unabhängig von der ästhetischen Gesamttendenz des Textes, die sie selbst mitbestimmt, wie ja auch die »inhaltlichen« Elemente der Handlung, der Dialoge, der Personnage etc. ihrerseits nicht unabhängig von dieser ästhetischen Richtung gewählt und gestaltet werden. Den leitenden Gesichtspunkt für die jeweilige Wahl der Einzelelemente, also der Elemente des Erzählsystems, bildet das Ganze der intendierten ästhetischen Wirkung, – sofern diese überhaupt auf Absichten beruhen sollte. Da an ihr sämtliche Textelemente mitwirken, ist sie vor der Beschreibung des Erzählsystems selbst nicht vollkommen dingfest zu machen. Aber partiell läßt sie sich vor Augen rücken und zur Sprache bringen: nämlich eben mit Begriffen wie ›Thematik‹, ›Aussageabsicht‹, ›Sinn‹ usf. Die Beschreibung eines Erzählsystems berücksichtigt deshalb auch Thematik und Gehalt eines epischen Werkes, und zwar als Orientierungspunkt für die Etablierung einer funktionalen Ordnung aller mit Hilfe der Erzählkategorien erfaßten Textschichten.

Die vorliegende Darstellung präsentiert sich also trotz des Aufwandes an kategorialer Systematik, an terminologischer Distinktion und ästhetischer Abklärung nicht als Erzähltheorie, sondern als Deskriptionspoetik narrativer Texte fiktionaler Art. Sie unternimmt den Versuch, alle zur Erfassung dieser Texte notwendigen Kategorien darzustellen und einander funktional zuzuordnen. Dabei unterscheidet sie jene Aspekte, die fundamentaler Art in dem Sinne sind, daß sie allgemeine Fragen der Poesie und Poetologie berühren (»Grundriß«), von denen, die ausschließlich spezifisch episches Gepräge haben (»Aufriß«). Da die Schlüssigkeit des hier entwickelten Beschreibungssystems aber nur in der interpretatorischen Praxis nachzuweisen ist, folgt ein umfänglicher Teil, in dem es bei der Analyse unterschiedlicher epischer Werke angewendet wird. Daran schließt sich die Auseinandersetzung mit den wichtigsten konkurrierenden Poetiken an, vor allem mit Hamburger und Stanzel, aber auch mit Lämmert, Weinrich u.a. Sie bildet das Ende der gesamten Abhandlung, weil nur so das hier vorgestellte System in sich geschlossen dargeboten werden kann und die Auseinandersetzung mit anderen Deskriptionsvorschlägen unbedingt auch hinsichtlich ihrer Praktizierbarkeit erfolgen muß. Denn eine Poetik im hier dargelegten Sinne besitzt ihre Berechtigung vor allem im Hinblick auf eine möglichst genaue Auslegung poetischer Werke.

I. Grundriß

1. Sprachontologische Divergenzen: Fiktionales Sprechen und Wirklichkeitsaussagen

»Gestern regnete es in Köln«, – ist der Satz richtig oder falsch? Die Antwort scheint leicht: Man stellt das heutige und damit auch das gestrige Datum fest und ruft die zuständige Verwaltungsstelle in Köln an. So erfährt man, wie es sich *wirklich* verhalten hat. Über die Richtigkeit des Satzes entscheidet die Realität, d.h. wir haben es mit einer Wirklichkeitsaussage zu tun. Sie drückt Sachverhalte aus, die sich für einen bestimmten Zeitpunkt und einen bestimmten Ort empirisch nachweisen lassen. Damit steht sie zugleich in einer Relation zum Sprechenden (und Hörenden). Denn das »Gestern« des Geschehens bezieht sich auf das »Heute« des Aussagenden. Zudem ist der ausgesagte Sachverhalt in aller Regel eindeutig bestimmbar, so daß es an ihm nichts zu »deuteln« gibt: »Gestern regnete es in Köln«, – sind die Fakten festgestellt, lassen sich über den Inhalt des Satzes keine Diskussionen mehr führen.

Ganz anders verhält es sich, wenn dieser Satz in einer Erzählung, in einem Roman steht. Einerlei, ob er von einem Ich-Erzähler oder einem Er-Erzähler, einer Figur oder in erlebter Rede gesprochen wird, – über seine Richtigkeit läßt sich nichts aussagen. Er bezieht sich nicht auf einen bestimmten Zeitpunkt, entzieht sich jeder Überprüfbarkeit und behauptet daher etwas, was weder verifizierbar noch falsifizierbar ist. Insofern ist er absolut, – nämlich losgelöst von allen Regeln und Bestimmungen, denen die Wirklichkeitsaussagen unterliegen. ›Richtigkeit‹ kann in diesem Fall kein Kriterium für die Wahrheit des Satzes sein. Diese beruht vielmehr auf einer offensichtlichen und vollständigen Nicht-Falsifizierbarkeit, welche dazu führt, daß jeder Leser einen solchen Romansatz als wahr akzeptiert und rezipiert. Er tut dies, obwohl der Satz ja andererseits auch nicht verifizierbar ist. Ein Satz dieser Art gilt offenbar gerade deshalb, weil er sich der Verifizierbarkeit und Falsifizierbarkeit entzieht und dadurch *absolut* gilt. Seine Wahrheit besteht nicht wie die der Wirklichkeitsaussagen in seiner überprüfbaren Richtigkeit. Allerdings gilt er deshalb auch nicht im Bereich empirischer Realität, sondern in einem anderen, noch näher zu umreißenden Bezirk.[1] Zumindest kann man das Folgende über ihn sagen: Er etabliert einen Geltungsbereich für sprachliche Aussagen jenseits von empirischer Überprüfbarkeit, von zeitlicher und lokaler Bestimmtheit, ja sogar von natürlicher und logischer Gesetzmäßigkeit. Denn wenn der Wolf im Märchen vom Rotkäppchen gleich beide, Großmutter und das Mädchen, ohne sie zu verletzen, mit einem Schnapp frißt, so daß sie gesund befreit werden können, und der Leser dergleichen hinnimmt, dann scheinen auch die elementaren Regeln

der Wahrscheinlichkeit außer Kraft gesetzt zu sein, ohne daß der Leser daran An-
stoß nimmt; und wenn er sich nicht einmal an Versen stört wie »Dunkel war's, der
Mond schien helle, / als ein Wagen blitzesschnelle / langsam um die Ecke fuhr«,
dann gilt offenbar auch der Satz vom Widerspruch, gilt das oberste Axiom der
klassischen Logik nicht. Trotzdem begegnen uns dieselben Wörter und Sätze, kurzum dieselben sprachlichen Zeichen wie in den Wirklichkeitsaussagen.

Überall nennt man den Bereich, in dem diese Sätze gelten, den der Fiktion, die
Sätze selbst daher fiktional. Daraus resultiert mancher literaturwissenschaftliche
Irrtum. Denn ›Fiktion‹ bedeutet Erfindung, Ausgedachtes, Erfundenes. Fiktion ist
bloß Fiktion, und eben deshalb handelt es sich um eine unglückliche und wenig zu-
treffende Bezeichnung für jenen sprachlichen Raum, in dem der Beispielsatz als
absolute Aussage gilt. Zum einen gilt er ganz unabhängig von der Frage, ob es am
Tag, bevor ein Dichter ihn schrieb, in Köln wirklich geregnet hat oder nicht, d.h.
er ist der Unterscheidung zwischen »Ausgedachtsein« und »Nicht-ausgedacht-sein«
entzogen. Zudem wissen wir, wieviel Faktisches, z.B. Autobiographisches, in Erzählungen und Romane eingeht, ja daß nicht nur in Goethes »Werther« überwie-
gend gelebtes Leben zur Sprache kommt, sondern Max Frischs »Montauk«
ausschließlich aus Lebensfakten zusammengesetzt ist. Trotzdem gilt für beide Werke die Absolutheit der Aussagen im dargelegten Sinne. Und zum dritten treten –
umgekehrt – Sätze der sogenannten Fiktion eben gerade nicht mit dem negativen
Vorzeichen des »Nur ausgedacht« in Erscheinung, sondern der von ihnen behaup-
tete oder zur Sprache gebrachte Vorgang wird – wie oben dargelegt – als wahr rezipiert. Aus diesen drei Gründen ist der Begriff der Fiktion für den Bereich, in dem
die »absoluten« Sätze gelten, genau genommen falsch. Er soll deshalb im Folgenden auch aus dem Spiel bleiben und nur im wörtlichen Sinn gelten: als Begriff für
bloß Ausgedachtes. Für den Geltungsbereich der »absoluten« Sätze wähle ich den
Terminus ›Fiktionalität‹. Er läßt sich seiner etymologischen Verwandtschaft mit
›Fiktion‹ wegen zwar auch nicht bedenkenlos verwenden, aber da die Text-
wissenschaftler inzwischen »fiktionale« Sätze von »nicht-fiktionalen« Sätzen exakt
in dem oben dargelegten Sinne abgrenzen und diese Terminologie zur herrschenden erhoben haben, an der trotz aller Bedenken kein Weg mehr vorbeiführt, rückt
in dieser Darstellung an die Stelle von ›Fiktion‹ der Ausdruck ›Fiktionalität‹, der
wenigstens nicht ebenso direkt das bloß Ausgedachte signalisiert.

Das Feld, auf dem die im o.a. Sinn »absoluten« Sätze gelten, bezeichne ich also
als den Bereich der Fiktionalität, die Sätze als fiktionale und als dichterische oder
poetische, – indes nicht als literarische; denn da man hier und da den Literatur-Be-
griff »erweitert« hat, nämlich um nicht-fiktionale Texte wie das Kochbuch, die
Zeitungsmeldung und den Reisebericht etc., gibt es literarische Sätze fiktionaler
und solcher nicht-fiktionaler Art. Nur erstere sind poetisch oder dichterisch.

Daß dieselben sprachlichen Zeichen in fiktionalen wie in nicht-fiktionalen Sätzen auftauchen, hat weitreichende Konsequenzen. Diejenigen, die aus literaturwissenschaftlicher Sicht für die Sprachursprungstheorien gezogen werden müssen,
können hier nicht erörtert werden; dergleichen muß einer Philosophie der Dichtung
vorbehalten bleiben. Andere Folgen treten indes schon jetzt in Erscheinung. Da

fiktionale Sätze sich weder auf einen bestimmten Ort noch auf einen bestimmten Zeitpunkt und auch nicht auf eine empirische Person beziehen – und zwar auch dann nicht, wenn z.B. Köln als Ort und der 8. Juni als Termin genannt wird, denn in fiktionalen Sätzen ist nicht das wirkliche Köln und nicht ein realer 8. Juni gemeint –, bilden sie eine eigene, gegen die empirische Welt abgeschlossene Sphäre. Nur in ihr gilt die absolute Wahrheit der Sätze. Diese sind der Nachprüfbarkeit entzogen. Was im poetischen Text behauptet wird, ist in dem Sinne wahr, daß es vom Rezipienten als so und nicht anders seiend rezipiert wird, – freilich nur als ein So-und-nicht-anders innerhalb der hermetischen Sphäre der Fiktionalität. Empirische Wirklichkeit darf nicht eindringen, weil sich andernfalls fiktionale Sätze der Frage nach ihrer Richtigkeit öffnen und damit ihr Wesen verlieren. Denn dann sehen sie sich dem Anspruch auf Verifizierbarkeit bzw. auf Falsifizierbarkeit ausgesetzt, – und diesem können sie nicht standhalten.

Daß angesichts dieser Situation die Kunst im allgemeinen und die Dichtung im besonderen als für die Realität unverbindlich gilt, kann nicht überraschen. Jeder Mensch ist ein Individuum, erlebt die Welt und sich selbst auf sehr persönliche Weise, hat ganz spezifische Lebensprobleme zu bewältigen, die sich unter wechselnden Umständen und im Auf und Ab der Lebensphasen anders und immer anders darstellen. Wie soll da die Zeitlosigkeit der Kunst, die Unbestimmtheit der fiktionalen Welt Einfluß auf den Einzelnen gewinnen? Die Wirkungslosigkeit der Kunst ist es daher immer wieder, die die engagierten Weltveränderer auf den Plan ruft. Sie machen ihr ihre Unverbindlichkeit lautstark zum Vorwurf und verkennen ihr Wesen damit vollständig. Würde sich die Kunst nämlich der Agitation als Aufgabe öffnen, verlöre sie ihren fiktionalen Charakter und damit ihre Eigenart. Brecht, dessen Bedeutung und Rang hier nicht in Frage gestellt werden soll, erlag einem schlichten Irrtum, sofern er an die unmittelbare Wirksamkeit des Theaters hinsichtlich der Veränderbarkeit der (sozialen) Welt glaubte. Denn mit diesem Glauben kann etwas nicht stimmen, wenn im Parkett wohlhabend-großbürgerliche Damen und Herren in dunkler Garderobe begeistert ihren eigenen Untergang beklatschen, den man ihnen soeben auf der Bühne perfekt und überzeugend vorgespielt hat.

Überraschen hingegen muß angesichts der strikten Trennungslinie zwischen der empirisch-realen und der fiktionalen Welt die Tatsache, daß Kunst trotz des Gesagten durchaus Wirkungen hervorbringt, welche z.B. Lebensbild und Weltauffassung eines Menschen beeinflussen, vielleicht gar zu ändern vermögen. Sehen wir hier einmal von jenen beeindruckenden, mit großer Gebärde vorgetragenen, aber niemals nachprüfbaren Erklärungen ab, wie: die französische Revolution sei ohne Rousseaus »Emile« undenkbar, Goethes »Werther« könne man sich ohne Richardsons Romane gar nicht vorstellen, auch der Golfkrieg sei erst von Salman Rushdies »Satanischen Versen« möglich gemacht worden – so läßt sich doch nicht leugnen, daß Dichtung mitunter tiefgreifende Wirkungen auf manchen Leser ausgeübt hat. Die Äußerungen der Poeten über Einflüsse, die die Dichtungen früherer Epochen auf sie nahmen, lassen daran kaum einen Zweifel. Mehr noch hebt uns der Konsum trivialer Literatur die Bedeutung fiktionaler Texte ins Bewußtsein: Würden die Groschenhefte nicht die Seele der Leser treffen, vermöchten sie nicht traumhafte Glücksgefühle und euphorische Traurigkeit beim Leser auszulösen, so brauchte man sie weder als Ästhet noch als Moralist zu verachten. Die Tränen im Kino, das Verstummen vor einem Bild, das Ergriffensein durch eine Melodie, die Gefühle der Selbsterleuchtung bei der Lektüre eines Romans egal welcher Qualität sind nicht zu leugnen. Siegfried J. Schmidt hat Unrecht, wenn er behauptet: »Das Schauspiel oder der Film, bei dem die Zuschauer anfangen zu weinen, ist qua ästhetisches Phänomen inadäquat rezipiert worden.«[2] Er sagt »ästhetisch«, meint zwar »fiktional«, irrt sich aber in jedem Fall. Denn einerseits müßte ihm die Tatsache, daß die Menschen der erhebenden oder vergnügenden, niederdrückenden oder belehrenden Wirkung fiktionaler Produkte wegen Kinos und Theater besuchen, Bücher und Heftchen lesen, zu denken geben. Vor allem aber ist mit dem Bereich der Fiktionalität zwar das Merkmal der Zeit- und Ortlosigkeit verknüpft, insofern eben auch das der Unbestimmtheit, aber das bedeutet doch nicht *per se* auch Wirkungslosigkeit. Allerdings muß man fragen – und in diesem Punkt hat Schmidt gewiß Recht – ob Kunst nur bei einer direkten und vollkommenen Identifizierung des Rezipienten mit ihren Inhalten wirksam sein kann. Dann wäre jedenfalls nicht zu verstehen, daß man auch heute noch mit Vergnügen »Robinson Crusoe« oder »Simplicius Simplicissimus« oder »Werthers Leiden« liest. Vielmehr müßte die Forderung nach direkter Identifizierbarkeit die Lektüre verhindern. Spielt nicht gerade auch die kompensierende Wirkung von Kunst eine Rolle, die sie ihrer fiktionalen Dimension verdankt, nämlich der Tatsache, daß sie eine hermetische Gegenwelt zur Welt empirischer Realität schafft? In ihr kann man jedenfalls u.U. erleben, was real nicht zu erleben ist, und darauf beruht, nebenbei gesagt, auch ein Teil der didaktischen Komponente von Kunst, vor allem von Dichtung.

Der Einwand gegen die direkte Identifikation als Basis einer Wirksamkeit fiktionaler Texte läßt sich indes radikalisieren, nämlich bis zu der These, daß – umgekehrt – die Zeit- und Ortlosigkeit der fiktionalen Sätze überhaupt erst eine Wirkung der Kunst ermöglicht. Sie nehmen der Handlung, den Spielorten, den Geschehnissen usw. nämlich das bloß Historische, damit Ungegenwärtige, und holen das Dargestellte in das Hier und Jetzt des Lesers. Angesichts der mit der Fiktionalität verbundenen Unbestimmtheit verliert das individuell Gefühlshafte, zeittypisch Stilistische, verlieren die gesellschaftlichen Konventionen und Reglements aus Goethes »Werther« ihren historischen Charakter und lassen dem heutigen Leser seine Fragen, Nöte, Möglichkeiten *als zeitlose* erscheinen. Dies gibt ihnen Dignität und vermittelt dem Rezipienten das Gefühl, nicht isoliert zu sein, – das Empfinden, daß Kunst uns aus der Misere des Alltags erheben kann, hat mit dieser Eigenart und Wirkung zu tun. Und außerdem ermöglicht die Ort- und Zeitlosigkeit der fiktionalen Welt auch eine Identifikation des Lesers mit Werther oder anderen Figuren: Sie treffen sich, weil die Zeitlosigkeit das Individuelle und damit Inkommensurable partiell tilgt.

Freilich ist dies eine Wirkung, die von der Kunst nicht geplant werden kann. Denn ihr hängt mit der Zeit- und Ortlosigkeit, also mit ihrer Dimension von Ewigkeit, zugleich das Merkmal des Unverbindlichen an. Nicht sie entscheidet daher allein über die Wirkung, die sie auslöst, sondern die Individualität, der momentane innere Zustand des Rezipienten. Dies ist der Grund für beides, für die Wirksamkeit und für die Unwirksamkeit von Kunst. Zwar ermöglicht sie es dem Leser, seine Zeit- und Ortsgebundenheit zu übersteigen und im Unbestimmten Fuß zu fassen, aber sie kann es nicht erzwingen. Ob dergleichen geschieht, entscheidet nicht nur das Angebot des Textes, sondern auch das Bedürfnis (und natürlich auch die entsprechende Fähigkeit) des Lesers. Aber man braucht nur auf die Wirksamkeit von Märchen, absurden, irrealen, surrealen Geschichten und Texten zu achten, um zu erkennen, wie wenig die Fremdheit der dargestellten Welt einen Effekt beim Leser verhindert, wie stark also die Unbestimmtheit der fiktionalen Welt im dargelegten Sinne das Zusammentreffen von Text-Welt und Leser-Welt ermöglicht.

Voraussetzung dafür bleibt die Tatsache, daß dieselben sprachlichen Zeichen fiktionale Welten wie reale Welten beschreiben, daß sie in fiktionalen Sätzen wie in Wirklichkeitsaussagen gelten. Die »Fiktionalisierung« des Realen, also die Überführung wirklicher Erlebnisse, historischer Fakten etc. in die Welt der Fiktionalität nimmt dem Tatsächlichen sein Spezifisches, Unverwechselbares, Individuelles, sein Hier und Jetzt und überführt es ins Zeitlos-Ortlose, ins Allgemeine, absolut Gültige. Das kann nicht bedeuten, daß Ereignisse, die sich zu einem bestimmten Zeitpunkt und an einem bestimmten Ort abgespielt haben und nun in einen Roman als Stoff eingehen, nur ohne Benennung von Ort und Zeitpunkt fiktionalisierbar wären. Aber wenn in einem Roman ein bestimmter Zeitpunkt angegeben und ein bestimmter Ort genannt wird, dann signalisieren solche Daten nicht die Realität der Geschichte und der Geographie, so daß alles Gesagte als Wirklichkeitsbeschreibung gelten könnte – denn dann handelte es sich eben nicht mehr um einen Roman –, sondern Anhaltspunkte, die es dem Leserbewußtsein gestatten, das Zeit- und Ortlose der Fiktionalität mit einer temporalen und lokalen Orientierung zu verbinden. Solche Zwischenbereiche, wie sie etwa vom historischen Roman besetzt werden, sind freilich Sonderfälle, die sich ihrerseits der Tatsache verdanken, daß ein und dieselbe Sprache fiktionale wie reale Gegenstände benennen kann.

Gravierender als solche Übergänge sind die prinzipiellen Unterschiede zwischen fiktionalen Sätzen und Wirklichkeitsaussagen. Letztere besitzen ihre Eigenart nicht nur darin, daß sie temporal, lokal, personal etc. fixierbar, zudem auch noch empirisch begründbar sind, sondern vor allem auch in ihrer kommunikativen Funktion. Wirklichkeitsaussagen dienen der Information anderer, der Warnung, Lockung, Überredung etc., d.h. sie dienen einem Zweck. Weit davon entfernt, sich selbst zu genügen, werden sie nach Maßgabe der Ziele geformt und artikuliert, die das sprechende Subjekt verfolgt. Das wird dadurch ermöglicht, daß es jeweils etwas Bestimmtes zur Sprache bringt, zudem argumentieren kann, weil das Gesagte der Verifizierbarkeit und Falsifizierbarkeit unterliegt. Selbst wenn im gedanklichen Diskurs der Boden der sinnlichen Empirie verlassen wird, bleibt noch das Feld der Logik als Argumentations- und Begründungsbereich. Erst wenn das Gebiet des Mythos, der Religion betreten wird, verlassen wir das Feld der Wirklichkeitsaussagen, – so scheint es. Indes handelt es sich hier wohl um einen Sonderfall. Wird z.B. die Bibel als Offenbarung einer jenseitigen Realität akzeptiert, läßt sich sogar argumentieren, wie die Existenz von Theologie und die Geschichte der religiösen

Auseinandersetzungen zeigt. Dadurch, daß der Glaube eine geglaubte Wirklichkeit jenseits der empirischen schafft, sind die in diesem Bereich formulierten Aussagen Wirklichkeitsaussagen, – freilich keine der Empirie, sondern solche der religiös geglaubten Realität.[3] Ich lasse sie im Folgenden unberücksichtigt.

Fiktionale Sätze sind in jeder Hinsicht das Andere gegenüber beiden Formen der Wirklichkeitsaussage, der empirischen wie der religiösen. Denn sie etablieren die Welt erst, von der sie reden und indem sie reden. Daher läßt sich mit ihnen nicht argumentieren, und erst recht besitzen sie keinen der Wirklichkeitsaussage vergleichbaren kommunikativen Aspekt. Läßt sich dort das Sprecher-Text-Empfänger-Modell wohl anwenden, hat es hier nicht die geringste Berechtigung. Die Frage »Was hat Goethe uns damit sagen wollen?« ist – bezieht sie sich auf einen poetischen Einzelsatz – die unsinnigste aller Fragen. Ein Dichter mag wohl eine Welt erstellen, vielleicht gar Probleme durch fiktionale Handlungen und Texte aufwerfen, aber er hat keinem Rezipienten auf fiktionale Art direkt etwas zu sagen. Im Bereich der Fiktionalität spricht nicht das Subjekt, sondern der Text. Daß er faktisch von einem Autor stammt, ändert daran gar nichts. Doch davon kann erst ausführlicher die Rede sein, wenn die mit dem Einzelsatz verbundene Problematik geklärt ist. Als Wirklichkeitsaussage bezieht er sich auf ein Faktum, das durch ihn einem Sprechpartner übermittelt wird. Er hat eine referierende, kommunizierende und zweckorientierte Funktion, d.h. er bezieht sich auf ein bestimmtes Faktum, stammt von einer bestimmten Person, richtet sich an eine bestimmte Person und dient einem bestimmten Ziel. Darüber hinaus unterliegt er der Verifizierbarkeit bzw. der Falsifizierbarkeit und ist im Bereich der Realität angesiedelt. All dies gilt für den fiktionalen Satz nicht. Daß er kein vorhandenes Faktum benennt, nicht in der Realität angesiedelt, daher weder verifizierbar noch falsifizierbar ist und deshalb keine Nachricht transportiert, habe ich hinreichend erörtert. Daß er zudem seinen angestammten Bereich, den der Fiktionalität, nicht verlassen darf, sondern einer hermetisch gegen alle Realität abgeschlossenen Sphäre angehört, wenn er seine Eigenart nicht verlieren soll, wurde ebenfalls hervorgehoben. Daraus leitet sich aber ab, daß er sich an kein bestimmtes Du wendet, keinem bestimmten Zweck – z.B. dem der Warnung eines Freundes, der Beschreibung eines Tatbestandes – dienen kann, der nicht innerhalb seiner eigenen, eben der fiktionalen Welt liegt. Hat er denn gar keinen Zweck, verfolgt er keine Ziele, wendet er sich an niemanden? Offenbar sind fiktionale Sätze zweck- und ziellos und zudem auch noch kommunikationslos. Oder anders formuliert: sie sind Selbstzweck, d.h. sie dienen nur der eigenen Welt und wenden sich einander zu.

Denn die Welt, von der in fiktionalen Sätzen geredet wird, existiert ja gar nicht außerhalb von ihnen, sondern wird erst von ihnen erbaut. Fiktionale Sätze verweisen aufeinander in der Erstellung der Welt, der sie angehören. Dies ist es, was die Ästhetik auf den Plan ruft. Haben fiktionale Sätze keine Funktion im Rahmen von Kommunikation, also in Bezug auf anderes und andere, so bezüglich ihrer selbst. Eben dies aber wird von Grundsätzen der Ästhetik geregelt: Die Verweisfunktion der Sätze für die Hervorbringung eines ganzen Textes außerhalb der kommunikativen Realität, eben im Kunst-Bereich der Fiktionalität, ist ästhetischen

Charakters. Die Sätze, die als Wirklichkeitsaussagen zusammenwirken, um einen Sachverhalt zu klären etc., dienen in der Sphäre der Fiktionalität ausschließlich dazu, eine hermetisch abgeschlossene, eine eigene Welt hervorzubringen. Was für eine, – das regeln die jeweils geltenden oder gewählten ästhetischen Prämissen. Auf dem hermetischen Charakter der artistischen Welt beruht die sogenannte Autonomie der Kunst, ihre Unverbindlichkeit für die Realität der Tatsachen, ihre Raum- und Zeitlosigkeit, ihre »Entrücktheit« und »Selbstgenügsamkeit«, aber auch ihre Unantastbarkeit – trotz aller Stör- und Zerstörungsversuche, die die Geschichte der Künste verzeichnet. Indem die Sätze zueinander in einer funktionalen Beziehung zum Zwecke der Erstellung einer eigenen, nämlich der fiktionalen Welt stehen, bilden sie selbst jene Schichten, aus denen das Ganze des Textes besteht. Wendet man dies auf erzählende Texte an, so zeigt sich: Fiktionale Erzählsätze stehen zueinander in einer funktionalen Beziehung mit dem Zweck, eine eigene Erzählwelt zu errichten, und das bedeutet: sie bilden ein Erzählsystem. Denn dies ließ sich als der Verbund jener Elemente definieren, die – nach Maßgabe und in Zusammenwirken mit dem von ihnen selbst mitgestalteten Gehalt, Sinn, der Thematik – das Ganze des epischen Textes fiktionaler Art ausmachen. Das Erzählsystem erweist sich also als Konstituens der fiktionalen Welt, und zwar als ästhetisch geordnetes, eben nach funktionalen Prinzipien gestaltetes Ganzes. Daß die ästhetischen Vorstellungen ihrerseits geschichtlichen Veränderungen unterworfen sind, führt dazu, daß die einzelnen Elemente auf unterschiedliche Art und in wechselnden Funktionen miteinander verbunden werden, ja – wie sich zeigen wird – entsprechenden Auflösungstendenzen unterliegen. Aber es kann kein Zweifel sein, daß die Stelle, an der der fiktionale und der ästhetische Charakter der hier erörterten Sätze zusammentrifft, gefunden wurde.

Von hier aus läßt sich nun auch etwas über die Rolle des Autors im Hinblick auf den Text und auf den Rezipienten sagen, wiewohl nur kurz, denn eine ausführliche Erörterung dieser Frage muß der schon einmal erwähnten ›Philosophie der Dichtung‹ vorbehalten bleiben, die einstweilen noch aussteht. Gesetzt, der Autor wendet sich an den Leser, so nicht mit einzelnen Sätzen, sondern mit dem gesamten Text, den er aus fiktionalen Sätzen bildet. Deswegen hat Goethe uns mit einzelnen fiktionalen Sätzen nichts zu sagen, da diese funktionale Elemente des Textganzen darstellen und ihre Berechtigung (ihren Zweck) ausschließlich von diesem beziehen. Insofern wendet sich auch nicht der Autor an den Leser, sondern er präsentiert diesem die von ihm errichtete fiktionale Welt im Ganzen. Umgekehrt hat der Leser den Text zu befragen, und wenn er sich über diesen durch Auskünfte des Autors Aufschlüsse erhofft, so sind diese zweitrangig und nur als Hilfsmittel zu betrachten, – was sich auch daran zeigt, daß sich Autoren über die Eigenart ihrer Texte gründlich täuschen können. Außerdem muß man die historische Veränderung des Textverständnisses (und mithin des Textes) berücksichtigen. Solche hermeneutischen Probleme können hier momentan nicht weiter erörtert werden. Wohl aber darf nicht unbeachtet bleiben, daß – von der historischen Dimension sogar abgesehen – der Text sich selbst vieldeutig gibt. Das hat mit seinem Kunstcharakter ebensoviel zu tun wie mit seiner Fiktionalität. Denn da er sich aus unendlich vielen

Sprachsignalen nach funktionalen Gesichtspunkten zusammensetzt, läßt sich über die Funktion oftmals trefflich streiten. Hätten wir es mit Erzählsystemen im strengen Sinne zu tun, d.h. mit einer *notwendigen* Ordnung und Zuordnung der Textdetails, so wäre ein unterschiedliches und ein sich historisch wandelndes Textverständnis nicht möglich.

Dies hebt uns noch einmal nachdrücklich den Unterschied zwischen fiktionalen und nicht-fiktionalen Texten ins Bewußtsein. Letztere unterliegen darum in viel geringerem Maße der Interpretierbarkeit, weil sie Fakten benennen, klar umreißbare Absichten verfolgen und unmißverständlichen Zwecken dienen. Streng genommen sind nicht-fiktionale Sätze und Texte nur dann einer Interpretation bedürftig, wenn dieselben sprachlichen Signale Unterschiedliches auszudrücken vermögen, aus kontextualen oder historischen Gründen mißverständlich sind, einen nicht mehr ohne weiteres zugänglichen Bedeutungshorizont voraussetzen etc. Fiktionale Texte hingegen bedürfen deshalb grundsätzlich der Auslegung, weil sie prinzipiell polyvalent sind. Die funktionale Zuordnung der Textdetails ist schon deshalb einem unterschiedlichen Verständnis ausgesetzt, weil ihre Zahl fast unübersehbar ist, sich zudem hermeneutische Differenzen herausbilden und erst recht historische Verschiebungen zu berücksichtigen sind. Im übrigen beruht auf dieser, vom Fiktionalen wie vom Ästhetischen herrührenden Polyvalenz die Unmöglichkeit, poetische Texte im positivistischen Sinne zu erklären – d.h. nämlich: zu begründen. Und eben darauf beruht andererseits auch die Schwierigkeit, sie zu verstehen.[4]

Angesichts der fundamentalen sprachontologischen Differenzen zwischen Wirklichkeitsaussagen und fiktionalem Sprechen liegt es auf der Hand, daß jede Poetik bei diesen Unterschieden ansetzen muß. Geschieht dies nicht, besteht die Gefahr, daß Modelle aus dem Bereich der Wirklichkeitsaussagen in den Bereich fiktionalen Sprechens übertragen werden, wo sie gar nicht gelten können. Dieser Gefahr sind die in den letzten Jahren so in Mode gekommenen, an Kommunikationssystemen orientierten »Ästhetiken«[5] meist erlegen, weil sie die Kommunikationsferne des sprachlichen Kunstwerks nicht hinreichend beachten. Aber auch Käte Hamburger ist mit ihrer »Logik der Dichtung« deshalb gescheitert, weil sie Aussagemodelle aus dem Bereich der Wirklichkeitsaussagen auf fiktionale Texte aller literarischen Gattungen projiziert. Nur der hier vorgetragene sprachontologische Ansatz kann vor dem Trugschluß bewahren, alle Aussagen seien gleichen Wesens und könnten deshalb nach denselben Mustern aufgeschlüsselt werden.

Woran erkennt man aber nun den Unterschied zwischen fiktionalem Sprechen und Wirklichkeitsaussagen? – Es ist in der Tat merkwürdig, daß wir den Unterschied ohne Schwierigkeiten entdecken, wenn wir ein Buch zur Hand nehmen. Denn in beiden Bereichen gelten doch die gleichen sprachlichen Zeichen! – Das ist zwar richtig, kann aber nicht über die Differenzsignale hinwegtäuschen. Schon die Aufmachung eines Buches gibt meist sehr deutlich zu verstehen, ob hier Wirkliches oder Fiktionales zur Sprache kommt, die beigegebene Bezeichnung »Roman« oder »Erzählung« oder »Ein Schauspiel« etc. leistet oftmals ein übriges. Die Gattungsmerkmale selbst signalisieren Fiktionalität, so wenn Verse schon aus optischen Gründen auffallen oder Regiebemerkungen zu lesen sind. Es ist, von vielen anderen Erscheinungen abgesehen, auch der Gebrauch der wörtlichen Rede, ein meist von der referierenden Sprache abweichender Stil usf., was verhindert, daß im Leser Zweifel daran aufkommen, welchem sprachontologischen Bereich ein Text zuzuordnen ist. Mit diesem Automatismus der Rezeptionshaltung wird in der Moderne gelegentlich schon gespielt: Wenn Wolfgang Hildesheimer mit »Marbot. Eine Biographie« ein Buch vorlegt, das – jedenfalls auf den ersten Blick – alle Merkmale einer wirklichen Biographie aufweist, Bilder und Quellen vermerkt und Daten fixiert, obwohl das Ganze nichts als reine Erfindung ist, dann zeigt sich hier deutlich die Neigung der Kunst und der Künstler, mit den Rezeptionserwartungen zu spielen und dieses Spiel selbst zum eigentlich ästhetischen Ziel zu erheben.

Trotz aller hier skizzierten, zweifellos fundamentalen Differenzen zwischen Wirklichkeitsaussagen und fiktionalen Sprachgebilden kann nicht davon die Rede sein, daß fiktionales Sprechen in jeder Hinsicht die Konterkarierung von empirischer Wirklichkeit bedeutet. Gewiß: fiktionale Sätze sind autoreferentiell, wie der gängig gewordene Terminus lautet, d.h. sie beziehen sich nicht auf außerhalb der fiktionalen Welt befindliche Gegenstände und Sachverhalte, sondern konstituieren einen eigenen Geltungsbereich. Gleichwohl gehen sie dadurch der Welt nicht völlig verlustig, Kunst ist keineswegs weltlos. Denn im Raum der Fiktionalität werden dieselben Wörter, Sätze, sprachlichen Zeichen verwendet wie in den Wirklichkeitsaussagen, beide Bereiche haben also etwas miteinander gemein und lassen sich nicht nur als Gegensätze verstehen, sondern auch als miteinander durch dieselben sprachlichen Elemente verbunden. Mit Recht hat man daher darauf hingewiesen, daß bloße und reine Autoreferentialität in Wahrheit gar nicht denkbar ist. Entweder hat Sprache eine referentielle Struktur, bezieht sich also auf Dinge und Vorgänge – dann muß auch in aller Selbstbezüglichkeit fiktionalen Sprechens noch ein Moment von Welt-Referentialität stecken –, oder sie bezieht sich im fiktionalen Gebilde nur auf sich selbst, – und dann ist sie überhaupt nicht referentiell.[6] Autoreferentialität kann mithin nur ein Sowohl-als-auch bezeichnen. Dieses besteht darin, daß fiktionales Sprechen zwar eine eigene Welt jenseits (oder besser: diesseits) realer Handlungen und Gegenstände installiert, daß aber dabei Worte Verwendung finden, die immer auch reale Dinge und Vorgänge bezeichnen. Mag der Satz »Gestern regnete es in Köln« zeitlos und kommunikationslos, zudem weder falsifizierbar noch verifizierbar sein, so fällt er doch nicht aus der Welt heraus. Denn er verweist auf den auch »wirklich« vorkommenden Naturvorgang des Regnens, berücksichtigt auch die Heute-gestern-Relation, wie sie in der empirischen Realität vorkommt usw. Fiktionalität als vollkommener Gegensatz zur Welt, als Bezirk, der überhaupt keine Beziehung zum Realen besitzt, läßt sich nur unter Verzicht auf die menschliche Sprache und durch die Etablierung einer eigenen Kunstsprache ohne Gegenstandsbedeutung realisieren. Versuche, die Dichtung auf diesem Wege weltfrei zu machen bzw. zu halten, wurden von Morgenstern, im Dada und in der sogenannten konkreten Lyrik unternommen, also bezeichnenderweise auf dem Feld kurzer Texte. Eine Kunstsprache solcher Autonomie läßt sich nicht über längere Zeit rezipieren und hat wohl deshalb keinen Eingang ins Epische gefunden.

2. Gattungsfragen

Es wäre schön, ließen sich die poetischen Gattungen aus dem Grundmerkmal der Dichtung selbst, nämlich der Fiktionalität, ableiten. Das ist jedoch nicht der Fall. Stattdessen spricht alles dafür, daß die literarischen Ausdrucksformen ebenso wie die Arten der Wirklichkeitsaussagen ganz einfach alle Möglichkeiten entfalten, über die das Sprachbewußtsein verfügt: Es realisiert sich im Monologisieren, im Dialogisieren sowie darin, Zurückliegendes in die Gegenwart zu holen und mitzuteilen. Zu solchen sprachanalytischen Überlegungen dringt zwar der bekannteste Versuch einer Gattungspoetik nicht vor, doch orientiert er sich immerhin unter Verzicht auf alles Normative an menschlichen Grundbefindlichkeiten: Emil Staigers Abhandlung »Grundbegriffe der Poetik« beruht auf existenzphilosophischen Vorstellungen und sieht diese in den poetischen Gattungen wirksam, was ihm die Auflösung starrer Klassifizierungen erleichtert. Er spricht deswegen nicht mehr von den Fundamentalgattungen der Lyrik, des Dramas und des Epos, sondern versucht den Überlappungen, Vermischungen und Auflösungsergebnissen durch die Terminologie ›das Lyrische‹, ›das Dramatische‹, ›das Epische‹ zu entsprechen. Wirklich befriedigen konnte auch dieser Versuch die Wissenschaft keineswegs, vor allem deswegen nicht, weil Staiger den Vorteil seines Vorgehens, nämlich die Vermeidung allzu strenger Gattungsabgrenzungen, mit dem Nachteil unklarer Systematik erkauft. Allein, die Gattungsproblematik brauchen wir in ihrer ganzen Tragweite hier nicht aufzurollen, haben wir es doch allein mit dem Epischen zu tun.

Sollte die Vermutung stimmen, daß sich die poetischen Gattungen zusammen mit den Äußerungsformen der Wirklichkeitsaussagen entwickelten und insofern das fiktionale Pendant zu sprachlichen Realitätsdarbietungen sind, dann dürfte dem Erzählen, insofern es nicht als poetische Gattung auftrat, eine gewisse zeitliche Dimension zueigen gewesen sein. Denn das »Erzählen im Alltag«[7] holt Zurückliegendes in die Gegenwart und präsentiert es dem Zuhörer als Vergangenes.

Im Bereich der Fiktionalität hingegen muß – jedenfalls prinzipiell – ein Verlust der temporalen Bestimmtheit zugunsten temporaler Unbestimmtheit eingetreten sein. Allerdings bedeutet das nicht, daß zeitliche Schichtungen im Bereich der Fiktionalität vollkommen ausgeschlossen sind. Es handelt sich dabei aber um temporale Schichtungen innerhalb einer prinzipiellen, nämlich mit der Fiktionalität verbundenen Zeitlosigkeit. Von den Schwierigkeiten, die sich hier auftürmen, wird im nächsten Kapitel (»Tempusprobleme«) zu reden sein.

Wolfgang Kayser hat das fundamentale Gattungsmerkmal des Erzählerischen auf folgende Weise umschrieben: »Die epische Ursituation ist: ein Erzähler erzählt einer Hörerschaft etwas, was geschehen ist.«[8] So umstritten und klärungsbedürftig die Zeitstruktur auch sein mag, die Kayser in seine Definition aufnimmt, so unbestritten ist – sehen wir von Käte Hamburgers Einlassungen über die von ihr so bezeichnete »epische Fiktion« einmal ab[9] – die strukturale Trias des Erzählens, d.h. die Vermittlung eines Geschehens durch einen Erzähler an einen Rezipienten. Daß die alle überkommenen poetischen Konventionen und Strukturen erschütternde Moderne auch an diesem Modell Korrekturen vorgenommen und mit ihm gespielt, es als modifizierbar in ihre ästhetischen Strategien aufgenommen hat, versteht sich am Rande und wird an anderer Stelle erörtert (s. vor allem III, 2 u. 3). Aber diese Abweichungen lassen sich ja als ästhetisches Mittel nur nutzen, wenn sich der Leser prinzipiell an der überkommenen Norm orientiert. Diese ist geprägt durch das Gattungsmerkmal der Mittelbarkeit aller epischen Darstellung.

Das, was vermittelt wird, das Erzählte also, unterliegt keiner Norm, wird durch keine Gattungsgrenzen eingeschränkt. Mag die Zensur politische, die Kirche moralische, die Schulaufsichtsbehörde pädagogische Bedenken geltend machen, – von der Gattung aus gesehen ist alles erzählbar. Wenn die Kurzgeschichte eine ausufernde Stoffmasse nicht zu transportieren vermag, so verbirgt sich dahinter keine Gattungsnorm, sondern der Zwang zur epischen Kürze aus Gründen des knappen Raums, auf den sich diese Textart beschränkt. Nicht einmal logischen Gesetzen muß die erzählte Geschichte folgen, kennen wir doch surreale, irreale, phantastische Erzählungen genug, bei denen nicht davon die Rede sein kann, daß Folgerichtigkeit eine beherrschende Rolle spielt. Schon die »Ur-Form« des Erzählens, das Märchen, liefert uns ungezählte Beispiele für die Möglichkeit, von den Wundern, Unglaublichem und gänzlich Unerklärbarem zu berichten.

Auf die Frage, ob es gattungsspezifische Themen und Stoffe gibt, haben die letzten zwanzig Jahre im übrigen eine schlagende Antwort erteilt. Denn der Stoffbedarf von Film und Fernsehen führte zu einer unübersehbaren Fülle von Romanverfilmungen, also zu Umwandlungen epischer Darstellungen in szenische, die keinen Zweifel daran lassen, daß sich alles verfilmen läßt, was man erzählen kann. Nur zwei Änderungen bzw. Einschränkungen sind hervorzuheben. Zum einen verändern sich bei der Übertragung eines literarischen Textes aus der einen in eine andere Gattung zwar kaum oder gar nicht jene Elemente, die man als Stoff, Handlung, Geschehen etc. bezeichnen kann; durchaus aber ändert sich der Darbietungsmodus, und damit verwandeln sich u.U. werkspezifische Eigenheiten. So läßt sich z.B. jene ausgeprägt epische Ironie, wie sie etwa der Erzähler in den meisten Romanen Thomas Manns durch Kommentare, Anspielungen, Reflexionen ins Werk setzt, nicht ins Szenische übertragen. Und zum zweiten läßt sich nicht leugnen, daß Lesen und Sehen nicht dasselbe leisten: Der Leser einer Erzählung entwickelt einen großen Spielraum individueller Rezeption, bringt nämlich seine Vorstellungen – z.B. vom Aussehen der Figuren und Landschaften, vom Klang der Stimmen, vom Spiel der Farben etc. – mit in den Rezeptionsvorgang ein, was der Film durch optische und akustische Fixierung verhindert. Und schließlich kann man nicht leugnen, daß das Medium ›Buch‹ im Gegensatz zu den Medien ›Film‹, ›Fernsehen‹, ›Theater‹ eine zeitlich gedehnte Rezeption zuläßt, also von einem größeren raum-zeitlichen Umfang sein kann als diese.

Im Gegensatz zum Stoff, zum Thema, zum Inhalt des Erzählens, die also gattungsunspezifisch sind, bildet der Narrator, bildet die Mittelbarkeit epischer Darstellung das entscheidende gattungsspezifische, das Epische von allen anderen Gattungen auf außerordentlich charakteristische Weise trennende Merkmal. Schon daraus ergibt sich, daß man den Narrator auf keinen Fall mit dem Autor verwechseln darf. Autoren bilden auch bei Dramen und Gedichten den produktiven Ausgangs-

punkt; dies unterscheidet das erzählende Genre also nicht von anderen. Aber daß
das Gesagte mittelbar, nämlich durch ein Medium weitergegeben wird, dies ist ein
episches Spezifikum. Im Drama wird das Dargestellte unmittelbar, nämlich als
Dargestelltes dargeboten, im Gedicht, das weitgehend monologisierenden Charakters ist, muß man – wenigstens als Grundstruktur – von einer Identität zwischen
Sprecher, Gesprochenem und Sprechen ausgehen.[10] Nur beim Erzählen ist ein
sich oftmals gar außerordentlich subjektiv gebärdendes Medium anwesend, das
dem Rezipienten etwas (nämlich das Erzählte) vermittelt. Wiewohl mancher, der
den Unterschied zwischen Autor und Erzähler behauptet, dann doch wieder in das
Autoren-Modell zurückfällt, zeigt sich dieser fundamentale Unterschied schon daran, daß der Autor aus einem Hier und Jetzt spricht, während dem fiktionalen Erzählen jene Dimension der Zeitlosigkeit eignet, von der ausführlich die Rede war.
Einleuchtender mag für manchen die Differenz zwischen Autor und Erzähler in jenen Fällen sein, da eine personale Identität ausgeschlossen werden muß. Das ist
z.B. bei den meisten Ich-Erzählungen der Fall. Heißt es in Thomas Manns »Be-
kenntnissen des Hochstaplers Felix Krull« schon zu Beginn: »Der Rheingau hat
mich hervorgebracht, jener begünstigte Landstrich, welcher [...] wohl zu den lieb-
lichsten der bewohnten Erde gehört«[11], – so steht hier – wiewohl der Name Felix Krulls noch gar nicht aufgetaucht ist – außer Zweifel, daß nicht Thomas Mann
selbst spricht. Denn er ist in Lübeck geboren und besaß wahrhaftig keinen rheinischen Frohsinn. Zwar hat Thomas Mann diesen Satz geschrieben, trotzdem spricht
nicht er, sondern Felix Krull, in dessen Person er wie in eine Rolle geschlüpft ist.
Allenfalls kann man also formulieren, daß der Autor die Rolle des Narrators spielt.
Das gilt auch für Er-Erzählungen, wenngleich man sich darüber zunächst täuschen
mag. Daß indes in der Tat in der Er-Form nicht der Autor, sondern der Narrator,
also ein eigens eingesetztes Medium spricht, zeigt sich z.B. an den Umformungen
aus der Ich-Form in die Er-Form oder umgekehrt. Dadurch, daß Franz Kafka den
Anfang seines Romans »Das Schloß« unter Beibehaltung des sonstigen Textes aus
der Ich-Form in die Er-Form umgeschrieben hat, wird nicht aus den Einlassungen
des Landvermessers K. nun eine Stellungnahme des Autors Kafka. Was ein Autor
denkt, entnimmt man überhaupt nur selten und vor allem ohne jeden Grad von Gewißheit dem, was ein Narrator sagt.

   Dies hängt wieder mit dem Verhältnis zusammen, in dem ein Autor zu seinem
Text steht. Daß er diesen geschrieben hat, unterliegt keinem Zweifel. Wenn es
heißt, der Autor »erzähle« nicht, so bedeutet dies, daß die im Text erkennbare, das
Geschehen vermittelnde Instanz nicht der Autor, sondern ein von ihm eingesetztes
Medium ist. Es gehört also selbst mit zur fiktionalen Welt der Erzählung, während
der Autor außerhalb dieser Welt existiert. Er entwirft sie, stellt sie durch Sprache
her, gehört ihr selbst aber nicht an. Über die angeführten Argumente, also die Ich-
Form und die Umwandlungen von Erzählformen hinaus weist auch das Phänomen
auf dieses Faktum hin, daß ein und derselbe Autor ganz unterschiedliche Erzähler
einsetzen kann. Bei Formen der Ich-Erzählung liegt das auf der Hand. Thomas
Mann arbeitete in seinen zehn letzten Schaffensjahren mit drei unterschiedlichen
Ich-Erzählern bzw. stark ichhaften Narratoren, dem Hochstapler Felix Krull, dem

Altphilologen und Gymnasiallehrer Dr. phil. Serenus Zeitblom in dem Künstler-
und Zeitroman »Doktor Faustus« sowie mit einem Mönch Namens »Clemens der
Ire«, der angeblich am Pult Notkers in St. Gallen sitzt und die Lebensgeschichte
des Papstes Gregor erzählt (»Der Erwählte«). Die Erzähler wirken innerhalb der
fiktionalen Welt und sind Konstituenten dieser Welt. Denn ihr Redestil prägt das
Erzählgebilde ebenso wie die das Erzählsystem bestimmenden Elemente, die ihrerseits von den Erzählern ins Werk gesetzt werden: Das ›Erzählverhalten‹ ist das
Verhalten des Narrators, als ›Erzählhaltung‹ bezeichnet man seine Stellung zum
Erzählten usf., so daß der Erzähler unverkennbar ein konstitutives Element des gesamten Systems ist, was für den Autor nicht zutrifft. Im übrigen bleibt dieser
unverändert er selbst, auch wenn er an ein und demselben Tag zwei Geschichten
schreibt, in denen er ganz unterschiedliche, ja entgegengesetzte Typen eines Narrators einsetzt.

Daß dies alles auch für den Er-Erzähler gilt, soll ein ganz einfaches Beispiel
zeigen. In seinem Goethe-Roman »Lotte in Weimar« handelt Thomas Mann, dessen hochbewußtes Erzählen für beinahe alle narrativen Probleme und deren Lösung
vorzügliche Beispiele liefert, von dem Besuch Charlotte Buffs in Weimar, der 1816
stattfand und sie auch mit ihrem Wetzlarer Verehrer zusammenführte. Gegen Ende
des Romans schildert Thomas Mann ein Essen im Hause des Weimarer Ministers,
das in recht konventionellen Bahnen verläuft. Es heißt da: »Goethe lachte ebenfalls, ohne die Lippen zu trennen, vielleicht um sein Zähne nicht blicken zu lassen.«[12] Man muß sich zunächst vor Augen halten, daß diese kleine Szene keineswegs ein historisch überliefertes Faktum, sondern ein von Thomas Mann ausgedachtes Verhalten Goethes darstellt. Er könnte sich auch ausdenken und formulieren, was der Gastgeber denkt, warum er die Lippen geschlossen hält, ob seine
Zähne wirklich so schlecht (geworden) sind, daß sie alles andere als einen erfreu-
lichen Anblick bieten usf. Er tut es nicht, sondern läßt diese Szene einen Narrator
beschreiben, der das Ganze von außen sieht, dem der Autor keine Innensicht zugesteht und der daher nur vermuten kann, daß der Herr Minister seine Zähne nicht
zeigen will. Er sagt deshalb »vielleicht«. Dies verrät das Spielerische aller
Fiktionalität, das Rollenhafte, das jedem Narrator anhängt, weshalb er stets anders
und wieder anders gestaltet, mit wechselnden Kenntnissen, Perspektiven, Anschauungen und Verhaltensweisen ausgestattet werden kann, weil er, wie alle Romanfi-
guren auch, vom Autor zugerichtet und »eingesetzt« wird. Thomas Mann steht das
»vielleicht« darum nicht zur Verfügung, weil er jede Auskunft geben könnte: Denn
er hat das Ganze ja entworfen und inszeniert.

Wiewohl der Narrator also in jedem Fall Vermittler des Erzählten ist, tritt er auf
unterschiedliche Art hervor. Zwar wird von seinen Verhaltensweisen genauer in
dem entsprechenden Kapitel des zweiten Teils die Rede sein (II,4), doch muß
schon hier darauf hingewiesen werden, daß der Erzähler – einerlei, ob es sich um
eine Ich-, eine Er- oder gar eine Du-Erzählung handelt – stark in den Vordergrund
treten, aber auch beinahe ganz verschwinden kann. In der folgenden Passage aus
der »Burleske«, der Keimzelle von Max Frischs Theaterstück »Biedermann und die
Brandstifter«, wendet sich der Narrator kritisch an das Du: »Du bist einverstanden

mit ihm, denn wärest du es nicht, müßtest du sozusagen zugeben, daß du selbst Unrecht tust, und dann würdest du ihn vielleicht fürchten. Du willst dich aber nicht fürchten. Du willst auch nicht dein Unrecht ändern, denn das hätte zu viele Folgen. Du willst Ruhe und Frieden und damit basta!«[13] An der nächsten Stelle tritt die Ich-Erzählerin Courasche aus Grimmelshausens Roman weit in den Vordergrund, und zwar dadurch, daß sie weniger Fakten vermittelt, als bestimmte Erlebnisse besonders ruchlos erscheinen läßt:»Mit diesen Leuten habe ich gleichsam alle Winkel Europae seither unterschiedlichmal durchstrichen und sehr viel Schelmenstück und Diebsgriffe ersonnen, angestellt und ins Werk gerichtet, daß man ein ganz Ries Papier haben müßte, wenn man solche alle miteinander beschreiben wollte, ja ich glaube nicht, daß man genug damit hätte.«[14] Aber auch ein Er-Erzähler verschwindet keineswegs immer hinter seiner Geschichte:»Vergnügt, wie ein echter Potentat, lebte Rakkóx, ein mehrfacher Billionär, in den Großstädten Asiens und Europas und vergeudete natürlich sein Geld in Zentnersäcken – er hatte es ja dazu.«[15] So beginnt der harmlos-vergnügliche Roman »Rakkóx der Billionär« von Paul Scheerbart aus dem Jahr 1900. Der Narrator spielt sich gleich zu Anfang als ironisches Medium in den Vordergrund. Doch auch völliges Verschwinden ist den Erzählern gestattet. Im reinen Dialog, dem sogar die *inquit*-Formel fehlt, tritt er nicht in Erscheinung, allenfalls im Modus der Abwesenheit[16], und die Ich-Form läßt den Narrator ebenfalls oft ganz in den Hintergrund treten, vor allem dann, wenn er – wie in Thomas Manns »Der Erwählte« – kaum von sich selbst, umso mehr aber von anderen Figuren erzählt. Hier könnte man sogar von einem Übergang ins Er-Erzählen sprechen. Das ist an der folgenden Stelle von Eichendorffs »Aus dem Leben eines Taugenichts« keineswegs der Fall, und doch hält sich das erzählende Ich ganz zurück:»Hinter mir gingen nun Dorf, Gärten und Kirchtürme unter, vor mir neue Dörfer, Schlösser und Berge auf; unter mir Saaten, Büsche und Wiesen bunt vorüberfliegend, über mir unzählige Lerchen in der klaren Luft – ich schämte mich, laut zu schreien, aber innerlichst jauchzte ich«[17]. Denn hier tritt nicht das erzählende, sondern das erlebende Ich in den Vordergrund. Doch auch wenn der Narrator im Hintergrund bleibt, bildet er das alles Erzählte dem Leser vortragende Medium in der die Gattung auszeichnenden Beziehungs-Trias.

Ist das Verhältnis von Autor und Narrator geklärt, so kann man nun, ohne Mißverständnisse fürchten zu müssen, darauf hinweisen, daß der Autor natürlich dem epischen Medium eigene Vorstellungen und Ansichten unterschieben kann. Trotzdem spricht auch dann nicht er selbst als wirkliche, empirisch existierende Persönlichkeit, sondern eben der von ihm erfundene und eingesetzte Erzähler. Es steht hier genauso wie beim Rückgriff auf biographische oder andere Tatsachen: Werden sie in den fiktionalen Text eingebracht, so verlieren sie ihren empirischen Charakter. Sie unterscheiden sich hinsichtlich ihrer fiktionalen Zeitlosigkeit und Unbestimmtheit, also Allgemeingültigkeit, nicht von erfundenen Ereignissen und Szenarien. Mögen sie ursprünglich von außen stammen, so gehören sie nun zur fiktionalen Kunstwelt und nehmen deren Wesen an. Genauso steht es mit Ansichten und Einsichten über das Leben, die er einen Erzähler vertreten läßt. Ob es die des Dichters sind oder diesen geradezu entgegenstehen, ist für ihre Bedeutung im fiktionalen Text völlig ohne Belang. Sie charakterisieren nunmehr nur die Eigenart des epischen Mediums, das Element der erzählten Welt, nicht eines der realen Welt ist. Schon deshalb, und nicht nur, weil man nie sicher sein kann, ob ein Autor eigene oder fremde oder gegenteilige Ansichten seinem jeweiligen Erzähler mitgibt, ist es nicht erlaubt, aus den Äußerungen eines Narrators Ansichten des Dichters abzuleiten.

In diesem Zusammenhang muß nun auch hier von jener merkwürdigen Sexualisierung aller Lebensbereiche die Rede sein, welche in den letzten Jahren um sich gegriffen und dabei natürlich auch den literarischen Sektor nicht verschont hat. Zwar möchte ich die Fragen, ob es eine weibliche Ästhetik gibt und was es mit der »Literatur von Frauen«, der »Literatur für Frauen« oder gar mit den »Frauen in der Literatur« auf sich hat, hier beiseite lassen; aber es drängt sich die Frage auf, ob man wirklich nur von einem Erzähler sprechen darf, ob nicht auch von Erzählerinnen die Rede sein muß, und zwar nicht nur, wenn – wie etwa in Brigitte Kronauers Roman »Rita Münster« – eine Ich-Erzählerin auftritt; denn in diesem Fall wäre es ebenso grammatikalisch wie sachlich falsch, von einem Erzähler zu sprechen. Vielmehr muß man sich fragen, ob nicht auch in Romanen wie »Die Überläuferin« von Monika Maron oder »Leben und Abenteuer der Trobadora Beatriz nach den Zeugnissen ihrer Spielfrau Laura« von Irmtraut Morgner, in denen in der dritten Person erzählt wird, an die Stelle von Erzählern und Narratoren Erzählerinnen und Narratorinnen getreten sind, die die Interpreten deshalb auch als solche bezeichnen müssen. Jedenfalls liegt es auf der Hand, daß Autorinnen epische Medien einsetzen, die eine weibliche Perspektive besitzen, sofern überhaupt Sehweisen eine Rolle spielen, die man als geschlechterspezifisch charakterisieren kann. So gewiß es daher angebracht ist, in solchen Fällen von Erzählerinnen zu sprechen, so gewiß muß andererseits daran festgehalten werden, daß Erzählerinnen ebensowenig wie Erzähler mit ihren Schöpfern identisch sind und keineswegs Denkweisen und Weltauffassungen der entsprechenden Autorinnen präsentieren. Auch darf man, ist von Narratoren oder Narratorinnen die Rede, nicht von vornherein und *per se* davon ausgehen, daß geschlechtsspezifische Vorstellungen oder Darbietungsweisen vorwalten. Was eine Erzählerin dem Leser vermittelt, muß sich keineswegs von dem unterscheiden, was ein Erzähler schildert, weder in der Sache noch im Ton. Im übrigen gelten die gleichen Einwände und Einschränkungen auch für den Terminus »Er-Erzählung«, weil ja keineswegs nur von männlichen, sondern in gleichem Umfang auch von weiblichen, in geringerem zudem auch von kindlichen Figuren erzählt wird. Der Ausdruck »Er-Erzählung« schließt also die »Sie-Erzählung« und die »Es-Erzählung« mit ein, damit unnötige Komplizierungen vermieden werden; und auch wenn vom Erzähler die Rede ist, soll nicht festgelegt sein, ob eine männliche, eine weibliche oder eine kindliche Perspektive vorherrscht.

Erweist sich die Bestimmung des Narrators schon als schwierig, so entpuppt sich die des Lesers als noch weitaus komplizierter. Denn Leser existieren in potentiell unendlicher Zahl und – was wichtiger ist – mit unendlich unterschiedlichen Neigungen, Lebenserfahrungen, Bedürfnissen, Fähigkeiten usw. Was kann man angesichts dieses Faktums überhaupt noch generell über die Leser aussagen, außer daß sie eben des Lesens kundig sind? – Überraschenderweise kann man noch eine andere, und zwar wichtige Aussage über sie machen: Keiner von ihnen ist mit dem jeweiligen empirischen Individuum, also mit sich selbst als realer Person identisch. Denn sofern der Leser eine fiktionale Welt in sich aufnimmt, muß er die sonst vorwaltenden Rezeptionsmechanismen fundamental ändern. Nehmen wir die wirkliche Welt wahr, so bewegen wir uns in Zeit und Raum, im Bereich kausaler Beziehungen, Determinationen, logischer Verknüpfungen, stehen mit anderen in verbaler Kommunikation, sind »Sender« und »Empfänger« usf. Nichts von dem kann den Lesevorgang bestimmen, soweit fiktionale Texte rezipiert werden. Denn eben diese Momente bestimmen die fiktionale Welt gar nicht oder nicht in gleicher Weise. Das Gestern bezieht sich im Roman, wie gezeigt, eben nicht auf das Heute des Lesens, während dies doch z.B. bei der Zeitungslektüre durchaus der Fall ist. Um einen fiktionalen Text verstehen zu können, müssen wir eine andere Rezeption in Gang setzen als beim Betrachten der realen Welt oder beim Durchlesen eines Berichtes, der sich auf die reale Welt bezieht. Wir müssen in der Zeit- und Ortlosigkeit des Fiktionalen Fuß fassen, vielleicht gar im Unwahrscheinlichen, Irrealen, Wunderbaren, A-Logischen usf., und haben die Verweisfunktion der Sätze in uns aufzunehmen. Nennen wir den Leser, der Berichte über Wirkliches liest, den Real-Leser, weil er seine personale Wirklichkeit nicht abzulegen braucht, um das Gelesene zu verstehen, ja das Gelesene ausdrücklich, z.B. in Zorn oder Freude oder Mitleid, auf sich und seine Persönlichkeit bezieht, so kann man den in die fiktionale Welt eintretenden Leser als Fiktional-Leser bezeichnen. Er ist weder fiktiv noch fingiert, weder erfunden noch nur vorgespiegelt, sondern bildet jenen Teil des Individuums, der fähig ist, die Eigenart der Fiktionalität wahrzunehmen, und dies während der Lektüre eines fiktionalen Textes auch tatsächlich tut. Dabei läßt er die Rezeptionsmechanismen der Realität hinter sich und rückt an ihre Stelle jene, die es ihm gestatten, das Märchenhafte als existierend, das Irreale als seiend, das Gesagte als absolut wahr anzuerkennen.

Offenbar besitzt der menschliche Geist die Doppelfunktion, fiktional und real tätig zu sein, und zwar ebenso produzierend wie rezipierend. Ich erspare mir den Versuch, dies theoretisch zu begründen. Aber es liegt auf der Hand, daß nicht nur der Autor in der Lage ist, Sätzen den Bezug zur Realität zu nehmen und mit ihnen einen fiktionalen Handlungs-, Gesprächs- und Denkraum in Gestalt eines Romans usf. zu erstellen, sondern daß es auch uns Lesern gegeben ist, unser Denken von den Faktoren um uns zu trennen und es auf Fiktionales zu richten, d.h. in der Unbedingtheit, Zeit- und Ortlosigkeit, der Unbestimmtheit und Absolutheit der Kunst Fuß zu fassen. Wiewohl uns diese Fähigkeit ebenso wie die Trennung von unserem empirischen Ich beim Akt fiktionalen Lesens miteinander verbindet, gleicht kein Leser dem anderen, ist die Rezeption fiktionaler Texte durchaus ein individueller Vorgang. Denn so, wie jeder Autor seine schöpferische Eigenart nicht verbirgt, sondern jedes seiner Kunstprodukte individuell prägt, obgleich er nicht mit dem Narrator identisch ist und außerhalb der fiktionalen Welt seinen Standort besitzt, so hängt auch das Ich des Fiktional-Lesers mit dem realen Ich eng zusammen. Bei aller Selbstvergessenheit, die das Lesen auslösen mag, und auch wenn das Gefühl vorherrscht, durch die Lektüre »wie verwandelt« zu sein, bleiben wir geprägt durch unsere individuelle Persönlichkeit, durch unsere Neigungen und Sehnsüchte, durch unser Wesen und unsere Erfahrungen. Gewiß vergessen wir über dem Gelesenen oft manches, was uns innerlich beschäftigt, keinesfalls hingegen legen wir unsere Individualität ab. Das zeigt sich schon daran, daß es diametral entgegengesetzte Urteile über ein und dasselbe Buch gibt, daß unterschiedliche Generationen unterschiedlich urteilen, daß der eine in einem Roman entdeckt, was der andere nicht sieht, daß dieser etwas für bedeutsam hält, was jener als beiläufig einordnet. Damit hängt zusammen, daß Kunst, daß das Fiktionale eine große Wirkung ausüben, aber auch gänzlich wirkungslos bleiben kann. Trifft ein Text auf einen Leser, der in ihm Erfahrungen bestätigt sieht, der vielleicht von einer ganz fremdartigen Handlungsweise überzeugt, von einer Figurenkonstellation »wie der Blitz getroffen« wird usw., so mag die Lektüre geradezu die Denkweise und Lebensauffassung des Rezipienten ändern, während ein anderer Leser »völlig kalt bleibt« und die gelesene Geschichte für belanglos und jedenfalls wirkungslos hält.

Indes sieht sich der Fiktional-Leser keineswegs nur von seiner Individualität geprägt, sondern auch vom Text. Lesen ist ein Zusammenspiel zwischen der fiktionalen Welt, ihrer Eigenart, der jeweiligen Ausformung eines Erzählsystems und des sich auf die Fiktionalität einlassenden, die Realität hinter sich lassenden individuellen Bewußtseins. Dieser komplizierte Vorgang sowie die Möglichkeiten, ihn zu gestalten, müssen deshalb eigens untersucht und dargestellt werden (s. I,5).

3. Tempusprobleme

Ob man davon ausgeht, daß sich aus der Duplizität menschlichen Sprachvermögens sowohl das fiktionale wie das wirklichkeitsorientierte Erzählen ableiten läßt, oder ob man eher an die Übertragung des Erzählmodells aus dem Bereich der Wirklichkeitsaussagen in den Bereich fiktionaler Rede glaubt, ist einerlei. In jedem Fall muß man – wie erörtert – von einer prinzipiellen Zeitlosigkeit fiktionalen Erzählens ausgehen. Sie wird durch den Gebrauch des Präteritums in der »normalen«, verbreitetsten und, soweit bekannt, ältesten Form des Erzählens nicht in Frage gestellt. Käte Hamburger hat die Vergangenheitsform als »episches Präteritum« bezeichnet und mit diesem Begriff die Zeitlosigkeit des Erzählens mit einem noch heute gebräuchlichen Begriff gefaßt. Harald Weinrich ist in seinem Buch »Tempus. Besprochene und erzählte Welt« noch erheblich weitergegangen. Er unterscheidet die beiden Sprechhaltungen »Besprechen« und »Erzählen« voneinander, ordnet der ersten die Tempora Präsens, Perfekt, Futur I und II, der zweiten vor allem Präteritum und Plusquamperfekt zu. Da er die Tempora als Kennzeichen solcher Sprechhaltungen qualifiziert, bestreitet er ihnen zunächst, nämlich in der ersten Auflage seines Buches, beinahe ganz die Zeitfunktion, hat diesen Standpunkt aber später weniger strikt vertreten.

Nun kann Zeitlosigkeit zweierlei bedeuten, weil sie sich auf zwei Instanzen beziehen kann. Nimmt man die Gegenwart des Lesers oder die des Autors als

Ausgangspunkt, zeigt sich die Zeitlosigkeit schon daran, daß ein fiktional erzähltes Geschehen heute genauso »gilt« wie morgen und in fünf oder fünfzig Jahren, – nämlich immer dann, wenn der Leser die Erzählung liest. Verlegt man den Orientierungspunkt hingegen in das erzählte Geschehen und verknüpft die Frage nach der Zeit mit den auftretenden Figuren einerseits, dem erzählenden Medium andererseits, ergeben sich Komplikationen, die im Verlauf erzähltheoretischer Diskussionen unterschiedlich gelöst wurden, wobei sich inzwischen aber so etwas wie eine vorherrschende Auffassung herausgebildet hat.

Natürlich existiert Vorzeitigkeit zunächst bezüglich der auftretenden Figuren. Sie artikuliert sich im Gebrauch des Plusquamperfekts als der Vorzeitlichkeitsform zum Präteritum. Dies gilt für alle Erzählformen. Geht es indes um die Zeitfunktion des Präteritums, so muß man zunächst den Gebrauch des Präsens im Erzähltext erörtern; denn nur, wenn das Präsens als Darbietungstempus Verwendung findet, kann das ursprünglich zeitlose epische Präteritum überhaupt eine Zeitfunktion erhalten, da es sonst keinen Zeit-Maßstab besitzt.

Sieht man von Dialogen und inneren Monologen der Figuren ab, so kommt das Präsens als Darbietungstempus primär in Passagen vor, in denen sich der Narrator auktorial verhält. Damit bezeichnet man im Anschluß an Stanzel die sogenannten Eingriffe des Erzählers, also Erörterungen des Geschehens, generelle Reflexionen etc., wie an der folgenden Stelle, dem Beginn von Thomas Manns Roman »Doktor Faustus«:

Mit aller Bestimmtheit will ich versichern, daß es keineswegs aus dem Wunsche geschieht, meine Person in den Vordergrund zu schieben, wenn ich diesen Mitteilungen über das Leben des verewigten Adrian Leverkühn, dieser ersten und gewiß sehr vorläufigen Biographie des teuren, vom Schicksal so furchtbar heimgesuchten, erhobenen und gestürzten Mannes und Musikers, einige Worte über mich selbst und meine Bewandtnisse vorausschicke.[18]

Der Erzähler Zeitblom erörtert die Frage, wieweit er überhaupt geeignet und zuständig ist, das Leben des teuflisch-genialen Komponisten nachzuzeichnen. Seine »Joseph«-Tetralogie läßt Thomas Mann hingegen mit allgemeinen Überlegungen zur Geschichtlichkeit beginnen:

Tief ist der Brunnen der Vergangenheit. Sollte man ihn nicht unergründlich nennen?
Dies nämlich dann sogar und eben dann, wenn nur und allein das Menschenwesen es ist, dessen Vergangenheit in Rede und Frage steht: dies Rätselwesen, das unser eigenes natürlich-lusthaftes und übernatürlich-elendes Dasein in sich schließt und dessen Geheimnis sehr begreiflicherweise das A und O all unseres Redens und Fragens bildet, allem Reden Bedrängtheit und Feuer, allem Fragen seine Inständigkeit verleiht.[19]

Auktorial sind beide Passagen, sowohl die erste in Ich-Form als auch die zweite in der Er-Erzählung.[20] Käte Hamburger will aus aussagelogischen Gründen dem solchen Präsens-Passagen folgenden Präteritum nur in Ich-Erzählungen eine Zeitfunktion zugestehen; denn hier berichte ein Ich von sich selbst, und das Berichtete müsse daher zurückliegen. In der Er-Form hingegen trete gar kein Erzähler auf. Diese sehr eigenwillige Deutung des Er-Erzählens als »epische Fiktion« ohne episches Medium läßt sich nicht halten und wird inzwischen wohl von niemandem mehr vertreten. Liest man die folgende Passage aus E.T.A. Hoffmanns »Meister Floh«, so wird schlagartig klar, daß hier durchaus ein Erzähler auftritt, der zudem in einem Präteritum mit Zeitfunktion spricht:

Fehlt es auch über den eigentlichen Ausgang des Kampfes in Leuwenhoeks Zimmer gänzlich an bestimmten Nachrichten, so steht doch nichts anderes zu vermuten, als daß die beiden Mikroskopisten mit Hilfe des jungen Herrn Georg Pepusch einen vollständigen Sieg über die bösen feindlichen Gesellen erfochten haben mußten. Unmöglich hätte sonst der alte Swammer bei seiner Rückkehr so freundlich, so vergnügt sein können, als er es wirklich war.[21]

Er blendet Reflexionen über den Stand der Dinge ein und blickt zeitlich zurück, nämlich auf den Kampf, der *vor* diesen Einlassungen stattgefunden *hat*, sowie auf das freundliche Gebaren Swammers, als er zurückkehrte. Das Jetzt des Narrators steht dem Damals des erzählten Geschehens deutlich gegenüber.

Freilich gilt es festzuhalten, daß die Zeitfunktion des epischen Präteritums, das in allen Erzählformen vorwaltet, nur dann ins Erscheinen tritt, wenn der Erzähler sich ins Spiel bringt, d.h. wenn er durch seine Präsens-Einlassungen einen Maßstab für Vorzeitigkeit einführt, der dem Präteritum – wenigstens vorübergehend – Zeitfunktion verleiht. Geschieht das nicht, bleibt die Zeitlosigkeit des Präteritums rein in Funktion, und zwar in allen Erzählformen.

Hier ist – daran muß erinnert werden – von der textimmanenten Zeitschichtung die Rede. Bezüglich des Rezipienten bleibt die Zeitlosigkeit der Fiktionalität auch dann intakt, wenn sich im Text durch auktoriale Eingriffe vorübergehend eine zeitliche Abschichtung ergibt. Man kann also die Verhältnisse bei traditionell im Präteritum erzählten Texten aller Erzählformen folgendermaßen bestimmen: Prinzipiell sind sie in der Zeitlosigkeit der Fiktionalität angesiedelt. Das Präteritum als Erzähltempus besitzt keinerlei zeitliche Funktion im Blick auf das Hier und Jetzt des Lesers. Auch immanent, also innerhalb des Textes, besitzt das Präteritum primär keine Zeitfunktion. Vorzeitigkeit wird durch Plusquamperfekt ausgedrückt, das – bezogen auf das erzählende Präteritum – dieses als das (sozusagen gleichbleibend ewige) Jetzt bestätigt. Dies gilt, solange der Narrator hinter das Erzählte zurücktritt und dadurch das dargebotene Geschehen gleichsam direkt und aus sich selbst auf den Leser wirkt. Bringt er sich indes als Vermittler ins Spiel, indem er hervortritt und z.B. ein auktoriales Erzählverhalten an den Tag legt, Reflexionen, Einwände, Urteile einfließen läßt, so tritt nicht nur der Charakter epischer Mittelbarkeit deutlich ins Bewußtsein des Lesers, sondern gewissermaßen auch eine zeitliche Schichtung innerhalb der Zeitlosigkeit des Fiktionalen zutage. Das Präteritum erhält im Blick auf das Präsens der Erzählereingriffe eine *textimmanente* zeitliche Funktion.

Stets ohne zeitliche Funktion bleibt das sogenannte historische Präsens. Auch dieser Ausdruck dokumentiert einen terminologischen Mißgriff erster Güte, denn das historische Präsens hat mit Geschichtlichkeit so wenig zu schaffen wie mit der zeitlichen Vergangenheit. Das historische Präsens ist ein Präsens der Spannung und wird gelegentlich und sporadisch eingesetzt, wenn die Handlung einen Gipfel erreicht, einen Wendepunkt markiert, jedenfalls eine Stelle im Relief des Erzählens besonders herausgehoben werden soll. Das Wesen dieses Tempuswechsels besteht in der Plötzlichkeit seines Erscheinens und der Kürze seiner Dauer. Das historische Präsens stellt entsprechend seiner Funktion ein plötzlich auftretendes und schnell vorübergehendes Erzählphänomen ohne zeitliche Funktion dar.

Damit wären die wichtigsten Tempusprobleme beschrieben und wohl auch gelöst, hätte nicht die Geschichte des Erzählens in den letzten einhundert Jahren einen derartig rasanten Verlauf genommen, daß heute so gut wie keine Regel mehr ohne Einschränkung gilt.[22] Von dem Verwandlungsprozeß war das Zeit-Gefüge innerhalb des fiktionalen Erzählens besonders stark betroffen, und vor allem die Ausbreitung des Präsens als Darbietungstempus hat inzwischen ein Ausmaß erreicht, welches Weinrichs Tempussystem ebenso außer Kraft setzt wie das von Käte Hamburger. Das in den 50er und 60er Jahren in Frankreich unter der Bezeichnung »Nouveau roman« entstandene, stark mit Beschreibungen durchsetzte epische Genre im Präsens markierte zwar den Durchbruch der Präsensform als Darbietungstempus erzählerischer Art, stand aber keineswegs am Anfang dieser Entwicklung. Seit der Jahrhundertwende erschienen immer häufiger deutsche Erzählwerke, in denen der Tempusgebrauch keineswegs streng gehandhabt wurde, sondern Präsens- und Präteritum-Erzählen sich zu einer ungeregelten Mixtur miteinander vermischten. Klabund, der in der Geschichte des deutschen Romans sonst kaum eine Rolle spielt, legte mit »Rasputin« 1929 wohl den ersten reinen Präsens-Roman vor. Seit den 60er Jahren ist das Präsens-Erzählen im deutschen Roman fest etabliert. Zu nennen sind etwa Johannes Bobrowskis Romane »Levins Mühle« (1964) und »Litauische Claviere« (1966), Max Frischs »Mein Name sei Gantenbein (1964) und Wolfgang Hildesheimers »Tynset« (1965). Allerdings verwenden diese Romane das Präsens keineswegs alle in gleicher Funktion. Vielmehr müssen wir zwischen zahlreichen Präsens-Funktionen unterscheiden.

Neben dem »räsonierenden« Präsens eines auktorialen Erzählers, von dem schon die Rede war, kommt nun auch ein episches Präsens vor, wie wir es in Anlehnung an das »epische Präteritum« nennen können, – denn es besitzt dieselbe Funktion. Es tritt als fiktionales Erzähltempus auf, erweist sich insofern als mit dem traditionellen epischen Präteritum austauschbar und hat sich inzwischen beinahe so fest wie dieses im Erzählen etabliert. Die folgende Passage stammt aus der »Skizze« am Ende des berühmten »Tagebuch 1946 – 1949« von Max Frisch, die von der gravierenden inneren Verwandlung des Rechtsanwalts Schinz handelt. Seine Begegnung mit dem »Geist« wird dadurch signalisiert, daß er sich in einer ihm an sich höchst vertrauten Gegend verirrt und deshalb erst in der Nacht nach Hause kommt. Niemand glaubt ihm, daß er sich verirrt hatte, am wenigsten seine Frau:

Einmal gibt sie ihm einen Kuß, um zu wissen, ob er getrunken hat. Keine Spur. Schinz gibt den Kuß zurück, um endlich baden zu dürfen.
    »Du hast ja Fieber?«
    »Unsinn«, sagt er.
    »Bestimmt hast du Fieber!«

»Komm«, sagt er: »Laß mich -.«
»Warum kannst du nicht sagen, wo du den ganzen Tag gewesen bist? Verstehe ich
nicht. Nicht einmal ein Anruf! Ich sitze den ganzen Tag, rege mich auf wie eine Irrsinnige
– und du kommst um Mitternacht, wo wir seit dem Mittagessen warten, und sagst nicht einmal, wo du gewesen bist.«
»Im Wald!« schreit er.
Türe zu!... Hoffentlich sind die Kinder nicht erwacht, es ist sehr unbeherrscht gewesen,
sehr unschinzisch. Dreiviertel Stunden dauert das Bad. Als Schinz herauskommt, rosig und
wie neugeboren, sitzt Bimba mit verheulten Augen.
»Was ist denn los?«
»Rühr mich nicht an!« sagt sie.[23]

Außer dem Tempus hat sich gegenüber einer gewöhnlichen fiktionalen Erzählpas-
sage nichts geändert. Ein Erzähler vermittelt dem Leser ein Geschehen, die Figuren
reden, die *inquit*-Formel steht an gewohnter Stelle, und einmal haben wir es sogar
mit einem kurzen inneren Monolog oder mit erlebter Rede im Präsens zu tun, –
eine definitive Entscheidung ist hier nicht möglich: »Hoffentlich sind die Kinder
nicht erwacht, es ist sehr unbeherrscht gewesen, sehr unschinzisch.« Aber auf jeden Fall zeigt sich, daß alle gewohnten Darbietungsformen auch in der Präsens-Er-
zählung Verwendung finden.

Inzwischen ist das Erzählen im epischen, also im fiktionalen Präsens so verbreitet und dem Leser daher so vertraut, daß es auch in Werken ohne hohen literarischen Anspruch und fern von Welt- und Menschheitsdeutung vorkommt. Jürgen
Lodemann hat seinen Detektivroman »Essen Viehofer Platz«, eine vorzüglich dargebotene Geschichte, über 559 Seiten im Präsens erzählen lassen. Er beginnt folgendermaßen:

Den Wecker hört Langensiepen in dem Moment, in dem er sieht, wie die Frau neben ihm
ein Bein über das andere legt. Haut über Haut, durch die der Milchkaffee schimmert, den er
sich zum Frühstück macht und den er ›café-olé‹ nennt. In diesem Augenblick lärmt, was er
für das Geräusch des Weckers hält. Er wirft sich herum, drückt auf den Aus-Knopf und
schaltet zugleich, wie jeden Morgen, den Kölner Sender ein.
Von dem Balken herab schwebt eine Frauenstimme, ›besser war nichts auf Erden‹, singt
sie. Bis er bemerkt, daß nicht der Wecker gerasselt hat, sondern das Telefon. ›Hausfrau
muß ich nun mal werden‹ hört er noch, schaltet die Sängerin weg. Nimmt ab und sagt:
»Hallo, wer ist -«
»Bin ich da bei Langensiepen?«
»Reichlich früh sind Sie.«
»Entschuldigense«, sagt die Telefonstimme. »Sonntachs so früh is auch ärgerlich, warn
Se sicher grad wat Knuffiget am träumen, nur – ich hab wat Wichtiget.«[24]

Man sieht, daß das epische Präsens längst das literarisch gehobene Unterhaltungs-
genre erobert hat, also keineswegs auf poetische Experimente beschränkt ist.

Eine Folge dieser weiten Verbreitung des Erzählens im Präsens ist das funk-
tionslose Tempus-Gemisch im deutschen Roman der Gegenwart. Denn da das Präsens offensichtlich nicht weniger tauglich ist als das Präteritum, wenn fiktional erzählt werden soll, kann man auch von einem Tempus ins andere überwechseln,
ohne daß man damit irgendwelche Veränderungen hervorruft. Das 9. Kapitel von

Christa Wolfs »Kindheitsmuster« beginnt folgendermaßen:

Vorgestern, in einer Aprilnacht 1973 – du kommst, einer Umleitung wegen, nicht auf der Hauptstraße, sondern über die Dörfer allein im Auto nach Hause, etwas müde, daher angespannt aufmerksam –, hast du beinahe eine Katze überfahren. Es war auf dem Katzenkopfpflaster einer Dorfstraße.[25]

Präsens, Perfekt, Imperfekt miteinander verknüpft und durch ein zurückweisendes Zeitdeiktikum bereichert, – dergleichen zeigt die Beliebigkeit der Tempuswahl. Wenig später lesen wir:

Zum »Dienst« in der Hitler-Jugend muß Nelly sich gedrängt haben. In der langen Schlange steht sie vor der Turnhallentür, hinter der die bedeutsame Prozedur der Einschreibung vor sich ging: Bald darauf sitzt sie in einem Klassenzimmer. Der erste Heimabend findet statt, mit den anderen singt sie:»In dem Walde steht ein Haus«, ein Kinderlied, dessen sehr einfacher Text mit Handbewegungen begleitet wird. Der Vorgang war peinlich [...][26]

Der Tempuswechsel besitzt nicht die geringste Bedeutung, hier tritt kein historisches Präsens, kein Vorzeitigkeits-Präteritum in den Vordergrund, sondern episches Präsens und episches Präteritum bilden ein willkürliches Tempusgemisch, das den Gebrauch der Zeiten als nebensächlich oder gar belanglos wirken läßt. Dergleichen ist seit den 60er Jahren geradezu an der Tagesordnung.

Es hängt dies aber weniger mit der Unfähigkeit der Autoren zusammen, die *consecutio temporum* korrekt zu gebrauchen, als mit einem ästhetischen Wandlungsprozeß, der an die Stelle eines geschlossenen, streng funktionalen Kunstwerks ein »offenes«[27], das Gemeinte in der Schwebe belassendes Produkt setzt. Darin spiegelt sich gewiß der Verlust eines festen Weltbildes in der Moderne wider, Folge der beliebigen Herstellbarkeit von Welt und Wertsystemen, nachdem der Mensch mit Hilfe von Naturwissenschaft und Technik zum Beherrscher der Welt geworden ist. Da sich alle metaphysischen Verankerungen gelöst haben, da der Mensch selbst zum Subjekt der Geschichte geworden ist und damit alles seiner Willkür überantwortet wurde, lassen sich geordnete Handlungen, gesicherte Anschauungen, Bildungsziele und gefestigte Weltbeziehungen nicht mehr »ins Werk setzen«. Erzählästhetisch hat dies die Auflösung fester, geschlossener Modelle zur Folge, also auch die der Gegenüberstellung von epischem Präteritum und räsonierendem Präsens. Die folgende Passage stammt aus Konrad Bayers nachgelassenem Roman »der sechste sinn« von 1969:

die bäuerin blieb ungerührt im stil der jahrhundertwende, obwohl es gerade ein paar minuten vor der essenszeit war. ein vornehm wirkender junger mann beobachtet uns. er klirrt im salon. sie lächelt kaum merklich. wo leben und eigentum bedroht werden, da hören alle unterscheidungen auf. nina, die auf dem toilettetisch lag, hatte ringe unter den augen und war voller haare.
»ich habe den sechsten sinn...« und seufzte.[28]

Es herrscht ersichtlich eine totale Konfusion. Genau genommen hat kein Satz mit dem nachfolgenden etwas zu tun, jedenfalls enthält sich der Text sämtlicher diesbezüglicher Binde-Signale. Der erste Satz handelt von der Bäuerin, der zweite von einem jungen Mann, der »uns« beobachtet, ohne daß man erführe, welche Personen gemeint sind. Klirrt es in dem »salon«, in dem sich alle aufhalten, oder an ganz anderem Ort? Man erfährt es nicht, so wenig wie man über »sie« des nächsten Satzes erfährt. Dann folgt ein Urteilssatz des Erzählers, danach die Kurzbeschreibung »ninas«, danach ein Satz, den nur vermutlich Nina spricht, da das Subjekt in der angeschlossenen *inquit*-Floskel fehlt. Dem Beziehungschaos entspricht das Chaos der beschriebenen Zustände, die Zusammenhanglosigkeit überläßt es dem Leser, sich den Text für ein Verständnis zuzubereiten. Er erhält keine Rezeptionsanleitung, d.h. er darf, kann und soll wohl gar jede Willkür walten lassen, so daß es möglicherweise so viele Rezeptionen wie Leser gibt. Doch treibt der Text die Diffusion noch weiter:

der telefonapparat brennt noch immer. was will mein körper von mir? plötzlich erscholl ein schrei und nina lässt ihre handtasche fallen. die dame in rot ging missmutig durch das zimmer, liess eine wolke von parfüm hinter sich und begann nervös auf den toilettetisch zu schlagen. der junge mann packt sie am arm und legt ihr die hand auf den mund. ich betrachtete alles stillschweigend. ich habe den sechsten sinn. der bauer, der sich bislang unbeachtet im hintergrund gehalten hatte, brachte seinen anzug in ordnung, setzte sich auf das fussende des indianers, der noch immer bewegungslos am boden lag, und seufzte: »ich habe den sechsten sinn.« zugleich begriff sich die dame in rot ans kinn, verdrückte mir im vorbeigehen kurz die hand und murmelte dann: »was will mein körper von mir?«[29]

Meinte zuerst wohl Nina, sie habe »den sechsten sinn«, so nun der Erzähler, kurz danach aber auch »der bauer«. Warf zunächst der Narrator die Frage auf »was will mein körper von mir?« – so stellt sie nun »die dame in rot«. Was ist das für ein Indianer, bei dem sich »der bauer« niederläßt? – Man erfährt es nicht, so wenig wie man etwas über den Ort der Ereignisse in Erfahrung bringen kann, was wiederum nur dem temporalen Durcheinander entspricht, das wie alle anderen, unzusammengehörigen Erscheinungen an jener Diffusion mitbaut, die den Leser zum rezipierenden Souverän über den Text macht. Hier entspricht also der wechselnde Tempus-Gebrauch dem ästhetischen Ansatz, einen inkohärenten Text zu konstituieren und damit eine unendlich vielfältige, weil rein subjektive Rezeption ins Werk zu setzen.

Allerdings hat die Entwicklung eines epischen Präsens auch die Möglichkeiten einer zeitlichen Erzählordnung erweitert, einfach deshalb, weil nun nicht mehr nur das räsonierende Präsens eines auktorialen Erzählers dem epischen Präteritum die Vergangenheitsfunktion zuteilt, sondern weil nun auch das erzählende Präsens das erzählende Präteritum mit einer zeitlichen Funktion versehen kann. In Wolfgang Hildesheimers Roman »Tynset« lesen wir z.B. folgende Passage:

Sie sagt: »Ich weiß, daß du barmherzig bist.«
   Nein, mit Vernunft ist hier nichts auszurichten, sie hält mich für ihren Gott und ihren Gott für barmherzig, auf all das war ich nicht vorbereitet. Ich sehe mich um. Was soll ich jetzt tun, was tue ich als nächstes?
   »Segne mich!« sagt sie.
   Jetzt, jetzt ist es an dem. Ich muß jetzt handeln, auf irgendeine Art. Sie segnen. Wie segnet man einen Menschen?[30]

Die Passage erhält dadurch eine zeitliche Dimension, daß andere erzählerische Partien im Präteritum stehen und also Vergangenheit mit Gegenwart konfrontiert wird:

Ich stieß im Telefonbuch auf den Namen Obwasser, und ich entsann mich des Gespräches mit jenem Malkusch, der mich für Obwasser gehalten hatte. Die Ähnlichkeit wollte ich prüfen. Ich rief ihn an, es war nach zwölf Uhr nachts. Auch er meldete sich sofort. »Karl Dietrich Obwasser«, sagte er, die letzten beiden Silben in einem glissando die Tonleiter hinauf, es klang wie eine hochtrabende Frage [...][31]

Doch die ordnungsstiftende Funktion des Präsens ist gemessen an der diffundierenden Bedeutung gering. Wie sehr für letzteres geänderte ästhetische Positionen verantwortlich sind, wie sehr also in der Tat die Ästhetik die Funktionen der einzelnen Elemente im Erzählsystem steuert, dafür liefert auch die folgende Textsequenz ein Beispiel. Es handelt sich um den Anfang von Max Frischs Roman »Mein Name sei Gantenbein«:

Alle sagen, er habe nicht viel getrunken, und sie waren nicht sicher, ob er sich wirklich unwohl fühlte, ob das nicht ein Vorwand war; er lächelte. Vielleicht hatte er noch eine andere Verabredung. Die Damen foppten ihn schmeichelhaft; er schien auf die Verdächtigung einzugehen, aber ohne noch ein Wort zu sagen. Man mußte ihn gehen lassen. Es war noch nicht einmal Mitternacht. Als man dann seine vergessene Pfeife auf dem Tisch bemerkte, war es zu spät, um ihm nachzulaufen... Der Tod muß eingetreten sein, kurz nachdem er sich in seinen Wagen gesetzt hatte; das Standlicht war eingeschaltet, ebenso der Motor, der Winker blinkte und blinkte, als wollte er jeden Augenblick in die Straße ausfahren. Er saß aufrecht, Kopf nach hinten, beide Hände am aufgerissenen Kragen, als ein Polizist kam, um nachzusehen, warum der Wagen mit dem laufenden Motor nicht ausfuhr. Es muß ein kurzer Tod gewesen, und die nicht dabei gewesen sind, sagen, ein leichter Tod – ich kann es mir nicht vorstellen – ein Tod wie gewünscht...
Ich stelle mir vor:
So könnte das Ende von Enderlin sein.
Oder von Gantenbein?
Eher von Enderlin.
Ja, sage ich auch, ich habe ihn gekannt. Was heißt das! Ich habe ihn mir vorgestellt, und jetzt wirft er mir meine Vorstellungen zurück wie Plunder; er braucht keine Geschichte mehr wie Kleider.[32]

Zunächst glaubt der Leser an ein zeitlich schichtendes Erzählen: Dem Hier und Jetzt liegt ein Vorgang voraus, den der Narrator berichtet. Aber dann zeigt sich, daß das Präsens eine wichtigere Funktion besitzt: »So könnte das Ende von Enderlin sein.« Denn der Satz stellt klar, daß nunmehr von einer Erfindung, einer bloßen Vorstellung des erzählenden Ich die Rede ist; andernfalls müßte es heißen: »So könnte das Ende von Enderlin gewesen sein.« Und das anschließende Präsens »Ja, sage ich auch, ich habe ihn gekannt« ist weniger ein Zeit-Präsens als ein Fiktions-Präsens: Es signalisiert, daß hier Erfundenes zur Sprache kommt. Das Präsens gibt das Erzählte als bloße Fiktion preis.

Damit ist der das Erzählte als so-und-nicht-anders sichernde Rahmen der Fiktionalität gesprengt, das Gesagte verliert den Wesenszug, zu *sein*. Fiktionalität wird dadurch, daß das Erzählte als fiktiv, als bloß ausgedacht deklariert und preis-

gegeben wird, unterminiert, mit dem Ergebnis, daß die ontische, besser: onto-
logische Sicherung der erzählten Ereignisse und Handlungen aufgehoben ist. Das
epische Präteritum weicht hier nicht einem gleichartigen, nämlich das Erzählte als
so-geschehen sichernden epischen Präsens, sondern einem Fiktions-Präsens, das die
geradezu entgegengesetzte Funktion erfüllt. Es signalisiert, daß der Erzähler nicht
ein (fiktionales) Sein, sondern ein Nicht-Sein zur Sprache bringt. Frisch hat nur auf
seine Weise Recht, wenn er von der »Täuschung, die im epischen Imperfekt
liegt«[33], spricht, nämlich sofern er unter »Täuschung« die Fiktionalität der Kunst
versteht und mithin nur empirische Wirklichkeitsaussagen als »wahr« zuläßt. Darin
kann ihm die Wissenschaft nicht folgen. Es stimmt, wie wir am epischen Präsens
erkennen können, auch nicht, wenn er vom Präsens generalisierend das Folgende
behauptet: »Sobald wir das Imperfekt aufgeben, zeigt sich der fiktive Charakter aller Geschichten, die erzählbar sind, umso reiner, und dabei ist mir wohler.«[34]
Denn hier hat er nur das Fiktions-Präsens im Blick, nicht das epische, das fiktionale Präsens. Für das Fiktions-Präsens trifft seine Aussage allerdings zu.

Eine zweite, erheblich umfangreichere Stelle aus »Mein Name sei Gantenbein«
soll als besonders deutliches Beispiel für das Fiktions-Präsens herangezogen werden. Es handelt sich um eine Krankenhausszene, die im epischen Präteritum beginnt. Das erzählende Ich wacht auf und sieht – offenbar noch halb träumend – einen Pferdekopf aus einer Granitwand herauswachsen. »Ich machte Licht«, heißt es,
wir befinden uns noch im epischen Präteritum, in der fiktionalen Welt. »Ich klingelte«, lesen wir wenig später, und dann:

Als die Krankenschwester endlich kam und fragte, was denn los sei, bat ich um ein Bad,
was aber, ohne Erlaubnis des Arztes, um diese Stunde nicht möglich war; stattdessen gab
sie einen Saft und mahnte zur Vernunft; ich solle schlafen, sagte sie, um morgen einen
schönen Befund zu haben, so daß ich am Samstag entlassen werden könne, und löschte das
Licht...
Ich stelle mir vor:
Als die junge Nachtschwester endlich kommt, eine Lettin (Elke hieß sie), findet sie ein
leeres Bett; der Kranke hat sich selbst ein Bad einlaufen lassen. Er hat geschwitzt, und da
er ja baden will, steht er nackt in Wolken von Wasserdampf [...][35]

Mit dem Übergang in die Vorstellung tritt das Präsens in Kraft, und nur der Rückfall ins Präteritum beim in Klammern stehenden Zusatz »(Elke hieß sie)« signalisiert eine Übernahme aus der epischen Welt fiktionaler Fakten. Es folgt eine längere, halb groteske, halb komische Geschichte von dem nackten Kranken, der durch
die Stadt läuft und von Passanten und Motorradfahrern teils geflohen, teils gejagt
wird. Sie steht unter dem Leitsatz »Ich stelle mir vor« und also im Fiktions-Präsens. Die Geschichte endet im Theater, jedenfalls vorläufig, und zwar auf folgende
Weise:

Jetzt wieder mitten auf der Fahrbahn, als wolle er's ihnen leichter machen, läuft er, trabt er,
bis die schwarzen Motorräder auf Umwegen wieder da sind, eins links, eins rechts, ein Ge-
leit, das ihn belustigt. Ihre Zurufe, er solle stehenbleiben; sie scheinen zu vergessen, daß er
splitternackt ist...
Ich erinnerte mich:

Das Weitere hat mir einer erzählt, dem es wirklich zugestoßen ist... Man war freundlich zu ihm, sagt er, verständnisvoll. Er saß auf der Bühne schlotternd in den Kulissen des Vorabends. Der Vorhang war offen, das Parkett aber leer [...][36]

Der Rückfall ins Präteritum erfolgt in dem Moment, da (fiktional) Wirkliches zur Sprache kommt, etwas, das einer wirklich erlebt hat. Jetzt gibt der Erzähler Gehörtes wieder, nicht mehr Vorgestelltes, und damit weicht das Fiktions-Präsens dem fiktionalen (= epischen) Präteritum (das Perfekt im »Das Weitere hat mir einer erzählt...« muß man als Vorzeitigkeits-Tempus zum Hier und Jetzt des Erzählers qualifizieren, also als räsonierendes Perfekt).

Allerdings ist Frisch in seinem »Gantenbein« nicht vollkommen konsequent verfahren, doch nicht aus Gründen erzählerischer Unzuverlässigkeit, sondern gezielt: »Aber das mit dem Imperfekt, das mich stört, ist etwas anderes: was ich für eine Störung hielt, war das Thema selbst. Und darum kommt das Imperfekt immer streckenweise wieder vor. Um immer wieder einzustürzen. Man beginnt ja an seine Fiktion zu glauben, aber was zu gelten scheint, erweist sich als Fiktion, und man weiß nicht, wo man sich befindet. Genau das wäre darzustellen.«[37] Es würde zu weit führen, Frischs gedanklichen Ansatz zu beschreiben, der zu dieser erzählerischen Lösung führt, aber man sieht, daß die Sequenzen im epischen Präteritum durch das Fiktions-Präsens als fehlerhaft, als scheinhaft dekuvriert werden sollen. Genau dies geschieht wohl auch zu Beginn des Romans in der hier zitierten Text-Passage: Das im Präteritum berichtete, scheinbar fiktional Wirkliche wird anschließend zum fiktiv Möglichen deklariert und im Fiktions-Präsens zu Ende erzählt. Gewiß kann man die Eingangspassage auch anders verstehen: Das Buch-Ich nimmt einen tatsächlichen Vorfall als Modell für den ausgedachten Tod von Enderlin; in diesem Fall wird nicht der Romanbeginn im Nachhinein als bloße Fiktion preisgegeben, sondern als fiktional wirklich verstanden. Die eben zitierten Äußerungen Frischs widersprechen einem solchen Verständnis aber, vor allem würde es nichts daran ändern, daß von »Ich stelle mir vor« an das Fiktions-Präsens herrscht, und die Krankenhaus-Episode präsentiert fraglos ein ausgedachtes Geschehen im Fiktions-Präsens. Das mögliche Doppelverständnis der Eingangspassage signalisiert aber die Vielfalt der Funktionen, die das Präsens in der Moderne erfüllen kann.

Man sieht, daß der Tempus-Gebrauch außerordentlich variabel geworden ist und daß ein und dasselbe Tempus, zumal in der Moderne, ganz unterschiedliche Funktionen erfüllt. Das Fiktions-Präsens ist wie der verwirrende Tempuswechsel zweifellos ein Mittel der veränderten, zur Auflösung aller Bestimmtheiten und zur rezeptiven Orientierungslosigkeit tendierenden Ästhetik der Moderne. In ihr begegnen daher auch noch andere Formen der Auflösung von Fiktionalität. Die Geschichtlichkeit der Kunstvorstellungen und Kunsterwartungen macht nicht Halt vor den Elementen der Erzählsysteme, sondern verwandelt sie und ihre Funktionen.

4. Das Spiel mit der Fiktionalität

Das »Gantenbein«-Beispiel zeigt, daß in der Moderne sogar der das Erzählte in seinem Sein sichernde Rahmen der Fiktionalität in Frage gestellt wird, – und damit das fundamentale Merkmal der Erzählkunst selbst. Es ist hier nicht der Ort, danach zu fragen, wie es kommt, daß sich die Kunst der Moderne im allgemeinen und die Erzählkunst der Moderne im besonderen mit ihren eigenen Prinzipien befaßt und diese selbst ins Wanken bringt; wohl aber lassen sich verschiedene Verfahrensweisen gegeneinanderstellen und die ästhetischen Wirkungen zumindest umreißen. Max Frisch hat die Durchbrechung der Fiktionalität für ein Erzählen genutzt, das die Möglichkeiten eines Menschen durchspielt und damit Varianten des Denkbaren an die Stelle einer starren, durch das unwandelbare So-und-nicht-anders geprägten Biographie rückt. Das Buch-Ich stellt sich immer wieder anders und als ein anderes vor, was nur darum gelingen kann, daß es eben keine (fiktionalen) Fakten erzählt, sondern Fiktionen; und er macht dies mit Hilfe des Leitsatzes »Ich stelle mir vor« oder mit anderen Mitteln dem Leser auch immer bewußt. Auf diese Weise ist »Mein Name sei Gantenbein« zum Vorbild für eine Reihe anderer Romane geworden, obwohl Frisch das Verfahren nicht als erster benutzte. Vor ihm hat es z.B. Thomas Mann verwendet, in seiner Joseph-Tetralogie ebenso wie in »Der Erwählte«, wo ein Narrator mit Namen Clemens der Ire auftaucht, der sich selbst als »Geist der Erzählung« deklariert und die erzählte Geschichte als erfunden kennzeichnet, also als Fiktion preisgibt und damit dem Leser deutlich macht, daß die Geschichte sich so nicht abgespielt hat. Dies bedeutet, daß er die Frage nach wahr und falsch zuläßt, d.h. den das Erzählte in seinem Bestand sichernden Rahmen der Fiktionalität zumindest zeitweise und partiell außer Kraft setzt, der ja eben dadurch funktioniert, daß er die erzählten Begebenheiten der Frage nach ihrer Wahrheit oder Falschheit durch hermetische Trennung von der empirischen Realität entzieht. Im »Erwählten« geschieht dies dadurch, daß der Narrator gleich zu Beginn davon erzählt, daß in Rom alle Glocken läuteten, und er anschließend die Frage stellt, wer denn dieses gigantische Glockengeläut ins Werk setze: »Wer läutet die Glocken? Der Glöckner nicht [...] Wer also läutet die Glocken Roms? – Der Geist der Erzählung.«[38] Offenbar läuten die Glocken gar nicht wirklich, sondern das Getöse ist eine Erfindung des Narrators: »Er ist es, der spricht: ›Alle Glocken läuteten‹, und folglich ist er's, der sie läutet.«[39] Und schließlich läßt der Erzähler alle Indirektheit beiseite und erklärt *expressis verbis*:

Ich bin der Geist der Erzählung, der, sitzend an seinem derzeitigen Ort, nämlich in der Bibliothek des Klosters Sankt Gallen im Alamannenlande, wo einst Notker der Stammler saß, zur Unterhaltung und außerordentlichen Erbauung diese Geschichte erzählt, indem ich mit ihrem gnadenvollen Ende beginne und die Glocken Roms läute, id est: berichte, daß sie an jenem Tage des Einzugs sämtlich von selbst zu läuten begannen.[40]

Was als Ereignis berichtet wird, geschah nicht wirklich, sondern »id est«, was der Erzähler sich ausgedacht hat. Der Roman ist durchzogen mit Bemerkungen, die dem Leser im Bewußtsein halten, daß hier sozusagen unter Vorbehalt erzählt und

daher am besten auch unter Vorbehalt gelesen und rezipiert wird, nämlich unter
dem Vorbehalt, daß das Erzählte nicht so vorgefallen ist, wie es erzählt wird, daß
hier Ausgedachtes dargeboten wird. »Ich tue nur so«, heißt es etwa, »als wüßt ich
recht zu erzählen, wie Junker Wiligis erzogen wurde«[41], »Aber so ist es die Art
des Geistes der Erzählung, den ich verkörpere, daß er sich anstellt, als sei er in allem, wovon er kündet, gar wohlerfahren und zu Hause«[42], »Daß es ein Schein-
sieg war, tröstet mich etwas darüber, daß ich mit solcher Scheingeläufigkeit von
Dingen rede, die mir nicht angehören«[43], »So ungefähr Herr Grimald, wenn er
mit ihr im Bogen saß, ich geb es wieder, so gut ein Mönch sich's einzubilden versteht.«[44] Warum läßt Thomas Mann seinen Erzähler stets den sichernden Rahmen der Fiktionalität durchbrechen, indem er bekennt, er erzähle nur, was er sich
»einzubilden versteht«, welche ästhetischen Absichten verfolgt er?

Bevor wir uns dieser Frage kurz zuwenden, muß ein mögliches Mißverständ-
niß ausgeräumt werden. Mancher Leser mag nämlich einwenden, es sei eher die
Regel als die Ausnahme, daß in einem Roman Ausgedachtes erzählt werde, jeder
wisse das und könne daher an der Erscheinung, daß der Narrator das Erzählte als
bloß ausgedacht deklariere, nichts Ungewöhnliches entdecken. Aber selbst wenn
es sich so verhält, daß der Autor nur seine Phantasien zu Papier bringt, bleibt
beim traditionellen, beim »normalen« Erzählen der Rahmen der Fiktionalität intakt. Mag der *Autor* lediglich Fiktionen formulieren, so werden sie im Text doch
nicht *als* Fiktionen deklariert, sondern vom Leser als geschlossene, hermetisch
gegen die Realität abgedichtete fiktionale Ereignisse, als so und nicht anders geschehen rezipiert. Daß dies bei Frischs »Gantenbein« und bei Thomas Manns
»Erwähltem« anders ist, liegt daran, daß die Dichter jeweils einen Narrator ein-
setzten, der das Erzählte als bloß ausgedacht, als lediglich mögliches Geschehen
preisgibt. Dies vermeidet das traditionelle Erzählen nachdrücklich, baut oftmals
sogar Beglaubigungstechniken und Formeln in Gestalt historischer Verweise oder
chronikalischen Erzählens ein oder durchbricht wenigstens den Rahmen der Fiktionalität nicht, der – wie gezeigt – uns das Erzählte als wirklich geschehen rezipieren läßt. Nicht, ob der Autor Ausgedachtes erzählt, sondern ob der *Narrator*
es als ausgedacht erklärt, entscheidet darüber, ob das Erzählte seine (fiktionale)
Glaubwürdigkeit einbüßt oder nicht. Selbst wenn ein Dichter ein unbestreitbares
Faktum aus seinem Leben in einem Roman erzählen würde, erhielte es den Anstrich des Unglaubhaften, des bloß Fiktiven, sofern der Erzähler es als von ihm
selbst Ausgedachtes qualifizieren würde.

Für den Leser bedeutet dies, daß er des Gelesenen nicht mehr sicher sein kann.
Liest er die gänzlich unmögliche Geschichte von Rotkäppchen, seiner Großmutter
und ihrer Errettung, so nimmt er das erzählte Geschehen als fiktional wirklich auf;
liest er bei Thomas Mann die Formulierung »So ungefähr Herr Grimald, wenn er
mit ihr im Bogen saß, ich geb es wieder, so gut ein Mönch sich's einzubilden versteht«[45], so raubt der Hinweis darauf, daß hier nur Einbildungen des Erzählers
zur Sprache gekommen sind, dem Erzählten jede Glaubwürdigkeit: die beglaubi-
gende Funktion geschlossen-fiktionalen Erzählens sieht sich außer Kraft gesetzt.
Das Leserbewußtsein wird in einen Schwebezustand versetzt, in dem es des

Erzählten nie sicher sein kann, also stets zwischen dem Erlebnis fiktionaler Wahrheit und dem ihrer Untergrabung hin- und herschwankt.

Denn das Erlebnis der Fiktionalität und damit der Beglaubigung des Erzählten wird ja immer nur von Mal zu Mal irritiert. Da alle anderen Rezeptionssignale, welche den Leser in eine fiktionalitätsorientierte Leserolle versetzen, in Funktion bleiben (also z.B. Buchaufmachung, die poetische Sprache, die zeitlichen Verschiebungen usf.), wird der Rezipient immer nur vorübergehend durch die Bemerkungen des Narrators aus der fiktionalen Welt hinausgedrängt und auf den Boden der Wirklichkeit versetzt, von wo aus er erkennt, daß das Gesagte bloß der Kunstsphäre und nicht dem Realitätsbezirk zugehört. Danach faßt er wieder in der Welt der Fiktionalität Fuß, bis die nächste Bemerkung des Narrators ihm wieder bewußt macht, daß das Erzählte nichts als Fiktion, Vorgestelltes, Unwirkliches darstellt.

Welche allgemeine ästhetische Strategie dahintersteckt, läßt sich zwar hier nicht erörtern; aber man kann zeigen, welche Wirkung dieses Verfahren in dem besonderen Fall von Thomas Manns spätem Roman besitzt. Es nimmt dem Leser jene Sicherheit, die der Leser von Legenden normalerweise hat, nämlich daß ihm eine religiöse oder gar historische Wahrheit vorgetragen wird, und entspricht damit dem Faktum, daß man eine derartig unglaubhafte Inzest-, Buß- und Wundergeschichte wie »Der Erwählte« heute nicht mehr »direkt« rezipieren kann. Indem sie im Lichte der bloßen Fiktion erscheint, ergibt sich ein Spielraum des Uneigentlichen, nämlich des Ironischen: erzählbar ist die Erlösungslegende nur unter dem ironischen Vorbehalt, daß es sich eben lediglich um eine Legende handelt. Natürlich kann man die Argumentation auch umkehren: Indem Thomas Mann seinen Narrator eine Legende erzählen läßt, deren Glaubwürdigkeit zugleich untergraben wird, gewinnt er einen Spielraum des Ironischen, der den Leser in eine Sphäre ästhetischer Heiterkeit versetzt, – und darum war es dem »ironischen Deutschen«[46] nach eigener Auskunft besonders zu tun.

Daß in anderen Fällen andere ästhetische Absichten verfolgt und andere epische Mittel der Unterminierung fiktionaler Realität eingesetzt werden, zeigt sich schnell. Während in »Mein Name sei Gantenbein« und »Der Erwählte« die Narratoren dafür sorgen, daß der Rahmen der Fiktionalität immer wieder gesprengt wird, bringen sich in anderen Romanen die Autoren selbst ins Spiel, öffnen so die normalerweise hermetisch geschlossene Welt der Fiktionalität dem Bereich empirischer Realität und geben sie damit als Kunstwelt, d.h. als nicht-wirklich zu erkennen. An der folgenden Stelle von Johannes Bobrowskis Roman »Levins Mühle« mag man noch schwanken, ob hier der Erzähler oder schon der Autor selbst redet, obwohl der Hinweis auf die Ortskenntnisse autobiographisch wirkt:

Und nun überlege ich nur, ob es nicht doch besser gewesen wäre, die ganze Geschichte weiter nördlich oder noch besser viel weiter nordöstlich spielen zu lassen, schon im Litauischen, wo ich alles noch kenne, als hier in dieser Gegend, in der ich nie gewesen bin, an diesem Fluß Drewenz, am Neumühler Fließ, an dem Flüßchen Struga, von dem ich nur gehört habe.[47]

Auch die Formulierung »die Geschichte [...] spielen zu lassen« verweist wohl auf den Verfasser Bobrowski. An der folgenden Stelle in Peter Härtlings »Hölderlin«

spricht ganz zweifellos der Autor selbst; der Roman, dem übrigens eigens diese
Gattungsbezeichnung beigegeben ist, so daß der Einwand, hier werde keineswegs
der Rahmen der Fiktionalität gesprengt, da es sich überhaupt nicht um einen fiktionalen Text handele, von vornherein ausgeräumt wird, beginnt auf folgende Weise:

Am 20. März 1770 wurde Johann Christian Friedrich Hölderlin in Lauffen am Neckar geboren –
      – ich schreibe keine Biographie. Ich schreibe vielleicht eine Annäherung. Ich schreibe
von jemandem, den ich nur aus Gedichten, Briefen, aus seiner Prosa, aus vielen anderen
Zeugnissen kenne. Er ist in meiner Schilderung sicher ein anderer. Denn ich kann seine Gedanken nicht nachdenken. Ich kann sie allenfalls ablesen. Ich weiß nicht genau, was ein
Mann, der 1770 geboren wurde, empfand. Seine Empfindungen sind für mich Literatur. Ich
kenne seine Zeit nur aus Dokumenten. Wenn ich »seine Zeit« sage, dann muß ich entweder
Geschichte abschreiben, oder versuchen, eine Geschichte zu schreiben: Was hat er erfahren? Wie hat er reagiert? Worüber haben er, seine Mutter, seine Geschwister, seine Freunde
sich unterhalten? Wie sah der Tag mit Diotima hinter der geschriebenen Emphase aus? Ich
bemühe mich, auf Wirklichkeiten zu stoßen. Ich weiß, es sind eher meine als seine. Ich
kann ihn nur finden, erfinden, indem ich mein Gedächtnis mit den überlieferten Erinnerungen verbünde. Ich übertrage vielfach Mitgeteiltes in einen Zusammenhang, den allein ich
schaffe. Sein Leben hat sich niedergeschlagen in Poesie und in Daten. Wie er geatmet hat,
weiß ich nicht. Ich muß es mir vorstellen – [48]

Damit hat der Verfasser des Romans sein Konzept und sein Verfahren umrissen.
Einerseits schreibt er keine Biographie, der Leser lernt keineswegs ausschließlich
historisch einwandfreie Fakten kennen, er liest keinen nicht-fiktionalen, gar
wissenschaftlichen Text. Da Härtling auf keinen Fall »Geschichte abschreiben«,
sondern Hölderlin »finden, erfinden« und sich »vorstellen« will, gibt der Text dem
Leser keineswegs die Sicherheit, nur Wirkliches, nur Wahres zu rezipieren. Da
Härtling jedoch andererseits auch nicht ohne Umschweife damit beginnt, seine
Vorstellungen und Erfindungen zu erzählen und mithin in einem geschlossenen
fiktionalen Text als Wahrheit rezipierbar zu machen, sondern eigens erörtert und
betont, daß er weniger Hölderlins als eigene »Wirklichkeiten« mitteilen wird, ist
dem Leser auch jene Sicherheit genommen, die sein fiktionales Leserbewußtsein
normalerweise prägt. Hier wird eben nicht »normal«, d.h. entsprechend den überkommenen epischen Traditionen erzählt, sondern der Rahmen der Fiktionalität
wird gesprengt. Der Leser wird also in doppelter Unsicherheit gehalten: Weder
nimmt er historische Fakten wahr noch sieht er sich in den Stand gesetzt, eine fiktionale Welt als wahr zu rezipieren. Liest er den Satz »Ich muß mich in das Kind
hineinfinden; ich muß es erfinden«[49] oder »Ich denke mir, daß er blaß war«[50]
oder »Das könnte er Köstlin erwidert haben«[51] oder »Ich lasse ihn sich an seine
erste Reise erinnern«[52], – dann fühlt er sich jeweils aus der hermetischen Welt
der Fiktionalität in die Wirklichkeit hinausgedrängt, von wo aus er erkennt, daß
das Erzählte bloß erfunden ist. Beide Wahrheiten, die reale wie die fiktionale, sind
ihm genommen, wurden unterminiert. So gerät der Leser in einen Schwebezustand.
Da er vom Text nicht gehalten wird, fühlt er sich auf sich selbst zurückgeworfen,
d.h. er gerät in die Rolle des Reflektierenden, der beständig auf der Hut sein muß
(und daran durch die über den ganzen Roman verstreuten Bemerkungen des Autors

erinnert wird), zwischen Erfundenem und durch Quellen Gesichertem zu unterscheiden.

Genau diese Subjektivierung verhindert sowohl der nicht-fiktionale wie der traditionell erzählte, nämlich in sich geschlossene fiktionale Text: Der eine, weil er historische Fakten u.ä. ausbreitet, der andere, weil er ein fiktionales Leseverständnis schafft, das der Frage nach Wahrheit und Wirklichkeit des Dargebotenen enthoben ist. Diese neuartige Leserolle, in die der Rezipient durch die geschilderten epischen Verfahrensweisen versetzt wird, bedeutet freilich zugleich, daß er dem Text in einzigartiger Freiheit und Souveränität gegenübersteht. Er wird nicht mehr gehalten, das ist wahr, aber damit wird er zugleich freigestellt, nämlich immer wieder aus seiner fiktionalitätsorientierten Rezeptionshaltung gelöst und als reales, als empirisches Individuum zugelassen bzw. eingesetzt. Das Fiktional-Bewußtsein des Lesers stellt ja eine Beschränkung dar, denn mit dem Eintritt in die fiktionale Welt bindet er sich an deren Wirklichkeit und Wahrheit, liefert er sich sozusagen dem Wahrheitszwang des Gelesenen aus. Nicht er bestimmt, sondern er wird vom Gelesenen geführt, geprägt, gelenkt. Jemand habe ganz »selbstvergessen«, ganz »versunken« eine Geschichte gelesen, so sagt man. Das kann nur eine im überkommenen Sinne erzählte Geschichte gewesen sein, also die Ausbreitung eines hermetisch geschlossenen fiktionalen Geschehens. Romane wie »Mein Name sei Gantenbein« oder »Hölderlin«, die den Rahmen der Fiktionalität aufbrechen, lassen solches Versinken, solche Selbstvergessenheit des Lesers nicht mehr zu, weil sie ihn beständig aus der fiktionalen Welt vertreiben, indem sie ihm vor Augen führen, daß sie nur ausgedacht, bloße Fiktion sind: Die Preisgabe des Erzählten als Fiktion sprengt den geschlossenen Rahmen der Fiktionalität, löst den Fiktional-Leser aus seiner Versunkenheit in das fiktionale Geschehen, wirft ihn auf sich und seine Subjektivität zurück und stellt ihn so dem Text gegenüber.

Neben dem Einsatz eines das Erzählte zur bloßen Fiktion erklärenden Erzählers und dem des Autors beim Aufbrechen hermetischer Fiktionalität soll noch ein dritter Weg nachgezeichnet werden. Er wurde von Wolfgang Hildesheimer in dem schon genannten Roman »Marbot« gewählt, der bezeichnenderweise als Gattungs-Untertitel »Eine Biographie« führt. Denn auf den ersten Blick ist das Buch in der Tat die Lebensbeschreibung eines englischen Adligen Namens Andrew Marbot, der als Kunstwissenschaftler von 1801 bis 1830 lebte, durch mehrere Länder reiste, auch Goethe in Weimar besuchte und frühzeitig seinem Leben ein Ende setzte. Von der Umschlagseite mit dem Bild Marbots bis zum Personenregister am Schluß, von einigen Fußnoten und Quellenangaben bis zur Danksagung an einige Helfer, unter denen Wissenschaftler und Literaten die Überzahl stellen, gibt sich das Buch konsequent als Biographie. Aber der Leser merkt doch bald, daß es sich dabei um eine Fiktion handelt. Nicht nur das Fehlen wissenschaftlicher Literatur, der weitgehende Verzicht auf detaillierte Quellenangaben, vor allem aber der erzählerische Stil und Sätze wie »Inzest – ›Blutschande‹ – wird nicht verabredet, sie geschieht, wenn sie geschieht – so denke ich« oder »Diese Fragen mögen die beiden Liebenden später zusammen erörtert haben« oder gar die Einleitung des Abschnitts über den Inzest mit der »Gantenbein«-Formel »Ich stelle mir vor«[53] las-

sen den Leser nicht im Zweifel über den fiktiven Charakter der »Biographie«. Hier
wird also die reale Wahrheit untergraben und in Frage gezogen, wie bei den anderen Beispielen die fiktionale. Der Leser steht dem Text wiederum gegenüber, jedoch besitzt das Buch im Gegensatz zu einer wirklichen Biographie so viele poetische Momente, daß der Rezipient phasenweise in eine fiktionale Leserolle gebracht
wird. So verweilt das Leserbewußtsein auch hier in der Schwebe zwischen Fiktion,
Fiktionalität und historischer Wahrheit. Nicht einmal die Fundamentalerschei-
nungen überkommenen Erzählens bleiben von den ästhetischen Tendenzen der Moderne zur Destruktion des Gewohnten mit dem Ziel, den Leser in den Mittelpunkt
zu rücken, verschont. Es kann nicht verwundern, daß auch die Mechanik der
Textrezeption in der Moderne nahezu in ihr Gegenteil verkehrt wird.

5. Gelenkte und freie Rezeption

Ob man den vom Text intendierten oder den tatsächlichen Leser im Blick hat, ist einerlei: Bei der »normalen«, der »geläufigen«, also der uns allen vertrauten Rezeption
eines epischen Textes handelt es sich um einen vom Text gelenkten Prozeß. Zweifellos folgt das fiktionale Lesen auch den individuellen Präferenzen und Möglichkeiten
des jeweiligen Lesers und läßt sich daher im vorhinein nicht vollständig voraussa-
gen, erst recht nicht vollkommen lenken; aber der Text ist doch im allgemeinen so
geartet, daß er signalisiert, wie er verstanden werden will. Der »intendierte« Leser ist
also derjenige, welcher vom Text aus beschreibbar ist als jener Adressat, dem sich
der Text mitteilen will. Wolfgang Iser glaubt mit seiner Bestimmung eines »impliziten Lesers« nicht nur den vom Text intendierten, aus den Textelementen zu ge-
winnenden Rezipienten, sondern auch den Horizont aller denkbaren wirklichen Leser
vermittelt zu haben. Ich bin nicht so sicher wie er, daß dies tatsächlich gelungen ist,
auch wenn er sich darauf beschränkt, mit dem »Konzept des impliziten Lesers« nur
»einen Übertragungsvorgang« zu beschreiben, »durch den sich die Textstrukturen
über die Vorstellungsakte in den Erfahrungshaushalt des Lesers übersetzen.«[54] Es
scheint mir immer noch denkbar, daß solche Übertragungsstrukturen sich im Laufe
der Geschichte stark ändern und aus dem hermeneutischen Prozeß nicht ausgeklam-
mert werden können. Aber dies ändert nichts an der Tatsache, daß das Lesen zwar
sowohl vom Subjekt wie vom Buch bestimmt wird, doch den eigentlich rezeptions-
lenkenden Faktor bildet der Text und nicht das lesende Subjekt. Denn wie gezeigt
wurde, ist der fiktionale Leser eingebunden in das Gelesene, er faßt gar in einer Welt
Fuß, die die Kraft hat, ihn alles Gesagte als wahr rezipieren zu lassen. Auch wenn
im Geschmacklichen die Meinungen stark divergieren, wenn die historischen Einordnungen der Wissenschaft von einander abweichen und einander geradezu konterkarieren mögen, – im allgemeinen verstehen alle Leser z.B. von »Buddenbrooks« diesen Roman gleich oder fast gleich, und zwar eben deshalb, weil ihr Verständnis von
dem Roman geprägt und geleitet wird.

Diese Lenkung beginnt mit Buchaufmachung und Titel, die daran beteiligt sind,
daß der Leser das Buch als fiktionalen Lesetext einstuft. Von den vielen und schon

genannten Elementen, welche Fiktionalität signalisieren, sei nur noch die bei den meisten Ausgaben unter dem Subtitel beigegebene Gattungsbezeichnung »Roman« genannt. Der Untertitel von »Buddenbrooks« lenkt das Textverständnis bereits in eine bestimmte Richtung: »Verfall einer Familie« bedeutet, daß die Geschichte einen Degenerationsprozeß beschreibt, der sich, wie der Leser schon auf der ersten Seite feststellen kann, über mehrere Generationen erstreckt. Der Handlungsgang zeigt deutlich, daß »Verfall« in einem mehrfachen Sinn verstanden werden will: Es ist sowohl ein geschäftlicher Niedergang als auch – an Krankheiten und den immer früher eintretenden Todesfällen leicht abzulesen – ein biologischer Abstieg gemeint. Doch ebenso deutlich und eindeutig gibt das Geschehen zu erkennen, daß mit dem Vitalitätsverlust ein geistiger Sublimierungsprozeß verbunden ist: Dem gelegentlich die Flöte blasenden Johann folgt ein mit moralischen Skrupeln kämpfender, das Gefühl der Lebensentfremdung mit pietistischer Religiosität kompensierender Sohn, dann der Heine und Schopenhauer lesende, auf ein intaktes Äußere bedachte Thomas, schließlich der lebensuntüchtige, verträumte, der Musik in Gestalt wagnerianischer Klangmassen verfallene Hanno, der sich nicht einmal zu einem geordneten Klavierspiel zwingen kann: »Nein, es ist nichts mit mir. Ich kann nichts wollen. Ich will nicht einmal berühmt werden.«[55] Und um diese Thematik und ihre Ausformung unmißverständlich zu präsentieren, läßt Thomas Mann auch die Umgebung der Hauptfiguren an diesem dialektischen Verfallsprozeß beteiligt sein: Christians Komödiantentum entspricht seine Disziplinlosigkeit ebenso wie seine Krankheitsmanie, Tonys Naivität entspricht ihre Gesundheit, – sie ist als einzige Buddenbrook vom ersten bis zum letzten Tag der Familiengeschichte zugegen. Und der gesamte Familienverfall wird durch den Aufstieg der Familie Hagenström konterkariert, so daß kein Leser die Geschichte anders als in dem hier grob umrissenen Sinn rezipieren kann.

Auch Er-Erzähler-Kommentare lenken das Rezeptionsverhalten. Über Thomas Buddenbrook läßt der Narrator sich folgendermaßen vernehmen.

Sein Tätigkeitstrieb aber, die Unfähigkeit seines Kopfes, zu ruhen, seine Aktivität, die stets etwas gründlich anderes gewesen war als die natürliche und durable Arbeitslust seiner Väter: etwas Künstliches nämlich, ein Drang seiner Nerven, ein Betäubungsmittel im Grunde, so gut wie die kleinen, scharfen russischen Zigaretten, die er beständig dazu rauchte... sie hatte ihn nicht verlassen, er war ihrer weniger Herr als jemals, sie hatte überhandgenommen und wurde zur Marter, indem sie sich an eine Menge von Nichtigkeiten verzettelte.[56]

Damit ist für jeden Leser klargestellt, was es mit Thomas Buddenbrook auf sich hat, daß er nämlich eine Schein- und Fassadenexistenz lebt, um seinen Vitalitätsverfall zu verbergen. Und wie der Tod Hannos zu deuten ist, läßt der Narrator gleichfalls nicht den Leser entscheiden: Er selbst formuliert eine Deutung und läßt dem Rezipienten keine Verständnisspielräume. In dem berühmten Kapitel, dessen Eingangszeile »Mit dem Typhus ist es folgendermaßen bestellt«[57] lautet, entfaltet er seine psychologische Todesdeutung, an deren Ende wir über den Kranken lesen:

Aber zuckt er zusammen vor Furcht und Abneigung bei der Stimme des Lebens, die er vernimmt, bewirkt diese Erinnerung, dieser lustige, herausfordernde Laut, daß er den Kopf

schüttelt und in Abwehr die Hand hinter sich streckt und sich vorwärts flüchtet auf dem
Wege, der sich ihm zum Entrinnen eröffnet hat... nein, es ist klar, dann wird er sterben. –
[58]

Im anschließenden Kapitel erfährt der Leser dann, daß Hanno gestorben ist, und
ihm wird sofort klar, woran: eben an dem zuvor beschriebenen Lebensekel, dem
Gipfelpunkt jenes Vitalitätsverfalls, der die Familiengeschichte bestimmt. Da bleiben keine Fragen, da bleiben keine subjektiven und individuellen Rezeptionswege
offen, da wurde das Leseverständnis restlos vom Text fixiert.

Auch Selbstkommentare der Figuren besitzen diese Funktion. Als Thomas mit
Tony am Ufer der Ostsee steht und die anrollenden Wellen betrachtet, sagt er:

Was für Menschen es wohl sind, die der Monotonie des Meeres den Vorzug geben? Mir
scheint es sind solche, die zu lange und zu tief in die Verwicklungen der innerlichen Dinge
hineingesehen haben, um nicht wenigstens von den äußeren vor allem eins verlangen zu
müssen: Einfachheit... Es ist das wenigste, daß man tapfer umhersteigt im Gebirge, während
man am Meere still im Sande ruht. Aber ich kenne den Blick, mit dem man dem einen, und
jenen, mit dem man dem andern huldigt. Sichere, trotzige, glückliche Augen, die voll sind
von Unternehmungslust, Festigkeit und Lebensmut, schweifen von Gipfel zu Gipfel; aber
auf der Weite des Meeres, das mit diesem mystischen und lähmenden Fatalismus seine Wogen heranwälzt, träumt ein verschleierter, hoffnungsloser und wissender Blick, der irgendwo
einstmals tief in traurige Wirrnisse sah... Gesundheit und Krankheit, das ist der Unterschied.[59]

Hier erklärt dem Leser Thomas Buddenbrook selbst, was es mit ihm auf sich hat:
Krankheit prägt ihn, Müdigkeit und Hoffnungslosigkeit, aber auch jene Sensibilität,
die es ihm gestattet, ja ihn dazu zwingt, »tief in traurige Wirrnisse« zu sehen. Geist
und Leben stehen in einem deutlichen Wechselverhältnis zueinander, was vor allem auch das Erzählen selbst, genauer: die Erzählhaltung des Narrators verdeutlicht. Er ist Ironiker, wie man weiß, aber er spart seine Ironie keineswegs für eine
bestimmte Figur oder einen bestimmten Menschentyp auf. Im Gegenteil: Sie gilt
Tony wie Thomas, den Hagenströms wie den Pastoren im bigotten Hause Jeans,
Sesemi Weichbrodt nicht weniger als den Herren Grünlich, Permaneder oder Wein-
schenck. Geistvolle und dumme, verfeinerte und vitale, zerbrechliche und robuste
Figuren erscheinen im Licht der Ironie, so daß der Roman auch im Bereich der Bewertung von Geist und Leben, Sublimierung und Vitalitätsverlust alles in der
Schwebe der Ausgewogenheit hält, ohne einem Neutralismus der Standpunktlosigkeit zu verfallen. Fragt man nach den Voraussetzungen im Denken Thomas Manns,
so stößt man schnell darauf, daß er Ironie überhaupt nur als in dem geschilderten
Sinn doppelte Ironie zuläßt. Schon in den »Betrachtungen eines Unpolitischen«
spricht er von einer »höchsten, erotisch-verschlagensten, zwischen Leben und Geist
spielenden *Ironie*«[60] und erklärt:»Ironie aber ist immer Ironie nach beiden Seiten hin; sie richtet sich gegen das Leben sowohl wie gegen den Geist«[61]. Noch
zwanzig Jahre später, im Schopenhauer-Aufsatz, spricht er der Kunst jene Mittler-
stellung zu, die er auch in den »Betrachtungen« mit dem Begriff der Ironie verquickt hatte:»Genau dies denn also ist die Stellung der Kunst zwischen Geist und
Leben. Androgyn wie der Mond, weiblich im Verhältnis zum Geiste, aber männ-

lich zeugend im Leben, [...] ist ihr Wesen das eines mondhaft-zaubrischen Mittlertums zwischen beiden Regionen. Dies Mittlertum ist die Quelle ihrer Ironie.«[62]

Man sieht, daß Erzählthematik und Erzählverfahren in »Buddenbrooks«, die hier nur kurz skizziert werden konnten, tief in ästhetischen Grundanschauungen Thomas Manns wurzeln, so daß es nicht wundernimmt, wenn sie ganz eindeutig und unmißverständlich präsentiert werden. Welche Präferenzen und Erfahrungen ästhetischer oder anderer Art der Leser auch mitbringen mag, niemand wird die hier vorgetragene umrißhafte Darstellung als falsch bezeichnen, weil er »Buddenbrooks« völlig anders versteht. Das ist das Ergebnis der Rezeptionslenkung durch den Text. Sie prägt die gesamte überkommene Erzählliteratur, selbst so rätselvolle Textgenres wie das Märchen, die Sage, die Legende oder das Kunstmärchen: Stets wird dem Leser signalisiert, wie der Text zu verstehen ist, wie die einzelnen Textschichten einander zuzuordnen sind, wenn es auch in Einzelheiten und – dies vor allem – bei den wissenschaftlichen Klassifizierungen beträchtliche Einschätzungsunterschiede geben mag. Tauchen keine sprachlichen oder sachlichen Mißverständnisse auf, so versteht der Leser den Text richtig, auch ohne daß er etwa philologisch oder jedenfalls interpretatorisch geschult ist.

Das gilt für Erzähltexte der Moderne keineswegs immer. Sie verzichten oftmals auf jegliche Art der Rezeptionsanweisung, ja der Rezeptionslenkung und stellen es also dem Leser frei, das Gelesene so oder so oder noch anders zu verstehen. Dafür lassen sich nicht nur zahlreiche Beispiele heranziehen, sondern auch sehr unterschiedliche Verfahrensweisen ausfindig machen. Der schon im Zusammenhang mit der Tempus-Problematik herangezogene Roman »der sechste sinn« von Konrad Bayer, dessen Anfang partienweise zitiert wurde, beginnt folgendermaßen:

damit begann der abend, der ganz unter blumen verschwand.

die bäuerin blieb ungerührt im stil der jahrhundertwende, obwohl es gerade ein paar minuten vor der essenszeit war. ein vornehm wirkender junger mann beobachtet uns. er klirrt im salon. sie lächelt kaum merklich. wo leben und eigentum bedroht werden, da hören alle unterscheidungen auf. nina, die auf dem toilettetisch lag, hatte ringe unter den augen und war voller haare.

»ich habe den sechsten sinn..« und seufzte.

ich fuhr zusammen, in mich hinein, als ich dieses langezogene stöhnen hörte, die dame in rot fiel auf den telefonapparat und dabei erinnerte ich mich, dass ich noch immer meinen regenmantel anhatte.

die ereignisse zeigten sich in einem neuen licht.

dann gab es ein allgemeines händeschütteln. den soldaten ist es einerlei, wessen fotoapparat, wessen uhr, wessen füllfeder sie nehmen. vor mir stand die bäuerin mit sehr viel ironie und dann weinte ich und zerschlage einen teller. der junge mann im regenmantel ordnet sein gebiss. an den wänden erscheinen große plakate.

das passiert oft, hatte die dame in rot gesagt. nina biss leicht in meine grossen träumerischen augen. wieder wurden hände geschüttelt, hier werden freunde angeworben.

der telefonapparat brennt noch immer. was will mein körper von mir? plötzlich erscholl ein schrei und nina lässt ihre handtasche fallen. die dame in rot ging missmutig durch das zimmer, liess eine wolke von parfüm hinter sich und begann nervös auf den toilettetisch zu schlagen. der junge mann packt sie am arm und legt ihr die hand auf den mund. ich betrachte alles stillschweigend. ich habe den sechsten sinn. der bauer, der sich bislang unbeachtet im hintergrund gehalten hatte, brachte seinen anzug in ordnung, setzte sich auf das fussende des indianers, der noch immer bewegungslos am boden lag, und seufzte: »ich habe den sechsten sinn.« zugleich begriff sich die dame in rot ans kinn, verdrückte mir im vorbeigehen kurz die hand und murmelte dann: «was will mein körper von mir?» eine frau von etwa dreissig jahren trat ein, sie war barfuss und hatte sich einen pelzmantel übers nachthemd gelogen. ich habe den sechsten sinn. sowjetische soldaten lagen auf dem toilettetisch. sie hatten risse unter den augen und waren voller haare.

unter allgemeinem händeschütteln standen wir jetzt zu dritt mitten im zimmer. der vornehm wirkende junge mann brannte noch immer lichterloh. nina drückte mir im vorübergehen kurz die hände. noch immer hatten meine freunde nicht gewagt, die frau im pelzmantel anzusehen. die fotografen klappten ihre stative zusammen. ihr blondes haar war schon etwas schütter. was will ihr körper von ihnen? sie waren missgestimmt und nichts fand sich ausser zwei sesseln, bei deren anblick nina zu schluchzen begann. sie hatte den sechsten sinn.[63]

Dergleichen ist nicht zu verstehen. Denn es stellen sich keine Beziehungen zwischen den einzelnen Sätzen her, man erkennt keine Einheiten, weder des Ortes noch der Zeit, es waltet keine Logik, weder der Argumentation noch der Bilder noch der Gegensätze oder Parallelen, kurzum: hier werden Diffusionen inszeniert und Inkohärenzen ins Werk gesetzt, die lediglich der Sinnzertrümmerung dienen und deshalb jede Rezeption erlauben. Denn der Text lenkt sie nicht, weil er sich als ein in vierfachem Sinn ungeordnetes Durcheinander präsentiert. Zum einen weisen die Sätze selbst oft jeden Sinn von sich, sind also schon an sich selbst nicht zu begreifen: »die bäuerin blieb ungerührt im stil der jahrhundertwende, obwohl es gerade ein paar minuten vor der essenszeit war.« Zum anderen stehen die Sätze in keiner Beziehung untereinander, was sich zeigt, wenn man den Satz liest, der auf den eben zitierten folgt: »ein vornehm wirkender junger mann beobachtet uns.« Zum dritten drücken die Sätze oftmals Unmögliches aus, geben sich als Surrealismen, wie z.B. der Satz »der telefonapparat brennt noch immer«. Und schließlich kommt dazu, daß die Textblöcke, in die der Roman gegliedert ist, ihrerseits keinen Sinn erkennen lassen, auch nicht in ihrer Abfolge. Der sechste Sinn, der dem Werk den Titel gibt, ist offenbar der für die totale Diffusion des Lebens, zumindest des vorliegenden Sprachkonvolutes, als das man Bayers Arbeit bezeichnen kann. Wie zusammenhanglos die meisten Textblöcke einander folgen, mag das folgende Beispiel zeigen:

[...] sind väter die gefährlichsten widersacher der liebhaber? diese frage aus dem japanisch-deutschen lesebuch für anfänger stellt sich goldenberg, beleuchtet die sachlage um anderes zu verdunkeln und sieht ninas wolkigen vater, der die anderen herren aufgesogen, in sich vereinigt hat und nun unter graugewellten wolkenbüscheln mit sonnenstrahlblicken durch die dunstigen lider blitzt, goldenbergs wärmepunkte und goldenbergs pigmente erregt. goldenberg wird umgefärbt. ein flammender geldschein erleuchtet die szene. im ballsaal wird getanzt. korrekt gekleidete körper tanzen sehr einfache schritte. wo leben und eigentum bedroht werden, treten die unterschiede aus der seitendekoration.

ein windstoss und alles löst sich auf, blau zieht und gewinnt, breitet sich aus. die restlichen vorhänge sinken auf den grund des horizonts. goldenberg geht mürrisch weiter, dem örtlichen bahnhof zu.

über der wiese stehen die drachen.

die fledermäuse flattern durch die zimmer. haben sie den sechsten sinn? da, sie stossen gegen die wände! das darf nicht sein! herr und frau fledermaus, sie verhalten sich nicht richtig, dachte goldenberg.

was ist von mir geblieben? ein geräusch fliessenden wassers. natürlich weiss ich, dass nacht
ist und vermutlich liegt da irgendwo mein körper. aber was nützt das?

da öffnete sich die tür und zu goldenbergs grosser überraschung betrat mirjam nicht nina
das zimmer. da erinnerte sich goldenberg langsam und wirklich bemüht durch einen haufen
spinnweben wo er sei. und hinter mirjam stand plötzlich weder dobyhal noch braun-
schweiger sondern markus kremser mit stierem blick und einer gurrenden taube im arm und
er redete drauf los. markus kremser mit rotem kopf vor dem fenster ritt die fata morgana eines gewaltigen quäkers über den horizont, lassoschwingend, und kremser drehte das seil
hampelnd zwischen den händen und schrie: ich habe den sechsten sinn [...] [64]

Freilich sind gewisse Verfahrensweisen erkennbar, mit deren Hilfe Bayer die Sinnzertrümmerung betreibt, so die schon hervorgehobene Tilgung von Zusammenhängen, auch die Wiederverwendung gleichen oder ähnlichen Sprachmaterials in neuen
Zusammenhängen sowie dessen leichte Abänderung. Dieser »Technik« ist es zu
verdanken, daß auf der ersten Seite des Romans der Satz »nina, die auf dem
toilettetisch lag, hatte ringe unter den augen und war voller haare« sowie die Sätze
»sowjetische soldaten lagen auf dem toilettetisch. sie hatten risse unter den augen
und waren voller haare«[65] stehen. Aber dergleichen dient eben nicht, wie in früheren Epochen der Literaturgeschichte, der Vermittlung eines Sinns, einer
Kernaussage, einer Zentralthematik, sondern der des Unsinns, der Sinndiffusion,
der Sinnzerstörung. Literarästhetisch bedeutet dies, daß der Leser nicht mehr weiß,
wie er etwas verstehen soll. Er kann allenfalls sagen, daß es nichts mehr zu verstehen gibt, außer diesem: daß aller Sinn getilgt ist. Bisher indes bezeichnete man mit
›Textverständnis‹ die funktionale Zuordnung aller Elemente eines Erzählsystems
untereinander und zur Thematik.

Die Freigabe der Rezeption ist nach dem Spiel mit der Fiktionalität das zweite
Fundamentalmerkmal eines Erzählsystems, das auf jenen Wandlungsprozeß zurück-
geführt werden muß, den die Moderne auch auf dem Gebiet der Ästhetik nach sich
gezogen hat. Dessen Gründe können hier nicht erörtert werden[66], aber beide Erscheinungen verweisen auf eine Auflösungstendenz, die selbst die früher nicht tan-
gierbaren Grundphänomene fiktionaler Erzähltexte berührt.

6. Bauformen, Strukturmomente, Textarten

Eberhard Lämmert hat unter dem Titel »Bauformen des Erzählens« 1955 ein Buch
vorgelegt, das seinerzeit viel beachtet und heute weit verbreitet ist. Es handelt sich
für den poetologisch gebildeten Leser unserer Tage nicht um ein wirklich systematisches Buch, auch der Begriff der Bauform trifft nicht genau, was Lämmert untersucht. Er kann natürlich so wenig wie jeder andere Poetologe ein in sich kohären-
tes System etablieren, d.h. die Elemente epischer Bauform aus höheren Prinzipien
deduzieren oder in einem Theorem begründen sowie die Einzelelemente ihrerseits

zu einem Gefüge von kausalen Bezügen oder Wechselwirkungen miteinander verbinden. In Wahrheit handelt es sich nur um ein Erzähltexte klassifizierendes Buch,
das gänzlich im Empirischen wurzelt. Bei der Zuordnung tektonischer Erzählele-
mente zeigt sich schnell, daß Lämmert den mit seinem Thema gezogenen Rahmen
sprengen und auf ganz andere Gesichtspunkte des Erzählens zu sprechen kommen
muß, auf Erzählformen, auf das Problem der Fiktion(alität) usf. In diesem Bereich
freilich bleiben seine Äußerungen unbefriedigend, weil er den einzelnen Phänomenen schon aus Gründen der Themenstellung nicht hinreichend nachgehen kann.
Daß dies die Qualität des Buches angesichts heutiger poetologischer Kenntnisse
mindert, kann niemanden überraschen; dies liegt auch daran, daß Lämmert sich nie
entschließen konnte, sein Buch zu überarbeiten und es dabei sowohl den gewachsenen erzählpoetologischen Kenntnissen als auch den veränderten Erzählverfahren
in der Moderne anzupassen. Lesenswert ist seine kenntnisreiche Darstellung
gleichwohl, jedenfalls hat sie der älteren textanalytischen Praxis manche Anregung
vermittelt.

Indes muß man außer den genannten Einwänden auch fragen, ob seine Terminologie zureicht. Überschreitet Lämmert einerseits den Rahmen seiner Thematik
und erklärt Fragen der Fiktion, der Erzählform, aber auch der Darbietungsweisen,
der Erzählereingriffe usf. schlankerhand zu Problemen epischer Bauform, so ver-
mißt man andererseits eine Analyse und Abzirkelung wirklich erzähltektonischer
Momente. So findet sich bei Lämmert einige Male ein Hinweis auf die Rahmenerzählung, aber eine präzise Definition dieser Bauform fehlt. Dabei ist die Rahmenform von allen Bauformen im engeren Sinn die übersichtlichste. Entweder
handelt es sich um einen Zyklus von Geschichten, welche z.B. unterschiedliche
Personen zum Besten geben (wie in Boccaccios »Decamerone«); oder wir haben
eine Einzelerzählung vor uns, die als epische Doppeldarbietung die Außenerzählung (Rahmen) von der Binnenerzählung unterscheidet: Eine Figur, die in der Außenerzählung auftritt, erzählt die Binnengeschichte, die meistens das Rahmenge-
schehen erst verständlich werden läßt oder auf die Rahmenpersonen zurückwirkt.
Dies ist die wichtigste Funktion dieser Bauform, während die Distanzierung des
Lesers vom Geschehen durch die Zwischenschaltung einer Außenerzählung eher
von sekundärer Bedeutung ist.

Auf die zweite echte epische Bauform im strengen Sinn des Begriffs kommt
Lämmert befremdlicherweise überhaupt nicht zu sprechen, nämlich auf die Montage. Dabei handelt es sich um die die Handlungseinheit sprengende Gegenüberstellung unterschiedlicher Textblöcke, die nicht einmal miteinander in einer auch
nur chronologischen Beziehung stehen müssen. Auch wenn die Moderne, und zwar
besonders in den letzten Jahrzehnten, den Montage-Roman stark in den Vordergrund gerückt hat und Lämmert dem nicht entsprechen konnte, weil er sein Buch
nicht überarbeitete, hätte er doch auf Beispiele aus der frühen Moderne oder auf
vor-moderne Romane zurückgreifen können. Der bekannteste ältere Montageroman, E.T.A. Hoffmanns »Lebensansichten des Katers Murr«, verschränkt nur zwei
Erzählstränge miteinander, die Aufzeichnungen des Katers sowie die Biographie
des Kapellmeisters Johannes Kreisler, welche bei aller Fragmentierung der Kreisle-

riana doch deutlich als gegenseitige Verzerrung und Korrektur, als Ergänzung und Konterkarierung aufeinander bezogen sind. In Goethes »Wilhelm Meisters Wanderjahre« indes werden sogar unterschiedliche Textsorten zusammenmontiert, Dialoge, Erzählungen, Aufzeichnungen etc., so daß die Frage nach der Funktion dieser Bauform sich besonders dringlich stellt. Festzuhalten bleibt, daß eine solche montierende Tektonik außerordentlich Inkohärentes miteinander verknüpfen kann. In Klaus Theweleits »Buch der Könige« z.b. werden Zeitungsberichte, wissenschaftliche Textgenres und sogar Bilder zusammenmontiert, so daß nicht nur unzusammenhängende Texte, nicht nur unterschiedliche Textarten und Textsorten, sondern sogar unterschiedliche Medien kombiniert erscheinen. Freilich gerät hier das »Erzählen« an seine Grenze, indem es in ein multimediales System übergeht.

Die Bauform eines epischen Werkes wird auch davon geprägt, ob ein- oder mehrsträngig erzählt wird. Lämmert nennt für ein mehrsträngiges Erzählen die »Octavia« des Herzogs Anton Ulrich von Braunschweig und wählt damit ein extremes Beispiel wild wuchernder Mehrsträngigkeit, die sich der Neigung des Barock zum übertrieben Grandiosen, Ausgeschmückten und Zergliederten verdankt. Spätere Epochen geben sich meist mit zwei Handlungssträngen zufrieden, die aber sehr unterschiedlich miteinander verflochten werden. Während Günter Grass in »örtlich betäubt« die Lebensgeschichte Staruschs ständig unterbricht und mit der Gegenwartshandlung, vor allem der Auseinandersetzung mit der schulischen Realität, wechseln läßt, setzt Max Frisch im ersten Teil von »Stiller« auf einen streng geregelten Wechsel zwischen der White- und der Stiller-Handlung. Im übrigen überwiegt wohl im allgemeinen das einsträngige Erzählen, auch wenn es gelegentlich aufgebrochen wird.

Denn es ist eine Frage der Erzählweise, in welcher Reihenfolge der Narrator berichtet; ganz unabhängig von der Geschichte selbst, also dem Erzählten und dessen Eigenart, hat er die Möglichkeit, chronologisch, mit Rückgriffen oder auch mit Vorgriffen zu erzählen. Chronologisches Erzählen kann aber auch zu einem späteren Zeitpunkt beginnen und die Vorgeschichte – möglicherweise in mehreren Schüben – nachholen. Und zudem steht es in seinem Vermögen, Vorausliegendes zu erzählen, was freilich bedeutet, daß er ein viel-, wenn nicht allwissendes Medium sein muß.

Mit der Bauform im eigentlichen Sinn hat hingegen das Phänomen des analytischen[67] oder synthetischen Erzählens wenig oder nichts zu tun. Die Termini, im Bereich der Drameninterpretation gebräuchlicher, bezeichnen die Tatsache, daß einerseits eine Handlung von ihrem Ende her erzählt wird, andererseits aber auch sukzessiv von Anfang bis Schluß. Dergleichen ist jedoch weniger als bei vorgreifendem und zurückgreifendem Erzählen eine tektonische Willkür des Narrators als eine Folge der erzählten Geschichte. Der Detektivroman z.B. läßt sich nicht anders als analytisch erzählen, weil es stets um die Aufklärung eines zurückliegenden Geschehens geht. Mag dabei auch manches passieren, d.h. mag der Erzähler auch Vorgänge während des Aufklärungsprozesses berichten und damit partiell synthetisch verfahren, so ist das Übergewicht analytischer Darstellung doch nicht zu vermeiden: der Schwerpunkt einer solchen Geschichte liegt auf der Dekuvrierung des

Täters, des Tathergangs, des Tatmotivs usf. Unter synthetischem Erzählen versteht
man – in Analogie zum synthetischen Drama, das auch als Zieldrama bezeichnet
wird[68] – die Wiedergabe der Handlung entsprechend ihrem Fortgang. Dieses
Verfahren begegnet am häufigsten und überwiegt das analytische bei weitem.
Gleichwohl kann es, wie auch das analytische, auf sehr unterschiedliche Weise gehandhabt werden. Die bisher genannten Techniken und Bauformen gehören ja
durchgehend zu der Gruppe synthetischer Erzählungen. Schon daran zeigt sich,
daß wir es hier nicht mit einem tektonischen Element zu tun haben. Man kann eigentlich nur von einer Erzählstruktur sprechen, wie überhaupt die meisten epischen
Elemente, die ein Erzählsystem zusammenfügen, struktureraler Art sind: sie stellen
selbst ja noch kein Gebäude dar, sondern sind Element eines solchen und präsentieren insofern keine wirkliche Bauform des Erzählens.

So steht es auch bei einem besonders wichtigen Merkmal, nämlich dem Phänomen der Erzählgeschwindigkeit. Man unterscheidet raffendes, synchrones (oder
»zeitdeckendes«[69]) und dehnendes Erzählen. Die Begriffe geben zu erkennen,
worum es sich jeweils handelt: entweder faßt der Narrator ein Geschehen zusammen und gibt auch umfangreiche Geschehnisse auf knappstem Raum wieder, oder
er erzählt in der Geschwindigkeit, in der die Handlungen sich vollziehen, oder aber
er dehnt das Erzählen aus, wobei sich fragt, auf welche Weise raffendes, synchrones und dehnendes Erzählen realisiert wird.

Raffendes, synchrones und dehnendes Erzählen hat Günther Müller mit Hilfe
der Begriffe »Erzählzeit« und »erzählte Zeit« auf eine erste Weise beschreibbar zu
machen versucht.[70] Sie bezeichnen einerseits den Zeitraum, den die Darstellung
bzw. das Lesen des Textes beansprucht (»Erzählzeit«), und andererseits die Zeit,
über die sich die erzählten Ereignisse erstrecken. Je nach Lesegeschwindigkeit ergibt sich für den am 16. Juni 1904 von 8 Uhr morgens bis etwa 3 Uhr am nächsten
Tag spielenden, also nicht einmal 24 Stunden umfassenden, gleichwohl an die 900
Seiten starken Roman »Ulysses« von James Joyce das Verhältnis von vielleicht 3:1
zwischen Erzählzeit und erzählter Zeit; denn eine ungeheure Detailversessenheit
des Erzählers, ein kaum übersehbarer Anspielungsreichtum und eine ausgreifende
Darbietungsweise führen dazu, daß der Narrator ungewöhnlich viel Raum für sein
Erzählen benötigt. Hingegen wird auf den nicht einmal 800 Seiten des Romans
»Buddenbrooks« von Thomas Mann ein Geschehen dargeboten, das sich über ca.
42 Jahre, von 1835 bis 1877 erstreckt, so daß sich ein Verhältnis von 1:12500 zwischen Erzählzeit und erzählter Zeit ergibt, – ein deutlicher Hinweis, daß hier
geraffter erzählt wird als im »Ulysses«. Das mag manchen Romanleser verwundern, ist ihm doch in aller Regel der ausholende, reflexionsintensive und gezielt
mit Abschweifungen arbeitende Erzählstil des »ironischen Deutschen« vertraut. Es
verhält sich bei Thomas Manns erstem Roman auch in der Tat so, daß nicht Ereignisse über Ereignisse gehäuft, sondern auch detaillierte Beschreibungen und
epische Reflexionen eingebaut werden. Daß gleichwohl ein so gänzlich anderes
Verhältnis von Erzählzeit und erzählter Zeit zustandekommt, ist Folge der Technik, nur Einzelhandlungen zur Sprache zu bringen, dazwischenliegende Zeiten aber
völlig auszusparen. So verwendet der Narrator den gesamten ersten Teil des Ro-

mans mit seinen 10 Kapiteln für die detaillierte Beschreibung der Ein-
weihungsfeierlichkeiten im neuen Hause Buddenbrook. Was außerdem im Jahre
1835 noch geschah, ja was in den folgenden zweieinhalb Jahren passierte, ist
offensichtlich nicht erzählenswert. Jedenfalls überspringt der Narrator diesen Zeitraum. Nach dem Bericht von der Geburt Claras im April 1838 und anderen Geschehnissen erfolgt ein weiterer Sprung, vom Juni 1838 in die Mitte des Jahres
1841. Solch sprunghaftes Erzählen prägt den Roman[71] und ermöglicht es, einerseits einen großen Zeitraum einzubeziehen, andererseits auf eine detaillierte Beschreibung nicht zu verzichten. Das bloß rechnerische Verhältnis von Erzählzeit
und erzählter Zeit ist also noch nicht aufschlußreich genug, es bildet aber einen
Maßstab, an dem man epische Verfahrensweisen messen und nach dem man sie genauer bestimmen kann.

Allerdings ist die Nutzung dieses Verhältnisses nicht völlig dem Belieben des
Autors anheimgestellt. Es existieren gewisse Einschränkungen, welche das gewähl-
te Textgenre zieht. Begnügte man sich in den USA damit, die in den 20er Jahren in
Mode geratene *short story* als Geschichte von 2000 bis 30000 Wörter zu definieren, so wurde sie in Deutschland genauer umgrenzt. Wiewohl die Bezeichnung
»Kurzgeschichte« nichts als eine Lehnübersetzung aus dem Anglo-Amerikanischen
darstellt, bestimmt sie sich als eine Textart, die ein einziges Ereignis in den Mittelpunkt rückt, das kurz und gedrängt erzählt, auf seinen Höhepunkt gebracht und mit
einer Pointe versehen wird. Ihrer Konzentration widerspräche es also, wollte man
sie – bei aller räumlichen Knappheit – über einen größeren Zeitraum spielen lassen, indem man das Verhältnis von Erzählzeit zu erzählter Zeit zu einer
Minimalbeziehung verdünnt. Ebensowenig läßt die Novelle eine zeitliche Ausufe-
rung zu, sondern fordert die Konzentration auf ein auch zeitlich eng begrenztes
Ereignis. Wenn Johann Peter Hebel in seiner Kalendergeschichte »Unverhofftes
Wiedersehen« einer Erzählzeit von vielleicht 6 Minuten eine erzählte Zeit von 50
Jahren gegenüberstellt und diese durch raffendes Berichten von Weltereignissen
überbrückt, so daß nur die beiden Teile der Kernhandlung – der Abschied des
Bräutigams am Morgen seines Todes und die Aufbahrung seines Leichnams im
Dorf nach 50 Jahren – einander konfrontiert werden können, so ergibt sich dieses
der Kalendergeschichte an sich fremde Verfahren aus der Thematik des Textes,
und es bildet zudem eine jener Ausnahmen, die die Regel des literarischen Genres
bestätigen.

Damit bin ich bei dem Problem der Textarten-Bestimmung angelangt. Als ›Textarten‹ bezeichne ich typologisch klassifizierte kohärente sprachliche Äußerungen,
in diesem Buch muß es also um typologische Klassifizierungen fiktionaler Erzähltexte gehen. Problematisch ist eine solche Bestimmung vor allem deshalb, weil
sich im Sinne eines Systems über Textarten weder unter dem Aspekt jener Kategorien etwas Genaues aussagen läßt, die im »Grundriß« behandelt wurden, noch unter
dem Gesichtspunkt derer, die im »Aufriß« dargestellt werden. Das liegt daran, daß
sich die Klassifikation von Textarten meistens einer äußerlichen Einteilung oder einer inhaltlichen Bestimmung oder allgemein literarischen (also nicht spezifisch epischen) Phänomenen verdankt. Das erste ist z.B. beim Roman der Fall, der genau

besehen eine umfängliche Erzählung ist, das zweite bei der Bestimmung eines Bildungsromans, das dritte bei der Klassifizierung eines Textes als Sozialroman, denn dabei liegen dieselben Kriterien zugrunde, welche aus einem Drama ein Sozialdrama machen. Ich verzichte deshalb darauf, eine besonders engmaschige Typologie epischer Textarten zu entwerfen, da es hier vor allem um den Aspekt des Systematischen geht. Andererseits kann man sie auch nicht völlig übergehen. Denn ihre Bestimmung erleichtert nicht nur die Beschreibung epischer Phänomene, sondern sie kann auch insofern mit der Erzählsystematik zu tun haben, als z.B. ein umfänglicher Erzähltext den Systemwechsel eher möglich erscheinen läßt als ein ganz kurzer wie etwa ein Witz, eine Anekdote, eine Kalendergeschichte. Auch der Einwand, daß die Textarten nichts als historische Ausformungen darstellen und insofern nicht der Systematik einer Poetik des Narrativen zugehören, läuft ins Leere. Das hier vorgestellte System ist, wie eingangs erläutert, ein funktionales, daher ohnehin nicht streng deduziert und mithin den historischen Erfahrungen durchaus geöffnet. Eine Erzählpoetik, die vor 1900 verfaßt worden wäre, hätte beispielsweise weder ein mögliches Spiel mit der Fiktionalität noch die mögliche Freigabe der Rezeption beschreiben können, weil dafür keine Beispiele existieren und man ohne diese, also lediglich aufgrund einer systematischen Ableitung, auf solche Phänomene wohl kaum gestoßen wäre. Andererseits erübrigt sich eine detaillierte Deskription aller Textarten, weil diese sich in ihren feintypologischen Differenzen rasch wandeln, daher nur mit Hilfe einer genauen Analyse erfaßbar sind, die sich auf den jeweiligen Text konzentriert, nicht jedoch von einer eher das Allgemeine katalogisierenden Poetik.

Während die drei Grundgattungen der Dichtung – wie schon erwähnt – wohl aus den Funktionen von Sprache ableitbar scheinen, sind Textarten keineswegs aus höheren Prinzipien deduzierbar. Gleichwohl lassen sie sich durchaus klassifizieren. Dafür bietet sich als Ordnungsprinzip ihr Umfang an, und zwar eine Dreiteilung in große, mittelgroße und kurze epische Texte. Zu den großen zählt neben dem Epos in erster Linie der Roman, der hier also zunächst als umfangreiche Erzählung klassifiziert wird. Er läßt sich aber noch etwas näher bestimmen. So besitzt der uns vertrauteste Typus die Eigenart, von Menschen zu erzählen, Handlungen in den Mittelpunkt zu rücken, Ereignisgipfel herauszuarbeiten, auf ein Ziel zuzulaufen. Ich bezeichne ihn als Handlungsroman. In den letzten Jahrzehnten hat sich – z.T. unter dem Einfluß des *Nouveau roman*, z.T. aber auch zeitlich früher und unabhängig von ihm – außerdem der Typus eines Deskriptionsromans entwickelt, d.h. ein episches Genre, das von größerem Umfang als eine Erzählung ist, aber auf zielorientierte Handlungswiedergabe, auf zugespitzte Ereignis-Erzählung, auf epische Gipfel usf. verzichtet und stattdessen eine Weltbeschreibung betreibt, die – detailorientiert und das Alltägliche, gänzlich Undramatische in den Mittelpunkt rückend – sich ganz anders liest als ein Handlungsroman. Zwar überwiegt das Präsens als Deskriptionstempus, aber es finden sich durchaus auch Passagen im Präteritum. Im folgenden Beispiel aus dem Roman »Der Platz« von Günter Steffens mischen sich die Erzähltempora. Es ist von einem Tennisplatz die Rede:

Ich ging in das Café. Das Glas, das die Wirtin mir brachte, war schadhaft, ich mußte es mit Vorsicht an den Mund setzen, um mir nicht in die Lippe zu schneiden. Sie sagte, er wartet vergebens. Wartete er denn? Er blickte hinunter, möglich daß er den Baumstumpf sah, den Baumstumpf der immer von Ameisen wimmelte, rechts von ihm, am Rande der Böschung, kaum mehr als einen halben Meter von den Spitzen seiner Schuhe entfernt. Man sieht ihn gleich, in dem hohen Gras. Sie glaube nicht, daß sie spielen würden. Ich machte mir nichts daraus, ob sie spielten oder nicht. Während der Saison pflegen sie an jedem Nachmittag zu spielen, mindestens zu trainieren. Ich machte mir nicht viel daraus, weder aus den Spielen noch aus dem Training. Um diese Zeit hat das Café selten Gäste, und oft waren auch Mary, das Mädchen und der Wirt selbst abwesend. Man kann eintreten, aber es ist als ob es geschlossen wäre. Ein Wasserhahn tropft vielleicht. Der Hitze wegen, oder noch von der Nacht her, sind die Vorhänge zugezogen. Sie schließen nicht, durch den Spalt fiel Licht auf die Theke und ein paar Gläser, die darauf standen, zwei hohe kelchförmige und ein kleineres zylindrisches aus sehr dünnem Glas. Die blasigen Rückstände und die Trinkspuren an den Rändern der Kelche waren trocken, verkrustet. Ich wandte mich um, wahrscheinlich um etwas zu zählen, die Stühle, die Tische, die Gläser auf den Tischen. In der Tiefe des halbdunklen Raums traf der Lichtkeil den Griff eines Rackets, das auf einem der gepolsterten Barschemel lag. Ich erkannte die Aufschrift, die nicht lesbar war. President Davis Cup Model, das Fabrikat das sie fast alle benutzen. Nichts unterbrach die Stille, auch das singende Geräusch nicht, das gewohnte Geräusch. Im Sommer ist das steinige Bachbett trocken. Ich zog den ockerfarbenen Vorhang nicht ganz zur Seite, vergrößerte nur etwas den Spalt. Eine Zeitlang blieb ich, mit dem Rücken zur Bar, stehen und sah auf den Platz und die bronzene Statue vor dem Eingang hinaus, das Standbild eines aufschlagenden Spielers. Ich wartete nicht. Ich erwartete nichts. Ein junger Mann saß mit vorgebeugtem Oberkörper, die Hände zwischen den Knien, auf der mittleren Bank der oberen Reihe. Die Markierungslinien waren verwischt, aufgelöst, ausgelöscht. Zwei von den drei Lampen über Court Eins spiegelten sich in einer Lache, die vom Netz bis an die Nordseite der Umzäunung erstreckte. Die roten Flächen leuchteten in dem hellen Licht, es blendet, schmerzt beinahe. Er hielt seinen Schläger in den Händen, ein Teil der Bespannung und des Rahmens war sichtbar, ein schmales Segment, dessen Sehne sein linker Unterschenkel bildete.[72]

Neben dem gemäßigten Montageroman, den Goethes »Wanderjahre« und Hoffmanns »Kater Murr« repräsentieren, muß man als vierten Typus der epischen Großform jenes umfangreiche und ebenfalls mit Montageverfahren arbeitende Sprachprodukt klassifizieren, das sich zwar selbst meistens noch als Roman bezeichnet, sich aber so sehr von den Eigenheiten des Handlungs-, weitgehend auch von denen des Deskriptions- und gemäßigten Montageromans gelöst hat, daß man besser von einer (Roman-)Textur sprechen sollte. Auch diese Art umfangreicher Epik verdanken wir der Moderne. Konrad Bayers schon zweimal genanntes und zitiertes Werk »der sechste sinn« gehört dazu, ein Produkt, das das Wesen der Textur recht gut erkennen läßt. Es handelt sich in der Regel um Montagen von unterschiedlichen Texten, denen das im eigentlichen Sinne Erzählerische meist mangelt, die sich eher aus Deskriptionen, Reflexionen, Zitaten, oftmals surrealistisch anmutenden Betrachtungen zusammensetzen und vor Blödeleien nicht zurückschrecken. Gelegentlich erweitern sie sich auch um Reportagen, sogar um optische Zusätze wie Fotos oder Bildreproduktionen, so die beiden in dieser Hinsicht buntesten Produkte von Ror Wolf (»Das nächste Spiel ist immer das schwerste«) und Klaus Theweleit (»Buch der Könige« I). Beide nennen sich konsequenterweise auch nicht mehr Roman, aber Oswald Wieners berühmtes Werk »die verbesserung von mitteleuropa, roman« nimmt die Gattungsbezeichnung sogar in den Titel auf, obwohl es sich um eine ganz typische, mit Blödeleien, Wortexperimenten, Sprach-reflexionen, Kommentaren etc. arbeitende Textur handelt. Es versteht sich, daß bei ihr von einem Erzählsystem allenfalls in beschränktem Sinne gesprochen werden kann, doch stehen solche Arbeiten als offensichtlich aus ästhetischer Kalkulation hervorgehende Gegen-Romane durchaus in einer Beziehung zu dem systemati-schen Erzählen, gerade auch dann, wenn sie die Auflösung der Erzählsysteme be-treiben (s. III,3).

Erzählungen präsentieren die Wesensmerkmale des Romans in verkürzter Form, abgesehen vom Typus der Textur, denn diese benötigt natürlich Raum, damit sie in ihrer Multi-Montage-Art zur Geltung kommen kann. Aber Erzählungen de-skriptiven Charakters gibt es ebenso wie solche, die Handlungen, Begegnungen von Personen, Dialoge, Konflikte usw. episch entfalten. Ein besonderer Typus muß zusätzlich hervorgehoben werden, nämlich die Novelle. Sie stellt – wie bereits er-läutert – eine außerordentlich geschlossene Erzählform dar, einerlei ob man Goethes, Tiecks oder Heyses Vorstellungen vom Wesen der Novelle folgt, – um Novellentheorien handelt es sich, im Gegensatz zum weit verbreiteten Sprachge-brauch der Philologen, ohnehin nicht. Denn ob das Kernstück nun entsprechend Goethes Äußerung gegenüber Eckermann vom 25.1.1827 »eine sich ereignete un-erhörte Begebenheit« bildet oder, wie Tieck meint, der Wendepunkt des erzählten Geschehens oder ein zentrales, symbolisches Motiv, das Paul Heyse im Blick auf die Falken-Novelle in Boccaccios »Decamerone« für das entscheidende Novel-lenmerkmal hält, – stets handelt es sich bei der Novelle um eine strenge, von ei-nem Sinnzentrum bestimmte Textart.

Auch die epischen Kleinformen weisen Knappheit, Konzentration und meistens zudem ein raffendes Erzählen auf. Ob es sich um Kurzgeschichten oder Kalen-dergeschichten handelt, von denen schon die Rede war, ob noch knappere Formen wie Witz, Anekdote und Fabel den Gegenstand einer Analyse bilden oder ob man sich mit Märchen, Legenden, Sagen usf. befaßt, – in aller Regel hat man Textarten vor sich, die durch pointiertes, zentripetales Erzählen gekennzeichnet sind. Deswe-gen fehlt auch hier der deskribierende Typus, fehlen Textur und Montage. Im all-gemeinen darf man bei den epischen Kurzformen deshalb ein stabiles Erzählsy-stem erwarten. Freilich stößt man auch in diesem Bereich gelegentlich auf Ausnah-men.

Anmerkungen

1   Auch wenn die vorliegende Darstellung nicht Anlaß für ausgreifende kunstphilosophi-
sche Überlegungen sein darf, soll an dieser Stelle doch darauf hingewiesen werden,
daß fiktionales Sprechen seiner Unfalsifizierbarkeit wegen genau jenen Bereich präsentiert, den Heidegger als der *aletheia* bezeichnet: Das Gesagte ist so, wie es gesagt wird, es ist in seinem Wesen unmittelbar präsent, unverborgen und insofern
schlechthin wahr. Daß Heidegger auf das *aletheia*-Wesen der Kunst so nicht stieß, ist
nur schwer zu verstehen, wird aber aufs deutlichste in seiner – bei allem Respekt sei
dies gesagt – wortreichen, künstlich mit Um- und Irrwegen gepflasterten und ergebnis-
armen Abhandlung »Der Ursprung des Kunstwerks« dokumentiert. Wesen und Ursprung des Kunstwerks, so Heidegger, bestehe in seinem Geschaffenwerden, das es als
Werk präsentiert, in Heideggers Deutsch:»im Werk ist das Geschaffensein eigens in
das Geschaffene hineingeschaffen, so daß es aus ihm, dem Hervorgebrachten, eigens hervorragt.« Oder:»Nicht das N.N. fecit soll bekannt gegeben, sondern das einfache factum est soll im Werk ins Offene gehalten werden: dieses, daß Unverborgenheit
des Seienden hier geschehen ist und als dieses Geschehene erst geschieht; dieses, daß
überhaupt solches Werk ist, und nicht vielmehr nicht« (L 30, S. 53). Dergleichen gilt
aber – im Gegensatz zu den diesbezüglichen Behauptungen Heideggers – auch für jede
Konservendose und jeden Schuh. Das Kunstspezifische wird nicht erfaßt, wenn man
nur dieselben Eigenschaften dingfest machen kann, die auch das Alltägliche und Wirkliche besitzt.

2   Siegfried J. Schmidt: Ist ›Fiktionalität‹ eine linguistische oder eine texttheoretische
Kategorie? – Mündl. Diskussionsbeitrag im Anschluß zu diesem Thesenpapier. In: E.
Gülich u. W. Raible (L 20), S. 76.

3   Diese Überlegung setzt natürlich schon ein sehr neuzeitliches, ein analytisches Bewußtsein voraus. Ob nicht der Bezirk des Glaubens (im Gegensatz zu dem der Theologie) dem der Fiktionalität sehr ähnlich ist, kann hier aber nicht diskutiert werden. Immerhin spricht einiges dafür, vor allem die Tatsache, daß man lediglich in einigen dem
Mythos gewidmeten Abhandlungen einen Hinweis darauf erhält, daß sich mit ihm auch
erstmals Sprache artikuliert, d.h. ein Bewußtsein Ausdruck findet, das sich in den Dimensionen von Ewigkeit, Unbegründbarkeit, absoluter Wahrheit bewegt. In dieser Hinsicht sind Mythos und Fiktionalität sehr verwandt.

4   Nicht nur seines rein kausalen Vorgehens wegen, das ja das Polyvalente in Ursachen
begründen und also zunächt einmal festlegen müßte, kann der Positivismus das eigentlich Poetische gar nicht erfassen. Vielmehr stellt er nicht einmal die Frage nach Fiktionalität, Ästhetik und mithin nach den eigentlich dichterischen Phänomenen. Stets
begründet er Einzelerscheinungen im Faktischen, meist im Biographischen, und verzichtet darauf, die Frage auch nur zu stellen, worin denn die poetische Eigenart eines
Textes bestehe. Schon von seinem Frageansatz her kommt der Positivismus als Wissenschaft von der Dichtung nicht in Betracht. Sein Vorgehen macht ihn nur als philo-
logische Sekundärwissenschaft tauglich, die lediglich Voraussetzungen und Begleiter-
scheinungen des poetischen Textes aufdeckt. Freilich hat auch die geistesgeschichtli-
che Betrachtungsweise hier nur bedingt Abhilfe geschaffen. Die Orientierung am Pro-
blemgehalt der Dichtung verengt das Dichtungsverständnis stark, da es die ästhetische
Präsentation der Inhalte kaum in Betracht zieht. Indes sind auch formgeschichtliche
Betrachtungsweisen wenig weit vorgedrungen und erschöpfen sich fast stets in Beiträ-
gen zur Gattungsgeschichte.

5   Zu nennen sind vor allem Rolf Breuer: Literatur. Entwurf einer kommunikationsorientierten Theorie des sprachlichen Kunstwerks (L 6); Dietrich Krusche: Kommunikation
im Erzähltext (L 41); Günter Waldmann: Kommunikationsästhetik 1 (L 81); Rainer
Warning: Rezeptionsästhetik (L 82).

6   So auch Christoph Bode: Ästhetik der Ambiguität (L 2), S. 74 ff.

7   Vgl. zu diesem Komplex eines nicht-artistischen, meist auch nicht-fiktionalen Erzählens Konrad Ehlich (Hg.): Erzählen im Alltag (L 15).
8   Wolfgang Kayser: Das sprachliche Kunstwerk (L 36), S. 349.
9   Sie versteht darunter das Erzählen im Präteritum und in der Er-Form und behauptet, hier trete gar kein Erzähler auf. Vgl. dazu u. S. 53f. und Teil IV.
10 Bis auf den heutigen Tag hat die Literaturwissenschaft keine befriedigende Gattungspoetik vorlegen können. Es ist an der Zeit, einen neuen Versuch zu unternehmen, und zwar auf der Basis der hier vorgetragenen Fundamentalunterscheidung zwischen fiktionalem Sprechen und Wirklichkeitsaussagen, d.h. mit Hilfe eines sprachontologischen Ansatzes. Dergleichen wurde bisher noch nie unternommen.
11 Thomas Mann: Die Bekenntnisse des Hochstaplers Felix Krull. In: Gesammelte Werke (W 35), Bd. 7, S. 266.
12 Thomas Mann: Lotte in Weimar. In: Gesammelte Werke (W 35), Bd. 2, S. 721.
13 Max Frisch: Tagebuch 1946-1949. In: Gesammelte Werke (W 15), Bd. 2, S. 556.
14 Johann Jakob Christoffel von Grimmelshausen: Lebensbeschreibung der Erzbetrügerin und Landstörzerin Courasche. In: Simplicianische Schriften (W 20), S. 120 f.
15 Paul Scheerbart: Rakkóx der Billionär (W 44), S. 9.
16 Die Anwesenheit des Erzählers im Modus der Privation bedeutet prinzipiell, daß er das Geschehen sich selbst überläßt, daß es – vielleicht weil es so grotesk, so naiv, so abseitig etc. wirkt – für sich selbst sprechen soll.
17 Joseph Freiherr von Eichendorff: Aus dem Leben eines Taugenichts. In: Werke und Schriften (W 10), Bd. 2, S. 351.
18 Thomas Mann: Doktor Faustus. Das Leben des deutschen Tonsetzers Adrian Leverkühn, erzählt von einem Freunde. In: Gesammelte Werke (W 35), Bd. 6, S. 9.
19 Thomas Mann: Joseph und seine Brüder. In: Gesammelte Werke (W 35), Bd. 4, S. 9.
20 Schon dieses Phänomen, daß ein auktoriales Erzählverhalten ebenso gut in der Ich-Form wie in der Er-Form begegnet, verkennt Stanzel, wenn er der »auktorialen Erzählsituation« Ich-Form und Er-Form gegenüberstellt. Vgl. im übrigen IV.
21 E.T.A. Hoffmann: Meister Floh. In: Werke (W 27), Bd.4, S. 121 f.
22 Vgl. zum Folgenden Vf.: Erzählen im Präsens. Die Korrektur herrschender Tempus-Theorien durch die poetische Praxis in der Moderne (L 56).
23 Max Frisch: Tagebuch 1946 – 1949. In: Gesammelte Werke (W 15), Bd.2, S. 730 f.
24 Jürgen Lodemann: Essen Viehofer Platz oder Langensiepens Ende (W 34), S. 9.
25 Christa Wolf: Kindheitsmuster (W 53), S. 176.
26 Ebd. S. 177.
27 Den Begriff verdankt die Literaturwissenschaft Umberto Eco: Das offene Kunstwerk (L 14).
28 Konrad Bayer: der sechste sinn. In: Das Gesamtwerk (W 1), S. 335.
29 Ebd.
30 Wolfgang Hildesheimer: Tynset (W 26), S. 224 f. – Das »war ich nicht vorbereitet« muß man hier wohl als Tempus-Fehler qualifizieren.
31 Ebd: S. 41.
32 Max Frisch: Mein Name sei Gantenbein. In: Gesammelte Werke (W 15), Bd. 5, S. 7 f.
33 Max Frisch: Unsere Gier nach Geschichten. In: Gesammelte Werke (W 15), Bd. 4, S. 262.
34 Max Frisch: Ich schreibe für Leser. Antworten auf vorgestellte Fragen. In: Gesammelte Werke (W 15), Bd. 5, S. 332.
35 Max Frisch: Mein Name sein Gantenbein. Ebd. S. 12.
36 Ebd. S. 16.
37 Max Frisch: Ich schreibe für Leser (= Anm. 34), S. 326.
38 Thomas Mann: Der Erwählte. In: Gesammelte Werke (W 35), Bd. 7, S. 9 f.
39 Ebd. S. 10.
40 Ebd.
41 Ebd. S. 24.
42 Ebd. S. 24 f.

43 Ebd. S. 25.
44 Ebd. S. 30.
45 Ebd.
46 Vgl. Erich Heller: Thomas Mann. Der ironische Deutsche (L 31).
47 Johannes Bobrowski: Levins Mühle. In: Gesammelte Werke (W 6), Bd. 3, S. 222.
48 Peter Härtling: Hölderlin (W 21), S. 7.
49 Ebd. S. 12.
50 Ebd. S. 13.
51 Ebd. S. 17.
52 Ebd. S. 23.
53 Max Frisch: Mein Name sei Gantenbein. In: Gesammelte Werke (W 15), Bd. 5, S. 74 u. ö.
54 Wolfgang Iser: Der Akt des Lesens (L 35), S. 67.
55 Thomas Mann: Buddenbrooks. In: Gesammelte Werke (W 35), Bd 1, S. 743.
56 Ebd. S. 612.
57 Ebd. S. 751.
58 Ebd. S. 754.
59 Ebd. S. 671 f.
60 Thomas Mann: Betrachtungen eines Unpolitischen. In: Gesammelte Werke (W 35), Bd. 12, S. 84.
61 Ebd. S. 573.
62 Thomas Mann: Schopenhauer. In: Gesammelte Werke (W 35), Bd. 9, S. 535.
63 Konrad Bayer: der sechste sinn. In: Das Gesamtwerk (W 1), S. 335.
64 Ebd. S. 398 f.
65 Ebd. S. 335.
66 Vgl. dazu Vf.: Der Deutsche Roman der Moderne (L 55), vor allem die ersten beiden Kapitel.
67 Vgl. Dietrich Weber: Theorie der analytischen Erzählung (L 83).
68 Vgl. dazu Gero von Wilpert: Sachwörterbuch der Literatur (L 91), Stichwörter ›Drama‹ und ›Zieldrama‹.
69 Eberhard Lämmert: Bauformen des Erzählens (L 42), S. 84 f.
70 Günter Müller: Erzählzeit und erzählte Zeit (L 47).
71 So liegen zwischen dem letzten Kapitel des zweiten Teils und dem ersten des dritten vier Jahre. Im zweiten Kapitel des vierten Teils erfahren wir, daß Tony geschieden wurde; das ist im Februar 1851, das folgende Kapitel spielt bereits »im Spätsommer fünfundfünfzig« (a.a.O., Bd. 1, S. 244). Weitere Sprünge: von 1866 springt der Narrator in das Jahr 1868, vom 7.7.68 zum 15.4.69, vom Herbst 73 in den Januar 75.
72 Günter Steffens: Der Platz (W 50), S. 10 ff.

II. Aufriß

1. Erzählformen

Alle spezifisch epischen Kategorien[1] des Erzählsystems bezeichnen bestimmte Verhältnisse in dem Beziehungsgeflecht zwischen dem Erzählten, dem Narrator und dem Leser oder basieren auf ihnen. Unter ›Erzählform‹ verstehe ich das ontische Verhältnis des Erzählers zum Erzählten, ob er nämlich von sich selbst, vom Angesprochenen oder von Dritten erzählt. Erzählt er von Dritten, so handelt es sich um eine Er-Form, doch halten wir uns bewußt, daß dieser Terminus auch eine eigentliche Sie- oder Es-Form einschließt. Er ergibt sich aus dem aufdringlichsten Merkmal dieser Erzählform, nämlich daß eine Person oder mehrere im Mittelpunkt des Erzählens stehen, von denen der Erzähler natürlich als von Dritten spricht, also die Personalpronomina der dritten Person verwendet. Käte Hamburger hat, wie erwähnt, die Existenz eines Er-Erzählers geleugnet und zudem dem Präteritum, wie ebenfalls schon erörtert, jede Zeitfunktion abgesprochen.[2] Für sie erzählt sich die von ihr so bezeichnete »epische Fiktion« von selbst und in reiner Zeitlosigkeit. Was letztere betrifft, so habe ich am Beispiel einer Stelle aus Hoffmanns »Meister Floh« nachgewiesen, daß eine immanente zeitliche Schichtung durchaus nicht nur das Ich-Erzählen, sondern auch das Er-Erzählen prägen kann, daß dies allerdings sowohl in der Ich- wie in der Er-Form nur dann ins Bewußtsein des Lesers tritt, wenn der Narrator sich auktorial verhält, sich also in einem raisonierenden Präsens über das Erzählte äußert und dadurch dem nachfolgenden Präteritum, mit dem er wieder in die eigentliche Erzählung eintritt, eine – allerdings vorübergehende – temporale Funktion zuweist. Daß das Präteritum diese Funktion nur vorübergehend besitzt und sie bald verliert (bis durch erneute Eingriffe des Erzählers dieselbe Wirkung erneut hervorgerufen wird), hängt mit der prinzipiellen Zeitlosigkeit fiktionalen Erzählens zusammen: Das Leserbewußtsein taucht in die Zeitlosigkeit der fiktionalen Welt ein und wird aus den Zusammenhängen des erzählten Geschehens erst dann wieder gelöst und ihnen gegenübergestellt, wenn auch der Erzähler sich dem Erzählten gegenüberstellt und erörternd eingreift.

Das bedeutet also zugleich, daß er in den anderen, den gewöhnlichen Erzählpassagen in Er-Form und im Präteritum zurücktritt. Man kann nicht sagen, daß er völlig verschwindet, denn z.B. Elemente einer distanzierten Erzählhaltung, etwa ein ironischer Darbietungston, eine beschwichtigende Betulichkeit beim Erzählen und ähnliche Einfärbungen bleiben ja präsent, wenn sie zu der spezifischen Ausstattung des Narrators gehören. Aber in der Tat vergißt der Leser den vermittelnden Narrator mehr und mehr und versinkt im erzählten Geschehen, solange ihn keine neuen auktorialen Eingriffe aus dem Erzählzusammenhang herauslösen. Hamburger hat nur diesen Zustand in ihr Beschreibungssystem aufgenommen und ihn zudem verabsolutiert,

weil sie von einem aussagelogischen Ansatz ausgeht. Dieser legte ihr eine Doppelstruktur nahe: Es gibt Aussagen, die sich ausschließlich auf andere und anderes beziehen, in denen also das aussagende Subjekt verschwindet und jedenfalls keine Instanz bildet, auf die das Ausgesagte bezogen werden kann, – diese bilden für Hamburger beim Erzählen die Er-Form. Und es gibt Aussagen, die sich auf das aussagende Subjekt beziehen, – ihnen entspricht beim Erzählen die Ich-Form. Es ist dieser
Ansatz, der sie in die Irre führt.

Denn er zwingt sie nicht nur zu der wirklich absurden Zusammenbindung von Er-
Erzählung und Drama, sondern auch dazu, die Ich-Form von der Er-Form weit abzu-
rücken, ja beide Erzählformen einander diametral entgegenzustellen. Bei genauem
Hinsehen zeigt sich jedoch schnell, daß Er-Form und Ich-Form in vielem überein-
stimmen, jedenfalls wenn es sich um ein fiktionales Erzählen handelt. Gewiß, die
Ich-Form ist von der Er-Form deutlich dadurch unterschieden, daß in ihr prinzipiell
nur solches präsentiert werden kann, was mit dem Erzähler-Ich eng zusammenhängt.
Das ist am deutlichsten der Fall, wenn der Erzähler von ihm Erlebtes wiedergibt, z.B.
in einer fiktiven Autobiographie oder in einem Brief-Roman oder in einer tagebuchartigen Erzählung usf. Aber dies bedeutet nicht, daß nun – im Gegensatz zur Er-
Form – beständig die zeitliche Abschichtung zwischen dem Jetzt des Erzählens und
dem Damals des Erlebens dem Leser bewußt würde und bliebe. In der folgenden
Passage verliert der Leser diese zeitliche Diskrepanz nicht weniger rasch und gründlich aus den Augen, als wenn sie in der Er- bzw. Sie-Form stünde:

Durch das geöffnete Fenster sah ich einen regelrechten Hoffnungshimmel, eine glänzende Heiterkeit draußen, und hörte förmlich die Menschen in dieser Stadt aufseufzen und ein bißchen
Mut fassen nach den Regentagen. Wie unabhängig ich von solchen Kinkerlitzchen war! Die
Jahreszeit fing an, sich zu spreizen. Ich prüfte das: Das Leben, die Naturbetrachtung, das
sanfte Planen des Jahres, der Fluß, der große Himmel, unter dem sich die kleinen Schicksale
formieren konnten: Ich liebte das alles nicht mehr so, daß ich es unbedingt für mich retten
wollte. Was ich brauchte, war das Feuer, das Erhelltsein, auch wenn dafür anderes erlosch. Und
das war etwas Wirkliches. Mein Herz klopfte, meine Handflächen wollten sich um etwas biegen,
in meinem Schoß begann ein Zittern und Schlingern. Auf hartem Asphalt schritt ich aus in Schu-
hen, als träte ich mit nackten Füßen auf Moospolster. Ich hörte das Rauschen der Autos, zielbe-
wußt, ohne Verzweiflung. Ich ging im Zimmer in Formeln und Sätzen der Liebe nach. Ich war
aus der Masse der Einkaufenden, Spaziergehenden, Schreibenden, Essenden, Geldverdienenden
herausgefischt und gerettet worden. Hinter der gewohnten Miene und Lebensart wollte ich mich
in einigen Momenten entfernen in eine andere Gegend, aus der Regelmäßigkeit der Tagesläufe
wollte ich fortreisen und hatte dann Mühe, mich nicht zu verraten, wenn ich mich bedroht fühlte
durch stumme Aufrufe zur gedämpften Existenz. Aber das waren Anwandlungen für Augenblik-
ke, eigentlich fiel mir alles sehr leicht, ich befand mich in einer unverschämten, ja, so mußte ich
es selbst nennen, unzulässigen Leichtfertigkeit den Dingen des Alltags gegenüber. Es ging mir ja
spielend von der Hand, das Normale, die Gesten und die Pflichten. Ich hatte einen anderen Maßstab gewonnen. Ich hätte Funken aus mir schlagen können, schleudern können! Ich habe, sagte
ich mir, einen ungeheuren, einen im Grunde ungerechten Vorsprung. Ich nehme an all diesen
schlichten Lebensbewegungen zwar teil, aber nur zum Schein.[3]

Dies stellt eine Folge der Fiktionalität des Textes dar, d.h. seiner prinzipiellen Zeitlosigkeit und temporalen Unbestimmtheit, welche Er- und Ich-Form miteinander verbindet. Aussagelogisch liegt dem Jetzt des Erzählens das Damals des Erlebens vor-

aus. Da es sich aber eben nicht um ein alltägliches Erzählen, um ein nicht-fiktionales, sondern um ein »absolutes«, also fiktionales Sprechen handelt, schlägt nicht die zeitliche Abschichtung, sondern die Zeitlosigkeit durch, da sie das entscheidende Moment der Fiktionalität bildet. Es verdrängt das Element zeitlicher Schichtung bzw. läßt es gar nicht erst in Erscheinung treten, weil es einer anderen Sprechart, nämlich der Wirklichkeitsaussage zugehört.

Gewiß geht Leibfried [4] zu weit, wenn er deshalb die Erzählform lediglich für eine Äußerlichkeit hält, aber Stanzels Abgrenzung beider Formen wirkt kurioser. Er argumentiert in aller Naivität, die stets nach dem Nächstliegenden greift, das Ich sei eines und in sich nicht differenziert, dementsprechend müsse man bei der Ich-Form von einer »Identifizierung des Erzählers mit dem Helden«[5] sprechen, »der Opposition von Ich- und Er-Erzählung« liege die »Opposition von Identität und Nicht-identität der Seinsbereiche des Erzählers und der Charaktere«[6] zugrunde, und das bedeute: »Der Ich-Erzähler unterscheidet sich demnach vom auktorialen Er-Erzähler durch die körperlich-existentielle Verankerung seiner Position in der fiktionalen Welt.«[7] Daß dies ganz und gar nicht der Fall ist, mag das folgende Beispiel belegen, in dem nämlich der Ich-Erzähler seinerseits auktorial eingreift, sich dem erzählten Geschehen nicht weniger deutlich gegenüberstellt als ein auktorialer Er-Narrator, dessen »Seinsbereich« also keineswegs mit dem des erlebenden Ich identisch ist:

O ihr verfluchten Reichtümer, was habt ihr nur mit mir begonnen! Solang ich euch besessen, habt ihr mich mit einer solchen Last und Hoffart beladen, die allein genug gewesen wäre, mich in den tiefsten Abgrund der Höllen hinunterzudrücken, geschweige, wasmaßen euer Überfluß meinen eitelen schnöden Begierden den Weg der verdammlichen Wollüste also richtig gebahnet [...][8]

Im übrigen meint Stanzel an dieser Stelle nicht, was er sagt: Selbstverständlich ist der Erzähler – und zwar jeder Erzähler – »in der fiktionalen Welt« verankert; denn er bildet ein Element der Fiktionalität. Stanzel meint vielmehr die erzählte Welt, meint den Bereich der dargestellten Ereignisse und Figuren, hier den des erlebenden Ich. Aber eben von diesem Bereich distanziert sich das auktoriale Narrator-Ich ganz entschieden. Daß Stanzel einen auktorialen Ich-Erzähler nicht kennt, nicht kennen *darf*, da er Ich-Form und »auktoriale Erzählsituation« einander gegenüberstellt, sei nur am Rande erwähnt, weil von dieser Verwirrung in Stanzels Darstellung so gründlich wie von anderen Irrtümern später noch die Rede sein muß.

Aber auch, wenn das erzählende Ich sich selbst als erlebendem Ich keineswegs in einer derart kritischen Haltung gegenübersteht wie im »Wunderbarlichen Vogelnest«, muß von einer Differenz zwischen Narrator-Ich und erlebendem Ich ausgegangen werden. Auch der zeitliche Abstand zwingt hier dazu. Allenfalls wenn der *stream of consciousness* direkt wiedergegeben wird wie z.B. in Hermann Brochs Roman »Der Tod des Vergil«, kann man von einer vollen Identität zwischen Erzähler-Ich und Figuren-Ich sprechen.

Ist also beim Ich-Erzählen nicht weniger als beim Er-Erzählen zwischen Narrator und Figur zu unterscheiden, so dürfen doch andererseits die Differenzen zwischen beiden Erzählformen nicht verdeckt werden. Denn wie groß auch der zeitliche Abstand zwischen dem Erzählen und dem Erleben, und wie groß auch die innere Distanz des erzählenden Ich zu sich als dem zu einem früheren Zeitpunkt erlebenden Ich sein mag, – immer handelt es sich letztlich um die eine und selbe Ich-Person. Wollen wir diesem Doppelaspekt der Ich-Form gerecht werden, so müssen wir die *Identität des Ich in seiner Differenz* im Auge behalten. Der entscheidende Unterschied zur Er-Form ist also der, daß es zwischen Erzählendem und Handelndem nicht nur eine Differenz, sondern eben auch eine Identität gibt.

Diese Identität zeigt sich zunächst darin, daß der Ich-Erzähler (auch) von sich selbst erzählt, der Er-Erzähler hingegen grundsätzlich von anderen.[9] Blickt man lediglich auf die Differenz zwischen dem erzählenden und dem erlebenden Ich, so mag diese Tatsache unwichtig scheinen, beachtet man aber die Identität in der Differenz, so zeigt sich, daß das Erzählen eines Ich-Erzählers einen Doppelaspekt erhält: Es läßt den Erzählenden ebenso erkennbar werden wie den Erlebenden, das Erzählen wird bipolar. Ich greife auf das eben zitierte Beispiel zurück. Die Passage läßt den Leser zweierlei in sich aufnehmen: einmal die Tatsache, daß das Ich in früheren Zeiten, durch den Reichtum verführt, ein der Befriedigung aller sinnlichen Bedürfnisse gewidmetes Leben geführt hat; auf der anderen Seite erfahren wir aus denselben Sätzen auch die Haltung, die das erzählende Ich dazu einnimmt. Wir erfahren also etwas über das erlebende und das erzählende Ich, und zwar sehr Unterschiedliches: Was das Ich früher genossen hat, erscheint ihm nun als verderbliche Wollust. Beide Aspekte weist ein und derselbe Satz auf, er besitzt sozusagen zwei Dimensionen. Um die Zweidimensionalität ichhaften Erzählens genauer zu untersuchen, ziehen wir ein weiteres Beispiel heran:

So lebte ich in einem unschuldig vergnüglichen Verhältnisse mit dem höchsten Wesen, ich kannte keine Bedürfnisse und keine Dankbarkeit, kein Recht und kein Unrecht, und ließ Gott herzlich einen guten Mann sein, wenn meine Aufmerksamkeit von ihm abgezogen wurde. Ich fand aber bald Veranlassung, in ein bewußteres Verhältnis zu ihm zu treten [...][10]

Der Text gibt die naive Religiosität des erlebenden Ich, des Kindes, zu erkennen, er macht dem Leser aber auch klar, daß das erzählende Ich, also der Erwachsene, auf einer wesentlich höheren Reflexionsstufe steht, daß sein Verhältnis zur Religion sich kompliziert hat, die Unbefangenheit einbüßte usw. Und zwar werden beide Erkenntnisse auf einmal und durch ein und denselben Satz hervorgerufen. Ichhaftes Erzählen heißt, daß unter einem doppelten Aspekt erzählt wird. Das dichtungslogische Spezifikum des Ich-Erzählens, nämlich die Identität in der Differenz, kommt als Doppelaspekt oder als Dipoligkeit des Leseerlebnisses zur Wirkung: »So lebte ich in einem unschuldig vergnüglichen Verhältnisse mit dem höchsten Wesen« ist ein Satz, der für den Leser eine doppelte Information umschließt, sofern er ihm die Person des erlebenden Ich in ihrer Naivität und die Person des erzählenden Ich in ihrer inzwischen gewonnenen Bewußtheit in ein und demselben Moment vor Augen führt.

Gilt dies wirklich nur für ichhaftes Erzählen, so muß dem Satz, wandelt man ihn in die Er-Form um, eine Dimension verlorengehen. Er lautet dann: »So lebte er in einem unschuldig vergnüglichen Verhältnisse mit dem höchsten Wesen, er kannte keine Bedürfnisse und keine Dankbarkeit, kein Recht und kein Unrecht, und ließ Gott herzlich einen guten Mann sein, wenn seine Aufmerksamkeit von ihm abgezogen

wurde.« Über die ›Figur‹, also das ›er‹, erfahren wir dasselbe wie vorher über das erlebende Ich, hingegen wird uns der Reflexionsgrad des Er-Erzählers als personale Eigenschaft keineswegs bewußt. Natürlich können wir behaupten, daß der Erzähler,
konstatiert er Naivität, selbst nicht naiv sein kann, aber dies ist ein Akt interpretatorischer Konstruktion. Das Leseerlebnis hingegen bleibt davon unberührt, der Satz wird
eindimensional. Fragen wir bei Sätzen in der Ich-Form stets auch nach dem Redenden, so tun wir dies bei Sätzen in der Er-Form nicht. Warum nicht? Weil hier zwar
ein Erzähler, nicht aber eine Erzähler-Person auftaucht. In literaturtheoretischen Untersuchungen findet sich immer häufiger der Begriff »Medium«, wenn vom Er-Erzähler die Rede ist, und dies hat seinen guten Grund. Robert Weimann hat den Begriff
»Erzähler-Medium«[11] gebraucht, Inge Diersen spricht von einem »medialen Erzähler«[12] und Wilhelm Füger von einem »Erzählmedium«[13]; sie alle wollen damit deutlich machen, daß es sich beim Er-Erzähler nicht um eine Person handelt, vor
allem nicht um den Autor selbst. In der Er-Erzählung ist aber der Erzähler überhaupt
medial, und zwar in dem Sinne, daß er keine Person, auch keine fiktive oder fingierte, darstellt: Er hat keine Personalität. Deswegen muß er keineswegs neutral oder objektiv sein oder gar überhaupt verschwinden; Personalitätslosigkeit meint nicht
Objektivität und Neutralität oder gar Farblosigkeit, sondern die Tatsache, daß das erzählende Medium nicht als Person in das Bewußtsein des Lesers tritt, keine
Charaktereigenschaften gewinnt, nicht als Figur vor das (innere) Auge kommt. Der
Satz: »Er ließ Gott herzlich einen guten Mann sein, wenn seine Aufmerksamkeit von
ihm abgezogen wurde« wird durchaus nicht von einem neutralen Erzähler gesprochen, sondern von einem offensichtlich verhalten ironischen Medium. Aber die di-
stanzierende Ironie trifft nur das Erzählte, hier die kindliche Verhaltensweise der Figur, sie schlägt nicht auf den Erzählenden zurück, d.h. sie charakterisiert das ›er‹,
nicht aber den Erzähler, weil dieser, ohne Personalität, keine Charaktereigenschaften
besitzen kann. Anders steht es, wenn wir den Satz in seiner ursprünglichen Gestalt
lesen: »[Ich] ließ Gott herzlich einen guten Mann sein, wenn meine Aufmerksamkeit
von ihm abgezogen wurde.« Dieser Satz charakterisiert auch den Erzählenden, nämlich als einen, der einen sich in verhaltener Ironie ausdrückenden Abstand zu sich
selbst gewonnen hat.

In der Er-Erzählung verschwindet der Erzähler also durchaus nicht, wie Käte
Hamburger meinte. Was verschwindet, das ist seine Personalität; als Medium bleibt
er hingegen durchaus erhalten, ja dieses Faktum garantiert dem Erzählen überhaupt
erst seine gattungsspezifische Eigenart, nämlich die Mittelbarkeit der Darstellung.
Aber indem er seine Personalität verliert, kann sein Sagen ihn als Person auch nicht
mehr charakterisieren, es kann nur noch das Erzählte selbst treffen. Dies ist, bezüglich des Erzählens formuliert, dessen Eindimensionalität; mit Blick auf den Rezipienten gesagt, weist das Erzählen nur noch einen Aspekt auf.

Bei dem Versuch, den Unterschied zwischen Ich- und Er-Erzählung zu verstehen,
kommt alles darauf an, daß man die Zweidimensionalität ichhaften Erzählens und die
Eindimensionalität erhaften Erzählens erkennt, vom Leser aus gesehen also den Doppelaspekt, den Sätze in der Ich-Form gegenüber dem einfachen Aspekt der Sätze in
der Er-Form besitzen. Dies gilt, ich wiederhole diesen zunächst am meisten irritieren-

den Tatbestand, auch dann, wenn ein »persönlicher«[14] oder »auktorialer«, also ein Stellung beziehender, kommentierender Er-Erzähler auftritt. Beispiele dafür findet man gewöhnlich besonders häufig in ironischen Texten, und deshalb sei hier eine ironische Passage aus Thomas Manns »Buddenbrooks« zur weiteren Klärung herangezogen. Es handelt sich um die Wiedergabe eines Dialogs, genauer gesagt um die partielle Wiedergabe des Gespräches zwischen Damen und Herren der Lübecker Gesellschaft mit Tony am Strand in Travemünde:

»Mademoiselle Buddenbrook!«
»Sie hier?«
»Wie reizend!«
»Und seit wann?«
»Und welch inzückende Toilette!« – Man sagte »inzückend«.
»Und Sie wohnen?«
»Bei Schwarzkopfs?«
»Beim Lotsenkommandeur?«
»Wie originell!«
»Wie *finde* ich das *forchtbar* originell!« – Man sagte »forchtbar«.[15]

Der Erzähler gibt sich zunächst als bloßer Beobachter, er ist neutral, bzw. er verschwindet als Medium für einen Moment beinahe ganz, indem er hinter die Figuren und ihre Äußerungen zurücktritt. An zwei Stellen aber rückt er in den Vordergrund, wird zu einem ›persönlichen‹, ›auktorialen‹ Erzähler, nämlich wenn er einen Kommentar, eine kleine Reflexion anfügt: »Man sagte ›inzückend‹« und »Man sagte ›forchtbar‹«. An beiden Stellen macht er dem Leser die übertriebene, Vornehmheit suggerierende Artikulation der Lübecker »Gesellschaft« bewußt, und indem er das tut, gibt er sie der Lächerlichkeit preis: er ironisiert. Dies ist nun ganz zweifellos ein subjektiver Eingriff, und insofern erscheint der Erzähler in der Tat als Aussagesubjekt. Gleichwohl wird er dadurch keineswegs zu einer Person mit bestimmten Charaktereigenschaften, die man im Erzählen immer wiederfindet, sondern die epische Ironie, die durch die Eingriffe des sich distanzierenden Erzähler-Mediums wirksam wird, schlägt nicht auf dieses zurück. Die Wirkung der ironischen Kommentare ist eindimensional in dem Sinne, daß sie nur die Redereien der Lübecker Gesellschaft in Frage ziehen, aber nicht auch den Erzähler charakterisieren, daß der Leser auf das Erzählte, die Figuren und Vorgänge blickt, also auf den Erzählgegenstand, nicht aber auf den Erzähler als Person. Er wird deshalb wohl am Ende einer Lektüre sagen können, wie sich der Er-Erzähler verhält, und es ist deshalb keineswegs abwegig, nach der Rolle des Erzählers zu fragen; aber er wird nicht das Gefühl haben, er könne nun eine Erzählperson charakterisieren, während wir über den Ich-Erzähler in Kellers »Der grüne Heinrich« genauer Auskunft geben: über seine innere Verfassung, seine Resignationsgefühle und seine Hoffnungen, seine Möglichkeiten und Fähigkeiten und Begrenztheiten.

Was nun Käte Hamburgers Überlegungen betrifft, so zeigt sich nach der Analyse der unterschiedlichen Dimensionalität des erhaften bzw. ichhaften Erzählens, woher die Probleme in ihrer »Logik der Dichtung« stammen. Ihre Behauptung, daß das Aussagesubjekt, der Erzähler, völlig verschwindet, sobald aus einer fingierten oder nicht-fingierten Wirklichkeitsaussage (Ich-Form) ein fiktionales Erzählen (Er-Form) wird [16], ist zwar nicht haltbar, beruht aber auf der richtigen Einsicht, daß die Sätze nun eindimensional werden, also nicht mehr auf das Aussagesubjekt zurückwirken. Anders gesagt: Das angebliche Verschwinden des Er-Erzählers im fiktionalen Erzählen im Gegensatz zu einer fingierten oder nicht-fingierten Wirklichkeitsaussage ist nichts anderes als die Erscheinung, daß der Berichterstatter seine Personalität verliert, also nun nicht mehr als Person vorhanden ist, sondern eben lediglich als Medium; dies aber bedeutet nicht seine Abschaffung überhaupt. Den Verlust der zweiten Erzähldimension, der in der Tat in dem Moment zu konstatieren ist, in dem eine Erzählperson oder Erzähler-Figur (Ich-Erzähler, Autor) einem Erzählmedium (Er-Erzähler) weicht, ist mithin lediglich Folge des Verlustes der Personalität, so daß man formulieren kann: In der Ich-Form tritt ein Erzähler auf, dem Personalität eignet; in der Er-Form tritt gleichfalls ein Erzähler auf, doch ist er personalitätslos (d.h. ein bloßes Medium); das ichhafte Erzählen charakterisiert den Erzählgegenstand wie den Erzähler, ist zweidimensional (bipolar), das erhafte Erzählen bezieht sich insofern nur auf das Erzählte und nicht auf den Erzähler, als das Medium, personalitätslos, gar nicht charakterisierbar ist; dementsprechend ist alles Er-Erzählen zwar eindimensional, nicht aber erzählerfrei.

Allerdings muß man sich der Tatsache bewußt sein, daß die Personalität des Ich-Erzählers natürlich umso deutlicher in Erscheinung tritt, je individueller, subjektiver der Narrator erzählt. Legt er durchgängig ein neutrales Erzählverhalten an den Tag, so bleiben die Sätze zwar bipolar, aber seine »Persönlichkeit« entbehrt dann stark der Plastizität, die diese Bipolarität besonders nachdrücklich ins Leserbewußtsein treten läßt. Das gilt im übrigen in den Grenzen, welche die Erzählform zieht, auch für das Er-Erzählen: Zwar besitzt der Narrator hier keine Personalität, das Erzählen daher keinen Doppelaspekt; aber auch sein individueller Zuschnitt, seine Eigentümlichkeiten treten leuchtender hervor, wenn er sich auktorial gebärdet, eine kritische Erzählhaltung annimmt etc., als wenn er neutral berichtet, in Dialogen überhaupt zurücktritt und mit seiner Meinung ganz und gar hinter dem Berge hält.

Das Zurücktreten des Ich-Erzählers kann zwar für einige Zeit zu einer gewissen Ähnlichkeit mit der Er-Form führen, ruft aber ebensowenig einen Wechsel vom Ich-Erzählen zum Er-Erzählen hervor wie das extrem auktoriale, ichhafte Auftreten eines Er-Erzählers einen Übergang zum Ich-Erzählen bewirkt. An der folgenden Stelle etwa, an der es um die Hochzeit von Lenette und dem Armenadvokaten in Jean Pauls Roman »Siebenkäs« geht, mischt sich der Erzähler als ein Ich ein und wendet sich mit einem Kommentar an die Braut, womit er den Gang der Ereignisse abrupt unterbricht; Lenette hat das Zimmer betreten, in dem ihr Bräutigam sie erwartet:

Sie band sogleich – weil nicht mehr Zeit zum Kopulieren und Frisieren übrig war – ihren Hut los und legte das Myrtenkränzchen darunter, das sie im Vorwerke der Leute wegen versteckt, auf den Tisch, damit ihr Kopf gehörig wie der Kopf anderer Honoratioren für die Trauung zurecht gemacht und gepudert würde durch den schon passenden Mietherrn.

Du liebe Lenette! Eine Braut ist zwar viele Tage lang für jeden, den sie nicht heiratet, ein schlechtes, mageres heiliges Schaubrot, und für mich vollends; aber eine Stunde nehm' ich aus – nämlich die am Morgen des Hochzeittages –, worin die bisherige Freiin in ihrem dicken Putze zitternd, mit Blumen und Federn bewachsen, die ihr das Schicksal mit ähnlichen bald ausreisset, und mit ängstlichen andächtigen Augen, die sich am Herzen der Mutter zum letzten und schönsten Mal ergießen: mich bewegt diese Stunde, sag' ich, worin diese Geschmückte auf dem Gerüste der Freude so viele Trennungen und eine einzige Vereinigung feiert, und worin die Mutter vor ihr umkehrt und zu den andern Kindern geht und die Ängstliche einem Fremden überlässet. Du froh pochendes Herz, denk' ich dann, nicht immer so wirst du dich unter den schwülen Ehejahren heben, dein eignes Blut wirst du oft vergießen, um den Weg ins Alter fester herabzukommen, wie sich die Gemsenjäger ans Blut ihrer eignen Fersen halten. – – Dann möcht' ich zu den zuschauenden und neidischen Jungfrauen auf dem Wege zur Kirche hinaustreten und sagen: mißgönnt der Armen die Wonne einer flüchtigen Täuschung nicht so sehr – ach ihr sehet wie sie heute den Zank- und Schönheitapfel der Ehe nur in der Sonnenseite der Liebe hangen, so rot und so weich; aber die grüne, saure, im Schatten versteckte Seite des Apfels sieht niemand. – Und wenn ihr jemals eine verunglückte Ehegattin herzlich bedauert habt, welche den veralteten Brautputz nach zehn Jahren von ungefähr aus dem Kleiderfache zog, und in deren Augen auf einmal alle Tränen über die süßen Irrtümer drangen, die sie in zehn Jahren verloren, wißt ihr denn das Gegenteil von der Beneideten so gewiß, die vor euch glänzend vorüberzieht? –

Ich wäre aber hier nicht unerwartet in diese fremde Tonart von Rührung ausgewichen, wenn ich mir nicht Lenettens Myrtenkränzchen unter dem Hute (ich wollte nur oben nichts von meiner Empfindung sagen) und ihr Alleinsein ohne eine Mutter und ihr angepudertes Blumengesichtchen zu lebhaft vorgestellt hätte und vollends dazu die Bereitwilligkeit, womit sie ihre jungen weichen Arme (sie war schwerlich über neunzehn Jahre) in die polierten Handschellen und Kettenringe der Ehe steckte, ohne nur umzuschauen, an welche Plätze man sie daran führen würde... Ich könnte hier die Finger aufheben und einen Schwur ableisten, daß der Bräutigam so gerührt war wie ich, wo nicht stärker; zumal wie er den Aurikeln-Puder aus dem Blüten-Gesichte gelind abstrich und die Blumen darin nackt aufblühen ließ. Aber er hatte sein mit Liebetränken und Freudentränen vollgegossenes Herz sehr behutsam herumzutragen, wenn es nicht überlaufen sollte zu seiner Schande vor dem lustigen Haarkräusler und dem ernsten Schulrate.[17]

Man sieht, daß sich der Erzähler gar nicht lang genug mit seinen Kommentaren, Späßen, ironischen Reflexionen beschäftigen kann, daß er kaum zum eigentlichen Erzählen zurückfindet, weil er sich selbst immer aufs neue in den Vordergrund spielt. Doch das alles führt so wenig wie die Tatsache, daß er von sich selbst spricht und »ich« sagt, dazu, daß hier die Erzählform wirklich gewechselt würde. Auch das sporadische »ich«-Sagen des Narrators sprengt die Er-Form nämlich nicht, weil der Erzähler im Prinzip nicht von sich selbst erzählt, sondern von anderen, auch wenn er seine Empfindungen und Meinungen einfließen läßt. Er bekommt durchaus ein spezifisches Profil, – man kann ihn als Ironiker bezeichnen, kann seinen Humor, u.U. auch seine verschlungene Redeweise etc. hervorheben; trotzdem besitzen die Sätze keine Bipolarität, weil sie sich auf andere als den Erzählenden beziehen. Hier verläuft die Grenze zwischen Ich- und Er-Form.

Und auch das zweite Phänomen, das Er- und Ich-Form in eine gewisse Nähe zueinander bringt, führt nicht zu einer wirklichen Vermischung:

Ruth begann öfter, wenn es sich einrichten ließ, aber auch, wenn Wichtiges in der Schule und im Haushalt liegenblieb dafür, unbeabsichtigt rücksichtslos, in sich selbst zu versinken. Mitten in Gesprächen schien ihr etwas in den Sinn zu kommen. Eigentlich sah sie aus wie jemand, der hofft, ihm würde etwas Vergessenes wieder einfallen. Sie stierte deshalb angestrengt oder auch fast blöde vor Geistesabwesenheit geradeaus. Das blieben merkwürdige, nämlich friedliche Momente bei Ruth. Ihre scharfe Zunge, ihre Unrast, mußte man annehmen, waren geschwunden, natürlich nicht für lange. Sie horchte auf das blitzartige, unwetterartige Ereignis beim Frisör, das sich wiederholte, ein Zusammenfahren ihrer Person und gleichzeitig ein Auseinanderfetzen, energiefressend, so daß sie sich danach ruhig, beinahe ausgebrannt fühlte. Nach außen erwähnte sie nur »Ich habe neuerdings die Idee, daß alles auch ganz anders kommen könnte«, »Ich hätte Fähigkeiten für etwas Wesentlicheres«. Das war schon alles. Sie wußte nicht, worauf das, was sie mit einem Handstreich durchschoß, hinauslaufen sollte, aber es überzeugte sie, sie wollte dem auf der Spur bleiben, ihr Gesicht wurde wacher und gesammelter.[18]

Daß es sich um eine Passage aus einer Ich-Erzählung handelt, ist ihr nicht anzumerken, auch das »mußte man annehmen« verweist nicht darauf, daß hier eine Ich-Erzählerin spricht. Brigitte Kronauers Roman »Rita Münster«, aus dem auch dieses Beispiel stammt, besteht aus vielen und langen Passagen solcher Art, hier wird also auch sonst häufiger »er« oder »sie« gesagt als »ich«.

Trotzdem handelt es sich um einen Ich-Roman. Denn alle Er- und Sie-Passagen schildern nicht die Leute selbst, sondern die Beobachtungen der Erzählerin. Insofern stehen sie nicht, wie in der Er-Form, für sich, sondern beziehen sich stets auf die erzählende Figur Rita Münster zurück. Die zitierte Passage wird folgendermaßen fortgesetzt:

Ich entdeckte manchmal etwas Feuriges in ihren Augen, das mich gespannt machte. Wie würde sie sich jetzt und auf die Dauer verhalten? Etwas bemerkte ich schon bald: Sie benahm sich Franz gegenüber anders als früher. Immer, bei meinen gelegentlichen Besuchen, wich sie, wenn er sie berührte, zurück, nicht feindselig, nur erschreckt. Sie hatte eben gerade an etwas ganz und gar anderes gedacht und rappelte sich dann ja auch schnell auf und reagierte freundlich, aber das war nicht wegzumogeln: In der ersten Sekunde fühlte sie sich gestört in einem Grübeln, in dem sie keinen anderen duldete, fast war ihr Blick dann nämlich doch böse. Sie wehrte sich gegen eine Freiheitsberaubung. Ich beobachtete das. Ruth wurde ja schon wieder nervös, diesmal aus einem klaren Grund. Sie wollte keinen dieser verspielten Körperkontakte, die unversehens jederzeit auf sie niederstürzen konnten. Es war vielleicht wie eine ständige Furcht vor Mückenstichen, und sie durfte keinesfalls, sie wollte das doch auch nicht, nach den nun etwas lästig gewordenen Händen schlagen. Es handelte sich ja um die von Franz![19]

Jetzt erkennt man, daß Rita für sich selbst die Welt entdeckt, daß alles, was sie beobachtet, von Einfluß auf sie ist, ihr Erstaunen, Befremden, ihre Trauer und ihre Glücksgefühle weckt. So bekommen die Sätze eine bipolare Struktur: »Es war vielleicht wie eine ständige Furcht vor Mückenstichen, und sie durfte keinesfalls, sie wollte das doch auch nicht, nach den nun etwas lästig gewordenen Händen schlagen. Es handelte sich ja um die von Franz!« Hier wird nicht nur etwas über Ruth ausgesagt, sondern auch über Rita. Sie erlebt die Ambivalenz des Erotischen, das Hingezogenwerden und das Abgestoßenwerden, der Leser erhält Einblick in die komplizierte Psyche der Narrator-Figur, an dieser Stelle sogar mit Hilfe eines äußersten Raffinements. Denn es handelt sich wohl um erlebte Rede, Rita versetzt sich in Ruth, hier reden sozusagen beide, obwohl Rita ja eigentlich kaum wissen kann, was in Ruth wirklich vorgeht. Da sie trotzdem aus deren Perspektive spricht, spricht hier in Wahrheit sie selbst: Sie artikuliert ihre Abneigung gegen männliche Zärtlichkeit. Wieder zeigt sich, daß man bei der Bestimmung einer Erzählform nicht ausschließlich auf den Pronominalgebrauch achten darf. Er ist an sich noch nicht aufschlußreich genug. Denn in jeder Ich-Erzählung kommen Passagen in der dritten Person vor. Aber sie unterscheiden sich von denen in einer Er-Erzählung grundsätzlich, nämlich dadurch, daß sie sich nicht nur auf die jeweilige Figur, sondern zudem und zugleich auch auf die Erzählerperson beziehen und diese charakterisieren.

Allerdings läßt sich ein Übergang von der Ich-Form in die Er-Form konstruieren, der zwar beim Ich beginnt, etwa von dessen Erlebnissen in einer Stadt berichtet, dann aber immer stärker zur Beschreibung Dritter übergeht und sich darin erschöpft. Der Rückbezug zum erzählenden Ich, der »an sich« vorhanden ist, läßt sich dann nicht mehr erkennen, weil das Ich nicht auftritt, – das Ich-Erzählen ist in ein Er-Erzählen übergegangen. Umgekehrt kann man auch den Fall konstruieren, wo das Er-Erzählen in ein Ich-Erzählen übergeht, nämlich auf der Basis auktorialer Eingriffe eines Er-Erzählers. Würde der Narrator in Jean Pauls »Siebenkäs« etwa an der zitierten Stelle nicht nur immer weiter Kommentare und Reflexionen einfließen lassen, sondern nach und nach auch Reminiszenzen einbeziehen und auf eigene Erfahrungen und schließlich auf eigene Erlebnisse zu sprechen kommen, so erfüllte er nach und nach, am Ende aber vollständig den Tatbestand des Ich-Erzählens. Man erkennt an solchen Konstruktionen jedoch vor allem nochmals deutlich den Unterschied zwischen beiden Erzählformen: Ein Übergang in die Er-Form ist nur möglich, wenn das Ich nicht mehr von sich selbst erzählt, ein Übergang in die Ich-Form nur, wenn das zunächst lediglich als Kennzeichen auktorialen Erzählverhaltens fungierende »ich« dazu übergeht, nicht mehr zu kommentieren, sondern nun auch von sich selbst zu berichten.

Noch ein Aspekt muß hinsichtlich der Er-Form und der Ich-Form erörtert werden, nämlich der der Glaubwürdigkeit und Zuverlässigkeit des jeweiligen Erzählers.[20] Man hat in diesem Punkt schon vor Hamburgers aussagetheoretischen Überlegungen ganz in ihrem Sinne argumentiert: Der Ich-Erzähler ist unzuverlässiger, weil er nur über eine begrenzte, zudem subjektive Sehweise verfügt, u.U. gar an Verschleierungen interessiert ist. Der Er-Erzähler hingegen redet nicht von sich, braucht deshalb keine Wahrheit zu fürchten, besitzt, zumindest potentiell, auch einen größeren Überblick über das Geschehen und gilt deshalb als objektiverer und genauerer Berichterstatter. Hamburger könnte noch schlagender argumentieren, daß sich überhaupt nur der Ich-Erzähler irren kann, denn die Existenz eines Er-Erzählers leugnet sie ja. Indes sind alle herangezogenen Argumente zunächst schon deshalb hinfällig, weil sie nicht bei dem entscheidenden Merkmal fiktionalen Erzählens ansetzen, nämlich bei der Absolutheit und damit uneingeschränkten Wahrheit fiktionalen Sprechens. Sie gilt für die Ich-Form in nicht geringerem Maße als für die Er-Form und die Du-Form. Wenn ein Erzähler etwas Falsches berichtet, so verfolgt der Autor damit ein bestimmtes Ziel, etwa mit dem Leser zu spielen, ihn in rezeptiver Unsicherheit zu halten, das Verständnis des Textes freizugeben und es dem Leser anheimzustellen, was er glauben will. Das kann ebensogut in einer Ich-Form wie in einer Er-Form geschehen. An sich selbst sind alle Erzählformen als Kategorien fiktionalen Erzählens Mittel, fiktionale Wahrheit zu etablieren. Innerhalb der Fiktionalität ist der Ich-Erzähler so glaubhaft wie der Er-Erzähler. Selbst dem Hochstapler Felix Krull glaubt der Leser alles, was er erzählt, obgleich hier nicht nur ein Ich-Erzähler, sondern noch dazu ein betrügerischer am Werke ist. Die Wahrheits- und Zuverlässigkeitsfrage ist nicht mit dem Erzähler verknüpft, sie stellt vielmehr ein Figurenproblem dar.

Dies zu erläutern, ziehen wir den Anfang von Alfred Döblins Roman »Berlin Alexanderplatz« heran:

Er stand vor dem Tor des Tegeler Gefängnisses und war frei. Gestern hatte er noch hinten auf den Äckern Kartoffeln geharkt mit den andern, in Sträflingskleidung, jetzt ging er im gelben Sommermantel, sie harkten hinten, er war frei. Er ließ Elektrische auf Elektrische vorbeifahren, drückte den Rücken an die rote Mauer und ging nicht. Der Aufseher am Tor spazierte einige Male an ihm vorbei, zeigte ihm seine Bahn, er ging nicht. Der schreckliche Augenblick war gekommen [schrecklich, Franze, warum schrecklich?], die vier Jahre waren um. Die schwarzen eisernen Torflügel, die er seit einem Jahre mit wachsendem Widerwillen betrachtet hatte [Widerwillen, warum Widerwillen], waren hinter ihm geschlossen. Man setzte ihn wieder aus. Drin saßen die andern, tischlerten, lackierten, sortierten, klebten, hatten noch zwei Jahre, fünf Jahre. Er stand an der Haltestelle.
Die Strafe beginnt.
Er schüttelte sich, schluckte. Er trat sich auf den Fuß. Dann nahm er einen Anlauf und saß in der Elektrischen. Mitten unter den Leuten. Los. Das war zuerst, als wenn man beim Zahnarzt sitzt, der eine Wurzel mit der Zange gepackt hat und zieht, der Schmerz wächst, der Kopf will platzen.[21]

Der entscheidende Satz wurde vom Autor durch Sonderstellung herausgehoben: »Die Strafe beginnt.« Betrachtet man ihn als vom Erzähler gesprochen, handelt es sich um ein objektives Urteil, das vom Leser als zutreffend rezipiert wird und keinesfalls relativierbar ist. Betrachtet man den Satz indes als inneren Monolog, d.h. als aus der Sicht Biberkopfs gesprochen, so haben wir eine subjektive Figuren-Ansicht vor uns, der man folgen oder der man widersprechen kann. Vor allem kann sie sich erst im Verlauf des Romans bewahrheiten, während das Urteil, faßt man es als vom Narrator formuliert auf, eine *Vorausdeutung* darstellt und dem Leser mithin schon vor der Vermittlung des Geschehens dessen niederschmetternden Verlauf mitteilt. Dabei ist es einerlei, ob ein Ich- oder ein Er-Erzähler spricht: Das Erzähler-Urteil gilt als zuverlässig. Daraus kann man sogar – umgekehrt – ein Argument für die Einordnung eines entsprechenden Urteilssatzes als erlebte Rede oder Erzählereingriff ableiten. In Thomas Manns »Buddenbrooks« heißt es einmal: »Es war Gerda, die Mutter zukünftiger Buddenbrooks.«[22] Der Satz steht am Ende des fünften Teils: Thomas Buddenbrook ist mit seiner jungen Frau von der Hochzeitsreise zurückgekehrt und bespricht sich mit seiner Schwester Tony, während sich Gerda noch von den Reisestrapazen ausruht. Nach einer Weile geht die Tür auf, und Gerda tritt ein. Der zitierte Satz teilt das mit. Er ist falsch, denn Gerda wird nur ein Kind zur Welt bringen, das noch dazu sechzehnjährig stirbt, so daß es keine »zukünftigen Buddenbrooks« geben wird. Man kann kaum annehmen, daß der Narrator redet, denn er kann sich nicht dermaßen irren. Unterstellt man ihm auch nicht die Absicht, den Leser bewußt in die Irre führen zu wollen – und dafür spricht nichts, der Roman ist nicht auf eine Verwirrung des Rezipienten angelegt –, so kann man ihn nur als erlebte Rede auffassen: Tony, die so stolz auf die Familie ist und nun an deren Zukunft zu glauben vermag, da Thomas eine so gute Partie gemacht hat, kann nichts anderes denken, als daß Gerda »die Mutter zukünftiger Buddenbrooks« ist. Allenfalls könnte man den Satz noch als erlebte Rede, gesprochen aus der Sicht Thomas Buddenbrooks, auffassen, der in seiner Frau die Mutter der erhofften nächsten Generation sieht. Aber da er ein kühler

Kopf ist, liegt die Interpretation des Satzes als erlebte Rede, die die stolzen Erwartungen der familienhörigen Tony ausdrückt, am nächsten.

Nicht die größere Zuverlässigkeit des Erzählers, nicht die zeitliche Schichtung, nicht das Vor- und Zurücktreten des Narrators, nicht einmal die Differenz zwischen Erzähler und Figur markiert also den eigentlichen Unterschied zwischen Ich- und Er-Form. Es ist vielmehr die Tatsache, daß in der Ich-Form der Erzähler auch von sich selbst, in der Er-Form aber nur von Dritten berichtet. Dies führt zu einer Identität in der Differenz hinsichtlich des epischen Mediums in der Ich-Erzählung und dadurch zu einer Dipoligkeit der erzählenden Sätze. Darin unterscheidet sich die Ich-Form substantiell von der Er-Form, während selbst der Gebrauch der Pronomina, jedenfalls streckenweise, gleich sein kann.

Das Pronomen ist auch kein zuverlässiger Indikator für die selten begegnende Du-Form. Sie steht ganz und gar im Schatten der beiden anderen Erzählformen, und zwar aufgrund ihrer Struktur. So wie in der Ich-Form der Erzähler von sich erzählt und in der Er-Form von Dritten, so berichtet er in der Du-Form von einem Du, Ereignissen und Erlebnissen des Angesprochenen. Dafür gibt es aber kaum einen Grund: Warum sollte man jemandem das erzählen, was er selbst erlebt hat? Nur in einigen Ausnahmefällen ist dergleichen angebracht, so z.B. wenn man Kindern erzählt, was sie zu einem Zeitpunkt und in einem Alter getan haben, an den und an das sie keine Erinnerung mehr besitzen. Auch als Kunstform kommt der Du-Form auf den ersten Blick nicht die gleiche Berechtigung zu wie den beiden anderen Erzählformen, denn meistens wird der Leser angesprochen, und dem ist wenig zu erzählen, was er nicht schon weiß, – es sei denn, der Narrator macht ihn mit bloßen Vorstellungen vertraut, entwirft Geschichten und spielt Möglichkeiten durch. Das geschieht z.B. in der schon einmal herangezogenen »Burleske« aus dem »Tagebuch 1946 – 1949« von Max Frisch. Das Du ist nichts weiter als das kollektive »man«, der Leser fungiert als allgemeines Bewußtsein, dem man allerdings Neues, vor allem der Warnung dienende Geschichten, erzählen kann.

Es gibt aber noch eine andere Du-Form, nämlich die Ausdehnung eines inneren Monologs zu einer Erzählung. Das ist in dem wohl ersten ausschließlich in der Du-Form abgefaßten Roman der deutschen Literatur, in »Die Geschichte einer armen Johanna« von Paul Zech aus dem Jahr 1925 der Fall. Es handelt sich um die Lebensgeschichte einer einsamen, mißbrauchten jungen Frau, die das erzählende Ich im Ton anklagenden Mitleids der betroffenen, inzwischen verstorbenen Person wie in einem inneren Gespräch darbietet. Eine ähnliche Struktur hat auch jene Du-Form, in der das Ich zu sich selbst spricht. Dieses Verfahren hat Gert Jonke in seinem Roman »Der ferne Klang« angewendet, wobei freilich die Du-Form keineswegs einen inneren Monolog präsentiert, in dem das Ich mit sich identisch ist, sondern die Entfremdung des Ich von sich selbst signalisiert.

Da in der Du-Form aber auch Ereignisse mitgeteilt werden, die das erzählende Ich z.B. mit dem angesprochenen Du verbinden, oder überhaupt von Dritten die Rede sein kann, stellt auch hier der Pronomina-Gebrauch nur in eingeschränktem Maße ein Kennzeichen der Erzählform dar, ähnlich den anderen Formen, in denen, wie gezeigt, ebenfalls »er« und »ich« begegnen. Aber so, wie das Ich-Sagen in der Ich-Form so-

zusagen den primären, das Erzählen von Dritten (»er«, »sie«, »es«) indes den sekun-
dären Sprachgestus darstellt, und so wie das Ich-Sagen in der Er-Form sekundär, das
Er-, Sie-, Es-Sagen indes primär ist, so bildet das Du-Sagen in der Du-Form das pri-
märe Merkmal der Erzählform, schließt jedoch den Gebrauch anderer Pronomina
nicht aus. Allerdings gibt es einen Gesichtspunkt, der die Du-Form von den beiden
anderen Formen trennt und wohl dazu beigetragen hat, daß sie so selten Verwendung
findet. Sie gibt sich nämlich als Halb-Dialog, in dem der angesprochene Redepartner
niemals zu Worte kommt. Das wirkt ebenso befremdlich wie das Verfahren, jemandem zu erzählen, was er selbst erlebt hat. Insofern trägt wohl in der Tat ihre Struktur
zur Seltenheit der Du-Form das Entscheidende bei.

2. Der Standort des Erzählers (»point of view«)

Unter dem Standort oder dem Blickpunkt des Erzählers verstehe ich das raum-zeitli-
che Verhältnis des Narrators zu den Personen und Vorgängen, die er schildert und
berichtet. Nicht immer ist der Terminus in diesem einfachen und strengen Sinn verwendet worden. Zumal im angelsächsischen Sprachraum vermischt man beim Gebrauch des Ausdrucks »point of view« häufig den »Standort« mit der »Sichtweise«
des Erzählers, sogar mit dem »Erzählverhalten«, und tangiert zudem den Aspekt des
Perspektivischen, der allerdings in der Tat mit allen genannten Kategorien sowie mit
den Kategorien der Erzählhaltung und der Darbietungsform funktional zusammenhängt.[24] Einer systematischen Erfassung epischer Phänomene ist solche Vermischung aber nicht dienlich, weshalb hier einer Differenzierung und Entfaltung der
Vorzug gegeben wird.
     Das lokale wie temporale Verhältnis des Narrators zum Erzählten läßt sich nach
Nähe und Entfernung, nach größerem oder geringerem Überblick bestimmen, auch
bezüglich der Bewegungen, die das erzählende Medium vollzieht, um einen bestimmten Blickpunkt zu erreichen. Bekannt ist der sogenannte »olympische« Standort, der
auch als der der Allwissenheit bezeichnet wird, – nicht ganz zu Recht, denn allwissend ist ein Erzähler nur, wenn ihm auch die Innensicht, also der Blick in das Seelen-
leben der Figuren zur Verfügung steht. Dies fällt aber unter die Kategorie der »Sichtweise«, denn damit wird der Rahmen einer lediglich lokalen und temporalen Bestimmung gesprengt. Als olympisch läßt sich der Erzählerstandort bezeichnen, wenn der
Narrator den zeitlich wie räumlich vollständigen Überblick über das Ganze eines
vielfältigen Geschehens besitzt.
     In lokaler Hinsicht bedeutet dies, daß er alle Figuren, vor allem auch alle Schau-
plätze kennt. Ist die Erzählung entsprechend konzipiert, reicht sein Wissen viel weiter
als das der Figuren. In seinem Roman »Sie fielen aus Gottes Hand« hat Hans Werner
Richter mehrere Lebensgeschichten gebündelt, die voneinander unabhängig ablaufen.
Man erkennt schon an den Formulierungen, mit denen er die einzelnen Handlungsstränge einleitet, daß der Narrator alle Schicksale und mithin auch sämtliche Schauplätze überblickt, die im übrigen weit auseinanderliegen: »In dieser Nacht saß Alex-
ander Lewoll, Hauptmann der estnischen Armee, in der Nähe der russischen Grenze

in einem kleinen Bahnwärterhäuschen«[25],»Zur gleichen Stunde, es war zwischen zwölf und ein Uhr nachts, lag Salomon Galperin in seinem Bett in einer Vorstadt Warschaus« [26],»In dem gleichen Augenblick ging Leutnant Pjotr Majsiura durch die Straßen von Bobruisk«[27],»Es war kurz vor ein Uhr nachts, und in den Restaurants von Pilsen erloschen die Lichter«[28]. Eine solche olympische Position wird dem Erzähler indes nur selten eingeräumt, was freilich auch mit der erzählten Geschichte selbst zusammenhängt. Spielt sie unter wenigen Personen und an einem Ort, benötigt der Narrator keinen olympischen Überblick, oder anders formuliert: selbst wenn er allwissend wäre, könnte er von seiner umfassenden Sach- und Ortskenntnis keinen Gebrauch machen, weil er nur von begrenzten Ereignissen berichtet. Sein olympischer »point of view« wäre gar nicht zu erkennen.

In zeitlicher Hinsicht bedeutet Allwissenheit die Kenntnis der Vorgeschichte des Erzählten sowie der zukünftigen Geschehnisse. Daß nicht nur ein Er-, sondern auch ein Ich-Erzähler solche Kenntnis besitzen kann, zeigen die beiden folgenden Beispiele. Hinsichtlich der erst noch zu erzählenden Geschehnisse ist ein solches Wissen in der retrospektiven Ich-Form selbstverständlich, denn der Ich-Narrator kann in diesem Fall nur erzählen, was er erlebt hat, so daß ihm das Ende der dargebotenen Geschichte schon aus aussagelogischen Gründen bekannt sein muß. Thomas Manns Erzählung »Mario und der Zauberer« beginnt mit einer vorausdeutenden Skizzierung und Wertung des Handlungsendes:

Die Erinnerung an Torre di Venere ist atmosphärisch unangenehm. Ärger, Gereiztheit, Überspannung lagen von Anfang an in der Luft, und zum Schluß kam dann der Choc mit diesem schrecklichen Cipolla, in dessen Person sich das eigentümlich Bösartige der Stimmung auf verhängnishafte und übrigens menschlich sehr eindrucksvolle Weise zu verkörpern und bedrohlich zusammenzudrängen schien. Daß bei dem Ende mit Schrecken (einem, wie uns nachträglich schien, vorgezeichneten und im Wesen der Dinge liegenden Ende) auch noch die Kinder anwesend sein mußten, war eine traurige auf Mißverständnis beruhende Ungehörigkeit für sich, verschuldet durch die falschen Vorspiegelungen des merkwürdigen Mannes. Gottlob haben sie nicht verstanden, wo das Spektakel aufhörte und die Katastrophe begann, und man hat sie in dem glücklichen Wahn gelassen, daß alles Theater gewesen sei.[29]

Solches über das Erzählte hinausgreifende Wissen zeigt sich auch, wenn davor liegende Ereignisse berichtet werden. Auch dafür findet sich bei Thomas Mann ein Beispiel. Die frühe Erzählung »Der Wille zum Glück« beginnt folgendermaßen:

Der alte Hoffmann hatte sein Geld als Plantagenbesitzer in Südamerika verdient. Er hatte dort eine Eingeborene aus gutem Hause geheiratet und war bald darauf mit ihr nach Norddeutschland, seiner Heimat, gezogen. Sie lebten in meiner Vaterstadt, wo auch seine übrige Familie zu Hause war. Paolo wurde hier geboren.[30]

Der Tempusgebrauch zeigt, daß der Narrator über den Rahmen der eigentlichen Erzählung hinausgreifen kann, selbst wenn es sich, wie in diesem Fall, um ein stark ichhaftes episches Medium handelt, – die Geschichte ist wirklich zwischen Ich- und Er-Form angesiedelt, sofern zwar eigentlich Paolos kurze Lebensgeschichte dargeboten wird, diese aber so eng mit der des Erzählers verbunden ist, daß dieser partienweise auch von sich erzählt, wenn er von der Hauptfigur berichtet.

Die Tatsache, daß die beiden Beispiele aus Ich-Erzählungen bzw. einer Ich-Erzählung und einer stark ichhaften Erzählung stammen, mag zeigen, daß ein Blickpunkt, der große Übersicht gestattet, nicht dem Er-Erzähler vorbehalten ist. Dennoch schränkt die Wahl der Erzählform die Freiheit bei der Festlegung des Erzählerstandorts ein. Ein Ich-Erzähler kann nur dann gleichzeitig an verschiedenen Orten eintretende Ereignisse schildern, wenn er aus dem Munde anderer Kenntnis von ihnen hat, und auch die Wiedergabe der Vorgeschichte ist ihm nur dann möglich, wenn sie ihm berichtet wurde oder aus eigenen Erfahrungen besteht.

Zwischen der ihm jeden Überblick gestattenden Entfernung und der größten Nähe zum Erzählten bzw. zur geschilderten Figur kann dem Erzähler jeder Standort zugewiesen werden. Für den Er-Erzähler ist die größte Nähe erreicht, wenn er sich mitten im Geschehen bzw. jeweils nur auf der Höhe der Ereignisse aufhält, seinem Helden nicht von der Seite weicht und ihm jedenfalls keinen Schritt voraus ist. In der Ich-Form lassen sich Narrator und Hauptfigur noch näher zusammenrücken. In der Brief-Form fallen Sagen und Gesagtes dann zusammen, wenn das Ich momentane innere Erlebnisse, Gedanken, Vorstellungen formuliert, bei Tagebucherzählungen ist die Nähe ebenfalls sehr groß, wenn es sich um ein Erzählen in Gestalt eines inneren Monologs handelt. Hier fallen erzählendes und erlebendes Ich meistens zusammen, so in Hermann Brochs schon genanntem Roman »Der Tod des Vergil«. Auch wenn hinsichtlich ihrer Standorte Ich-Erzähler und Er-Erzähler oft über ähnliche Möglichkeiten verfügen, zeigen diese Beispiele doch, daß die Erzählform nicht immer ohne Einfluß auf die Wahl des »point of view« ist.

3. Sichtweisen

Das ist auch bei der Wahl der Sichtweisen der Fall. Ich bezeichne mit diesem Terminus das Erzählverfahren, sich auf die Beschreibung der Außenseite aller Figuren zu beschränken oder in sie hineinzublicken.[31] Die Außensicht steht natürlich allen Erzählern zur Verfügung, die Innensicht zwar auch, doch muß der Ich-Erzähler sich streng genommen auf jene Innensicht beschränken, die ihm Einblick in das eigene Ich gewährt. Das Beispiel aus Brigitte Kronauers Roman »Rita Münster«, in dem die Erzählerin Rita aus der Sicht der Figur Ruth spricht, belehrt uns aber, daß man nicht allzu streng urteilen und nicht zu rigide klassifizieren darf. Einerseits kann der Ich-Narrator Kenntnisse von Dritten erhalten haben, die es ihm gestatten, aus der Sicht einer Figur zu sprechen, deren Inneres also auszudrücken. Hinsichtlich der zitierten Stelle kann man z.B. voraussetzen, daß Ruth ihrer Freundin von ihren Gefühlshemmungen erzählt hat, daß Rita also in erlebter Rede wiedergibt, was sie auf ganz natürliche Weise erfahren hat. Und außerdem schließen wir selbst im täglichen Leben von äußeren Phänomenen auf den inneren Zustand der uns umgebenden Personen. Ja, wir können sogar von einem Tier in erlebter Rede erzählen und es auf diese Weise als (sprachfähige) Person behandeln, deren Inneres wir kennen: »Rasmus, unser Hund, lief zwischen Gartentor und Straße hin und her. Offenbar konnte er sich nicht entscheiden: Sollte er mir nachlaufen oder folgsam ins

Haus zurückkehren?« Dabei fände wohl niemand etwas Außergewöhnliches. Wenn dies aber schon im täglichen Sprechen möglich ist, wieviel eher in fiktionalen Texten! – Warum also sollte ein Ich-Erzähler nicht auch von dem Innenleben Dritter berichten, wenn er plausibel machen kann, daß er vom Äußeren auf das Innere schließt? Jedenfalls kann man nicht davon sprechen, daß dem erzählenden Ich die Innensicht nur hinsichtlich seiner selbst als erlebendem Ich zur Verfügung steht. Allerdings muß man von gewissen Einschränkungen beim Gebrauch der Innensicht in der Ich-Erzählung sprechen. So wird man dem Ich-Erzähler ein freies Schalten mit der Innensicht nicht zubilligen dürfen, während ein Er-Erzähler u.U. über das Innenleben einer Vielzahl von Figuren Auskunft geben kann. Hier zeigt sich im übrigen, daß Standort und Sichtweise nicht dasselbe sind: Erzählt ein Narrator von den Gedanken und Gefühlen einer Person, ist sein Blickpunkt weniger hoch gelegen, als wenn er das Innere vieler Figuren zu beschreiben vermag. Doch in beiden Fällen verfügt er über Innensicht. Im übrigen wird sich bei der Erörterung des Erzählverhaltens und der erlebten Rede zeigen, daß auch der Du-Erzähler in das Innere seiner Du-Figur zu blicken vermag.

4. Erzählverhalten

Der Begriff der Erzählsituation, den Franz K. Stanzel geprägt und in seinen zahlreichen, inhaltlich voneinander kaum abweichenden Darstellungen verwendet hat, läßt sich wissenschaftlich nicht aufrechterhalten, weil er Unvergleichbares kombiniert. Stanzel unterscheidet die Ich-Erzählsituation von der auktorialen und der personalen Erzählsituation, stellt also einer Erzählform zwei Arten epischen Verhaltens gegenüber: das Hervortreten des Narrators mit Hilfe von Reflexionen etc. und sein Verschwinden hinter den Figuren. Das Erzählverhalten hat aber mit der Erzählform nichts zu tun, ist ihr jedenfalls nicht entgegenzusetzen, was sich schon daran zeigte, daß es durchaus ein auktoriales Erzählverhalten in der Ich-Form gibt. Indem ich Erzählformen und Erzählverhalten als zwei unterschiedliche Kategorien behandele, kann ich die Zusammensetzung von Erzählsystemen systemlogisch und ausdifferenziert beschreiben.

Drei Arten des Erzählverhaltens sind zu unterscheiden: das auktoriale, das personale und das neutrale. Von ihnen ist uns das auktoriale bereits begegnet. Die Textbeispiele von Grimmelshausen und Jean Paul zeigen, was man unter einem Erzählverhalten im allgemeinen und dem auktorialen im besonderen zu verstehen hat: ›Erzählverhalten‹ faßt in erster Linie das Verhalten des Narrators zum Erzählten, und zwar nicht im Sinne einer Wertung, sondern im Sinne der Präsentation der Geschichte. Verhält sich der Narrator auktorial, so bringt er sich selbst ins Spiel, indem er das erzählte Geschehen keineswegs auf sich beruhen läßt, sondern eigene Meinungen, zusätzliche Überlegungen, Kommentare, also eine Subjektivität wirksam werden läßt. Welcher Art diese Stellungnahmen sind, bleibt dabei offen; dergleichen erfaßt die Kategorie der Erzählhaltung. Aber daß das epische Medium sich überhaupt einmischt, bezeichne ich – hier durchaus in etwa Stanzel folgend – als auktoriales Erzählverhalten.

Dies vermag ein Er-Erzähler nicht weniger stark als ein Ich-Erzähler an den Tag zu legen, und auch ein Du-Erzähler kann sich unterschiedlich verhalten. Diesem ist das Auktoriale sogar besonders gemäß. Denn während man sich vorstellen kann, daß der Ich-Erzähler in Grimmelshausens »Wunderbarlichem Vogelnest« seine Geschichte erzählt, ohne wegen des negativen Einflusses der »Reichtümer« die Hände über seinem Kopf zusammenzuschlagen, und daß auch der Narrator in Jean Pauls »Siebenkäs« sich mit seinen Kommentaren zurückhält, besitzt die Du-Form sozusagen von Natur aus in gewisser Weise auktoriales Gepräge. Denn indem der Erzähler sich dem Erzählten gegenüber auktorial verhält, tritt er auch als Gegenüber des Lesers deutlich in Erscheinung. Seine Kommentare sind also letztlich auch an den Leser gerichtet, wirken auf diesen jedenfalls so. Deshalb hat jene Du-Form, in der sich der Erzähler an das kollektive Leserbewußtsein wendet, sozusagen *per se* auktoriales Gepräge:

Er ist auch viel frecher als der erste, das macht vielleicht das Gefängnis, und ganz geheuer ist es dir nicht, zumal er, wie er ganz offen gesteht, wegen Brandstiftung gesessen hat. Aber gerade diese Offenheit, diese unverblümte, gibt dir das Vertrauen, das du gerne haben möchtest, um Ruhe und Frieden zu haben; am Abend, da du trotz ehrlichem Gähnen nicht schlafen kannst, liest du wieder einmal das Apostelspiel von Max Mell, jene Legende, die uns die Kraft des rechten Glaubens zeigt, ein Stück schöner Poesie; mit einer Befriedigung, die das Schlafpulver fast überflüssig macht, schläfst du ein...[32]

Das wirkt beinahe wie ein durchgängig kommentierendes Erzählen, allerdings nicht nur, weil der Erzähler sich aus Gründen der gewählten Erzählform stets an den Leser wendet, sondern hier wohl auch des Präsens-Gebrauchs wegen. Im übrigen verliert sich diese Wirkung, wenn das Du, wie in Paul Zechs Roman, eine Figur und nicht der Rezipient ist.

Schwieriger als auktoriales läßt sich personales Erzählverhalten umgrenzen. Selbst Stanzel, der den Terminus ›personal‹ in die erzählpoetologische Diskussion einführte, tut sich sogar noch in seiner letzten diesbezüglichen Abhandlung schwer und kennt genau genommen neben einer figurenperspektivischen Darstellung nur die erlebte Rede als Mittel personalen Erzählens. Das hängt allerdings auch damit zusammen, daß er den inneren Monolog fälschlich für ein Übergangsphänomen »zwischen der Ich-ES und der personalen ES«[33] (ES = Erzählsituation) hält. Denn Erzähler-Ich und Figuren-Ich sind prinzipiell zu trennen, und der Monolog gehört zur Figur. Ein monologisierender Erzähler ist ein auktorialer Erzähler. Aber Stanzels Bestimmung personalen Erzählens als einer epischen Darbietung, die die Figurenperspektive wählt, kann man folgen. Es stellt in der Narrator-Figur-Beziehung das genaue Gegenteil zum auktorialen Erzählverhalten dar, in dem die Sehweise des Erzählers vorherrscht. Für das sich durch die Wahl der Figurenperspektive und scheinbar ohne Aufgabe des Erzählerberichts zugunsten der erlebten Rede oder des inneren Monologs realisierende personale Erzählverhalten hat Stanzel den Beginn von Büchners Erzählung »Lenz« herangezogen:

Den [20. Januar] ging Lenz durch's Gebirg. Die Gipfel und hohen Bergflächen im Schnee, die Täler hinunter graues Gestein, grüne Flächen, Felsen und Tannen. Es war naßkalt, das

Wasser rieselte die Felsen hinunter und sprang über den Weg. Die Äste der Tannen hingen schwer herab in die feuchte Luft. Am Himmel zogen graue Wolken, aber Alles so dicht, und dann dampfte der Nebel herauf und strich schwer und feucht durch das Gesträuch, so träg, so plump. Er ging gleichgültig weiter, es lag ihm nichts am Weg, bald auf- bald abwärts. Müdigkeit spürte er keine, nur war es ihm manchmal unangenehm, daß er nicht auf dem Kopf gehn konnte.[34]

Deutlich markieren die Raumdeiktika die Position des Erzählers neben (oder gar in) der Figur: Von Lenz aus gesehen, breitet sich »die Täler hinunter« graues Gestein aus und das Wasser rieselt »die Felsen hinunter«, die Tannenäste hingegen hängen »schwer herab« und der Nebel dampft »herauf«, – Lenz befindet sich an jenem Punkt, da alle Wahrnehmungen zusammenlaufen und an dem auch der Erzähler steht. Auch bei ihm treffen die Wahrnehmungen von Lenz zusammen, und das bedeutet: Der Narrator erzählt aus der Perspektive der Figur. Dieses die Optik der Figur wählende personale Erzählen wird hier über den Perspektivismus hinaus dadurch verstärkt, daß es sich wohl um Figurenstil handelt, also um Worte der Person, wenn der Erzähler formuliert »aber Alles so dicht« oder »so träg, so plump«. Doch auch wenn man diese Einwürfe als solche des Narrators selbst interpretiert, bleibt es beim Perspektivismus der Darstellung, der die Sehweise der Figur in den Mittelpunkt rückt. Das ist ein personales Erzählverhalten. Kafka hat es in seinen Romanen fast ausschließlich benutzt, indem er den Erzähler stets neben der Hauptfigur postiert. Mehr noch: Der Narrator schildert weder in »Der Proceß« noch in »Das Schloß« seine Zentralfigur von außen, er stellt sich K. niemals gegenüber, sondern behält stets dessen Blickrichtung bei. Was K. sieht, das schildert der Erzähler, nichts anderes. Er erblickt mit den Augen K.s die Figuren, hört niemals etwas anderes als K., weiß nicht ein einziges Detail mehr von der Gerichts- oder der Schloßwelt als der Bankbeamte bzw. der Landvermesser und macht sich mithin die Perspektive seiner Figuren ganz und gar zu eigen.

   Personales Erzählen bedeutet nun aber nicht, daß der Narrator stets völlig verschwinden würde. Auch bei Büchner, auch bei Kafka erzählt sich die Geschichte nicht selbst, und erst recht die Darbietungsform der erlebten Rede, die als das klassische Mittel personalen Erzählens gilt, wird falsch verstanden, wenn man meint, der Narrator wähle die Sicht der Figur und verschwinde dabei stets hinter dieser, ziehe sich mithin als episches Medium (vorübergehend) ganz zurück. In der erlebten Rede sind vielmehr beide vorhanden, der Erzähler ebenso wie die Figur; der Narrator wählt die Figurenoptik, d.h. er bleibt präsent. Allerdings ist diese Präsenz außerordentlich unterschiedlich ausgeprägt, und nur wenn der Erzähler sich von der Figur, deren Sicht er wählt, nicht distanziert hat oder jedenfalls nicht in der Frage, die in der erlebten Rede behandelt wird, weicht seine Sehweise ganz und gar der der Figur. Das ist z.B. an der folgenden Stelle aus »Buddenbrooks« der Fall, an der Thomas Buddenbrook darüber nachsinnt, ob er das risikoreiche Angebot, eine Partie Korn »auf dem Halm« zu kaufen, annehmen soll oder nicht:

Aber, war es nicht gut so? Auch das Unglück, dachte er, hat seine Zeit. War es nicht weise, sich still zu verhalten, während es in uns herrscht, sich nicht zu rühren, abzuwarten und in

Ruhe innere Kräfte zu sammeln? Warum mußte man jetzt mit diesem Vorschlag an ihn herantreten, ihn aus seiner klugen Resignation vor der Zeit aufstören und ihn mit Zweifeln und Bedenken erfüllen! War die Zeit gekommen? War dies ein Fingerzeig? Sollte er ermuntert werden, aufzustehen und einen Schlag zu führen? Mit aller Entschiedenheit, die er seiner Stimme zu geben vermocht, hatte er das Ansinnen zurückgewiesen; aber war, seit Tony aufgebrochen, wirklich das Ganze erledigt? Es schien nicht, denn er saß hier und grübelte.[35]

Da keine Elemente erkennbar werden, die auf eine Distanzierung des Narrators von Thomas hindeuten, kann man hier davon sprechen, daß der Narrator die Optik der Figur wählt und der Leser nur deren Sehweise zur Kenntnis nimmt. Aber es ist immer noch der Narrator, der redet; das erkennt man am Gebrauch des »er«: erlebte Rede bewahrt die Duplizität von Erzähler-Rede und Figurensicht.

Diese Duplizität tritt an der folgenden Stelle – ebenfalls aus »Buddenbrooks« – noch viel deutlicher ins Bewußtsein. Hier werden die Einlassungen des Maklers Gosch wiedergegeben, jenes Lübecker Bürgers, der es darauf anlegt, stets diabolisch zu wirken, der mit großen Gesten und großen Worten die Nichtigkeit des Daseins beschwört oder auch enthusiastisch die Schönheit des Lebens preist. Der Erzähler hat die pathetischen Reden Goschs hinreichend ironisiert, was dazu führt, daß die folgende Passage in erlebter Rede ironisch-parodistisch wirkt:

Herrn Gosch ging es schlecht; mit einer schönen und großen Armbewegung wies er die Annahme zurück, er könne zu den Glücklichen gehören. Das beschwerliche Greisenalter nahte heran, es war da, wie gesagt, seine Grube war geschaufelt. Er konnte abends kaum noch sein Glas Grog zum Munde führen, ohne die Hälfte zu verschütten, so machte der Teufel seinen Arm zittern. Da nützte kein Fluchen... Der Wille triumphierte nicht mehr... Immerhin! Er hatte ein Leben hinter sich, ein nicht ganz armes Leben.[36]

Denn was unterscheidet das Verfahren, erlebte Rede einzusetzen, von dem, die Worte Goschs in direkter Rede wiederzugeben? – Der Unterschied betrifft die Duplizität der Perspektiven und damit die Doppelbödigkeit erlebter Rede. In direkter Rede würden wir zwar Goschs Zentnerworte zur Kenntnis nehmen und sein Pathos vielleicht komisch finden; in erlebter Rede wird aber außerdem die distanzierte Haltung des Narrators sichtbar. Hier reden beide, der ironischen Abstand haltende Erzähler und der das Alter beschwörende Makler. Besser gesagt: Der Erzähler wählt zwar die Optik Goschs, aber er *wählt* sie nur; in Wahrheit ist es nicht seine, und dadurch bekommt diese Passage in erlebter Rede ihr parodistisches Gepräge. Keineswegs steht es also so, daß erlebte Rede stets das Verschwinden der Erzählerperspektive zur Folge hätte oder daß personales Erzählen gar die Tilgung des epischen Mediums voraussetzte. Vielmehr kann personales Erzählen, wenn es sich der erlebten Rede bedient, perspektivisch eindimensional sein wie im ersten Beispiel, weil der Erzähler ausschließlich die Sehweise der Figur präsentiert und keine eigene, oder aber zweidimensional, nämlich wenn er außer der Figurenperspektive zusätzlich die eigene Sehweise wirksam werden läßt, wie im zweiten Beispiel. Genau genommen liegt in diesem Fall eine Vermischung von personalem und auktorialem Erzählverhalten vor, eine Verbindung, die »eigentlich« gar nicht möglich scheint. Es ist die Duplizität der Perspektiven in der Einheit des Satzes (in erlebter Rede), die dergleichen möglich macht. Und es wird sich zeigen, daß auch das neutrale Erzählverhalten unter Umständen zu einer ähnlichen Duplizität führen kann.

Indes muß zunächst noch von dem Erzählverhalten des Ich-Erzählers die Rede sein. Stanzel stellt ja der Ich-Erzählung sowohl die auktoriale als auch die personale Erzählsituation gegenüber und kann dadurch das auktoriale Erzählverhalten eines Ich-Erzählers so wenig systematisch erfassen wie das personale. Beide Arten kommen aber vor. Eine auktoriale Passage aus Grimmelshausens »Wunderbarlichem Vogelnest« haben wir schon angeführt. Die folgende stammt aus seinem »Abenteuerlichen Simplicissimus«:

Wiewohl ich nicht bin gesinnet gewesen, den friedliebenden Leser mit diesen Reutern in meines Knans Haus und Hof zu führen, weil es schlimm genug darin hergehen wird: So erfordert jedoch die Folge meiner Histori, daß ich der lieben Posterität hinterlasse, was für Grausamkeiten in diesem unserm Teutschen Krieg hin und wieder verübet worden, zumalen mit meinem eigenen Exempel zu bezeugen, daß alle solche Übel von der Güte des Allerhöchsten, zu unserm Nutz, oft notwendig haben verhängt werden müssen [...][37]

Ein solch auktorialer Kommentar entspricht vollkommen der Erzählstruktur dieser fiktiven Autobiographie: Der alt gewordene Simplex überschaut sein Leben, kann es bewerten, vermag die Erlebnisse richtig einzuordnen und dadurch zu erkennen, daß z.B. manches Übel in Wahrheit dem Guten diente. Das Narrator-Ich ist aber nicht gezwungen, diese Perspektive beizubehalten. Es kann vielmehr auch die des kindlichen, lebensdummen und naiven Simplex wählen, kann sich also zu sich selbst durchaus personal verhalten und tut dies auch an der folgenden Stelle, die sich kurz nach der oben zitierten findet. Der junge Simplex versteht nicht, warum die Reiter, die den Hof seines Knan überfallen haben, tun, was sie tun; aber er kann es beschreiben und dabei schildern, wie er das Gesehene verstand:

Allein mein Knan war meinem damaligen Bedünken nach der glückseligste, weil er mit lachendem Mund bekannte, was andere mit Schmerzen und jämmerlicher Wehklag sagen mußten, und solche Ehre widerfuhr ihm ohne Zweifel darum, weil er der Hausvater war, denn sie setzten ihn zu einem Feuer, banden ihn, daß er weder Händ noch Füß regen konnte, und rieben seine Fußsohlen mit angefeuchtem Salz, welches ihm unser alte Geiß wieder ablecken, und dadurch also kitzeln mußte, daß er vor Lachen hätte zerbersten mögen; das kam so artlich, daß ich die Gesellschaft halber, oder weil ichs nicht besser verstand, von Herzen mitlachen mußte: In solchem Gelächter bekannte er seine Schuldigkeit und öffnet' den verborgenen Schatz, welcher von Gold, Perlen und Kleinodien viel reicher war, als man hinter Bauren hätte suchen mögen.[38]

Auch die Hinweise »meinem damaligen Bedünken nach« oder »weil ichs nicht besser verstand« verhindern nicht, sondern betonen ausdrücklich, daß hier personales Erzählen, Erzählen aus der Perspektive des erlebenden, nicht aus der des erzählenden Ich vorliegt. Der künstlerische Reiz des »Abenteuerlichen Simplicissimus« beruht wohl zu einem guten Teil auf diesem Spiel mit dem doppelten Perspektivismus, nämlich daß der längst alles durchschauende Erzähler Simplex oft aus der Sicht des kaum etwas begreifenden Knaben Simplex erzählt.

Natürlich läßt das Ich-Erzählen auch personales Erzählverhalten in Gestalt der erlebten Rede zu. Hier nur ein kurzes Beispiel aus der »Kalendergeschichte«, einer der vielen erzählerischen Passagen aus dem »Tagebuch 1946 – 1949« von Max Frisch; es handelt sich um die Erzählung von einem Diplomaten, der in Prag glaubt, seiner früheren Geliebten oder deren Tochter begegnet zu sein:

Das Ganze, bei Tag betrachtet, erschien mir nun selber als ein lächerliches Hirngespinst, geschmacklos und dumm. Warum sollte Anja gerade in diese Stadt gegangen sein? Ich hätte mich selber auslachen können. Warum sollte ihr Kind, wenn es überhaupt ein solches gab, gerade in dieser Gasse wohnen?[39]

Hingegen stellen sich die Probleme im Zusammenhang mit der Du-Form wiederum als besonders diffizil dar. Ist personales Erzählverhalten in der Du-Form überhaupt möglich? – Das Beispiel aus Frischs »Burleske« spricht dafür. Zwar habe ich es zunächst als einen Beleg für auktoriales Erzählverhalten herangezogen, aber es zeigt sich schnell, daß dies einmal mehr der Zuordnung zu einem personalen Erzählen nicht völlig widerspricht:

Er ist auch viel frecher als der erste, das macht vielleicht das Gefängnis, und ganz geheuer ist es dir nicht, zumal er, wie er ganz offen gesteht, wegen Brandstiftung gesessen hat. Aber gerade diese Offenheit, diese unverblümte, gibt dir das Vertrauen, das du gerne haben möchtest, um Ruhe und Frieden zu haben [...][40]

Trotz aller auktorialen Kommentar-Wirkung gibt der Erzähler wieder, was das Du meint und empfindet, man sieht, was geschieht, mit den Augen des kollektiven Du. Das liegt am Präsens und an der Erzählform: Das Präsens ist das Tempus auktorialer Eingriffe, die Du-Form setzt den Erzähler dem Leser gegenüber, – wie in auktorialen Passagen; aber das Präsens ermöglicht es dem Erzähler auch, das vom Du innerlich Erlebte zu beschreiben, weil es als Präsens der Vorstellung, beinahe möchte man sagen: der Suggestion verstanden werden kann. Und außerdem läßt die Erzählform alles Gesagte durch die Optik des Angesprochenen gehen. Wie aber steht es, wenn dieser Sonderfall nicht vorliegt, wenn etwa – auch dies ist angesichts der Seltenheit der Du-Form in gewisser Weise ja ein Sonderfall – der Erzähler im vertrauten epischen Präteritum die Geschichte einer Person in der Du-Form dieser Person erzählt? – Man möchte spontan antworten, daß personales Erzählen nicht möglich scheint, da der Narrator nicht wissen kann, was und wie das Du die Welt wahrnimmt. Allerdings warnt uns das in II,3 konstruierte Beispiel für erlebte Rede hinsichtlich eines Hundes vor allzu rigider Einschränkung des Personalen durch logische Zwänge. Indes habe ich mir dort mit der Konstruktion geholfen, daß man vom Äußeren auf das Innere schließen und so Innensicht gewinnen kann. Doch auch ohne solche Brücken begegnet das aussagelogisch Unmögliche an der folgenden Stelle:

So ging es eine Woche. Jeden Abend trankst Du aus dem Herzen der wundersamen Stadt. Ganz verwuchsest Du mit diesem Häusermeer und dem Kreislauf, der dahinschwang in weichen Autos, sich ergoß in Licht und Teppichwinkel.
    Wie waren sonst so die Straßenbahnen vorbeigeflitzt voller Licht und Berauschtheit, voller fabelhaften Geheimnisse. In jeder Ecke des Himmelsgewölbes brachen sich Lichtbüschel, sammelten sich wieder und stürzten auf Dich nieder.[41]

Was der Erzähler sagt, kann ihm nicht bewußt sein: Bei den vielen Liebesbegeg-
nungen, von denen zuvor die Rede war, war er nicht anwesend, die durch sie ausgelösten Gefühle des Glücks, aber auch der Öde und Lebensentfremdung, von denen im Zitat gesprochen wird, wurden ihm nicht berichtet, und trotzdem verfügt er
über Innensicht und spricht in erlebter Rede. Auch hier spült also die Macht der
Fiktionalität alle aussagelogischen Bedenken gegen diese Art des Erzählens hin-
weg. Gewiß, der Leser verwundert sich darüber eher, wenn er Passagen in der Du-
Form liest als solche in Ich- oder Er-Form. Aber es ist noch nicht ausgemacht, ob
das wirklich an der Sprengung der Logik liegt oder nur daran, daß wir das Du-Erzählen weniger gewohnt sind. Auch die aussagelogisch unbezweifelbare zeitliche
Abschichtung zwischen dem Jetzt des Erzählens und dem Damals des Erzählten
verliert, wie gezeigt, der Leser ja im Handumdrehen aus seinem Bewußtsein. Es
verhält sich hier wohl mit der alle Logik verdrängenden Macht der Fiktionalität
wie bei Märchenhaftem, Surrealem u. ä. Sie ermöglicht aufgrund der Nicht-Falsifizierbarkeit ihrer Sätze ein Erzählen, das aussagelogisch unmöglich scheint.

Solche Komplikationen sind mit dem neutralen Erzählverhalten auf den ersten
Blick nicht verbunden. Es bildet sozusagen die Nullstelle im Koordinatensystem der
Verhaltensweisen des Erzählers. Neutrales Erzählverhalten rückt weder die Sicht einer Figur noch die des epischen Mediums in den Vordergrund, stellt das Geschehen
jedenfalls nicht aus der Perspektive einer handelnden Person oder verknüpft mit den
subjektiven Kommentaren des Erzählers dar. Neutrales Erzählverhalten suggeriert ein
Höchstmaß an Objektivität, ob es sich nun um die Passage aus einer Ich-, einer Du-
oder Er-Erzählung handelt:

Da sprach sie von ihren Schülern. Wir gingen vom Marx-Engels-Platz zum Alex. Wir standen am Zeitungskiosk und ließen die Hunderte von Gesichtern an uns vorbeitreiben, wir
kauften uns die letzten Osterglocken am Blumenstand. Vielleicht sind wir ein bißchen vom
Frühling betrunken, sagte ich. Aber sie bestand darauf, nüchtern zu sein und zu wissen, was
sie sagte.[42]

Als der sechzehnjährige Karl Roßmann, der von seinen armen Eltern nach Amerika geschickt worden war, weil ihn ein Dienstmädchen verführt und ein Kind von ihm bekommen
hatte, in dem schon langsam gewordenen Schiff in den Hafen von New York einfuhr,
erblickte er die schon längst beobachtete Statue der Freiheitsgöttin wie in einem plötzlich
stärker gewordenen Sonnenlicht. Ihr Arm mit dem Schwert ragte wie neuerdings empor und
um ihre Gestalt wehten die freien Lüfte.[43]

An einem der noch nicht ganz weggeräumten Kioske kaufst du dir ein paar Flachmänner
Kräuterlikör für deinen rotierenden Magen.
    So gehst du stadtauswärts, in der Hoffnung, Comelli und Kalkbrenner dort wiederzufin-
den, und fast fürchtest du, mit den beiden auch die letzten der dir noch verbliebenen Zu-
kunftsfransen aus den Augen verloren zu haben.[44]

Das letzte Beispiel verdeutlicht, daß Innensicht nicht der Neutralität des Erzählverhaltens widerspricht. Denn zu wissen, was in einer Figur vorgeht, bedeutet nicht,
daß der Erzähler auch deren Optik wählt. Die Neutralität ist hier mit einem entsprechenden Redestil verbunden, der unprätentiös und sachdienlich wirkt.

Problematisch wird die Klassifizierung des Erzählverhaltens, wenn Monologe und Dialoge in den Erzählerbericht eingebaut werden. An einer längeren Passage aus »Buddenbrooks« kann man den Übergang des Erzählens zum Figurenmonolog dokumentieren und das textanalytische Problem herausarbeiten. Thomas Buddenbrook hat Schopenhauers »Die Welt als Wille und Vorstellung« gelesen und grübelt nun darüber nach, welche Lehre er, der tatenmüde und nachdenkliche Kaufmann, für sich, sein Leben und seinen Tod daraus ziehen soll:

Was war der Tod? Die Antwort darauf erschien ihm nicht in armen und wichtigtuerischen Worten: er fühlte sie, er besaß sie zuinnerst. Der Tod war ein Glück, so tief, daß es nur in begnadeten Augenblicken, wie dieser, ganz zu ermessen war. Er war die Rückkunft von einem unsäglich peinlichen Irrgang, die Korrektur eines schweren Fehlers, die Befreiung von den widrigsten Banden und Schranken – einen beklagenswerten Unglücksfall machte er wieder gut.
      Ende und Auflösung? Dreimal erbarmungswürdig jeder, der diese nichtigen Begriffe als Schrecknisse empfand! Was würde enden und was sich auflösen? Dieser sein Leib... Diese seine Persönlichkeit und Individualität, dieses schwerfällige, störrische, fehlerhafte und hassenswerte *Hindernis, etwas anderes und Besseres zu sein!*
      War nicht jeder Mensch ein Mißgriff und Fehltritt? Geriet er nicht in eine peinvolle Hast, sowie er geboren ward? Gefängnis! Gefängnis! Schranken und Bande überall! Durch die Gitterfenster seiner Individualität starrt der Mensch hoffnungslos auf die Ringmauern der äußeren Umstände, bis der Tod kommt und ihn zu Heimkehr und Freiheit ruft...
      Individualität!... Ach, was man ist, kann und hat, scheint arm, grau, unzulänglich und langweilig; was man aber nicht ist, nicht kann und nicht hat, das eben ist es, worauf man mit jenem sehnsüchtigen Neide blickt, der zur Liebe wird, weil er sich fürchtet, zum Haß zu werden.
      Ich trage den Keim, den Ansatz, die Möglichkeit zu allen Befähigungen und Betätigungen der Welt in mir... Wo könnte ich sein, wenn ich nicht hier wäre! Wer, was, wie könnte ich sein, wenn ich nicht ich wäre, wenn diese meine persönliche Erscheinung mich nicht abschlösse und mein Bewußtsein von dem aller derer trennte, die nicht ich sind! Organismus! Blinde, unbedachte, bedauerliche Eruption des drängenden Willens! Besser, wahrhaftig, dieser Wille webt frei in raum- und zeitloser Macht, als daß er in einem Kerker schmachtet, der von dem zitternden und wankenden Flämmchen des Intellektes notdürftig erhellt wird!
      In meinem Sohne habe ich fortzuleben gehofft? In einer noch ängstlicheren, schwächeren, schwankenderen Persönlichkeit? Kindische, irregeführte Torheit! Was soll mir ein Sohn? Ich brauche keinen Sohn![45]

Nach der Frage nach dem Tod, die als erlebte Rede und als Zeichen für personales Erzählverhalten einzuordnen ist, folgt ein kurzer Erzählerbericht mit Innensicht und dann eine längere Passage in erlebter Rede, die bei »Der Tod war ein Glück« beginnt und etwa bei »sowie er geboren ward« endet. Dann beginnt wohl der innere Monolog, – ganz sicher kann man indes nicht sein, weil weder Personalpronomina noch Verben Verwendung finden, die über die Darbietungsform allein eindeutig Aufschluß geben können. Aber der Kontext legt die Interpretation der Stelle als Übergang zu dem dann schon etwas klarer erkennbaren inneren Monolog nahe: »Durch die Gitterfenster seiner Individualität starrt der Mensch«. Doch eindeutig ist auch diese Stelle noch nicht zu klassifizieren, weil das Personalpronomen der ersten Person nicht auftritt, sondern nur das Verb im Präsens.

Erst ab »Ich trage« steht einwandfrei fest, daß nunmehr ein innerer Monolog wiedergegeben wird.

Fragt man nach dem Erzählverhalten, so kann man *grosso modo* von einem Zurücktreten des Narrators sprechen. Nach dem eingeschobenen neutralen Satz wählt er die Optik der Figur, spricht in erlebter Rede und zieht sich dann ganz zurück: der innere Monolog beginnt. Verhält sich der Narrator personal oder neutral? Für Personalität spricht, daß wir nun alles mit den Augen Thomas Buddenbrooks sehen. Für Neutralität spricht, daß der Erzähler keineswegs die Optik des Senators wählt, sondern sich sozusagen aus dem Staub macht. Das kann aber andererseits aus gattungspoetologischen Gründen gar nicht vorkommen. Denn das entscheidende Gattungsmerkmal des Epischen bildet die Vermittlung der Welt durch einen Erzähler. In gewisser Weise sind wir hier an der Grenze widerspruchsfreien Argumentierens angekommen. Dennoch scheint mir das Folgende die Klassifizierung eines Monologs als Kennzeichen personalen Erzählverhaltens nahezulegen: Halten wir an der Existenz eines Erzählers aus gattungspoetologischen Gründen fest, kann man ihn im Monolog nur mit der Figur identifizieren. Er tritt nicht zurück, sondern er schlüpft in die Figur hinein. Sein Verschwinden ist nur scheinhaft, in Wahrheit hat er seinen Aufenthaltsort im Bewußtsein der Figur genommen. Das legt nicht nur das Wesen der erlebten Rede, sondern auch der Gang des Erzählens an der zitierten Stelle nahe. Während der Narrator in erlebter Rede noch sichtbar ist, sofern er die Optik der Figur nur wählt und diese Wahl in der Duplizität der erlebten Rede auch erkennbar bleibt (es bleibt ja beim Gebrauch der dritten Person), geht er nun ganz in die Person über, indem er deren Sichtweise eindimensional wiedergibt, eben als Monolog. Er spricht jetzt als Thomas Buddenbrook und sagt »ich«. Das heißt nicht, daß er auf jeden Fall dessen Meinungen teilt, daß Monologe grundsätzlich und immer die Identität der Weltauffassungen von Figur und Narrator dokumentieren. Über Gleichheit, Ähnlichkeit oder Unterschiedlichkeit der Anschauungen sagt der Gebrauch des Monologs nichts aus. Es steht lediglich so, daß der Narrator die Sehweise der Figur *direkt* und ohne jeden Umweg präsentiert.

Nur auf den ersten Blick scheint es so, als müsse dergleichen auch für den Dialog gelten, mit dem Unterschied, daß der Erzähler nun in steter und kurzfristiger Positionsänderung von Dialogpartner zu Dialogpartner wechsle und deren Worte spreche. Denn nun sind die Figuren ja von außen hörbar, hier spricht nicht der Narrator aus der Figur, sondern er hört den Redenden zu und hält sich, wenn wie im Folgenden die *inquit*-Formel fehlt, einfach heraus:

»Gewiß ist es der Richtige. Das verstehst du nicht, Hertha. Jeder ist der Richtige. Natürlich muß er von Adel sein und eine Stellung haben und gut aussehen.«
»Gott, Effi, wie du nur sprichst. Sonst sprachst du doch ganz anders.«
»Ja, sonst.«
»Und bist du auch schon ganz glücklich?«
»Wenn man zwei Stunden verlobt ist, ist man immer ganz glücklich. Wenigstens denk ich es mir so.«[46]

Da muß man also von einem neutralen Erzählverhalten sprechen, und zwar im wörtlichen Sinne: Der Erzähler spricht weder aus der Sicht der Figuren noch aus seiner eigenen. Wir beobachten genau das, was Otto Ludwig als »szenisches Erzählen« bezeichnet hat: Wie auf einer Bühne reden die Figuren, wir nehmen ihre Einlassungen ganz direkt wahr.[47] Trotzdem dürfen wir das gattungsspezifische Merkmal, den Erzähler, nicht als ausgeschaltet betrachten. Auch in der direkten Rede, auch im Dialog wird der Erzähler als vermittelnde Instanz gedacht, nur macht er sich nicht bemerkbar, er bleibt neutral. Sogar wenn, wie im 9. Kapitel des ersten Buches von »Wilhelm Meisters Wanderjahren«, nämlich in der Erzählung »Wer ist der Verräter?«, Dialoge wie in einem Drama notiert werden, also unter Angabe des Sprechenden und der nachfolgenden Rede, wird man das Ganze als vom Narrator dargeboten interpretieren müssen. Denn nach kurzer Weile taucht er ja als auktoriales, jedenfalls als sichtbares Medium auf, und es ist nicht nur aus deskriptionsökonomischen und gattungslogischen Gründen richtig, den Erzähler stets am Werk zu sehen, sondern auch aus rezeptionstechnischen: Der Leser nimmt das Ganze als erzählt wahr.

Daß der Erzähler beim (inneren) Monolog ein personales, beim Dialog oder der direkten Rede jedoch ein neutrales Erzählverhalten an den Tag legt, kann man sich auch vom Gebrauch der erlebten Rede aus nochmals verdeutlichen. In ihr wählt der Narrator die Sehweise der Figur, egal, ob er deren Gedanken oder deren Worte mitteilt. Im ersten Beispiel aus »Buddenbrooks«, das sich in diesem Kapitel findet, gibt der Erzähler die Gedanken von Thomas wieder (»dachte er«), im zweiten die Worte des Herrn Gosch (»wie gesagt«). In beiden ist der Narrator zugegen; man erkennt es u. a. auch daran, daß er in der Er-Form und im epischen Präteritum redet. Soll nun noch direkter der Gedanke der Figur ausgedrückt werden, so muß sich der Erzähler in die Figur hineinversetzen und mit ihren Gedanken sprechen: Ich-Form und Präsens sind die äußeren sprachlichen Kennzeichen. Um nun die Reden einer Person direkt wiederzugeben, muß er sich jedoch nicht in die Person hineinversetzen, sondern gewissermaßen die Figur selbst reden lassen: Er muß sich weitgehend zurückziehen, sich neutral verhalten und die Figur – mit der Einschränkung, daß der Narrator wirksam bleibt, ohne sichtbar zu werden – ihrerseits zu Wort kommen lassen. Auch jetzt bilden Ich und Präsens die äußeren Merkmale, aber die Figur redet direkter. Denn wir benötigen die Konstruktion, daß der Erzähler sich ins Innere der Figur begibt, nicht mehr, um zu verstehen, daß die Gedanken der Figur ausgedrückt werden. Sie spricht ja, wir können sie hören. Von entscheidender Bedeutung ist auch in diesem Fall die Rezeptionshaltung des Lesers. Beim inneren Monolog nimmt er die Gedanken als vom Erzähler direkt präsentiert auf, bei der direkten Rede gerät ihm der Erzähler aus dem Blick.

Freilich legt ein Dialog wie der zitierte die Frage nahe, warum sich der Erzähler an solchen Stellen dem Anschein nach zurückzieht, jedenfalls die Figuren und ihr Gerede sich selbst überläßt. Ist daran vielleicht die kaum überbietbare Naivität der Redenden, ihre haarsträubende Unreife schuld, die allerdings nichts weiter als ein Reflex auf die gesellschaftlichen Ehe-Usancen darstellt? – Dann würde das Zurücktreten des Narrators in Wahrheit eine kritische Stellungnahme sein. Und dieser und jener würde dieses Erzählverhalten deshalb vielleicht gar auktorial nennen. Doch auch wenn man mit solchen Überlegungen gewiß nichts Abwegiges zur Diskussion stellt, darf man die interpretatorische Dialektik nicht zu weit treiben. Es läßt sich sonst alles und jedes so oder so oder noch anders fassen, und eine systematische Deskription kommt dann auf keinen Fall zustande. Entscheidend bleibt, daß der Erzähler nicht eingreift, sondern lediglich wiedergibt, was zu hören ist, und sich insofern neutral verhält. Warum er das tut, wissen wir nicht. Wir können dies auch nicht in Erfahrung bringen, ja die Frage ist schon falsch gestellt. Denn da der Er-Erzähler ein Medium ohne Personalität ist, darf man auch keine psychologisch erfaßbaren Gründe für sein Verhalten voraussetzen. Er bleibt ein technisches, ein kunstästhetisches Mittel der Dichtung und des Dichters, nichts weiter.

5. Erzählhaltung

Die Darstellung der epischen Kategorien bzw. narrativen Schichten eines Erzähltextes im Sinne eines funktionalen Systems bringt es mit sich, daß bei den Überlegungen zu dieser oder jener Kategorie bzw. Textschicht schon von anderen Elementen des Erzählsystems die Rede sein muß, daß daher z.B. bei der Analyse der Erzählformen, vor allem des Erzählverhaltens gelegentlich auch schon der Begriff ›Erzählhaltung‹ auftauchte. Er bezeichnet nämlich die wertende Einstellung des Erzählers zum erzählten Geschehen bzw. zu den Figuren und bringt sich in dem jeweiligen Erzählverhalten, auch in bestimmten Darbietungsarten zum Ausdruck. Die Haltung, die ein Narrator zum Geschehen, zu den Figuren und deren Denk- und Handlungsweisen einnimmt, kann affirmativ oder ablehnend, kritisch, skeptisch, schwankend sein, sich plakativ oder differenziert, eindeutig oder modifiziert artikulieren und dabei sehr unterschiedliche epische Mittel benutzen. Am leichtesten läßt sich wohl eine neutrale Erzählhaltung erkennen. Sie korrespondiert dem neutralen Erzählverhalten und bringt sich vornehmlich dadurch zum Ausdruck, daß der Erzähler Standpunktlosigkeit zur Schau stellt. Das kann durch ein objektiv-sachliches Erzählen ebenso wie durch die Einblendung von Dialogen geschehen, auf jeden Fall zeichnet sich eine neutrale Erzählhaltung dadurch aus, daß der Narrator auf auktoriale Eingriffe verzichtet.

Das ist natürlich anders, wenn der Dichter einen kritischen Narrator ins Spiel bringt. Dieser kann sich mit Hilfe entsprechender Kommentare ebenso wie durch ein ironisch-parodistisches Erzählen zur Geltung bringen. Die Mittel, die dabei eingesetzt werden, sind vielfältig. Ich habe die Mischung aus personalem und auktorialem Erzählverhalten des Narrators von »Buddenbrooks« bezüglich des Maklers Gosch schon einmal herausgestellt; Christian Buddenbrook gegenüber verhält sich das epische Medium nicht anders. Vor allem sind es, zumal bei Thomas Mann, neben auktorialen Eingriffen des Narrators stilistische Mittel, die der Dichter einsetzt und mit denen er die Erzählhaltung des jeweiligen Narrators zur Erscheinung bringt. Zwei diametral entgegengesetzte Beispiele für höchst unterschiedliche Erzählhaltungen sollen aus dem Werk Manns herangezogen werden. Sie stammen aus ganz verschiedenen Schaffensphasen, das erste aus dem Frühwerk, das zweite aus der letzten Schaffensperiode. Im folgenden beschreibt der Erzähler das Gesicht einer Figur mit

Namen Lobgott Piepsam; die Stelle findet sich in der Erzählung »Der Weg zum Friedhof«:

Es war glatt rasiert und bleich. Zwischen den ausgehöhlten Wangen aber trat eine vorn sich knollenartig verdickende Nase hervor, die in einer unmäßigen, unnatürlichen Röte glühte und zum Überfluß von einer Menge kleiner Auswüchse strotzte, ungesunder Gewächse, die ihr ein unregelmäßiges und phantastisches Aussehen verliehen. Diese Nase, deren tiefe Glut scharf gegen die matte Blässe der Gesichtsfläche abstach, hatte etwas Unwahrscheinliches und Pittoreskes, sie sah aus wie angesetzt, wie eine Faschingsnase, wie ein melancholischer Spaß. Aber es war nicht an dem... Seinen Mund, einen breiten Mund mit gesenkten Winkeln, hielt der Mann fest geschlossen, und wenn er aufblickte, so zog er seine schwarzen, mit weißen Härchen durchsetzten Brauen hoch unter die Hutkrempe empor, daß man so recht zu sehen vermochte, wie entzündet und jämmerlich umrändert seine Augen waren. Kurzum, es war ein Gesicht, dem man die lebhafteste Sympathie dauernd nicht versagen konnte.[48]

Führt man sich die ausladende Beschreibung von Piepsams Nase vor Augen, so erkennt man sofort, daß hier keine sachdienliche, den Leser bloß informierende Deskription, sondern deutlich eine distanzierte Belustigung, eine ironische Infragestellung dominiert, am deutlichsten bei dem Hinweis auf das »Unwahrscheinliche und Pittoreske«, mehr noch durch den Gebrauch des Wortes »Faschingsnase« und später durch die Einbeziehung des Adjektivs »jämmerlich«. Auf den Höhepunkt gelangt die distanzierte Beschreibung als Kennzeichen ironischer Erzählhaltung im Schlußsatz, wenn nämlich – entsprechend der rhetorischen Tradition – Ironie sich als Umkehr des Gemeinten zur Geltung bringt: Das Häßliche soll angeblich Sympathie wecken.

Nicht ironisch-distanziert, sondern emphatisch wirkt die Erzählhaltung zu Beginn von Thomas Manns spätem Roman »Der Erwählte«. Man muß eine längere Passage zitieren, um das ganze stilistische Raffinement, das Pathos der Begeisterung anschaulich werden zu lassen:

Glockenschall, Glockenschwall supra urbem, über der ganzen Stadt, in ihren von Klang überfüllten Lüften! Glocken, Glocken, sie schwingen und schaukeln, wogen und wiegen ausholend an ihren Balken, in ihren Stühlen, hundertstimmig, in babylonischem Durcheinander. Schwer und geschwind, brummend und bimmelnd, – da ist nicht Zeitmaß noch Einklang, sie reden auf einmal und alle einander ins Wort, ins Wort auch sich selber: andröhnen die Klöppel, und lassen nicht Zeit dem erregten Metall, daß es ausdröhne, da dröhnen sie pendelnd an am anderen Rande, ins eigene Gedröhne, also daß, wenn's noch hallt »In te Domine speravi«, so hallt es auch schon »Beati, quorum tecta sunt peccata«, hinein aber klingelt es hell von kleineren Stätten, als rühre der Meßbub das Wandlungsglöcklein.

Von den Höhen läutet es und von der Tiefe, von den sieben erzheiligen Orten der Wallfahrt und allen Pfarrkirchen der sieben Sprengel zu seiten des zweimal gebogenen Tibers. Vom Aventin läutet's, von den Heiligtümern des Palatin und von Sankt Johannes im Lateran, es läutet über dem Grabe dessen, der die Schlüssel führt, im Vatikanischen Hügel, von Santa Maria Maggiore, in Foro, in Domnica, in Cosmedin und in Trastevere, von Ara Celi, Sankt Paulus außer der Mauer, Sankt Peter in Banden und vom Haus zum Hochheiligen Kreuz in Jerusalem. Aber von den Kapellen der Friedhöfe, den Dächern der Saalkirchen und Oratorien in den Gassen läutet es auch. Wer nennt die Namen und weiß die Titel? Wie es tönt, wenn der Wind, wenn der Sturm gar wühlt in den Saiten der Äolsharfe und gänzlich die Klangwelt aufgeweckt ist, was weit voneinander und nahe beisammen, in schwirrender Allharmonie: so, doch ins Erzene übersetzt, geht es zu in den berstenden Lüften, da alles läutet zu großem Fest und erhabenem Einzug.[49]

Dieser Text ist durch und durch rhetorisch organisiert, arbeitet mit Wortspielen, Parallelismen, Epanalepsen und Inversionen, scheut weder die *figura etymologica* noch die Antonomasie, türmt Gegensätze, Hyperbeln und Metaphern übereinander und gipfelt in jener mataphorischen *contradictio in adiecto* von den »berstenden Lüften«, die das Glockengeläut beinahe wie den Motorenlärm eines Jagdgeschwaders wirken läßt. Deutlich aber wird die Begeisterung des Narrators, der sich nicht genug tun kann, das fromme Getöse zu schildern und auf diese Weise seinen Enthusiasmus über dieses Ohrenspektakel und jenes Wunder kundzutun, welches das Glockengeläute ausgelöst hat. Kein auktorialer Eingriff, kein direktes Urteil ist nötig, um diese Erzählhaltung überdeutlich hervorzuheben. Der Redestil allein genügt hier schon.

6. Arten der Darbietung

Noch deutlicher als bei der Kategorie der Erzählhaltung kommt bei der der Darbietungsart die Tatsache zum Ausdruck, daß die Elemente des Erzählsystems funktional miteinander verbunden sind. Denn bis auf eine wurden sämtliche Darbietungsarten bereits im Zusammenhang mit der Analyse anderer epischer Kategorien genannt. Es handelt sich um den Erzählerbericht, die erlebte Rede, die indirekte Rede, den inneren Monolog sowie den Dialog bzw. die direkte Rede. Dies sind die Wege, auf denen der Narrator das Geschehen sprachlich vermitteln kann. Über den Erzählerbericht ist zu dem Gesagten noch einiges hinzuzufügen. Der Terminus bezeichnet als Oberbegriff das, was man gemeinhin und im täglichen Sprachgebrauch ›Erzählen‹ nennt, schließt also das Beschreiben ebenso ein wie die Vorausdeutung, ist auch nicht an einen festen Tempusgebrauch gebunden. Im Gegensatz zu den erörternden Eingriffen eines auktorialen Erzählers, seinen Reflexionen, Kommentaren, Kritiken etc., ist der Erzählerbericht aber der Handlung, den Figuren, kurzum: dem Erzählgegenstand zugewandt, weniger dem Narrator oder Leser. Abgesehen vom Tempusgebrauch, der zumal in der Moderne stark schwankt, so daß ein Erzählerbericht nicht nur im Präteritum, sondern – wie erörtert – auch im Präsens stehen kann und sogar wechselnde Tempora oder gemischte Erzählzeiten kennt, sind mit dem Begriff ›Erzählerbericht‹ auch keine stilistischen Qualitäten verknüpft. Ob der Narrator in einem kargen oder einem blumigen, einem sachorientierten oder geschmückten Stil berichtet, ob er Parataxe oder Hypotaxe vorzieht, ob er in ironischem oder in mitfühlendem Tonfall erzählt, all dies widerspricht dem Erzählerbericht nicht, der sein Wesen eben darin hat, daß das epische Medium spricht, und zwar von dem Erzählgegenstand, von der »Geschichte«. Je nach der verwendeten Stillage kann es schwierig sein, ihn von der erlebten Rede zu unterscheiden, da diese denselben Pronominalgebrauch und dasselbe Tempus wie der Erzählerbericht aufweist. Aber in aller Regel gibt der Kontext unmißverständlich Auskunft darüber, ob man es mit dieser oder jener Art der Darbietung zu tun hat.

Völlig problemlos ist die Unterscheidung zwischen Erzählerbericht und indirekter Rede, von der bisher noch nicht gesprochen wurde. Im Konjunktiv des Präsens oder des Perfekts stehend, gibt sie keinen Anlaß zu Verwechslungen. Nicht ganz so einfach ist die Frage zu beantworten, in welchem Verhältnis Erzähler und redende Figur in der indirekten Rede zueinander stehen. Doch zeigt sich bald, daß indirekte Rede im Gegensatz zur erlebten Rede keine Doppelstruktur aufweist. Denn in der erlebten Rede treffen Erzählersicht und Figurensicht aufeinander, besser: sie verbinden sich miteinander. Ob daraus eine Harmonie entsteht oder nicht, läßt sich – wie erörtert – nicht ohne weiteres sagen. Bei der indirekten Rede ist der Erzähler insofern beteiligt, als er einerseits äußerlich Hörbares mitteilt, die Worte der Figur also als Worte des Narrators erscheinen. Sie sind – im Gegensatz zur direkten Rede, bei der das nicht zu erkennen, aber ebenso der Fall ist – sozusagen durch den Erzähler hindurchgegangen, werden aber keineswegs durch dessen Erzählverhalten beeinflußt oder gewissermaßen eingefärbt. Vielmehr gibt die indirekte Rede ausschließlich die Sehweise der Figur wieder. Auch wenn statt gesprochener Worte Gedanken mitgeteilt werden, spricht zwar der Erzähler, vermittelt aber nichts von sich und seiner Einstellung, sondern lediglich die Figurenmeinung, die er aufgrund seiner Innensicht kennt.

Das Leseerlebnis wird stark von der Darbietungsart geprägt. Ein dialogfreies Erzählen etwa wirkt meist stark deskribierend, die Dominanz der direkten Rede bzw. des Dialogs weckt den Eindruck von Objektivität, Unmittelbarkeit, fehlender epischer Reflexion. Die schon herangezogenen Dialogpartien, in »Wer ist der Verräter«, in denen sogar die *inquit*-Formel fehlt, zeigen dies nachdrücklich. Aber entscheiden kann die Darbietungsart allein nicht über die Wirkung, die ein epischer Text auslöst. Denn alle Kategorien des Erzählens stehen untereinander in einer Korrespondenz, sind funktional miteinander verbunden und prägen erst in ihrem Zusammenspiel das jeweilige Erzählsystem und damit auch das Leseerlebnis im Ganzen.

Daran wirken selbstverständlich auch die auktorialen Eingriffe und Kommentare, Abschweifungen und Ergänzungen mit, doch gehören sie nicht eigentlich zu den Darbietungsarten. Erzählerbericht, erlebte und indirekte Rede, Monolog und Dialog bzw. direkte Rede bilden die eigentlichen sprachlichen Ausdrucksformen, mit denen der Narrator die erzählte Geschichte »transportiert«, nämlich dem Leser vermittelt. Die auktorialen Eingriffe gehören indes nicht zur Geschichte, sondern kommentieren diese. Allerdings fungieren sie durchaus als Element der Gesamterzählung, die ja auch nicht nur aus dem Erzählten besteht, sondern sich aus diesem und den Kommentaren des Erzählers, seinen Hinwendungen an den Leser, vor allem auch aus tektonischen und stilistischen Elementen zusammensetzt und nur als dieses komplexe Ganze wirkt.

7. Sprachstile

Das vielleicht auffälligste Merkmal eines epischen Textes ist der Sprachstil, in dem ein Autor seinen Narrator und die Figuren reden läßt. Er dokumentiert zudem wohl am deutlichsten die historische Dimension der Dichtung, was indes weniger zu einer Distanzierung des Rezipienten als zu einer Überbrückungshaltung führt. Auch das bewirkt die Kraft der Fiktionalität. Andernfalls könnte sich der Leser mit dem Gefühl, ihn gehe dergleichen nichts an, abwenden, wenn er z.B. den Anfang von Christian Reuters »Schelmuffsky« liest:

> TEutschland ist mein Vaterland / in Schelmerode bin ich gebohren / zu Sanct Malo habe ich ein ganz halb Jahr gefangen gelegen / und in Holland und Engeland bin ich auch gewesen. Damit ich aber diese meine sehr gefährliche Reise-Beschreibung fein ordentlich einrichte / so muß ich wohl von meiner wunderlichen Geburth den Anfang machen: Als die große Ratte / welche meiner Frau Mutter ein ganz neu seiden Kleid zerfressen / mit den Besen nicht hatte können todt geschlagen werden / indem sie meiner Schwester zwischen die Beine durchläufft und unversehens in ein Loch kömmt / fällt die ehrliche Frau deßwegen aus Eyfer in eine solche Kranckheit und Ohnmacht / daß sie ganßer 24. Tage da liegt und kan sich der Tebel hohlmer weder regen noch wenden.[50]

Die Zeitlosigkeit fiktionaler Texte hebt zwar gewiß nicht den Eindruck auf, hier liege ein Text aus einer früheren Epoche vor, wohl aber das Gefühl, die Differenz zwischen der damaligen und der heutigen Welt mache alles Gesagte für uns unverbindlich und könne deshalb beiseitegeschoben werden. Offenbar verhält es sich eher umgekehrt: Die hermeneutische Differenz, die das Heute des Erkennens vom Damals des Zu-Erkennenden trennt, wird bei fiktionalen Texten im Prinzip spontan überbrückt. Das bedeutet nicht, daß unser Zugang zu und damit unser Verständnis von älteren Texten stets hinreichend gesichert ist; es zeigt jedoch, daß die Signale, die uns die historische Fremdheit ankündigen, auf dem Feld fiktionaler Texte nicht – wie im allgemeinen bei anderen Texten – Distanzierung, sondern Zuwendung hervorrufen.

Es fällt indes auf, daß die sprachlich-stilistische Reliefbildung trotz aller Unterschiede im großen und ganzen gering ist. Unter ›Reliefbildung‹ verstehe ich das Zusammenspiel aller erzählsystematischen Elemente, ihre Abfolge, Ablösung, Hervorhebung und Verdrängung etc. innerhalb eines Textes. Je wechselvoller ein Text in dieser Hinsicht strukturiert ist, desto bunter, bewegter wirkt er. Was nun die sprachlich-stilistische Reliefbildung betrifft, so ist sie umso lebhafter, je größer die Differenzen zwischen den Redeweisen der Figuren und der des Narrators sind. Merkwürdigerweise sind diese in der Regel gering. Ob wir Zesens »Assenat« oder Wielands »Geschichte des Agathon« herausgreifen, ob wir uns Goethes »Wilhelm Meisters Lehrjahre« oder Kellers »Der grüne Heinrich« zuwenden, ob wir Fontanes »Effi Briest« oder Musils »Der Mann ohne Eigenschaften« daraufhin überprüfen, – fast immer sprechen die Narratoren wie die Figuren, und eine Figur spricht wie die andere. Selbst Mundartliches ist selten ausgeprägt. Frischs Schweizer Figuren reden den elaborierten Code hochdeutsch sprechender Bildungsbürger, wenn man von den unvermeidlichen, aber keineswegs gezielt eingesetzten Helvetismen absieht, Friederike Mayröcker schreibt nicht oesterreichisch, wie Schiller nicht schwäbisch und Goethe nicht hessisch schrieb, – von einigen Unfreiwilligkeiten einmal abgesehen. Selbst wenn die Mundart das sprachliche Medium bildet wie bei Fritz Reuter, ergibt sich kein stärkeres Stilprofil, weil wiederum Erzähler und Figuren dieselbe Sprache sprechen.

Trotzdem stempelt auch das erzählende Kunstwerk den Sprachstil nicht zu einem unwesentlichen Merkmal. Der Eingang von Thomas Manns Spätwerk »Der Erwählte« hat uns besonders deutlich vor Augen geführt, wie stark der Sprachstil des Narrators dessen jeweilige Erzählhaltung zum Ausdruck bringt, und zwar jenseits aller auktorialen Eingriffe, sozusagen auf viel unmittelbarere Art. Nicht weniger direkt wird der Leser an der folgenden Stelle mit der kritischen bzw. selbstkritischen Erzählhaltung des epischen Ich vertraut gemacht:

Zwanzig Jahre hatte ich die Auersberger nicht mehr gesehen und ausgerechnet am Todestag unserer gemeinsamen Freundin Joana habe ich sie auf dem *Graben* getroffen und ohne Umschweife habe ich ihre Einladung zu ihrem *künstlerischen Abendessen*, so die auersbergerischen Eheleute über ihr Nachtmahl, angenommen. Zwanzig Jahre habe ich von den Eheleuten Auersberger nichts mehr wissen wollen und zwanzig Jahre habe ich die Eheleute Auersberger nicht mehr gesehen und in diesen zwanzig Jahren hatten mir die Eheleute Auersberger allein bei Nennung ihres Namens durch Dritte Übelkeit verursacht, dachte ich auf dem Ohrensessel, und jetzt konfrontieren mich die Eheleute Auersberger mit ihren und mit meinen Fünfzigerjahren. Zwanzig Jahre bin ich den Eheleuten Auersberger aus dem Weg gegangen, zwanzig Jahre habe ich sie nicht ein einziges Mal getroffen und ausgerechnet jetzt habe ich ihnen auf dem Graben begegnen müssen, dachte ich [...][51]

Auch ohne den Hinweis darauf, schon der Name der Auersberger habe ihm »Übelkeit verursacht«, bemerkt der Leser die kritisch-selbstkritische Erzählhaltung, und zwar gerade an dem aufgeregten Einsatz stilistischer Mittel: an der Wiederholung der Zeitangabe »zwanzig Jahre« sowie an den durch Kursivdruck herausgehobenen Worten »*Graben*« und »*künstlerisches Abendessen*«, den Schlüsselworten der Selbstkritik und des Hasses auf die Auersbergers. Überhaupt begegnet die Kennzeichnung der Erzählhaltung mit Hilfe stilistischer Mittel viel häufiger in Ich-Erzählungen oder stark ichhaften Erzählungen als bei Er-Narratoren. Das hängt gewiß mit der Personalität des epischen Ich zusammen. Es trägt viel deutlicher individuelle Züge, die sich auch im Sprach- und Redestil ausdrücken, als der personalitätslose Er-Narrator. So kommt es, daß der Redestil weit über die Erzählhaltung hinaus das sprechende Medium geradezu charakterisieren kann, ja nicht nur in »Holzfällen«, sondern auch in »Auslöschung« ist die Suada des Sprechenden dessen am stärksten hervortretendes Charakteristikum. Je ichhafter das Erzählen, desto individueller, farbiger der Sprachstil des Narrators. Man erinnere sich außer der genannten Romane der Bücher Friederike Mayröckers, Irmtraud Morgners, Gerhard Köpfs aus den letzten beiden Jahrzehnten, aber auch der Romane Grimmelshausens, Beers, Jean Pauls. Da bei ichhaftem Erzählen das Sprechen einen Rückbezug zum Narrator besitzt, beim Er-Erzählen hingegen nur in eng begrenztem Maße, kann diese Erscheinung erzählpoetologisch nicht wirklich überraschen.

Das bedeutet freilich nicht, daß Er-Erzähler stets in einem unpersönlich-neutralen Stil reden würden; wohl aber macht sich ihre (begrenzte) Individualität eher in auktorialen Eingriffen und mit Hilfe stilparodistischer Mittel geltend. Auch dafür bietet unser Beispiel-Buch »Buddenbrooks« zahlreiche Belege. Schon im ersten Kapitel findet sich die folgende Passage, in der die Konsulin Buddenbrook auf das ironisch-spielerische Verhalten ihres Gatten gegenüber ihrer den Katechismus aufsagenden Enkelin Tony reagiert:

Madame Buddenbrook wandte sich an ihre Schwiegertochter, drückte mit einer Hand ihren Arm, sah ihr kichernd in den Schoß und sagte:
»Immer der nämliche, mon vieux, Bethsy...?« »Immer«, sprach sie wie »Ümmer« aus.
Die Konsulin drohte nur scherzend mit ihrer zarten Hand, so daß ihr goldenes Armband leise klirrte; und dann vollführte sie eine ihr eigentümliche Handbewegung vom Mundwinkel zur Frisur hinauf, als ob sie ein loses Haar zurückstriche, das sich dorthin verirrt hatte.[52]

Die individuelle Einfärbung des Spachstils zeigt sich an der Wendung »vollführte sie eine ihr eigentümliche Handbewegung«, denn der Ausdruck ›vollführen‹ hebt dem Leser ins Bewußtsein, mit welcher Gravität die Konsulin sich bewegt. Solche Versetzungen und Verschiebungen[53] kommen in »Buddenbrooks« häufiger vor und kennzeichnen den Erzähler als ironisch-kritischen Beobachter: Oberlehrer Doktor Mantelsack »nahm ›[...] Aufstellung und sah ein wenig zum Fenster hinaus«[54], lesen wir etwa, oder »Er [...] streifte Schwester Leandra nochmals mit einem kalten Blick und hielt seinen Abgang«[55] oder »Hanno hätte am liebsten im geschlossenen Zimmer den Abfluß dieser festlich geputzten Störenfriede erwartet«[56]. An der zuvor zitierten Stelle findet sich aber auch ein auktorial kommentierender Eingriff: »›Immer‹ sprach sie wie ›Ümmer‹ aus.« Er basiert auf der Tatsache, daß die Figuren in diesem Roman – wenigstens teilweise – sehr unterschiedlich sprechen und ihre individuelle Artikulation die Möglichkeit bietet, sie als von der Norm des Hochdeutschen abweichend, eben als »merkwürdig« zu charakterisieren. An früherer Stelle wurde schon die folgende Passage herangezogen:

»Mademoiselle Buddenbrook!«
»Sie hier?«
»Wie reizend!«
»Und seit wann?«
»Und welch inzückende Toilette!« – Man sagte »inzückend«.
»Und Sie wohnen?«
»Bei Schwarzkopfs?«
»Beim Lotsenkommandeur?«
»Wie originell!«
»Wie *finde* ich das *forchtbar* originell!« – Man sagte »forchtbar«.[57]

Nur wenn ein solch sprachlich-stilistisches Relief gebildet wird, kann der Erzähler sich auf diesem Weg als individuelles Medium etablieren. In »Buddenbrooks« arbeitet Thomas Mann jedoch nicht nur mit der norddeutschen Sprechart, sondern nutzt auch andere Arten des Figurenstils. Liest man den Satz »Zwei Tage später reiste der Hopfenhändler ab – ›weil der Noppe sonst schimpfen tät‹«[58], so ergibt die Integration von Permaneders bayrischer Redeweise in den Erzählstil des Narrators ein durchaus komisches Stilprofil. Noch häufiger greift er statt auf Mundartliches auf manierierte, wichtigtuerische, naive Ausdrucksarten zurück, die für eine bestimmte Figur charakteristisch sind. Tony Buddenbrook betont bei jeder sich bietenden Gelegenheit, wie lebenserfahren sie ist: »Man hat doch immerhin das Leben kennengelernt, weißt du! Man ist doch keine Gans mehr!«[59] Solche Äußerungen integriert der Narrator nun gern in seinen Erzählerbericht und parodiert so durch

Zitierung (ohne das Zitat als solches kenntlich zu machen) Tonys altkluges Wesen:
»Sie haßte diese schwarzen Herren aufs bitterlichste. Als gereifte Frau, die das Leben kennengelernt hatte und kein dummes Ding mehr war, sah sie sich nicht in der
Lage, an ihre unbedingte Heiligkeit zu glauben«[60], heißt es etwa, oder »sie ves-
perten in der grünen Veranda wie ehemals... nur daß [...] Madame Grünlich keine
Gans mehr war, sondern das Leben kennengelernt hatte«[61]. Dasselbe Verfahren
wendet der Erzähler z.B. auch bei der Parodierung von Christians Reflexionen über
seine Krankheiten an, und auch hinsichtlich der Damen Gerhardt, die, wo sie gehen
und stehen, grundlos betonen, sie seien Nachkommen Paul Gerhardts: »Sie hießen
Gerhardt und beteuerten, in gerader Linie von Paul Gerhardt abzustammen«[62].
Der Narrator macht sich mit wahrer Erzähllust darüber her: »Eines Tages er-
schienen die alten Damen Gerhardt, die Nachkommen Paul Gerhardts«[63], oder:
»Als er den Jerusalemabend zur Sprache brachte, begannen alle alten Freundinnen
der Verstorbenen zu schluchzen, mit Ausnahme [...] der Schwestern Gerhardt, der
Nachkommen Paul Gerhardts«[64].
   Eine solche sprachlich-stilistische Reliefbildung ist nur möglich, wenn mehrere
Redeweisen Verwendung finden. Das geschieht, wie gesagt, relativ selten. Sollte
überhaupt vornehmlich der Narrator zu Worte kommen, also der Erzählerbericht ausschließlich Verwendung finden oder doch außerordentlich stark dominieren, so wird
das stilistische Relief noch weiter eingeglichen. Bei Deskriptionsromanen ist das häufig der Fall. Die frühen Arbeiten Robert Walsers, auch die meisten Romane von Hermann Lenz und sogar das stark mit Erörterungen arbeitende Erzählwerk »Die Ästhetik des Widerstands« von Peter Weiss sind dafür prominente Beispiele.
   Die eine Reliefbildung verhindernde Wirkung des dominierenden Erzählerberichts
wird nicht dadurch aufgehoben, daß der Narrator, statt – wie in den genannten Beispielen – einen sachlich orientierten Stil zu verwenden, metaphernreich oder gar in
Assoziationen spricht. Der Beginn der Erzählung »Saison« von Gottfried Benn
schlägt stilistisch eine gänzlich andere Richtung ein als die, welche uns vertraut ist:

Spätherbst, Saisonbeginn, Premierenflimmer, l'heure bleue aus Spreenebel und Gaskoks,
dämmernd, wenn der Autorun beginnt. Glänzender Start der mondänen Neurose: High-life-
Pleiten und Pooldebacles, Trattenprestissimo und Kredit-Kollapse, septisches Terrain, sub-
febrile Krisen.[65]

Das Tempus ist nicht ausschlaggebend; es handelt sich um eine stark deskribierende,
deshalb fast durchgängig im Präsens stehende Erzählung, in der so gut wie ausschließlich der Narrator spricht (nur einmal wird ein Figuren-Einwurf als Zitat integriert), doch hier in einer sehr schwungvollen, bilderreichen, metapherngeladenen
Sprache, die Straßenjargon mit Wissenschaftsdeutsch, aggressive mit höhnischen Tö-
nen verquickt. Zweifellos wirkt ein solcher Text stilistisch viel interessanter, weil bewegter, bunter und ungewöhnlicher als uns vertraute beschreibende Texte. Trotzdem
ist die Reliefbildung nur gering, weil darunter die Strukturierung des Textes mit Hilfe sprachlich-stilistischer Unterschiede verstanden wird und in Benns Erzählung der
einmal angeschlagene Ton beibehalten wird. Nicht einmal die folgende Passage aus
Arno Schmidts Erzählung »Caliban über Setebos« macht da eine Ausnahme:

: ochsengroßes Hundegebell?! – Ich war aus Verwirrung (und wohl auch, weil mich die Gällon, am freien rechten Arm schlenkernd necessitirte) ein Stückchen rechts sandwegan gelaufen. Wurde nun aber hellwach; riß mich auf dem Absatz herum, und fing ernstlich an, zu entspringen: *das* war nun *kein* Spaß mehr! Für mich alterndes Halbweltergewicht hätten vermutlich 2 der Elastischen mehr als genügt......: rennen Mensch! : wenn nich gar LENE allein; diese Medici wissen so schmerzhafte Stellen, daß man sofort zusamm'bricht. Geschweige denn 4 solcher Focksmäidns *plus* Kirby: ich Floh & flitzte, daß es mich selbst erstaunte! (Ändrue O'Phlegeton, you really make haste to fly!).[66]

Zwar kommt in dieser im übrigen auch wesentlich umfangreicheren Erzählung häufiger ein Wechsel zwischen den erzählsystematischen Elementen vor als bei Benn, aber einerseits nicht in besonders auffallendem Maße und andererseits nicht als Folge des eigenwilligen, mit Lautassoziationen arbeitenden Stils. Dieser selbst, so ungewöhnlich, unterhaltsam oder auch albern er wirken mag, bringt kein stark strukturiertes sprachlich-stilistisches Relief hervor, sondern nur eine Verlebendigung des Erzählstils. Freilich ist auch dies nicht bedeutungslos, denn es sagt etwas über den Narrator, genauer: über dessen Erzählhaltung aus. In Benns »Saison« gibt der Sprachstil einen engagiert-kritischen, die Gesellschaft karikierenden Narrator zu erkennen; in Schmidts »Caliban über Setebos« tritt uns eher ein Sprachgaukler entgegen, der alles mit jedem auf komische Weise, nämlich durch die Assoziierung weit auseinanderliegender Dinge, Vorgänge und Bedeutungen verbindet. Hier mündet die Betrachtung der Sprechweisen wieder in die Analyse der Erzählhaltung ein.

8. Reliefbildung: Der Perspektivismus des Erzählens

Die letzten Bemerkungen zeigen schon, daß das gesamte epische Relief keineswegs nur mit sprachlich-stilistischen Mitteln erstellt wird, sondern auf vielfältige Weise zustandekommt. Denn unter einem epischen Relief verstehe ich – wie schon gesagt, doch diesmal rezeptionsästhetisch formuliert – die vom jeweiligen Text ausgelöste höchst unterschiedliche Aufnahme der Erzählung durch den Leser. Gewiß wirken dabei inhaltliche, thematische, stoffliche und tektonische Elemente zusammen. Greift ein Autor mehrere Probleme auf, schürzt er mehrere Handlungsstränge, arbeitet er mit inhaltlichen Spiegelungen, Parallelen und Konterkarierungen, so bringt er die Rezeptionsmechanismen des Lesers in eine weitaus stärkere Bewegung, als wenn er eingleisig verfährt, und er löst auch ganz unterschiedliche Reaktionen aus: Zustimmung, Gelächter, Skepsis, Hoffnung, Ablehung, Identifizierungen, Distanzierungen usf. Auf den Text bezogen bedeutet dies, daß er stärker konturiert ist, mehrere Höhepunkte, Haltepunkte, Reflexionspartien, Auseinandersetzungen, Niederlagen und Tiefpunkte aufweist. Für diese Art der Reliefbildung ist etwa »Die Blechtrommel« von Günter Grass ein gutes Beispiel: Der Leser wird mit den Verhältnissen in einer Heilanstalt vertraut gemacht, erlebt höchst Absonderliches und Komisches (die Zeugung zu Beginn), Wunderbares (das Stimmvermögen und die Trommelfähigkeit Oskars), nimmt teil an erotischen Auseinandersetzungen und sexuellen Beziehungen, sieht sich der politischen Welt, den Kriegsereignissen, den innerstädtischen Kämpfen konfrontiert, wird mit sprachlichen Eigenarten und Ungewöhnlichkeiten vertraut, wird gespannt, belustigt, unterhalten, befremdet, angezogen, abgestoßen usf. Keine Frage, daß ein Textrelief umso komplexer und lebendiger erscheint, je praller und wechselvoller, je reicher und bunter die Handlung ist. Auch der Ortswechsel spielt dabei gewiß eine Rolle. In Werner Richters schon genanntem Roman »Sie fielen aus Gottes Hand« werden weit auseinanderliegende Schauplätze beschrieben, wodurch der Roman zweifellos Konturen bekommt. Man braucht nur die ortsfeste und detailorientierte Beschreibungskunst des Nouveau roman ins Auge zu fassen, etwa Robbe-Grillets »La jalousie« oder »Der Schatten des Körpers des Kutschers« von Peter Weiss, um zu erkennen, wie stark Inhaltsvielfalt und Ortswechsel neben den Sprachstilen an der textualen Reliefbildung mitwirken.

Indes handelt es sich dabei gerade nicht um gattungsspezifische Elemente. Inhalte und Probleme, Ortswechsel und die Redeweisen der Figuren erstellen z.B. auch ein Dramenrelief. Das bedeutet nicht, daß sie bei der Analyse epischer Reliefs unberücksichtigt bleiben müßten, wohl aber, daß ihre Analyse keineswegs ausreicht, die potentielle Vielfalt epischer Reliefbildungen zu fassen. Überhaupt zeigt sich angesichts der gattungsübergreifenden Elemente textualer Reliefbildung, daß die Möglichkeiten des Erzählens diejenigen dramatischer Darstellung bei weitem überwiegen, – der Einfachheit halber lassen wir das Lyrische hier außer Betracht, zumal es auf andere Elemente wie rhetorische Organisation, metrische Strukturierung und Klangbildung durch Reimgestaltung etc. stärker als Drama und Epik zurückgreift. Die Reliefbildung des Dramas erfolgt, abgesehen von den genannten Elementen, vor allem auf der Grundlage des unmittelbar Akustischen und des unmittelbar Optischen. Zwar kann der Erzähler ebenfalls Dialoge wiedergeben, Gesten beschreiben, Kleidung, Szenarien und Physiognomien erzählend verdeutlichen, aber es fehlt die unmittelbare Einwirkung von Sprache, Gestik, optischen Signalen. An anderer Stelle war schon davon die Rede, daß Film und Bühne die Rezeption in ganz anderer Weise bestimmen als das Erzählen: nämlich im Sinne einer Fixierung der Eindrücke, die nicht nur durch ihre Unmittelbarkeit stärker, vielleicht gar tiefer wirken, sondern auch nur schmale Rezeptionsspielräume eröffnen oder zulassen. Ein Gesicht, das sich zeigt, ist so und nicht anders, während die Beschreibung einer Physiognomie dem Leser durchaus Rezeptionsvarianten überläßt, schon weil sie nicht so genau sein kann, daß man Beschreibung und Gegenstand schlankerhand als deckungsgleich zu bezeichnen vermag.

Bleibt also das Erzählen auch hinsichtlich der Fixierung des Dargebotenen und der unmittelbaren Eindringlichkeit hinter der dramatischen Darstellung zurück, so verfügt es doch über ungleich mehr Elemente für die textuale Reliefbildung. Das beruht auf der Mischung von wenigen Momenten unmittelbarer Darstellung mit den zahlreichen der Mittelbarkeit. Sie führt nämlich zu einem mehrfachen Darstellungsperspektivismus, der seinerseits besonders deutlich die funktionale Zuordnung aller Schichten und Kategorien des Erzählsystems hervortreten läßt. Zu einem spezifischen Perspektivismus führt ja schon die Wahl der Erzählform, bedeutet sie doch zugleich die Festlegung der Blickrichtung des Erzählens. Es vermittelt entweder vom Erzähler Erlebtes oder solches, das er vom angesprochenen Du weiß, oder Geschehnisse im

Umkreis eines Dritten (oder mehrer Dritter). Schon solche Blickrichtung ist dem Drama versagt. Da zudem in der Ich-Form und auch in der Du-Form nicht nur vom Ich
und vom Du, sondern ebenfalls von Dritten die Rede ist, variiert die Perspektive, so
daß man unterschiedliche epische Elemente registrieren kann, die zueinander in einer
Beziehung stehen, welche der Narrator regelt und die in diesem Sinne an der Reliefbildung mitwirken. Dabei ist natürlich auch von Bedeutung, wie häufig Blickwen-
dungen erfolgen und ob sie überhaupt erfolgen. Greift ein Narrator zu dem Darstel-
lungsmittel, sich in Dialogen neutral, aber auch in erlebter Rede personal zu verhalten und vielleicht sogar Monologe wiederzugeben, so bereichert er das Erzählrelief
um weitere Elemente und gestaltet es umso lebhafter, je stärker er diese Positionen
bzw. Mittel wechselt. Und läßt er außerdem Kommentare, vielleicht sogar ironische
Reflexionen einfließen, verquickt er also personales mit neutralem und mit auktorialem Erzählverhalten, mischt er – wie es in »Buddenbrooks« häufig geschieht – Passagen ironischer mit solchen bloß beobachtender Erzählhaltung, so weist das epische
Relief des Textes weitere Elemente auf, die es besonders abwechslungsreich erscheinen lassen. Denn hier changieren die Erzählhaltungen und das Erzählverhalten, wechseln die Sichtweisen und Darbietungsformen. Und doch lassen sich weitere Elemente
der Auflockerung denken. Starke Ortswechsel gehören, wie erwähnt, dazu, sogar die
Anzahl und Unterschiedlichkeit der auftretenden Figuren ist durchaus von Belang.
Man braucht nur ein variantenarmes Relief zu entwerfen, um die Unterschiede klar
hervortreten zu lassen, eine Erzählung etwa, in der ein beobachtender und lediglich
registrierender, sich neutral verhaltender, sich auf die Außensicht beschränkender,
nur den Erzählerbericht verwendender, lediglich eine Figur an einem Ort und innerhalb eines kurzen Zeitraums und deren Erlebnisse schildernder Narrator auftritt, –
schon begreift man, wie unterschiedlich ein episches Textrelief aussehen kann und
wie stark dies der jeweilige Einsatz der Kategorien und Elemente des Erzählsystems
bewirken. Denn es sind in der Tat die Elemente des Erzählsystems, welche zusammen mit den genannten gattungsunspezifischen Momenten das Relief eines erzählenden Textes bilden.

Die Lebhaftigkeit dieses Reliefs verdankt sich also der Neigung oder Abneigung
des Narrators, seine Mittel zu wechseln und seine Blickpunkte zu variieren. Schaut er
als Beobachter dem Geschehen zunächst nur zu, schließt er daran in auktorialen Passagen eigene Reflexionen an, gibt er einer Figur im Monolog das Wort, läßt er dann
im Dialog einen perspektivistischen Dualismus oder Pluralismus zu, läßt er uns einen
Blick in die Figur werfen und verdoppelt er die Perspektive, indem er – etwa in der
Ich-Form – die erlebte Rede wählt, deckt er durch den Sichtwechsel z.B. auf, daß
dem Figurenverhalten die innere Einstellung widerspricht usw., so führen solche
Blick- und Perspektivwechsel zu einem lebhaften Relief. Genau genommen ist es
aber nicht der Erzähler, der seine Mittel wählt, denn er ist selbst Mittel, nämlich ein
episches Mittel des Autors, der mit ihm und den anderen Elementen das Erzählsystem und damit auch das epische Relief strukturiert. Ist es diesem um einen vielfachen Perspektivismus zu tun, bei dem unterschiedliche Figuren mit Worten und Gedanken, der Narrator mit wechselnden Einstellungen und zusätzlichen Kommentaren
zu Wort kommen, so wird er den Text und die in ihm und durch ihn gebaute Welt

entsprechend gestalten. Nach welcher Richtlinie, nach welcher Maxime? – Nach Maßgabe seiner ästhetischen Präferenzen, entsprechend seinem Kunstverständnis. Und dies kann sogar dazu führen, daß er ein Relief baut, das er zugleich auch immer wieder seiner Grundlage beraubt.

Denn die Elemente, die wir bisher zur Beschreibung eines möglichen epischen Reliefs herangezogen haben, entstammten nicht dem im »Grundriß« angesprochenen Arsenal textualer Elemente. Mit diesen hängen die »Bauformen« und »Strukturmomente« allerdings sehr eng zusammen, haben sie es doch zumindest auch oder teilweise mit dem Blickwechsel des Narrators zu tun, mit der Vielfalt der Kategorien, die er einsetzt, und den Geschwindigkeiten, mit denen er sie wechselt und erneut berücksichtigt. Anders steht es da schon mit dem Tempusgebrauch. Ohne Bedeutung ist in unserem Zusammenhang ebenso wie der Gebrauch des epischen Präteritums zwar auch der des epischen Präsens, aber schon wenn ein Doppeltempus vorliegt, jedenfalls eines mit Zeitfunktion, bekommt dieses erzählsystematische Element eine Bedeutung. Denn in diesem Fall wechselt der Blick des Narrators von der Gegenwart zur Vergangenheit, bilden sich unterschiedliche Erzählblöcke temporaler Art, die das Relief beleben. Findet gar das Fiktions-Präsens Verwendung, wird das Relief gar durch ein textontologisches Auf und Ab bereichert, vor allem wenn sich das Fiktionspräsens mit dem epischen Präteritum verbindet, so wird es in seinen Grundlagen erschüttert. Es gerät sozusagen ins Beben. Denn der Rahmen der Fiktionalität, der die Voraussetzung für die Bildung eines einheitlichen, die Einzelelemente funktional in Beziehung setzenden Reliefs darstellt, wird diesem immer wieder genommen, wenn das Fiktions-Präsens verdeutlicht, daß das Erzählte bloße Fiktion und das Relief bloße Konstruktion ist. Es verliert dann nämlich seine textontologische Geschlossenheit. Aber selbst wenn man die Auffassung vertritt, daß dies das Intaktbleiben des epischen Reliefs nicht tangiert, kann man nicht leugnen, daß die Preisgabe des Erzählten als Fiktion durch den Narrator (oder durch den Autor, wenn er selbst auftritt) das Ganze des Textes vom Leser abrückt, es beim Eintritt ins fiktionale Präteritum wieder näherrückt und auf diese Weise eine zusätzliche Bewegung ins Spiel kommt: das Erzählrelief wird seinerseits bewegt.

Auflösungserscheinungen ruft schließlich die Freigabe der Rezeption hervor. Sie bedeutet hinsichtlich des Textreliefs fast immer, daß die erzählsystematischen Elemente regellos durcheinandergewirbelt werden, so daß man zwar von einem extrem vielfältigen, aber hinsichtlich der funktionalen Zuordnung seiner Elemente völlig unbestimmten Relief sprechen muß. Mehr noch: Erzwingt der Text freie Rezeption, so trifft der Leser überhaupt nur noch bedingt auf ein Textrelief, denn er muß ja die Zuordnung der Elemente wenigstens hinsichtlich der Sinnkohärenz selbst vornehmen, also das Textrelief partiell selbst herstellen. Und da er seine Zuordnung nicht begründen kann – denn darin besteht die freie Rezeption –, hat seine Zuordnung auch keinen Bestand: Sie läßt sich willkürlich auflösen und durch eine andere ersetzen. Dies markiert den Beginn der Auflösung der Erzählsysteme überhaupt, welche sich in dem Moment vollendet, da der Leser sich aufgefordert sieht, sogar den gesamten Text selbst herzustellen, den er lesen will. Auch solche epischen Produkte, die man vielleicht als Erzählvorlagen oder narrative Materialkörbe bezeichnen kann, hat die Moderne hervorgebracht (s. III,3).

Daß mit der Auflösung der Erzählsysteme auch eine Auflösung der Erzählreliefs einhergeht, ergibt sich zwingend aus dem Verhältnis, in dem beide zueinander stehen. Bildet das Erzählsystem das im Sinne der Funktionalität geordnete Mit- und Zueinander der epischen Elemente und Kategorien, so das Relief die jeweilige Nutzung und Ausarbeitung dieses funktionalen Systems. Das Relief präsentiert nicht nur die Elemente, sondern ihr vielfältiges, wechselndes, mehrmaliges, wiederholtes, einander abwechselndes und verdrängendes, dann wieder zulassendes Auftreten. Konkret: Daß sich z.B. bei einem Text in Ich-Form personales und auktoriales Erzählen verbindet, der Erzähler lediglich über Innensicht bezüglich seiner selbst verfügt, nicht chronologisch berichtet, zwar erlebte Rede sowie Erzählerbericht, nicht jedoch den inneren Monolog benützt, kennzeichnet dessen Erzählsystem. Wie häufig diese Elemente in Erscheinung treten bzw. einander abwechseln, wie sie miteinander verknüpft oder gegenübergestellt werden, welchen Raum ihnen der Autor zubilligt etc., das macht hingegen das Erzählrelief aus. Insofern ist das Relief genauer als das System. Es läßt sich aber auch nur in einem außerordentlich umfangreichen Text beschreiben. Reliefbeschreibung ist genauer, aber unökonomisch, Systembeschreibung meistens angebrachter, da im allgemeinen ausreichend. Doch werde ich bei den folgenden Interpretationen nicht einmal das jeweilige Erzählsystem vollständig, d.h. unter Heranziehung aller denkbaren Kategorien und Gesichtspunkte, beschreiben. Daß es sich bei Fontanes »Effi Briest« z.B. um eine Er-Form handelt, die Rezeption (abgesehen von den gesellschaftlichen Wertsetzungen) lenkt, das epische Präteritum durchgehalten wird und dieser Roman ein fiktionales Sprachgebilde darstellt, – dies alles und noch mehr braucht nicht gesagt zu werden, weil es auf die spezifischen Textmerkmale und deren charakteristische Zuordnung ankommen soll. Ein anderes Vorgehen würde dazu führen, daß der Teil »Praxis« an Umfang alle anderen Teile dieser »Poetik epischer Texte« um ein Vielfaches übertreffen müßte, was eine Poetik in ein Interpretationsbuch verwandeln würde.

Anmerkungen

1 Vgl. zum Folgenden Vf.: Kategorien des Erzählens. Zur systematischen Deskription epischer Texte (L 52).

2 Vgl. dazu vor allem: Das epische Präteritum (L 23); Die Zeitlosigkeit der Dichtung (L 24); Die Logik der Dichtung (L 25), besonders S. 60 ff.

3 Brigitte Kronauer: Rita Münster (W 32), S. 175.

4 Erwin Leibfried: Kritische Wissenschaft vom Text (L 43), S. 245.

5 Franz K. Stanzel: Theorie des Erzählens (L 77), S. 111. In »Typische Formen des Romans« (L 76), S. 25, heißt es sogar: »Im Roman tritt der Erzähler als Figur der dargestellten Welt auf.«

6 Franz K. Stanzel: Theorie des Erzählens (L 77), S. 115.

7 Ebd. S. 122.

8 Johann Jakob Christoffel von Grimmelshausen: Das wunderbarliche Vogelnest, 2. Teil. In: Grimmelshausen: Simplizianische Schriften (W 20), S. 371 ff., hier: S. 381 f.

9 Das gilt auch dann, wenn in einer Er-Erzählung der Narrator gelegentlich »ich«, »mir«, »mich« oder »mein« sagt. Denn hier handelt es sich um einen auktorialen Eingriff, meistens in räsonierendem Präsens. Der Narrator erzählt nicht von sich, richtet daher den Blick gar nicht auf sich selbst, so daß die Identität in der Differenz des Ich-Erzählens gar nicht aufleuchten kann. Vgl. dazu auch u. S. 59ff.

10 Gottfried Keller: Der grüne Heinrich (W 31), S. 67.

11 Robert Weimann: Erzählsituation und Romantypus (L 84), S. 119 ff.

12 Inge Diersen: Darbietungsformen des Erzählens (L 11), S. 632 ff.

13 Wilhelm Füger: Zur Tiefenstruktur des Narrativen (L 18), S. 273.

14 Wolfgang Kayser: Entstehung und Krise des modernen Romans (L 37), S. 13. Was Kayser unter einem »persönlichen« Erzähler versteht, deckt sich weitgehend mit dem, was Stanzel »auktorial« nennt. Kaysers Terminus darf aber nicht mißverstanden werden: Er bezeichnet eine individuelle Erzählweise, die sich in Kommentaren usw. zu erkennen gibt, im Gegensatz zu einer unpersönlichen und unspezifischen. Gleichwohl fehlt auch einem »persönlichen Erzähler« das, was ich seine »Personalität« nenne, sofern es sich um einen Er-Narrator handelt: Wie sehr sein Erzählen auch der Neutralität und Objektivität entbehren, wie subjektiv gefärbt es auch erscheinen mag, der Er-Erzähler wird für das Bewußtsein des Lesers doch keine Person mit Charaktereigenschaften und anderen, die Personalität ausmachenden Zügen.

15 Thomas Mann: Buddenbrooks. In: Gesammelte Werke (W 35), Bd. 1, S. 133.

16 Die Logik der Dichtung (L 25), S. 66 ff. u. 121 ff.

17 Jean Paul: Siebenkäs. In: Sämtliche Werke (W 41), Bd. 2, S. 36 f.

18 Brigitte Kronauer: Rita Münster (W 32), S. 72 f.

19 Ebd. S. 73.

20 Vgl. dazu Franz K. Stanzel: Theorie des Erzählens (L 77), S. 122 f.

21 Alfred Döblin: Berlin Alexanderplatz (W 9), S. 8.

22 In: Gesammelte Werke (W 35), Bd. 1, S. 304.

23 Vgl. dazu Norman Friedman: Point of View in Fiction (L 17), S. 148, der den Terminus zuerst bei S. F. Witcomb entdeckt hat (»The Study of the Novel«, L 90), und Bertil Romberg: Studies in the Narrative Technique of the First-Person-Novel, L 64, S. 321, Anm. 1, der im Anschluß an Richard Stang (»The Theory of the Novel in England 1850 – 1870«, L 73, S. 107), auf den Gebrauch des Ausdrucks »point of view« bereits im Jahre 1866 hinweist, nämlich »in a review from july 1866 in ›British Quaterly Review‹, XIV, pp. 43 – 44".

24 Vgl. dazu die entsprechenden Passagen im Folgenden.

25 Hans Werner Richter: Sie fielen aus Gottes Hand (W 43), S. 8.

26 Ebd. S. 9.

27 Ebd. S. 11.

28 Ebd. S. 12.
29 In: Thomas Mann: Gesammelte Werke (W 35), Bd. 8, S. 658.
30 Ebd. S. 43.
31 In dieser Hinsicht korrigiere ich meine in »Kategorien des Erzählens« (L 52) sowie in »Einführung in die neuere deutsche Literaturwissenschaft« (L 21) gebrauchte Terminologie. Dort habe ich den Begriff ›Perspektive‹ für die beiden Sichtweisen benutzt. Dieser Begriff trifft aber das Gemeinte nicht genau und muß im übrigen auch der Beschreibung einer ganzen Reihe von Erzählphänomenen vorbehalten bleiben. So taucht er etwa bei der Erfassung personalen Erzählverhaltens auf, aber auch bei der Darstellung epischer Reliefbildung.
32 Max Frisch: Tagebuch 1946 – 1949. In: Gesammelte Werke (W 15), Bd. 2, S. 557 f.
33 Franz K. Stanzel: Theorie des Erzählens (L 77), S. 270.
34 Georg Büchner: Lenz. In: Werke und Briefe (W 8), S. 69. Vgl. u. II,8.
35 Werke (W 35), Bd. 1, S. 468 f.
36 Ebd. S. 594.
37 Grimmelshausen: Der abenteuerliche Simplicissimus (W 19), S. 15.
38 Ebd. S. 17 f.
39 Gesammelte Werke (W 15), Bd. 2, S. 462.
40 Ebd. S. 557.
41 Paul Zech: Die Geschichte einer armen Johanna (W 56), S. 73.
42 Christa Wolf: Nachdenken über Christa T. (W 54), S. 200 f.
43 Franz Kafka: Der Verschollene (W 30), S. 7.
44 Gert Jonke: Der ferne Klang (W 29), S. 237.
45 Gesammelte Werke (W 35), Bd. 1, S. 656 f.
46 Theodor Fontane: Effi Briest (W 14), S. 20.
47 Der szenisch erzählende Narrator, so Ludwig, »bedient sich sogar der Licenzen des Dramatikers, z.B. durch die Reden der Gestalten«, wodurch der »Leser zu einer Art Zuschauer und Zuhörer« gemacht wird, »der seine Gestalten sieht und ihre Reden hört« (Otto Ludwig: Romanstudien, L 45, S. 203).
48 Gesammelte Werke (W 35), Bd. 8, S. 188 f.
49 Gesammelte Werke (W 35), Bd. 7, S. 9.
50 Christian Reuter: Schelmuffkys wahrhafftige curiöse und sehr gefährliche Reisebeschreibung zu Wasser und Lande (W 42), S. 17.
51 Thomas Bernhard: Holzfällen (W 5), S. 7 f.
52 Gesammelte Werke (W 35), Bd. 1, S. 11 f.
53 Erika Wirtz (Stilprobleme bei Thomas Mann, L 92) hat diese Redefiguren im »Zauberberg« entdeckt: »›Versetzung‹ nennen wir die Übertragung einzelner Wörter oder stehender Redensarten in eine ihnen [...] ungemäße Sphäre« (ebd. S. 430). Das Beispiel, das Wirtz aus dem »Zauberberg« zitiert, zeigt die Versetzung von Worten aus der Rechtssprechung in die Sphäre des Sanatoriums: »Das *Urteil, d*as endgültige Urteil lautete auf *lebenslänglich*« (ebd.), wobei nur der ärztliche Rat gemeint ist, daß der Patient für immer im Sanatorium bleiben soll. »›Verschiebung‹‹«, so bestimmt Wirtz diese Redefigur, »nennen wir kaum merkliche Abweichungen im Sprachgebrauch und in der Zuordnung der einzelnen Wörter zueinander« (ebd). Ihr Beispiel aus dem »Zauberberg« lautet: »Frau Stöhr selbst, soweit es ihr sonst immer fehlen mochte, in diesem Punkt war sie *taktfest* und *abgeschliffen*« (ebd.). Die genau treffenden und gewöhnlichen Worte sind »taktvoll« und »geschliffen«. Vgl. dazu Vf.: Die Rolle des Erzählers und die epische Ironie im Frühwerk Thomas Manns (L 51), S. 189 f. Eine Passage wurde daraus weitgehend übernommen.
54 Thomas Mann: Gesammelte Werke (W 35), Bd. 1, S. 724.
55 Ebd. S. 684.
56 Ebd. S. 634.
57 Ebd. S. 133.
58 Ebd. S. 355.
59 Ebd. S. 240.

60 Ebd. S. 281.
61 Ebd. S. 291 f.
62 Ebd. S. 280.
63 Ebd. S. 562.
64 Ebd. S. 590.
65 Gottfried Benn: Saison. In: Gesammelte Werke (W 3), Bd. 2, S. 119.
66 Arno Schmidt: Das erzählerische Werk (W 46), Bd. 8, S. 240.

III. Praxis

1. Stabile Systeme

Als stabiles Erzählsystem bezeichne ich die Verknüpfung epischer Elemente zu einem Text, in dem ihre funktionale Zuordnung zueinander und zur Thematik beibehalten wird, und zwar vom Textbeginn bis zum Textende. Es liegt auf der Hand, daß kurze, pointiert angelegte Gebilde Systemwechsel bzw. Systemvielfalt kaum zulassen. Das gilt z.B. durchweg für den Witz:

> Fragt Späth seinen Pressesprecher Kleinert: »Kann man dem Rommel eigentlich trauen?«
> Der ganz emphatisch: »Dem können Sie ihr Leben anvertrauen.«
> Späth zögernd: »Aber Wertsachen auch?«[1]

Dieses möglicherweise im Faktischen fundierte, insofern zum Anekdotischen tendierende Gespräch des ehemaligen württembergischen Ministerpräsidenten Lothar Späth, der im Volksmund seiner schwäbischen, von Sparsamkeit geprägten Tüchtigkeit wegen Cleverle genannt wurde, mit seinem Pressesprecher dekuvriert die sprichwörtliche Besorgnis des Schwaben um sein Hab und Gut, indem es die Zuverlässigkeit des Parteifreundes und Stuttgarter Oberbürgermeisters Rommel nicht an dessen Fürsorge für Späths Leben, sondern für Späths »Wertsachen« mißt. Darin besteht die Pointe, dieses Wort stellt daher den Gipfel des Textes dar, und damit hängt zusammen, daß alle den auf diesen Begriff zulaufenden Dialog hemmenden oder abbremsenden epischen Elemente in den Hintergrund treten: Der Narrator hält sich völlig zurück, er verlängert den Text nicht durch irgendeinen auktorialen Eingriff; vielmehr benutzt er eine verknappte, Ellipsen nicht scheuende Redeweise, indem er im zweiten und dritten Absatz das Verb einfach fortläßt, also die *inquit*-Formel tilgt bzw. kürzt. Zur Geschwindigkeit, mit der alles auf die Pointe zuläuft, trägt auch die Inversion am Anfang bei, und die Direktheit des Ganzen wird durch den Präsens-Gebrauch bewirkt bzw. unterstrichen. Da der Text von einer wirklichen, historischen Gestalt handelt, würde dem Präteritum zudem Zeitfunktion zukommen und dessen Gebrauch einen temporalen Abstand zwischen Leser und Geschehen herstellen. Das starke Zurücktreten des Erzählers, verknappte Darbietungsweise und Tempusgebrauch sind also miteinander verbunden und bewirken das rasche Gefälle, mit dem der Text sich auf die Pointe zubewegt. Veränderungen dieses Systems läßt, wie gesagt, schon die Kürze und die Pointenorientierung des Genres nicht zu.

Auch Johann Peter Hebels Kalendergeschichte »Kannitverstan« präsentiert sich trotz des Einsatzes widersprüchlicher epischer Elemente als ein geschlossenes und stabiles Erzählsystem:

Der Mensch hat wohl täglich Gelegenheit, in Emmendingen und Gundelfingen so gut als in Amsterdam, Betrachtungen über den Unbestand aller irdischen Dinge anzustellen, wenn er will, und zufrieden zu werden mit seinem Schicksal, wenn auch nicht viel gebratene Tauben für ihn in der Luft herumfliegen. Aber auf dem seltsamsten Umweg kam ein deutscher Handwerksbursche in Amsterdam durch den Irrtum zur Wahrheit und zu ihrer Erkenntnis. Denn als er in diese große und reiche Handelsstadt voll prächtiger Häuser, wogender Schiffe und geschäftiger Menschen gekommen war, fiel ihm sogleich ein großes und schönes Haus in die Augen, wie er auf seiner ganzen Wanderschaft von Tuttlingen bis nach Amsterdam noch keines erlebt hatte. Lange betrachtete er mit Verwunderung dies kostbare Gebäude, die sechs Kamine auf dem Dach, die schönen Gesimse und die hohen Fenster, größer als an des Vaters Haus daheim die Tür. Endlich konnte er sich nicht entbrechen, einen Vorübergehenden anzureden. »Guter Freund«, redete er ihn an, »könnt Ihr mir sagen, wie der Herr heißt, dem dieses wunderschöne Haus gehört mit den Fenstern voll Tulipanen, Sternenblumen und Levkojen?« Der Mann aber, der vermutlich etwas Wichtigeres zu tun hatte und zum Unglück geradesoviel von der deutschen Sprache verstand als der Fragende von der holländischen, nämlich nichts, sagte kurz und schnauzig: »Kannitverstan!« und schnurrte vorüber. Dies war nur ein holländisches Wort, oder drei, wenn man's recht betrachtet, und heißt auf deutsch soviel als: Ich kann Euch nicht verstehn. Aber der gute Fremdling glaubte, es sei der Name des Mannes, nach dem er gefragt hatte. Das muß ein grundreicher Mann sein, der Herr Kannitverstan, dachte er und ging weiter. Gaß aus, Gaß ein kam er endlich an den Meerbusen, der da heißt: Het Ei, oder auf deutsch: das Ypsilon. Da stand nun Schiff an Schiff und Mastbaum an Mastbaum, und er wußte anfänglich nicht, wie er es mit seinen zwei einzigen Augen durchfechten werde, alle diese Merkwürdigkeiten genug zu sehen und zu betrachten, bis endlich ein großes Schiff seine Aufmerksamkeit an sich zog, das vor kurzem aus Ostindien angelangt war und jetzt eben ausgeladen wurde. Schon standen ganze Reihen von Kisten und Ballen auf- und nebeneinander am Lande. Noch immer wurden mehrere herausgewälzt, und Fässer voll Zucker und Kaffee, voll Reis und Pfeffer und salveni Mausdreck darunter. Als er aber lange zugesehen hatte, fragte er endlich einen, der eben eine Kiste auf der Achsel heraustrug, wie der glückliche Mann heiße, dem das Meer alle diese Waren an das Land bringe: »Kannitverstan!« war die Antwort. Da dachte er: Haha, schaut's da heraus! Kein Wunder! Wem das Meer solche Reichtümer an das Land schwemmt, der hat gut solche Häuser in die Welt stellen und solcherlei Tulipanen vor die Fenster in vergoldeten Scheiben. Jetzt ging er wieder zurück und stellte eine recht traurige Betrachtung bei sich selbst an, was er für ein armer Teufel sei unter so vielen reichen Leuten in der Welt. Aber als er eben dachte: Wenn ich's doch nur auch einmal so gut bekäme, wie dieser Herr Kannitverstan es hat!, kam er um eine Ecke und erblickte einen großen Leichenzug. Vier schwarz vermummte Pferde zogen einen ebenfalls schwarz überzogenen Leichenwagen langsam und traurig, als ob sie wüßten, daß sie einen Toten in seine Ruhe führten. Ein langer Zug von Freunden und Bekannten des Verstorbenen folgte nach, Paar und Paar, verhüllt in schwarze Mäntel und stumm. In der Ferne läutete ein einsames Glöcklein. Jetzt ergriff unseren Fremdling ein wehmütiges Gefühl, das an keinem guten Menschen vorübergeht, wenn er eine Leiche sieht, und blieb mit dem Hut in den Händen andächtig stehen, bis alles vorüber war. Doch machte er sich an den letzten vom Zug, der eben in der Stille ausrechnete, was er an seiner Baumwolle gewinnen könnte, wenn der Zentner um zehn Gulden aufschlüge, ergriff ihn sachte am Mantel und bat ihn treuherzig um Exküse. »Das muß wohl auch ein guter Freund von Euch gewesen sein«, sagte er, »dem das Glöcklein läutet, daß Ihr so betrübt und nachdenklich mitgeht?« – »Kannitverstan!« war die Antwort. Da fielen unserem guten Tuttlinger ein paar große Tränen aus den Augen, und es ward ihm auf einmal schwer und wieder leicht ums Herz. »Armer Kannitverstan«, rief er aus, »was hast du nun von allem deinem Reichtum? Was ich einst von meiner Armut auch bekomme: ein Totenkleid und ein Leintuch, und von allen deinen schönen Blumen vielleicht einen Rosmarin auf die kalte Brust oder eine Raute.« Mit diesem Gedanken begleitete er die Leiche, als wenn er dazugehörte, bis ans Grab, sah den vermeinten Herrn Kannitverstan hinabsenken in seine Ruhestätte und ward von der holländischen Leichenpredigt, von der er kein Wort verstand, mehr gerührt als von mancher deutschen, auf die er nicht achtgab. Endlich ging er leichten Herzens mit den anderen wieder fort, verzehrte in einer Herberge, wo man Deutsch verstand, mit gutem Appetit ein Stück Limburger Käse, und wenn es ihm wieder einmal schwerfallen wollte, daß so viele Leute in der Welt so reich seien und er so arm, so dachte er nur an den Herrn Kannitverstan in Amsterdam, an sein großes Haus, an sein reiches Schiff und an sein enges Grab.[2]

Streng durchgehalten wird das Er-Erzählen, wenn auch einmal von »unserm guten Tuttlinger« die Rede ist, denn der Narrator berichtet ausschließlich von Dritten. Aber schon der Tempusgebrauch signalisiert den Einsatz unterschiedlicher Elemente einer narrativen Kategorie. So beginnt die Geschichte im Präsens, nämlich mit einer auktorialen Erörterung des Narrators, der sich mit seiner Meinung über das menschliche Leben zu Wort meldet. Er ist Didaktiker, Lehrmeister, der denen, die ihm zuhören, seine Einsichten in die Zusammenhänge des Daseins vortragen und sie von deren Richtigkeit überzeugen will. So spricht er vom »Unbestand aller irdischen Dinge«, geriert sich als Weiser, der die Wahrheit des Lebens kennt, und präsentiert sich von Anfang an als überlegenes Medium. Auch später erweist er sich als derjenige, der den eigentlichen Überblick besitzt. Im Gegensatz zu den Niederländern und zu dem »guten Tuttlinger« beherrscht der Narrator z.B. sowohl das Holländische wie das Deutsche und kann daher in einem zweiten auktorialen Präsens-Eingriff nicht nur erklären, was es mit dem »Kannitverstan« auf sich hat (»und heißt auf deutsch soviel als: Ich kann Euch nicht verstehn«), sondern auch, in einem dritten, wie der Name jener Bucht zu übersetzen ist, an die der Handwerksbursche gelangt: »kam er endlich an den Meerbusen, der da heißt: Het Ei, oder auf deutsch: das Ypsilon.«

Diese Merkmale eines überlegenen Erzählers sind aber gemessen an anderen Phänomenen des Erzählsystems lediglich peripheren Charakters. Viel stärker als sie verweist nämlich der erste Satz im Präteritum auf einen olympischen Blickpunkt des Narrators: »Aber auf dem seltsamsten Umweg kam ein deutscher Handwerksbursche in Amsterdam durch den Irrtum zur Wahrheit und zu ihrer Erkenntnis.« Denn dies bedeutet, daß der Erzähler den Ausgang der Geschichte kennt, bevor er sie erzählt. Mehr noch: die »Wahrheit« und deren »Erkenntnis« besteht in jener Einsicht, die der Erzähler zuvor über »den Unbestand aller irdischen Dinge« formuliert hat. Die Geschichte fungiert also lediglich als Beleg und Beweis für die Richtigkeit der Eingangsthese; da kann es gar nicht wundernehmen, daß der Narrator die Handlung vollständig überblickt, denn sonst könnte er nicht sicher sein, daß sie die eingangs formulierte Lebensansicht auch tatsächlich verifiziert. Die olympische Position zeigt sich aber auch noch an anderen Stellen, z.B. wenn der Narrator zu erkennen gibt, daß er die Vorgeschichte der Amsterdam-Episode kennt. Nur so ist der Hinweis zu verstehen, daß der Tuttlinger ein »so schönes und großes Haus« wie in Amsterdam »auf seiner ganzen Wanderschaft von Tuttlingen bis nach Amsterdam noch keines erlebt hatte.« Erst eine solche Vergangenheitskenntnis macht die Frage nach dem Hausbesitzer plausibel. Doch nicht nur in die Vergangenheit reicht der Blick des Narrators, nicht nur der Ausgang der Geschichte ist ihm be-

wußt, sondern auch die Zukunft des Handwerksburschen. Er kennt nämlich die
Folgen, die das Amsterdamer Erlebnis für dessen späteres Leben besitzt: »und
wenn es ihm wieder einmal schwerfallen wollte, daß so viele Leute in der Welt so
reich seien und er so arm, so dachte er nur an den Herrn Kannitverstan in Amsterdam, an sein großes Haus, an sein reiches Schiff und an sein enges Grab.« Der
Tuttlinger hat begriffen, worauf es ankommt, und bestätigt die Richtigkeit der eingangs formulierten Lebensanschauung des Erzählers durch sein künftiges Denken
und Leben.

Die bisher zur Sprache gebrachten Elemente des narrativen Systems lassen sich
also folgendermaßen zuordnen: Der Erzähler präsentiert sich gleich zu Beginn in
einer auktorialen Präsens-Passage als Verkünder von Lebensweisheiten; sie als
wahr zu beweisen, erzählt er eine in sich geschlossene Geschichte im Präteritum,
die er natürlich kennen muß, bevor er sie erzählt; er verfügt aber sogar so souverän
über sie, daß er außer deren Ende auch noch deren Nachgeschichte kennt, die er
ihrerseits als Beleg für die fortwirkende Wahrheit seiner Eingangsthese berichtet.
Der Tempuswechsel stellt eine Begleiterscheinung dieses Zusammenhangs dar: die
Präsenspartien belegen das überlegene *Raisonnement* des epischen Mediums, im
Präteritum zeigt sich sein Handlungsüberblick. Diese nicht nur hinsichtlich des
point of view, sondern auch hinsichtlich seiner Lebenserfahrung olympische Position des Narrators verbindet der Dichter nun mit dem Gebrauch zweier Sichtweisen,
der Außen- und der Innensicht. Die Außensicht zeigt sich daran, daß der Narrator
die Erscheinungen in Amsterdam beschreiben kann, die Innensicht ist nahezu total,
sie bezieht sich nämlich auf den Handwerksburschen ebenso wie auf einige der
holländischen Bürger. Für die Innensicht bzgl. des Protagonisten finden sich zahlreiche Stellen; vielfach begegnet z.B. das Verbum der inneren Bewegung »dachte«,
wir lesen, daß der Handwerksbursche »eine recht traurige Betrachtung bei sich
selbst« anstellte oder ihn »ein wehmütiges Gefühl« ergriff usf., und am Ende
spricht der Erzähler aus der Perspektive des Tuttlingers: »so dachte er nur an den
Herrn Kannitverstan in Amsterdam, an sein großes Haus, an sein reiches Schiff
und an sein enges Grab.« Denn wenn es sich auch nicht um erlebte Rede handelt,
sondern um eine Beschreibung des Inneren der Figur, so verläßt der Erzähler doch
den eigenen Standort, indem er den Irrtum des Handwerksburschen übernimmt und
im Indikativ, also in Gestalt einer Faktenmitteilung, von dem Herrn Kannitverstan
spricht, den es doch gar nicht gibt, – was der Erzähler am besten weiß, da er selbst
ja den Irrtum des Tuttlingers aufklärte und zum Gegenstand seiner Erzählung
machte.

Was nun die Gedankenwelt der anderen Figuren betrifft, so nähert sich ihr der
Narrator behutsamer und zunächt sogar zögerlich. Denn über den ersten Amsterdamer Bürger, den der Tuttlinger anspricht, äußert er sich folgendermaßen: »Der
Mann aber, der vermutlich etwas Wichtigeres zu tun hatte und zum Unglück geradesoviel von der deutschen Sprache verstand als der Fragende von der holländischen, nämlich nichts, sagte kurz und schnauzig: ›Kannitverstan!‹ und schnurrte
vorüber.« Zwar weiß der Erzähler nicht genau, was der Holländer »zu tun« hat,
aber es ist ihm immerhin bekannt, daß er kein Wort Deutsch versteht. Und in der

entscheidenden Szene, der dritten Begegnung des Fremden mit einem Einheimi-
schen, weiß das epische Medium sogar, was im Kopf eines jener Männer vorgeht,
die sich in den Leichenzug eingereiht haben: »Doch machte er sich an den letzten
vom Zug, der eben in der Stille ausrechnete, was er an seiner Baumwolle gewinnen
könnte, wenn der Zentner um zehn Gulden aufschlüge«. Welche Funktion erfüllt
diese umfassende, diese doppelte Innensicht, über die der Erzählende verfügt?

Der Blick in das Innere des Tuttlingers ist unumgänglich, wenn das Thema der
Geschichte, der Irrtum, überhaupt zur Sprache kommen soll. Aber um ihn in den
Mittelpunkt zu rücken, würde es andererseits ausreichen, wenn der Erzähler durch
das »Kannitverstan« aller holländischen Gesprächspartner des Handwerksburschen
klarstellen würde, daß sie diesen nicht verstehen; auch auf diesem Wege hätte der
Erzähler und durch ihn Hebel nicht nur zeigen können, daß da jemand »durch den
Irrtum zur Wahrheit und zu ihrer Erkenntnis« gelangt, sondern auch, daß er dabei
Umwege zurücklegen muß. Der Blick in das geschäftstüchtige und jedenfalls geld-
selige Innere des nur dem Anschein nach trauernden Holländers macht dem Leser
jedoch außerdem deutlich, daß der Handwerksbursche nur an der Oberfläche der
Erscheinungen orientiert ist, daß er sich nicht nur über die Bedeutung des »Kannitverstan« irrt, sondern daß er überhaupt zum Irrtum neigt: Ihm fehlt nicht nur eine
zureichende Sprachkenntnis, sondern auch der menschliche Durchblick. Es handelt
sich eben um einen »guten Fremdling«, einen »guten Tuttlinger«, der sich denn
auch »treuherzig« an den Baumwollhändler heranmacht. Hier findet ein zwar
gutherziger, aber törichter junger Mann »durch den Irrtum zur Wahrheit«.

Entsprechend distanziert und ironisierend gibt sich der Erzähler. Auch wenn
man manche die Begrenztheit des Handwerksburschen signalisierende Mitteilungen
nicht als Elemente der Erzählhaltung klassifizieren darf, weil sie zur Geschichte
selbst, also zum »Gegenstand« gehören (wie die sprachliche Beschränktheit, die
Weltunerfahrenheit, die Tatsache, daß der Tuttlinger »in einer Herberge, wo man
Deutsch verstand, mit gutem Appetit ein Stück Limburger Käse« verzehrt und damit seine Provinzialität zu erkennen gibt), so existieren doch außerdem unverkenn-
bare Hinweise auf die Distanz des Narrators. Aus dem dreifachen Gebrauch des
Adjektivs »gut« bei der Charakterisierung des Handwerksburschen (»der gute
Fremdling«, »ergriff unsern Fremdling ein wehmütiges Gefühl, das an keinem gu-
ten Menschen vorübergeht«, »unserm guten Tuttlinger«), geht die Betonung der
Begrenztheit des Protagonisten hervor, vor allem aber aus der Schlußformulierung,
von der schon die Rede war: »und wenn es ihm wieder einmal schwerfallen wollte,
daß so viele Leute in der Welt so reich seien und er so arm, so dachte er nur an
den Herrn Kannitverstan in Amsterdam, an sein großes Haus, an sein reiches
Schiff und an sein enges Grab.« Gewiß, der Narrator wählt die Perspektive des
Handwerksburschen, aber er wählt sie in parodistischer Absicht. Er, der den Irrtum
hinsichtlich des Herrn Kannitverstan zufolge seiner überlegenen Sprachkenntnis
aufdeckte, verfällt dem Irrtum nicht, identifiziert sich also nicht mit ihm, sondern
zitiert ihn sozusagen, dekuvriert mithin die Denkweise des Tuttlingers als Ergebnis
von Naivität, Beschränktheit, Irrtum. Der Narrator ist nicht nur Lehrmeister, er ist
auch ein dekuvrierender, ironisierender Humorist.

Dergleichen stellt keine neue Erkenntnis dar: Daß Hebels Kalendergeschichten oftmals das Humoristische mit dem Lehrhaften verbinden, daß sie dem Horazschen *delectare* ebenso Raum geben wie seinem *prodesse,* hat man seit je betont. Aber wie Hebel dergleichen ins Werk setzt, das läßt erst die Analyse des Erzählsystems erkennen. Die »Lehre« verkündet der Narrator am Anfang direkt, und die Gegenüberstellung von Tuttlingen und Amsterdam, der groteske Sprachirrtum und die treuherzige Gesinnung mögen humoristisch wirken. Aber erst die Analyse jener Elemente, die ein funktionales System bilden, hebt die ästhetische Technik ins Bewußtsein, über die Hebel verfügt.

Mehr noch: in einer Zeit, die noch nicht zwischen angeblich richtigem und angeblich falschem Bewußtsein unterschied und auch noch nicht vom »kritischen Potential« eines Textes sprach, mag der Durchschnittsleser Geschichten wie die vom Herrn Kannitverstan vielleicht wirklich als eine humoristische Belehrung über die »eigentliche« Gleichheit der Menschen und als unterhaltsame Aufforderung gelesen haben, mit dem Leben zufrieden zu sein. Sicher kann man da aber nicht sein. Abgesehen von der Tatsache, daß Hebel und seine Zeitgenossen nicht nur die Aufklärung, sondern auch die Französische Revolution hinter sich hatten, kann man sich nur schwer vorstellen, daß ihnen verborgen blieb, was der heutige Leser sofort begreift: Der Schlußsatz, eine durch epischen Perspektivismus ins Werk gesetzte Parodierung und Dekuvrierung des Protagonisten als eines einem naiven Irrtum erlegenen Toren, stellt klar, daß man so beschränkt wie der Tuttlinger sein muß, wenn man sich angesichts des weiten Auseinandertretens von Arm und Reich zufrieden gibt. Nimmt man den Kontext hinzu, den Hinweis auf die Erleichterung seines Herzens durch die nicht verstandene Leichenpredigt, seine Zufriedenheit, in deutschsprachiger Umgebung ein Stück Käse essen zu können, so liest sich der Schlußsatz der Geschichte halb und halb als Unterminierung jener »Wahrheit«, die der Tuttlinger erkennt, – einfach deshalb, weil sie eben von diesem Toren hochgehalten wird:

Endlich ging er leichten Herzens mit den andern wieder fort, verzehrte in einer Herberge, wo man Deutsch verstand, mit gutem Appetit ein Stück Limburger Käse, und wenn es ihm wieder einmal schwerfallen wollte, daß so viele Leute in der Welt reich seien und er so arm, so dachte er nur an den Herrn Kannitverstan in Amsterdam, an sein großes Haus, an sein reiches Schiff und an sein enges Grab.

Solcher Trost erwächst offenbar nur dem, der sich irrt. Und der Narrator versäumt nicht, dergleichen durch perspektivistische Parodie bewußt zu machen.[3]

Gewiß darf eine Erzählpoetik die Textinterpretation nicht zu weit treiben. Aber man muß auch einmal zeigen, welche Einsichten die präzise Analyse eines funktionalen Erzählsystems hinsichtlich des Gesamtverständnisses eines Textes vermittelt. Auch bei der Aufschlüsselung der systematischen Zuordnung epischer Elemente in den beiden folgenden Beispielen ergibt sich ein Einblick in die ästhetischen Verfahrensweisen und über sie sogar in die Realisierung einer die jeweilige Epoche auszeichnenden literarästhetischen Tendenz.

Bei der Erzählung »Aus dem Leben eines Taugenichts« von Joseph von Eichendorff sind die genuin romantischen Elemente der Verwirrung und Verrätselung, des

Maskenspiels und der Konfusion sowie der damit verbundenen Heiterkeit von derart starker Dominanz, daß der Leser sich nicht wundert, wenn gegen Ende der Geschichte der Geistliche ausruft: »Ach Gott, ja doch, ja! Konfusion, nichts als Konfusion!«[4] Denn in der Tat erfährt er erst auf der letzten Seite, was es mit der Geschichte wirklich auf sich hat, und nur vier Seiten zuvor hat er zur Kenntnis genommen, daß das Durcheinander der Handlung und der Personen in der Tat als erzromantisches Element zu verstehen ist. »Alle Welt schreit – aber du hast wohl noch keinen Roman gelesen?« fragt »Herr Leonhard« den verdutzten und noch gar nichts begreifenden Taugenichts. Und als dieser verneint, erklärt man ihm: »Nun, so hast du doch einen mitgespielt. Kurz: das war eine solche Konfusion«[5]. Damit stellt sich die Frage, ob die romanhaften, die romantischen Elemente der Konfusion[6] nicht allein durch die Handlung ins Werk gesetzt werden, so daß man auf eine Analyse des Erzählsystems verzichten kann, was man im übrigen bis heute denn auch beinahe ausnahmslos getan hat.[7]

Eichendorffs Erzählverfahren scheint ja auch wirklich allzu simpel zu sein, als daß man sich von ihm Aufschluß über die romantische Konfusion und deren Entstehen erhoffen dürfte. Es begegnen keine Montageelemente wie bei Hoffmann, Brentano, Tieck, keine Vorrede-Einleitungs-Widmungsspiele wie bei Brentano und Jean Paul; stattdessen erkennen wir eine allem Anschein nach klare und strenge Konzeption: Ich-Form, partieller Lebensrückblick, fortlaufend, also chronologisch erzählt; keine Vorausdeutungen, keine nachgetragenen Vorgeschichten lockern den Erzählfluß auf, und auch die Perspektive wird in einer Strenge durchgehalten, die in der deutschen Literatur keineswegs die Regel, in der Erzählkunst der Romantik geradezu die Ausnahme bildet. Denn ein derartig konsequent durchgehaltenes personales Erzählverhalten innerhalb einer Ich-Erzählung, die retrospektiv angelegt ist, scheint der gewählten Erzählform strikt zu widersprechen, nutzt es doch gar nicht die Struktur, die die Form von sich aus mitbringt, nämlich daß das epische Medium alle Geschehnisse von Anfang an kennt und das Ganze des Erzählten überblickt.

In der Tat hält der Erzähler damit vollkommen und bis zum Schluß hinter dem Berg. Das Ich, von dem wir lesen, ist das erlebende Ich, und zwar so gut wie immer. Es gibt nicht mehr als eine Handvoll Textstellen, an denen sich das erzählende Ich überhaupt bemerkbar macht, und dies geschieht außerdem auf völlig beiläufige Weise:

Bald flocht sie sich die dunkelbraunen Haare und ließ dabei die anmutig spielenden Augen über Busch und Garten ergehen, bald bog und band sie die Blumen, die vor ihrem Fenster standen, oder sie nahm auch die Gitarre in den weißen Arm und sang dazu so wundersam über den Garten hinaus, daß sich mir noch das Herz umwenden will vor Wehmut, wenn mir eins von den Liedern bisweilen einfällt – und ach, das alles ist schon lange her![8]

Etwas später heißt es einmal »Der Herr mit der Brille faßte mich im Weggehen bei der Hand und sagte mir, ich weiß selbst nicht mehr was«[9], etwas vorher »Es waren noch mehr sehr hübsche, gutgesetzte, nützliche Lehren, ich habe nur seitdem fast alles wieder vergessen«[10], und gegen Ende der Geschichte lesen wir schließlich noch einen Satz dieser Art: »Ich konnte mich gar nicht satt hören, denn ich unterhalte mich gern mit studierten Leuten, wo man etwas profitieren kann.«[11]

Daß auktoriale Eingriffe, umfangreiche Kommentare oder gar Abschweifungen in der Manier Jean Pauls gänzlich fehlen, versteht sich da von selbst. Hingegen beherrschen jene Elemente, die personales Erzählverhalten, also das Erzählen aus der Perspektive des handelnden und erlebenden Ich erkennbar machen, den gesamten Text. Die folgende Stelle beginnt mit einem Satz, der angesichts des Kontextes als innerer Monolog zu qualifizieren ist:

> Nun ade, Mühle und Schloß und Portier! Nun ging's, daß mir der Wind am Hute pfiff. Rechts und links flogen Dörfer, Städte und Weingärten vorbei, daß es einem vor den Augen flimmerte; hinter mir die beiden Maler im Wagen, vor mir vier Pferde mit einem prächtigen Postillion, ich hoch oben auf dem Kutschbock, daß ich oft ellenhoch in die Höhe flog.[12]

Auch erlebte Rede fehlt natürlich nicht:

> Da saß ich nun in der Fremde gefangen! Die schöne Frau stand nun wohl an ihrem Fenster und sah über den stillen Garten nach der Landstraße hinaus, ob ich nicht schon am Zollhäuschen mit meiner Geige dahergestrichen komme, die Wolken flogen rasch über den Himmel, die Zeit verging – und ich konnte nicht fort von hier! Ach, mir war so weh im Herzen, ich wußte gar nicht mehr, was ich tun sollte.[13]

In solchen Passagen bezieht sich zwar das Deiktikon schon wegen der Darbietungsform auf das Hier und Jetzt der Handlung, nicht auf das Hier und Jetzt des Erzählers; lesen wir jedoch den Satz »Sonst hatte ich hier ein Leben, wie sich's ein Mensch nur immer in der Welt wünschen kann«[14], so läßt sich schon deutlicher erkennen, daß der Narrator die Optik der Figur wählt, und dies mit Hilfe der Deiktika verdeutlicht. Im »Taugenichts« besitzen eine solche Signalfunktion vor allem die Zeitangaben: »Ich hatte recht meine heimliche Freude, als ich da alle meine alten Bekannten und Kameraden rechts und links, wie gestern und vorgestern und immerdar, zur Arbeit hinausziehen, graben und pflügen sah«[15], »Endlich kam ein Bauer des Wegs daher, der, glaub' ich, nach der Kirche ging, da es heut eben Sonntag war«[16], »Auch ging mir die konfuse Nacht und das welsche Lied der schönen gnädigen Frau von gestern noch immer im Kopfe hin und her«[17], »Da stand das einsame Gartenhaus wieder, im prächtigsten Mondschein, und auch die schöne Frau sang im Garten wieder dasselbe italienische Lied wie gestern abend.«[18] Kein Zweifel, das erzählende Ich überwindet jede zeitliche und jede räumliche Distanz zwischen seiner Erzähl-Gegenwart und der Handlungs-Vergangenheit, stellt sich neben das erlebende Ich und berichtet von dessen Standort, von dessen Gegenwart aus. Nur das handelnde Ich gewinnt Profil, während das erzählende völlig im Hintergrund bleibt und sich dem Blick des Lesers beinahe ganz entzieht.

Indes wird die Geschichte auch nur dadurch überhaupt erzählbar. Denn da es sich um eine Ich-Retrospektive handelt, kennt der Narrator ja nicht nur den Ausgang der Geschichte, sondern die Wahrheit über jedes Handlungsdetail und die Identität jeder Person. Von dieser Kenntnis darf er aber keinen Gebrauch machen, weil sonst die »Konfusion«, d.h. aber: weil sonst der »Roman« gar nicht zustande-käme. Personal zu erzählen bedeutet für den Ich-Erzähler, so zu tun, als wüßte er nichts und also nur soviel wie das erlebende Ich. Allein auf diese Weise vermag er vor dem Leser jene von Mißverständnissen, Verwechslungen, Verrätselungen und Irrtümern geprägte Geschichte auszubreiten, die es ersichtlich auf ein Vexierspiel mit dem Leser abgesehen hat. Dieser kann und soll sich nicht auf das Gesagte und Geschilderte verlassen, sondern ständig in einem Zustand der Schwebe gehalten werden, so daß er ein über das andere Mal begreifen muß, daß das, was er eben noch für wahr hielt, bloßer Schein war und das Gegenteil richtig ist. Denn der Taugenichts, aus dessen Perspektive der Narrator stets erzählt, verkennt ja nicht nur die Personen, verwechselt nicht nur die Gräfin mit deren Pflegekind, dieses mit der möglichen Ehefrau oder Schwester des Grafen, eine römische Dame mit seiner Angebeteten, die Kammerzofe mit ihrem Liebsten usw., sondern durchschaut schlechterdings gar nichts, nimmt nicht einmal die Zeichen wahr, die ihm hier und da die Wahrheit signalisieren. Als die »Kammerjungfer« ihm erzählt, der Graf sei zurückgekehrt, meint der Taugenichts, darüber werde sich gewiß auch dessen Tochter freuen, denn er hält seine Angebetete – ohne Grund – für die Tochter der Gräfin. »Die Kammerjungfer«, heißt es da, »sah mich kurios von oben bis unten an, so daß ich mich ordentlich selber besinnen mußte, ob ich was Dummes gesagt hätte.« Offenbar begreift er aber nicht, und auch als ihm dies das Mädchen bewußt macht, indem es ausruft »Er weiß aber auch gar nichts«[19], sieht er keinen Anlaß, seine Vorstellungen vom Personal der gräflichen Familie zu überprüfen.

Szenen, in denen die Ahnungslosigkeit des Taugenichts immer lebhaftere Kapriolen schlägt, in denen sich seine Naivität auf nachgerade verblüffende Weise präsentiert und der Leser sich fragt, wie dergleichen denn möglich ist, lösen einander ab, bis zum Schluß, da die Kammerjungfer ihm in Rom reinen Wein einschenkt. Der Taugenichts ahnt die Verwechslung und antwortet auf des Mädchens Vorwurf »Da hast du wieder einmal recht dummes Zeug gemacht« mit dem Einwand: »ich meinte die Gräfin aus Deutschland, die schöne gnädige Frau.« Da weiß ihm die Kammerjungfer zu erwidern: »die ist ja schon lange wieder in Deutschland mitsamt deiner tollen Amour.«[20] Indes versteht der Taugenichts den Hinweis darauf, daß seine »Amour« einer anderen Person als der Gräfin gilt, abermals nicht, so daß ihn seine Liebste auf der letzten Seite der Erzählung selbst über die Zusammenhänge aufklären muß: »Ich bin ja gar keine Gräfin«[21].

Doch daß sich der Taugenichts als erlebendes Ich bis zum Schluß über Stand und Identität seiner Angebeteten täuscht, daß er sie noch in der Schlußszene als »Ew. Gnaden« und »schönste, gnädigste Gräfin«[22] anspricht, ist weniger wichtig und für die Eigenart des hier vorliegenden Erzählsystems weniger kennzeichnend und schon gar nicht konstitutiv. Daß hingegen das erzählende Ich bis zum Schluß die geliebte Nichte des Portiers in seinem Erzählerbericht als Gräfin (»Ich sah unverwandt die schöne Gräfin an«[23]) und als »die schöne gnädige Frau«[24] bezeichnet, dies ist außerordentlich bedeutungsvoll. Es belegt nämlich die ebenso konsequente wie radikale Weigerung des Narrators, seine Kenntnis über den wirklichen Verlauf der Geschichte, die tatsächliche Identität der Personen, die Hintergründe und Zusammenhänge der Geschehnisse in seine Darstellung einfließen zu lassen. Er erzählt, als wüßte er nicht, was er angesichts der retrospektiven Erzählform wissen muß, indem er bei seinem personalen Erzählverhalten bleibt. Warum tut er das?

Einerseits – und davon war schon die Rede – ermöglicht allein dieses Verfahren ein auf Verrätselung und Verwechslung, Verdunkelung und Verwirrung angelegtes, eben romantisches Erzählen. Es läßt den Taugenichts wie den Leser stets mehr ahnen als erkennen, präsentiert damit aber auch beiden in echt romantischer Manier das Leben als Verheißung, Daseinserweiterung, Zukunftsraum. All dies wäre nicht möglich, würde der Narrator seine Kenntnisse einfließen lassen und damit die Rätsel lösen, die Verwirrungen tilgen, das Unklare aufklären. Andererseits jedoch – und das ist für die Konstituierung des mit dem »Taugenichts« begegnenden Erzählsystems von weitaus größerer Bedeutung – bleibt dem Leser bewußt, daß das in dieser Erzählung auftretende Ich nicht nur als erlebendes von großer Naivität ist, sondern als berichtendes auch über beträchtliche Kenntnisse und Fähigkeiten verfügt. Einige Stellen, an denen sich der Narrator – allerdings außerordentlich verhalten – selbst ins Spiel bringt, haben wir schon zitiert. Sie sind selten. Stärker tritt er durch den Kontrast zwischen der jugendlichen Beschränktheit des erlebenden und der deskriptiven Versiertheit des erzählenden Ich ins Bewußtsein des Lesers. Begegnet schon auf der ersten Seite der berühmte Satz »Mir war es wie ein ewiger Sonntag im Gemüte«[25], dann merkt man stark jene Differenz in der Identität, welche die Ich-Form auszeichnet: Hier redet ein überlegenes Ich, während ein naives Ich erlebt. Die folgende Passage zeigt uns besonders deutlich die Fähigkeit des Ich als Erzähler, komplizierte innere Vorgänge und differenzierte Erlebnisse genau zu erkennen und angemessen zu beschreiben, während es als erlebende Person so naiv wirkt:

Endlich setzten sie sich auf ihre Pferde, und ich marschierte frisch wieder nebenher. Gerade vor uns lag ein unübersehliches Tal, in das wir nun hinunterzogen. Da war ein Blitzen und Rauschen und Schimmern und Jubilieren! Mir war so kühl und fröhlich zumute, als sollt' ich von dem Berge in die prächtige Gegend hinausfliegen.[26]

Doch stärker noch als dieses Element prägt das Verhältnis von Erzählform und Erzählverhalten die Eigenart des Erzählsystems. Denn allein in Verbindung mit einem konsequent durchgehaltenen personalen Erzählverhalten erweist sich das retrospektive Ich-Erzählen als eine taugliche Erzählform, wenn ein Geflecht aus Rätseln und Verkennungen, Irrtümern und Wirrnissen dargeboten werden soll. Dies gelingt nämlich, wie gezeigt, nur, wenn der Erzähler, der entsprechend der Erzählform in Kenntnis aller Lösungen, der personalen Identitäten, der wirklichen Zusammenhänge erzählt, *so tut*, als kenne er dergleichen eben nicht. Er muß sich einen falschen Anschein geben, er wählt als Wissender die Perspektive des Unwissenden. Was er zu berichten weiß, ist nicht falsch, denn als erlebendes Ich hat er die Dinge einmal so gesehen, wie er sie darstellt; aber obwohl er die Wahrheit inzwischen kennt, muß er sie hintanhalten, um personal erzählen zu können: Sein Erzählen ist *scheinhaft*. Es arbeitet mit dem Schein, der Narrator wüßte es nicht anders, als er es sagt,

wüßte nicht, was es *eigentlich* mit den Trennungen und Begegnungen, Vorfällen
und Geschehnissen auf sich habe. Angesichts der Erzählform einerseits und des
personalen Erzählverhaltens andererseits ist dem Leser das Scheinhafte dieses Rätsel und Ungeklärtes ausbreitenden Erzählens auch durchaus und ständig bewußt.[27] Indem ein wissender Narrator die Perspektive der unwissenden Figur
wählt und nur auf diese Weise sicherstellen kann, daß der Leser Rätselhaftes und
Undurchschaubares, Verwirrendes und Schemenhaftes wahrnimmt, etabliert er also
eine Sphäre von epischem Schein. Die Entfaltung einer romantischen Welt unter
dem Vorbehalt, daß sich alles anders verhält als es scheint, stellt Eichendorffs Art
dar, romantische Ironie wirksam werden zu lassen. Dies gibt dem »Taugenichts«
den Anstrich von Heiterkeit. Die für romantische Dichtung entscheidende, weil für
sie in besonderem Maße charakteristische Doppelbödigkeit erreicht Eichendorff
also in seiner Erzählung mit Hilfe eines epischen Systems, das den Leser in einen
Schwebezustand versetzt: Er betritt eine Welt der Wirrnisse und Rätsel, begreift
aber, daß sie scheinhaft ist; denn ihre Undurchschaubarkeit verdankt sich der Tatsache, daß ihm der Erzähler vorenthält, was er angesichts der Erzählform wissen
muß: nämlich wie es wirklich ist. Dieses Erzählsystem behält Eichendorff im übrigen nicht nur streng, sondern buchstäblich bis zum Schluß bei. Er gibt es nicht
einmal am Ende auf, um den Leser über die wahren Hintergründe zu belehren. Der
Leser erfährt nicht von dem Narrator, sondern von den handelnden Figuren die
Wahrheit. Stabiler kann ein Erzählsystem nicht sein.

Blickt man von dieser Analyse aus auf die lebhafte und kontroverse Diskussion
über den Gehalt von Eichendorffs »Taugenichts«-Erzählung innerhalb der
Literaturwissenschaft [28], so wundert man sich zutiefst über die Willkür, mit der
die Interpreten (auch hier) vorgehen. Ob man in dem Werk einen Beleg für die un-
zureichende Hellsicht der Romantiker gegenüber den wahren Absichten des Kapi-
talismus sieht, ihnen aber immerhin eine Kritik an der bürgerlichen Ordnung kon-
zediert, ob man im Taugenichts denjenigen erblickt, der nach den »hohen Dingen«
im Leben strebt, oder gar den »auf sein Wesentliches reduzierten Menschen
schlechthin«[29], ob man glaubt, hier werde die Frage nach dem richtigen Leben
behandelt oder das als unzureichend empfundene Leben poetisch überhöht, – in jedem Fall ist es erstaunlich, wie fern einer wirklich ästhetischen Fragestellung argumentiert wird. Daß es den Romantikern um die Poetisierung des Lebens geht, haben die zeitgenössischen Spatzen bereits von den poetologischen Dächern gepfif-
fen; aber wie dergleichen realisiert wurde, das ist die Frage, die den Leser bewegen muß. Vor allem muß unser Interesse dem eigentlichen ästhetischen Problem
der Romantik gelten, nämlich wie die Poetisierung des Lebens mit jener Brechung
in Verbindung zu bringen ist, die die Verlagerung des »Seins« in einen (unendli-
chen) Prozeß, in ein Progredieren bewerkstelligt und damit jenes dichterische
Changieren hervorruft, das im romantischen Gedicht nicht weniger als im romantischen Lustspiel und in der romantischen Erzählung zu beobachten ist. In Eichendorffs »Taugenichts« wird es durch die Verbindung der Ich-Form mit einem streng
durchgehaltenen personalen Erzählverhalten bewirkt. Daß das poetisierende Element im Bereich des Sozialen angesiedelt und mit dem Motiv des gesellschaftli-

chen Aufstiegs, dem Wandel von Armut in Reichtum, verbunden ist, hat nichts mit
(fehlendem) Klassenbewußtsein zu tun: Keiner Epoche hat das Märchen soviel bedeutet wie der Romantik, und in keinem Textgenre ist menschliches Glück so eng
mit dem sozialen Aufstieg verbunden wie im Märchen.

Auch der zweite Text, bei dem die Analyse des Erzählsystems Einblick in die
Realisierung eines ästhetischen Programms gestattet, arbeitet mit Gesellschaftsmo-
tiven, aber auch er thematisiert nicht das Klassenproblem. Denn in Theodor Fontanes Roman »Effi Briest« treten zwar Repräsentanten aller Schichten auf, vom
Dienstmädchen bis zum Adligen, aber ins Zentrum der Darstellung rückt nicht deren Verhältnis zueinander, sondern die Frage nach den geltenden Werten, nach
dem Verhalten des Menschen als eines privaten, vor allem auch als eines gesellschaftlichen Wesens. Der alte Briest liefert den Schlüsselsatz: »Es ist so
schwer, was man tun und lassen soll. Das ist auch ein weites Feld.«[30]

Daß nicht der Klassenantagonismus, sondern das Moralproblem als Gesell-
schaftsfrage in den Mittelpunkt rückt und daß dieses als unentscheidbar, jedenfalls
als höchst relativierbar (eben als »weites Feld«) dargestellt wird, hängt mit Fontanes Begriff vom Realismus als Kunstprinzip zusammen. Denn wiewohl der Dichter
als politisch interessierter Zeitgenosse vom Adel wenig hielt und den vierten Stand
als die in Zukunft bestimmende gesellschaftliche Kraft betrachtete, ging er als rea-
listischer Romanschreiber nicht von dem aus, was sein würde, sondern von dem,
was war. Lukács und die marxistische Literaturbetrachtung haben ihm denn auch
vorgeworfen, in seiner Gesellschaftskritik halbherzig verfahren zu sein. Aber gerade diese Halbherzigkeit gehört zu Fontanes Auffassung von der sozialen Wirklichkeit: »Wenn im starren Beharren und im Leugnen der Relativität bestehender Gesellschaftszustände ein Element, ein Beginn des Inhumanen zu sehen ist, so doch
auch in einem uneingeschränkten Verwerfen des Bestehenden, im radikalen Leugnen seines relativen Rechts.«[31] Richard Brinkmann hat in dieser Formel das
Doppelziel jenes Gesellschaftsromans, den Fontane in der deutschen Literatur eta-
blierte, bündig zusammengefaßt, nämlich die bestehenden Gesellschaftszustände zu
porträtieren und die Relativität ihres Wertsystems zu dekuvrieren.

Das hervorstechende Merkmal bildet daher die Tatsache, daß alle Welt- und Le-
bensanschauungen, alle Verhaltensweisen und Leidensarten einander als gleichwer-
tig, hinsichtlich ihrer Richtigkeit als unfixierbar dargestellt werden. Fontane selbst
hat sich dazu generell geäußert. »Es ist nichts fragwürdiger als die sogenannte moralische Grundlage der Gesellschaft«, formuliert er. Gegen Ehe und »Legitimität«
habe er nichts einzuwenden: »Sie sind ganz gut, sie tun ihre Schuldigkeit«. Aber
das heißt zugleich, daß sie keinen höheren Anspruch als andere menschliche Ver-
haltensregeln und -normen besitzen: »Alles ist Übereinkommen und Gewohnheit.
Das Gegenteil wäre gerade ebenso gut.«[32] Deshalb wird gesellschaftliches Zu-
sammenleben grundsätzlich von Verstößen gegen geltende Normen bestimmt, ohne
daß dadurch das Humane, ohne daß Prinzipien der Moral stets tangiert würden.
Diese existieren nämlich gar nicht als gesellschaftliche Regeln. »Nur der Irrtum ist
das Leben«[33], faßt Fontane solche Überlegungen zusammen, »Die Wahrheit ist
der Tod.«[34]

Diesen Grundsätzen entsprechend verfährt er auch in seinem Roman »Effi Briest«. Einerlei, ob man die unübersehbare Fülle von Ansichten über alles und jedes unter den so unterschiedlichen Figuren miteinander vergleicht oder ob man sich den Erziehungsprinzipien im Hause Briest zuwendet oder gar die Ehrvorstellungen der Gesellschaft zum Gegenstand seiner Betrachtung macht, – stets wirkt das Gesagte relativierbar, ist das Gegenteil »gerade ebenso gut«, wenn man einmal von der aggressiven Bigotterie der Sidonie von Grasenabb absieht, die allen auf den Nerv geht. Von besonderem Gewicht sind allerdings jene Fragen, die Schuld und Ehre, privates Glück und gesellschaftliches Ansehen betreffen, und an ihnen läßt sich das Prinzip der Relativierbarkeit aller menschlichen Vorstellungen auch am leichtesten zeigen. Die Eltern Briest reagieren auf die Nachricht vom »Fehltritt« ihrer Tochter gesellschaftskonform, verbieten Effi das Haus und wenden sich – von den materiellen Subsidien einmal abgesehen – gegen ihre Tochter. Nach ein paar Jahren schon zweifeln sie an der Richtigkeit ihrer Entscheidung, und auf den Hinweis ihres Arztes nehmen sie Effi wieder bei sich auf. »Dann ist es vorbei mit Katechismus und Moral und mit dem Anspruch der Gesellschaft«, wendet Luise Briest zwar noch ein, aber der Alte kontert nun: »Ach, Luise, komme mir mit Katechismus soviel du willst; aber komme mir nicht mit ›Gesellschaft‹.«[35] Instetten, mit den Briefen von Crampas an seine Frau konfrontiert, hat zwar Zweifel an der Richtigkeit, dem »uns tyrannisierenden Gesellschafts-Etwas«[36] zu entsprechen, den Major zu fordern und dennoch sein Lebensglück nicht retten zu können. Aber: »Die Welt ist einmal, wie sie ist, und die Dinge verlaufen nicht, wie *wir* wollen, sondern wie die *andern* wollen«, sagt Wüllersdorf, und: »unser Ehrenkultus ist ein Götzendienst, aber wir müssen uns ihm unterwerfen, solange der Götze gilt.«[37] Wirkt ein solcher Verhaltenscodex schon ambivalent, so fühlt Instetten immer dringender die Unsinnigkeit seines Verhaltens, wachsen seine Schuldgefühle gegenüber Crampas. Es »waren dieselben Gedanken wie zwei Tage zuvor, nur daß sie jetzt den umgekehrten Gang gingen und mit der Überzeugung von seinem Recht und seiner Pflicht anfingen, um mit Zweifel daran aufzuhören.«[38] Auch Wüllersdorf gegenüber äußert Instetten nach und nach ein Gefühl von Schuld, wenn er formuliert: »Wie soll ich einen Totschläger an seiner Seele packen? Dazu muß man selber intakt sein. Und wenn man's nicht mehr ist und selber so was an seinen Fingerspitzen hat, dann muß man wenigstens vor seinen zu bekehrenden Confratres den wahnsinnigen Büßer spielen und eine Riesenzerknirschung zum besten geben können.«[39] Auch dies zeigt die Ambivalenz der Situation: Instetten hat sozusagen Blut an den Fingern, aber eine »Riesenzerknirschung« spürt er andererseits nicht und kann sie auch nicht vorspielen.

Auch Effi vermag weder zu ihrem eigenen Handeln noch hinsichtlich der Verhaltensweisen Instettens eine feste Einstellung zu gewinnen. Sie gesteht sich stets ein, Schuld auf sich geladen zu haben. »Aber *lastet* sie auch auf meiner Seele? Nein.«[40] Denn wiewohl sie ihren Mann hinterging, hat sie doch andererseits auch ihr Recht auf Selbstbestimmung, auf ein gefühlsunmittelbares Erlebnis behauptet, das der Siebzehnjährigen die gesellschaftlichen Ehe-Usancen ebenso verwehrt hatten wie das korrekt-lehrmeisterliche und zugleich gefühlsarme Wesen

Instettens: »Ihrer Schuld war sie sich wohl bewußt, ja sie nährte das Gefühl davon
mit einer halb leidenschaftlichen Geflissentlichkeit; aber inmitten ihres Schuldbe-
wußtseins fühlte sie sich andererseits auch von einer gewissen Auflehnung gegen
Instetten erfüllt. Sie sagte sich: er hatte recht und noch einmal und noch einmal,
und zuletzt hatte er doch unrecht.«[41] Vor allem nach dem unglückseligen Auftritt
Annis bäumt sie sich gegen die Moralvorstellungen der Gesellschaft auf: »Mich
ekelt, was ich getan, aber was mich noch mehr ekelt, das ist eure Tugend. Weg mit
euch.«[42] Und doch widerruft sie dieses Urteil auf dem Sterbebett wieder:

> »Und es liegt mir daran, daß er erfährt, wie mir hier in meinen Krankheitstagen, die doch
> fast meine schönsten gewesen sind, wie mir hier klar geworden, daß er in allem recht ge-
> handelt. In der Geschichte mit dem armen Crampas – ja, was sollt' er am Ende anders tun?
> Und dann, womit er mich am tiefsten verletzte, daß er mein eigen Kind in einer Art Ab-
> wehr gegen mich erzogen hat, so hart es mir ankommt und so weh es mir tut, er hat auch
> darin recht gehabt. Laß ihn das wissen, daß ich in dieser Überzeugung gestorben bin. Es
> wird ihn trösten, aufrichten, vielleicht versöhnen. Denn er hatte viel Gutes in seiner Natur
> und war so edel, wie jemand sein kann, der ohne rechte Liebe ist.«[43]

Es ließen sich noch ungezählte andere Stellen anführen, aus denen die Ambivalenz
gesellschaftlicher Auffassungen hervorgeht, und die hier vorgelegte Skizze bringt
keineswegs neue Gesichtspunkte ins Spiel. Inhaltsanalytisch ist die Fontanephilolo-
gie ähnlich vorgegangen und zu denselben Ergebnissen gelangt. Aber die Frage,
wie Fontane sein Kunstprinzip des Realismus erzählerisch umsetzt und wie er die
Ambivalenz gesellschaftlicher Vorstellungen in »Effi Briest« ästhetisch ins Spiel
bringt, ist so gut wie nie erörtert worden. Wenigstens hinsichtlich eines epischen
Mittels macht das auch inhaltsanalytisch besonders überzeugende Buch von Richard Brinkmann da eine Ausnahme. Er verweist nämlich darauf, daß das Gespräch das geeignete Mittel ist, die Subjektivität und Relativität der Anschauungen
zu vermitteln, weil der Erzähler in Gesprächspassagen zurücktritt und mithin eine
objektiv wertende Instanz fehlt:

> Das Gespräch ist aber auch deshalb exzeptionell geeignet, die Wirklichkeitsansicht Fonta-
> nes poetisch vorzustellen, weil in ihm die Relativität der Ansichten von Wirklichkeit deut-
> lich wird und nicht eine Wirklichkeit als »die« objektive und realistische angeboten wird,
> die doch bei Lichte besehen nur des Erzählers subjektive Ansicht, Deutung, Auslegung der
> Wirklichkeit ist. Das Gespräch, die Plauderei in der Gesellschaftssprache und ihrem The-
> menarsenal bietet die Möglichkeit, das entschieden Subjektive zu verbinden mit einem
> überall gegenwärtigen und spürbaren Anteil an der objektiven Ganzheit der Epoche.[44]

Der Schlußsatz mag manchem bedenklich klingen, da er nun doch wieder das Objek-
tive beschwört, doch sollte er keine Irritationen hervorrufen, weil er sich als Hinweis
auf jene Objektivität verstehen läßt, die in der Relativierbarkeit aller Ansichten und
also in der Vielfalt der Vorstellungen besteht. Bestürzung ruft indes die folgende
Einlassung Brinkmanns hervor, die der eben zitierten eklatant widerspricht:

> Niemals verläßt ihn [den Leser] das ästhetisch genießende Bewußtsein, mit den Augen und
> durch das Temperament eines kunstreichen und klugen Erzählers den Ausschnitt der Welt
> zu betrachten, den dieser ausgewählt hat. Nicht nur durch den Kontext macht er sich als der

Regisseur der realistischen Gesprächsszenen geltend; nicht nur in den Berichtspassagen, mit denen er die Gespräche immer wieder unterbricht und ihre Autonomie und Emanzipation einschränkt, setzt er Akzente. Auch in der direkten Rede selbst, in der er formal das Feld den Akteuren und ihrer Eigenart zu sprechen überläßt, vergißt man nicht, daß man nicht reproduzierte Wirklichkeit aufnimmt, sondern Kunst, Fiktion, Gemachtes. Und selbst in den Expektorationen merkwürdiger Originale macht Fontane keine verkrampften Anstrengungen zu verbergen, daß er sozusagen mitspricht. Charakteristische Züge der Sprache Fontanes lassen sich unschwer in den individuellen Idiomen seiner Causeure wiederfinden. Oft liefert er im Wie und Was ihrer Reden einen Hauch – oder auch mehr – von ironischer Distanz mit, die in dem scheinbar ganz objektiv Notierten und Registrierten ein urteilendes, die realistische Unmittelbarkeit vermittelndes Erzählersubjekt hervorzuwinken läßt.[45]

Denn zum einen erliegt der Verfasser hier vollkommen der interpretatorischen Untugend, alles Mögliche zu behaupten und nichts zu beweisen, die eigenen Leseempfindungen für einen objektiven Textbestand zu halten und dafür nicht auch nur eine einzige Belegstelle heranzuziehen und zu analysieren; und zum anderen präsentiert sich hier eine gattungspoetologische Unkenntnis solchen Ausmaßes, daß man nicht zu begreifen vermag, wie ein und derselbe Interpret sich hinsichtlich der Inhaltsanalyse als ebenso hellsichtig wie hinsichtlich der Analyse des Erzählsystems als blind erweist. Daß der Autor sich nicht von seinen Figuren distanziert, wenn er sie im eigenen ironischen Stil sprechen läßt, daß man direkte Rede eben gerade nicht mit den »Augen und durch das Temperament eines [...] Erzählers« wahrnimmt, daß da erst recht weder seine Klugheit noch sein Temperament zutagetritt, weil er selbst im Hintergrund bleibt, daß das Wesen fiktionalen Sprechens gerade darin besteht, daß man dessen »bloße« Fiktionalität als Fiktional-Leser eben gerade nicht beständig wahrnimmt, all dies ist Brinkmann nicht bewußt. Hier zeigt sich, wie unzureichend das erzählanalytische Instrumentarium ist, das die Literaturwissenschaft bisher entwickelt hat.[46]

Analysieren wir das in »Effi Briest« begegnende Erzählverfahren auf systematische Weise, so können wir zunächst überhaupt nichts Auffälliges konstatieren. Es handelt sich um eine konsequent im Präteritum dargebotene Er-Erzählung, die in 36 Kapitel eingeteilt ist. Deren Umfang schwankt meist zwischen 8 und etwa 12 Seiten, die Extreme liegen bei 4 und 17 Seiten, was nicht ungewöhnlich ist. Nimmt man das epische Medium in den Blick, so fällt allenfalls dessen Unauffälligkeit auf. Der Roman kennt keine Erzähler-Kommentare, keine Eingriffe des Narrators, erst recht keine epischen Exkurse, ja selbst nach kleineren auktorialen Einsprengseln hält man vergeblich Ausschau. Ein einziges Mal bringt sich der Erzähler deutlicher ins Spiel:

Arme Effi, du hattest zu den Himmelswundern zu lange hinaufgesehen und darüber nachgedacht, und das Ende war, daß die Nachtluft und die Nebel, die vom Teich her aufstiegen, sie wieder aufs Krankenbett warfen, und als Wiesike gerufen wurde und sie gesehen hatte, nahm er Briest beiseite und sagte: »Wird nichts mehr; machen Sie sich auf ein baldiges Ende gefaßt.«[47]

Aber auch hier handelt es sich lediglich um einen winzigen Ausruf bzw. um eine knappe Anrede, die zudem nur einen einzigen Vokativ und »du«-Satz lang dauert.

Denn schon der zweite Hauptsatz innerhalb des Gesamtsatzes (»und das Ende war...«) steht wieder in der Sie-Form und gehört zum Erzählerbericht. Dabei erzählt der Narrator keineswegs stets in einem nüchtern-objektiven Tonfall. Er kann das Erzählte durchaus persönlich einfärben, z.B. wenn er Sätze wie den folgenden formuliert:

Mit Roswitha ließ sich allerdings kein ästhetisches Gespräch führen, auch nicht mal sprechen über das, was in der Zeitung stand, aber wenn es einfach menschliche Dinge betraf und Effi mit einem »Ach, Roswitha, mich ängstigt es wieder...« ihren Satz begann, dann wußte die treue Seele jedesmal gut zu antworten und hatte immer Trost und meist auch Rat.[48]

Und an einer Stelle übernimmt er sogar die Position des Lesers und redet spielerisch aus dessen Perspektive:»›Schicken Sie mir doch einfach Roswitha...‹, hatte Rummschüttel gesagt. Ja, war denn Roswitha bei Effi? war sie denn statt in der Keith- in der Königgrätzerstraße? Gewiß war sie's, und zwar sehr lange schon, geradeso lange, wie Effi selbst in der Königgrätzerstraße wohnte.«[49] Aber solche Einsprengsel bedeuten so wenig wie der gesamte durchaus persönlich wirkende Redestil des Narrators, daß dieser als epischer Vermittler irgendwo in den Vordergrund treten würde.

Es handelt sich überhaupt um ein durchwegs ausgeglichenes Medium. Zwar verfügt es über einen großen Überblick, doch verzichtet es darauf, sich etwa durch Vorausdeutungen selbst ins Spiel zu bringen. Wohl strotzt »Effi Briest« nachgerade von Vorausdeutungen, die von dem »Effi, komm« und der »Versenkung« von Herthas Schuld mit der Anspielung auf die Ertränkung untreuer Frauen in früheren Zeiten am Anfang über die Entlassung des Inspektors Pink wegen seiner Liäson mit der Gärtnersfrau bis hin zu der merkwürdigen Liebesgeschichte zwischen dem Chinesen und der Kapitänstochter oder dem Dorfnamen Crampas reichen; aber sie alle erwachsen aus dem Erzählten, verdanken sich nicht einem Hinweis des Narrators. Dieser nutzt weder seinen Überblick, der sich daran zeigt, daß er gleichzeitige Vorgänge an weit auseinanderliegenden Orten wie die Entdeckung der Briefe mit dem anschließenden Duell und den Kur-Gesprächen Effis in Bad Ems schildern kann, noch seinen Einblick in das Innere aller wichtigen Personen, um selbst Stellung zu nehmen. Das Mittel der erlebten Rede wird maßvoll eingesetzt, es findet sich aber nicht nur im Zusammenhang mit der Schilderung Effis oder Instettens, sondern auch wenn von Johannas Erstaunen darüber die Rede ist, daß Effi Roswitha bevorzugt:»Diese Bevorzugung – nun ja, wenn's dann mal so sein sollte, war eine kleine liebenswürdige Sonderbarkeit der gnädigen Frau, die man der guten, alten Roswitha mit ihrer ewigen Geschichte ›von dem Vater mit der glühenden Eisenstange‹ schon gönnen konnte.«[50] Aller Klassifizierungen, jeglicher Stellungnahme oder gar Wertung enthält sich der Narrator. Stattdessen läßt er die Figuren selbst sprechen, im Monolog, auch in den Briefen, vor allem aber im Dialog.

Dies bedeutet: der Blick des Lesers wird nicht fixiert, der Rezipient kann sich an keine vorgegebene und – nach dem, was in II,4 dargelegt wurde – verbindliche Beurteilung durch den Erzähler halten. Die Bewertung ist freigegeben, der Text wertet nicht, da der Erzähler nicht wertet, genauer: der Text überläßt es dem Leser, zu urteilen, zu verurteilen oder sich eines Urteils zu enthalten. Hier greifen die Überlegungen Fontanes über den Realismus des Gesellschaftsromans und begründen, warum Monolog und Gespräch, Darbietungsformen also, durch die der Leser den Figuren unmittelbar begegnet [51], bei Fontane überhaupt und in »Effi Briest« erst recht dominieren. Der Erzähler hält sich zurück, um den Leser der (fiktionalen) Wirklichkeit direkt auszusetzen, – schon dies ist ein Element realistischen Erzählens. Vor allem aber setzt er ihn solchen Gesprächen aus, welche die Relativität aller Vorstellungen, zumal aller moralischen Wertungen präsentieren, und diese würde eingeschränkt, aufgehoben, zumindest eingefärbt, wenn der Narrator sich zwischenschalten und die Unverbindlichkeit aller Äußerungen durch eigene Anmerkungen tilgen würde.

Das ist der Grund, warum Fontane nicht nur der Darbietungsform des Dialogs den allergrößten Raum zugesteht, sondern in diesen Passagen den Erzähler sozusagen aus dem Verkehr zieht, indem er ihm nur spärliche Zwischenbemerkungen gestattet und den Dialogen meist sogar die *inquit*-Formel verweigert. Es ist ein grotesk anmutender Irrtum, wenn Brinkmann meint, der Erzähler mache sich »als der Regisseur der realistischen Gesprächsszenen geltend; nicht nur in den Berichtpassagen, mit denen er die Gespräche immer wieder unterbricht und ihre Autonomie und Emanzipation einschränkt, setzt er Akzente. Auch in der direkten Rede selbst, in der er formal den Akteuren und ihrer Eigenart zu sprechen überläßt, vergißt man nicht, daß man nicht reproduzierte Wirklichkeit aufnimmt, sondern Kunst, Fiktion, Gemachtes.« Vom Erzähler »Gemachtes«, meint Brinkmann offensichtlich und verkennt schon damit, daß die »Fiktion« – er meint »Fiktionalität« – eben nicht vom Narrator, sondern vom Autor hergestellt wird und der Erzähler selbst ein Element der Fiktionalität darstellt. Wieso man zudem den Erzähler in den Gesprächen als präsent erleben soll, bleibt das Geheimnis Brinkmanns; es fehlen – wie gesagt – die Belegstellen ebenso wie jegliche Beleganalyse. Was aber schließlich die Unterbrechung der Gespräche betrifft, so verkennt Brinkmann ganz einfach das Verfahren Fontanes. Denn wiewohl gelegentlich ein »sagte er« oder »lachte sie« und dergleichen eingefügt wird, färbt der Erzähler die Dialoge – und zwar im Gegensatz zu den allermeisten Romanen des Jahrhunderts – gerade nicht. Seitenlange Gespräche finden sich, denen jede Narrator-Beteiligung fehlt, und stellt man nur die umfangreichsten Passagen dieser Art zusammen, so hat man ein Gutteil des gesamten Romans vor sich.[52] Erst recht fehlen den Dialogen die kommentierenden Bemerkungen des Narrators, ja nicht einmal die körperlichen Reaktionen, Handbewegungen, Minenspiel, Sprechweisen werden geschildert. Der Erzähler überläßt das Geschehen sich selbst bzw. dem Leser. Man braucht sich nur einen Dialog aus einem Roman Thomas Manns, z.B. aus »Buddenbrooks«, vor Augen und gegen die Dialoge in »Effi Briest« zu halten, um zu erkennen, daß Fontane seine Vorstellungen von einer realistischen Schreibweise dadurch in die Tat umsetzt, daß er den Dialog dominieren, den Erzähler zurücktreten läßt und so die Ambivalenz der Figuren-Ansichten dem subjektiven Leser-Urteil präsentiert.

Vergleicht man dieses Erzählsystem mit dem, das Eichendorffs »Taugenichts«-Erzählung darstellt, so sieht man, daß die Orientierung an einem einzigen narrati-

ven Element ganz und gar nicht ausreicht. Denn in beiden Texten hält sich der Erzähler zurück; aber bei Eichendorf ist es ein Ich-Erzähler, der sich personal verhält, bei Fontane ein Er-Erzähler, der sich trotz seines persönlichen und gelegentlich gar bunten Redestils neutral verhält. Bei Eichendorff steht diese Technik im
Dienst der echt romantischen Verrätselung des Erzählten mit der Folge, daß alles
Berichten des Narrators scheinhaft ist und auf diese Weise romantische Ironie ins
Spiel kommt; bei Fontane bewirkt die Zurückhaltung des Narrators, daß das Erzählte, nämlich die Ambivalenz gesellschaftlicher Vorstellungen, unbewertet vermittelt werden kann. Das bedeutet natürlich nicht, daß die Gesamt-Rezeption freigegeben würde.

Das ist jedoch trotz seines stabilen Erzählsystems bei einem ganz anderen Romantypus durchaus der Fall. Es handelt sich um den surreal-absurden Roman, von
dem hier wenigstens am Rande die Rede sein soll. Denn im allgemeinen bewirkt
eine Zerschlagung erzählsystematischer Stabilität eine freie Rezeption; bei dem in
Rede stehenden Typus, den hier Carl Einsteins Kurzroman »Bebuquin oder die Dilettanten des Wunders« repräsentieren soll, verhält es sich indes anders. Er stellt
ein Schlüsselwerk der Moderne dar und soll daher auch den naheliegenden Irrtum
ausräumen, moderne Romane könnten kein stabiles Erzählsystem präsentieren, weil
sie zur Diffusion neigen. Im nächsten Kapitel wird sich zudem zeigen, daß – umgekehrt – auch vor- und nicht-moderne Romane mit variablen Erzählsystemen arbeiten und keineswegs auf ein stabiles Erzählsystem angewiesen sind.

Zwar benutzt Einstein außer der konventionellen Er-Form im Präteritum auch
ein paar Montageelemente, nämlich zu freien Rhythmen gebrochene Zeilen, doch
sind diese Passagen stets eng mit den redenden Figuren verknüpft, kaum anders als
jene in den Text integrierten Liedstrophen, die der Taugenichts bei Eichendorff
singt. Auch verkürzte Dialoge ohne *inquit*-Bemerkung wie in einem Drama sprengen nicht die Stabilität des Erzählsystems, sondern stützen sie, zumal sich dieses
Phänomen mit einem extrem neutralen Erzählverhalten verbindet. Trotzdem handelt es sich um einen Roman, der die Rezeption freigibt und es weitgehend dem
Leser überläßt, wie er ihn verstehen will. Das liegt nicht nur daran, daß er auf Re-
zeptionshilfen verzichtet, wie sie in I,5 skizziert wurden, sondern daran, daß eine
völlig krude, absurd-surrealistische Geschichte erzählt wird, bei der die Einzelheiten nicht zusammenhängen und die daher nicht zu verstehen sind:

Der Giebel des Büfetts färbte sich bunt. Vogelaugen starrten, die Wände der Bar überzogen
sich mit Vogelfedern, und man hörte ein Geratter von Flügeln, man spürte, es wird geflo-
gen, höher, wilder, in den Wahnsinn.
   Die Schauspielerin schrie:
»Drehbühne! Shakespeare bei Reinhardt!« und hielt krampfhaft ihre Handtasche.
   Die Flügel des Kakadus wurden mit Menschen angefüllt.
   Euphemia saß über allen, Emil, den phosphoreszierenden Embryo, auf dem Schoß und rief:
»Herrschaften, heute wird schwarz weiß.«[53]

Da im Text selbst diskutiert wird, daß Kausalität und Logik nicht existieren, verwundert dergleichen nicht. Jede Sinnkohärenz geht daher verloren, ganz egal, welche Textstelle man heranzieht. Bei der nächsten gibt vor allem der Schlußsatz Auf-

schluß darüber, wie die Sprengung von Logik und Sinnkohärenz in »Bebuquin« betrieben wird:

In der Stadt war ein halb Jahr Fasching. Bürger leisteten Bedeutendes an Absurdität. Ein grotesker Kampf überkam die meisten. Ein bescheidener Spaß war's, sich gegenseitig die Hirnschale einzuschlagen. Die Raserei wurde dermaßen schmerzlich, daß man begann zu töten. Man begann mit einem Alten, der, als Pierrot angezogen, an einem Wegweiser bei den Füßen aufgehängt wurde. Ein Mädchen, das noch einen Rest Vernunft besaß, schrie »hier stirbt der Allmensch«, und bat, sie gleichfalls zu hängen; denn sie sei Mörder und Gehängter schon ohnehin, dank ihrer ethischen Sensibilität.[54]

Die Freigabe der Rezeption erfolgt hier also nicht – wie z.B. bei Konrad Bayer – dadurch, daß inkohärente Textblöcke unterschiedlicher Art einander gegenübergestellt werden, sondern ausschließlich durch die sinnfreie, unsinnige Handlung. Das Prinzip, dem dieser Roman folgt, wird in ihm selbst formuliert: »Zu wenig Leute haben den Mut, vollkommenen Blödsinn zu sagen. Häufig wiederholter Blödsinn wird integrierendes Moment unseres Denkens; bei einer gewissen Stufe der Intelligenz interessiert man sich für das Korrekte, Vernünftige gar nicht mehr.«[55] Diese Intelligenz setzt der Roman offensichtlich bei seinem Leser voraus und unterbreitet ihm deshalb ausschließlich solchen Blödsinn.

2. Variable Systeme: Textontologische Instabilität, Doppel- und Tripelsysteme, Systemwechsel, Montage und kohärente Systemvielfalt

Erzählsystematische Stabilität wiederholt sich insofern in ihren Erscheinungsformen, als sie in der kontinuierlichen, bruchlosen und bestimmbaren Zuordnung aller epischen Elemente in funktionalem Sinne besteht, einerlei, welche Elemente im jeweiligen Text miteinander in Beziehung gesetzt und auf welchen thematischen Kernbereich sie bezogen werden. Erzählsystematische Variabilität hingegen bringt sich auf vielfältige Weise zur Geltung. Die erste Form bezeichne ich als textontologische Instabilität. Ein solches textontologisch instabiles Erzählsystem wurde bereits skizziert (I,4), vor allem am Beispiel von Max Frischs Roman »Mein Name sei Gantenbein«, der zwar nicht den Prototyp dieses Erzählsystems bildet – Frischs Werk gingen Thomas Manns Joseph-Tetralogie und »Der Erwählte« voraus –, es aber in der deutschen Literatur durchsetzte. Es geht um das Verfahren, dem Erzählten immer wieder seinen fiktionalen Rahmen zu nehmen und ihm damit seinen Wahrheitsanspruch zu bestreiten, indem sich der Erzähler oder gar der Autor als Erfinder der Geschichte ins Spiel bringt und diese daher als bloße Fiktion preisgibt. Bei Frisch signalisiert diese Technik der wiederholte Gebrauch von Floskeln wie »Ich stelle mir vor« oder »Ich probiere Geschichten an wie Kleider«, vor allem benutzt er auch das Fiktions-Präsens, das ein etwa verwendetes episches Präteritum immer wieder als ungerechtfertigt unterminiert oder sich den wenigen geschlossen fiktionalen Passagen entgegenstellt.

Jurek Beckers bekanntester Roman »Jakob der Lügner« hingegen steht ganz und gar und von Anfang an im Präsens, hier läßt sich also zwischen Fiktions-Präsens und epischem oder fiktionalem Präteritum nicht differenzieren. Daß der Roman im Präsens beginnt, sagt deshalb noch nichts über dessen Fiktions- oder Fiktionalitätsstatus aus, auch das »Ich« am Anfang gibt darüber keinen Aufschluß: »Ich höre schon alle sagen, ein Baum, was ist das schon«[56]. Denn auch in einem geschlossen fiktionalen Gebilde und in einem stabilen epischen System kann ja der Narrator als kommentierendes, auktoriales Medium in Erscheinung treten, ob es sich nun um eine Ich-Form, eine Du-Form oder eine Er-Sie-Es-Form handelt. Und auch daß er an einen Baum denken muß, wenn er diese Geschichte erzählen will, sagt nichts über den Fiktions- oder Fiktionalitätsstatus des Romans aus. Diese Äußerung leitet lediglich über zur Erzählung von Jakob Heym, einem Juden im Warschauer Ghetto, der aus Zufall vom Vormarsch der Russen hört und – um diese hoffnungsvolle Nachricht seinen Leidensgenossen nicht vorenthalten zu müssen – das Gerücht duldet, er besitze ein Rundfunkgerät, – was genauso streng verboten ist wie das Hegen eines Baumes. Der Gedanke an einen Baum leitet also die Geschichte von einer lebensgefährlichen Verbotsübertretung ein, ohne diese etwa als bloß ausgedacht zu qualifizieren. Sie wird von einem Augenzeugen erzählt, der das Faktische mit Fiktivem vermischt. Nach und nach erst macht er dies dem Leser plausibel, das erstemal nach kaum zwanzig Seiten: »Wir wollen ein bißchen schwätzen, wie es sich für eine ordentliche Geschichte gehört, laßt mir die kleine Freude, ohne ein Schwätzchen ist alles so elend und traurig.«[57] Offenbar dient das »Schwätzchen« der Absicht des epischen Mediums, nicht nur Trauriges mitteilen zu müssen. Jedenfalls hebt es dem Leser nach und nach ins Bewußtsein, daß es nicht nur Fakten, sondern auch Erfundenes mitteilen wird. Über Jakob heißt es: »Das meiste von dem, was ich von ihm gehört habe, findet sich hier irgendwo wieder, dafür kann ich mich verbürgen. Aber ich sage das meiste, nicht alles, mit Bedacht sage ich das meiste, und das liegt diesmal nicht an meinem schlechten Gedächtnis. Immerhin erzähle ich die Geschichte, nicht er, Jakob ist tot, und außerdem erzähle ich nicht seine Geschichte, sondern eine Geschichte.«[58] Daran läßt sich erkennen, daß das bloß Faktische, das Historische, dann außer Kraft gesetzt und durch Fiktives ergänzt wird, wenn es der Geschichte, die der Narrator ausbreiten will, nicht dienlich ist:

Einiges weiß ich noch von Mischa, aber dann gibt es ein großes Loch, für das einfach keine Zeugen aufzutreiben sind. Ich sage mir, so und so muß es ungefähr gewesen sein, oder ich sage mir, es wäre am besten, wenn es so oder so gewesen wäre, und dann erzähle ich und tue so, als ob es dazugehört. Und es gehört auch dazu, es ist nicht meine Schuld, daß die Zeugen, die es bestätigen könnten, nicht mehr aufzutreiben sind.
Die Wahrscheinlichkeit ist für mich nicht ausschlaggebend, es ist unwahrscheinlich, daß ausgerechnet ich noch am Leben bin. Viel wichtiger ist, daß ich finde, so könnte oder sollte es sich zugetragen haben, und das hat überhaupt nichts mit Wahrscheinlichkeit zu tun, dafür verbürge ich mich auch.[59]

Wie sich die Geschichte zugetragen haben »sollte«, das ist wichtig, und zwar offenbar deshalb, weil das Fiktive eher menschliches Glück zu umreißen vermag als die Tristesse der Wirklichkeit. Dies zeigt sich am deutlichsten, als es darum geht, Jakobs Tod zu beschreiben:

Jakob kann tausendmal wiederfinden, berichten, Schlachten ersinnen und in Umlauf setzen, eins kann er nicht verhindern, zuverlässig nähert sich die Geschichte ihrem nichtswürdigen Ende. Das heißt, sie hat zwei Enden, im Grunde natürlich nur eins, das von Jakob und uns allen erlebte, aber für mich hat sie noch ein anderes. Bei aller Bescheidenheit, ich weiß ein Ende, bei dem man blaß werden könnte vor Neid, nicht eben glücklich, ein wenig auf Kosten Jakobs, dennoch unvergleichlich gelungener als das wirkliche Ende, ich habe es mir in Jahren zusammengezimmert. Ich habe mir gesagt, eigentlich jammerschade um eine so schöne Geschichte, daß sie so armselig im Sande verläuft, erfinde ihr ein Ende, mit dem man halbwegs zufrieden sein kann, eins mit Hand und Fuß, ein ordentliches Ende läßt manche Schwäche vergessen. Außerdem haben sie alle ein besseres Ende verdient, nicht nur Jakob, das wird deine Rechtfertigung sein, falls du eine brauchst, habe ich mir gesagt und mir also Mühe gegeben, wie ich meine mit Erfolg.[60]

Das glücklichere, weil mit Sinn und Hoffnung verknüpfte Ende Jakobs hat der Narrator sich ausgedacht: Jakob versucht zu fliehen, weil er seinen Leidensgenossen nicht noch länger das Anrücken der als Befreier verstandenen Russen aufgrund erfundener Radiomeldungen verkünden und bei ihnen weiterhin Hoffnungen wekken kann und mag. Er wird von den deutschen Bewachern erschossen, doch in diesem Moment kommen die Befreier wirklich. Das faktische Ende hingegen besteht aus der Deportation ins Konzentrationslager und dem sicheren Tod:

Aber dann sind mir doch starke Bedenken gekommen betreffs der Wahrhaftigkeit, es klang im Vergleich einfach zu schön [...] Und jetzt stehe ich da mit den zwei Enden und weiß nicht, welches ich erzählen soll, meins oder das häßliche. Bis mir einfällt, alle beide loszuwerden, nicht etwa aus fehlender Entscheidungsfreudigkeit, sondern ich denke nur, daß wir auf diese Art beide zu unserem Recht kommen. Die von mir unabhängige Geschichte einerseits, und andererseits ich mit meiner Mühe, die ich mir nicht umsonst gemacht haben möchte.[61]

Die Verbindung des Faktischen mit dem Fiktiven hat also das Ziel, das Leid der verfolgten Juden mit Sinn und Hoffnung, mit einer »konkreten Utopie« in Zusammenhang zu bringen. Wenn der Narrator darauf besteht, nicht Jakobs, also »seine«, sondern (überhaupt) »eine« Geschichte zu erzählen, so hängt dies damit zusammen, daß er den humanen Aspekt, den das bloß sinnlose Geschehen außer Betracht geraten läßt, ins Zentrum seiner Darstellung zu rücken und ihn mit der Sinnleere des Faktischen zu konfrontieren trachtet. Dies ist auch der Grund, warum er entsprechende Partien stets mit Formeln einleitet, die an die in »Mein Name sei Gantenbein« erinnern, zumindest aber derselben Funktion dienen.
  Damit jedoch hängt die Instabilität dieses Erzählsystems zusammen. Lesen wir nach der längeren Erzählung über Jakobs Aufenthalt bei den deutschen Wachen, den der Leser als fiktionale Passage, also als fiktional wahr rezipiert hat, den Satz »Wir wollen jetzt ein bißchen schwätzen«[62], so werden wir aus der fiktionalen Welt herausgeholt und in die reale des Erzählens hineingestoßen. Wir wechseln also die Seinsbereiche, und deshalb spreche ich hier von einem textontologisch instabilen Erzählsystem. Wenig später beginnt die Erzählung offenbar wieder von neuem, und nach und nach faßt der Leser wieder in der Fiktionalität Fuß: »Jakob sagt es Mischa.«[63] Doch man hat sich kaum wieder zu einem Fiktional-Leser gewandelt, der das Gesagte als (fiktional) wahr rezipiert, da heißt es: »Oder nehmen

wir eine andere Möglichkeit.«[64] Das bedeutet, daß hier keine fixen Wahrheiten erzählt werden, und deshalb fühlt sich der Leser wieder aus seinem Fiktional-Bewußtsein gelöst. Die Fortsetzung der Erzählung läßt ihn indes gleich wieder aus seinem Real-Bewußtsein in den anderen, den fiktionalen Bereich überwechseln. Doch nach einigen Seiten löst ihn der Narrator abermals aus dem Fiktional-Bereich, indem er sich und den Leser außerhalb der Geschichte stellt: »Ich möchte gern, noch ist es nicht zu spät, ein paar Worte über meine Informationen verlieren«[65]. Und allmählich nimmt der Leser zur Kenntnis, daß es sich hier überhaupt um eine gebrochene, um eine »gemischte« Erzählung handelt, daß hier ständig »Wirkliches« mit Ausgedachtem verbunden wird. Die Passage umfaßt mehr als eine Seite, der Leser ist gründlich aus der fiktionalen Welt herausgelöst worden, aber da die Erzählung im gewohnten Ton weitergeht, wandelt sich sein Real-Bewußtsein nach und nach wieder in ein Fiktional-Bewußtsein, – bis er nach etwa 10 Seiten erfährt, daß er auch diesmal wieder lediglich Ausgedachtes, Unwahres zur Kenntnis genommen hat: »Ich weiß bloß, wie es ausgegangen ist, ich kenne nur das Resultat, nichts dazwischen, aber ich kann es mir nur so oder so ähnlich vorstellen.«[66] Nun folgen unterschiedliche Möglichkeiten, denkbare Varianten eines Vorgangs, die den Leser nicht im Fiktionalen versinken lassen, – und dies umso weniger, als sich die sprachlichen Signale häufen, mit denen das Erzählte als bloß erdacht preisgegeben wird. »›Felix‹, könnte sie nach einer Weile gesagt haben’«, lesen wir, und noch auf derselben Seite finden sich zwei weitere Formulierungen, die das Erzählte als bloße Fiktion erkennbar machen: »Vielleicht sagt er ihr jetzt schon, was er vorhat« und »Nehmen wir also an, er schließt wortlos den Schrank«[67]. Auch danach läßt es der Narrator zunächst nicht zu, daß der Leser in der erzählten Geschichte »versinkt«, indem er in rascher Folge noch Bemerkungen wie »Ich denke mir«[68] oder »Sie schreit vielleicht leise auf, sie ist vielleicht entsetzt«[69] oder schließlich »›Ich habe dir doch gesagt, daß ich nie gehört habe‹, könnte er ihr geantwortet haben«[70] einfließen läßt. Sie untergraben jene Rezeptionssicherheit, die das Fiktional-Bewußtsein prägt.

Aber nach und nach tritt an die Stelle des das reale Leserbewußtsein beschäftigenden Erörterns wieder das fiktionale Erzählen, – wenigstens für eine größere Phase, die ausreicht, den Leser erneut zum Fiktional-Leser zu machen. Die von Narrator-Kommentaren freien Passagen gewinnen nun an Umfang. Die nächste den Leser aus dem Bereich der Fiktionalität herauslösende Bemerkung findet sich erst 17 Seiten später: »Beim Hinuntergehen hat er durch ein Fenster im Treppenflur gesehen, daß Lina auf dem Hof spielte (das alles ohne Zeugen, aber vielleicht war es genau so und nicht anders).«[71] Dann folgen etwa 60 Seiten, in denen Fiktionalität erhalten bleibt, und erst danach wird der Leser erneut aus seinem Fiktional-Bewußtsein gerissen: »Ich kann nicht hören, was Herschel redet und was die drin ihm sagen, dafür ist die Entfernung viel zu groß, aber denken kann ich es mir, und das hat nichts mit vagen Vermutungen zu tun. Je länger ich überlege, um so klarer weiß ich seine Worte, auch wenn er sie mir nie bestätigt hat.«[72] Der nun anschließende Dialog steht also unter dem seine Authentizität unterminierenden Bekenntnis des Erzählers, daß er ihn nicht wirklich hören konnte. Wenig später heißt es »Die Eingeschlossenen hinter den rotbraunen Wänden mögen fragen«[73], aber dann folgt wieder eine lange Passage ohne solche Erzähler-Unterbrechungen, so daß der Leser bald wieder ins Fiktional-Bewußtsein wechselt. Abermals etwa 60 Seiten dauert es, bis der Erzähler den Leser erneut in die Realität zurückholt, diesmal dadurch, daß er ausführlich seine Unkenntnis hinsichtlich der Fakten eingesteht:

Nun diese Erklärung, die angekündigte.
Die eigentlich überflüssige, aber ich stelle mir vor, daß mancher mißtrauisch die Frage stellen wird, auf welchem Wege ich in dieses Auto gelangt sein will. Doch kaum über Kirschbaum, auf welchem Platz also mein Informant gesessen hat, und nicht einmal unberechtigt wird mancher danach fragen, von seiner Warte aus.
Ich könnte natürlich antworten, ich bin kein Erklärer, ich erzähle eine Geschichte, die ich selbst nicht verstehe. Ich könnte sagen, ich weiß von Zeugen, daß Kirschbaum in das Auto gestiegen ist, ich habe in Erfahrung gebracht, daß er am Ende der Fahrt tot war, das Stück dazwischen kann sich nur so oder ähnlich zugetragen haben, anders ist es nicht vorstellbar. Aber das wäre gelogen, denn das Stück dazwischen kann sich sehr wohl anders zugetragen haben, ich meine sogar, viel eher anders als so. Und dieser Umstand ist, vermute ich, der wirkliche Grund für meine Erklärung.[74]

Danach folgt ein Passus von etwa 50 Seiten, die dem Leser das Fiktional-Bewußtsein belassen, und erst als es darum geht, Jakobs Ende zu schildern, bringt sich der Erzähler wieder selbst ins Spiel und gibt die zitierten Erklärungen zu den Erzählvarianten ab. Der ausgedachten, derjenigen also, mit der »man halbwegs zufrieden sein kann«[75], schickt er noch ein paar andere Möglichkeiten voraus: »Ich stelle mir einen Moment lang vor«, heißt es da, »Ich stelle mir weiter vor«[76] wenig später, »ich denke mir«[77] lesen wir einmal, »Nehmen wir an«[78] ein andermal, jedesmal aber wird man an die »Gantenbein«-Formel »ich stelle mir vor« erinnert. Zudem erzählt das epische Medium die ausgedachte Todesvariante mit dem Fluchtversuch Jakobs, indem es deren Fiktionscharakter beständig betont:

Weil meiner Willkür keine Grenzen gesetzt sind, lasse ich es eine kühle und sternenklare Nacht sein, das klingt nicht nur gefällig, das kommt auch meinem Ende zustatten, man wird sehen. Jakob geht demnach ohne Sterne und lange nach acht die Straße entlang, das heißt, er schleicht dicht an den Häuserwänden, versucht, einem Schatten zu gleichen, er hat ja nicht vor, sich das Leben nehmen zu lassen. Eine Straße und noch eine und noch eine, alle haben sie gemeinsam, daß sie auf kürzestem Weg zur Grenze führen.
Dann die Grenze, ich habe für Jakob den denkbar günstigsten Ort ausgewählt, den alten Gemüsemarkt, einen gepflasterten kleinen Platz, über den quer ein Stacheldraht gezogen ist, die wirklichen Ausbruchsversuche gelangen oder scheiterten fast immer an dieser Stelle.[79]

Legen wir in diesem hochdramatischen Augenblick meines Endes eine kurze Pause ein, in der ich Gelegenheit habe zu gestehen, daß ich den Grund für Jakobs plötzliche Flucht nicht angeben kann. Oder anders, ich mache es mir nicht gar so leicht und behaupte: »Bei mir will er eben fliehen und basta«, ich bin wohl in der Lage, mehrere Gründe zu nennen, Gründe, die ich alle für denkbar halte. Ich weiß nur nicht, für welchen einzelnen ich mich entscheiden soll. Zum Beispiel, Jakob hat alle Hoffnungen aufgegeben, daß das Ghetto befreit wird, solange Juden noch darin sind, und will folglich sein nacktes Leben retten. Oder, er flieht vor den eigenen Leuten, vor ihren Nachstellungen und Anfeindungen, vor ihrer Wißbegier auch, ein Versuch, sich vor dem Radio und seinen Folgen in Sicherheit zu bringen. Oder ein dritter Grund, für Jakob der ehrenswerteste, er hat die verwegene Absicht, im Laufe der nächsten Nacht in das Ghetto zurückzukehren, er will nur hinaus, um brauchbare Informationen zu beschaffen, die er dann seinem Radio in den Mund legen könnte.

Das wären die wichtigsten Gründe, alle nicht von der Hand zu weisen, wie man zugeben muß, aber ich kann mir kein Herz fassen und Jakob auf einen von ihnen festlegen. Also biete ich sie zur Auswahl an, möge jeder sich den aussuchen, den er nach den eigenen Erfahrungen für den stichhaltigsten hält, vielleicht fallen dem einen oder anderen sogar einleuchtendere ein. Ich gebe nur zu bedenken, daß die meisten Dinge von Wichtigkeit, die jemals geschehen sind, mehr als nur einen Grund hatten.[80]

Doch damit nicht genug, was wäre das auch für ein Ende, ich stelle mir weiter vor, daß das Ghetto längst noch nicht zur Ruhe kommt. Ich male mir die Rache für Jakob aus, denn dies ist nach meinem Willen die kühle und sternenklare Nacht, in der die Russen kommen. Soll es der Roten Armee gelungen sein, die Stadt in kürzester Frist zu umzingeln, der Himmel wird hell vom Feuer der schweren Geschütze, sofort nach der Salve, die Jakob gegolten hat, hebt ein ohrenbetäubendes Donnern an, als wäre es von dem unglücklichen Schützen auf dem Postenturm versehentlich ausgelöst worden. Die ersten gespenstischen Panzer, Einschläge im Revier, die Postentürme brennen, verbissene Deutsche, die sich bis zum letzten Schuß verteidigen, oder flüchtende Deutsche, die kein Loch finden, um sich darin zu verkriechen, lieber Gott, wäre das eine Nacht gewesen.[81]

Und schließlich noch, nachdem man die Leiche Jakobs gefunden hat:

»Das ist Jakob Heym«, sagt er. »Versteht ihr? Jakob Heym ist das. Warum wollte er fliehen? Er muß verrückt geworden sein. Er wußte doch genau, daß sie kommen. Er hatte doch ein Radio...«
Das ungefähr sagt er und geht kopfschüttelnd mit den anderen hinaus in die Freiheit, und das ungefähr wäre mein Ende.[82]

Mit diesem Konjunktiv endet die Preisgabe des Erzählten als Fiktion, die Wirklichkeit bricht an: »Aber nach dem erfundenen endlich das blaßwangige und verdrießliche, das wirkliche und einfallslose Ende, bei dem man leicht Lust bekommt zu der unsinnigen Frage: Wofür nur das alles?«[83] Das Faktische kann nun ohne alle Varianten, ohne Phantasien und Möglichkeiten gewissermaßen geradlinig zu Ende erzählt werden.

Der Leser wird – anders als in herkömmlich erzählten Geschichten, anders als in stabilen Erzählsystemen – zwei Seinsbereichen konfrontiert, dem Bereich der fiktionalen Realität und dem der empirischen des Autors oder Erzählers, der den Rahmen der Fiktionalität überspringt und mit dem realen Leser konferiert, nämlich darüber, daß er diesem nur erfundene, jedenfalls mit Erfundenem durchmischte Geschichten erzählt. In solchen Texten wie »Jakob der Lügner« wird also sowohl das reale wie das fiktionale Leserbewußtsein angesprochen. Anders formuliert: der Leser sieht sich keinem geschlossenen, sondern einem geöffneten und dadurch von Duplizitäten gekennzeichneten Erzählsystem konfrontiert. Er wird aus dem Bereich fiktionalen Erzählens immer wieder herausgelöst und danach diesem erneut überlassen. Dem Wechsel der textualen Seinsbereiche von Fiktionalität und Nicht-Fiktionalität (oder zumindest – wenn man das Ich als ein Gemisch von Erzähler-Medium und Autor betrachtet – von Außen-Fiktionalität)[84] entspricht der Wechsel der Bewußtseinslagen, dem der Leser ausgesetzt wird. Seine Wahrnehmung schwankt ständig zwischen der eines Real-Lesers und der eines Fiktional-Lesers, und dieses Changieren löst das epische Medium aus, indem es zwischen Wirklichkeitsaussagen und fiktionalem Sprechen hin und her springt.

Alle anderen instabilen, aber mit Sinnkohärenzen verknüpften Erzählsysteme bewegen sich innerhalb einer geschlossenen Fiktionalität, tangieren allenfalls deren Grenzen. In der Regel hängt ihre Variabilität mit den die Rezeption vordringlich prägenden Textschichten zusammen, während andere Elemente unterschiedlich gehandhabt werden können, ohne daß wir von einer epischen Instabilität sprechen. So gehört der Wechsel zwischen Innen- und Außensicht durchaus zu einem System und ruft keineswegs eine Systemvielfalt hervor, und auch ein Changieren hinsichtlich der Erzählhaltung oder des Erzählverhaltens bedeutet nicht, daß das System sich ändert. Dies hängt damit zusammen, daß der Narrator in solchen Fällen keine grundsätzliche Position bezieht, sondern sich jeweils zu einzelnen Figuren, Handlungsdetails etc. verhält. Hingegen sind die »höheren«, »übergeordneten« Kategorien der Systembeschreibung von so gravierender Bedeutung, daß ich deren Veränderungen als Variierung des Erzählsystems betrachte. Es handelt sich dabei außer der Erzählform um jene Merkmale, die im »Grundriß« hervorgehoben wurden. Wenn unterschiedliche Gattungen und Textsorten miteinander kombiniert werden, wenn freie und gelenkte Rezeption aufeinandertreffen oder wenn – wie eben dargelegt – Fiktionalität und Nicht-Fiktionalität miteinander wechseln, so spreche ich von einer Variabilität des Erzählsystems.

Wechsel oder Kombination unterschiedlicher Erzählformen bilden häufig den Ausgangspunkt eines solchen variablen Erzählsystems. Den verbreitetsten Typus stellt das epische Doppelsystem dar. Es kombiniert zwei Erzählformen miteinander, meistens die Ich-Form mit der Er-Form, und kann – z.B. bei Jean Paul, vor allem in seinem »Quintus Fixlein« – als Ausdehnung eines auktorialen Erzählverhaltens bis zu einem Bericht über das eigene Ich verstanden werden. In einem der berühmtesten Fälle, der uns zudem einen besonders guten Einblick in die Handhabung eines Erzählsystems einerseits und deren ästhetische Funktion andererseits gewährt, handelt es sich indes gerade nicht um die Steigerung auktorialer Überlegenheit zu einer erzählerischen Selbstdarstellung, sondern um die Selbstdarstellung des Narrators aus Gründen der Unterlegenheit: In Thomas Manns Roman »Doktor Faustus. Das Leben des deutschen Tonsetzers Adrian Leverkühn, erzählt von einem Freunde« tritt mit Dr. phil. Serenus Zeitblom ein episches Medium auf, das dem Gegenstand seiner Darstellung schlechterdings nicht gewachsen ist. Und da der Biograph selbst dergleichen empfindet, beginnt er von sich und seinem Wesen, nach und nach daher auch von seinem Leben und nicht nur von dem des geliebten Freundes zu erzählen. Das epische Doppelsystem, das Thomas Mann mit diesem Roman realisiert, besitzt in der deutschen Literatur kein Pendant.

Daß der Berichterstatter Zeitblom sich seiner Aufgabe nicht gewachsen fühlt, hängt natürlich einerseits mit seiner Persönlichkeit, andererseits mit dem Gegenstand seiner Biographie zusammen. Die Lebensgeschichte eines Komponisten, dessen artistische Genialität dämonischen Charakters ist oder jedenfalls dämonisch wirkt, verfaßt ein Altphilologe, der vor allem Dämonischen zurückschreckt:

Das Dämonische, so wenig ich mir herausnehme, seinen Einfluß auf das Menschenleben zu
leugnen, habe ich jederzeit als entschieden wesensfremd empfunden, es instinktiv aus meinem Weltbilde ausgeschaltet und niemals die leiseste Neigung verspürt, mich mit den unte-
ren Mächten verwegen einzulassen [...] Aber in meinem Zweifel, ob ich mich zu der hier in
Angriff genommenen Aufgabe eigentlich berufen fühlen darf, kann mich diese Entschiedenheit oder, wenn man will, Beschränktheit meiner moralischen Person nur bestärken.[85]

Solche Überlegungen führen also dazu, daß der Erzähler nicht nur von dem Protagonisten und anderen Figuren, sondern auch von sich spricht. Außerdem spürt er
das Bedürfnis, Auskunft über seine Beziehungen zu Leverkühn zu geben und damit
seine Kenntnisse zu erklären. Sie beruhen darauf, daß beide oftmals in nächster
Nähe miteinander lebten, so z.B. auch eine Zeitlang miteinander studierten. Spricht
Zeitblom von dieser Zeit, so notwendig auch von sich selbst:

Daß unser Abschied kühl und gehalten in seinen Formen war, erübrigt sich wohl zu sagen.
Kaum kam es dabei zu einem Ins-Auge-Blicken, einem Händedruck. Zu oft in unserem jungen Leben waren wir auseinander gegangen und wieder zusammengetroffen, als daß der
Händedruck dabei zwischen uns hätte üblich sein sollen. Er verließ Halle einen Tag früher
als ich, den Abend hatten wir zu zweien, ohne Winfried-Leute, in einem Theater verbracht;
am nächsten Morgen sollte er reisen, und wir trennten uns auf der Straße, wie wir uns hun-
dertmal getrennt hatten, – wir wandten uns eben nach verschiedenen Seiten. Ich konnte
nicht umhin, mein Lebewohl mit der Nennung seines Namens zu betonen, – des Vorna-
mens, wie es mir natürlich war. Er tat das nicht. So long, sagte er nur, – er hatte die Re-
densart von Kretzschmar und benutzte sie auch nur spöttisch-zitatweise, wie er überhaupt
für das Zitat, die erinnernde wörtliche Anspielung auf irgend etwas und irgend jemanden,
einen ausgesprochenen Geschmack hatte; fügte noch einen Scherz über die martialische Le-
bensepisode hinzu, der ich entgegensah, und ging seiner Wege.[86]

Schließlich hat er das Bedürfnis, die Zeit, in der er die Biographie abfaßt, ihrerseits
mit einzubeziehen und gelegentlich zu schildern:»Möge er [der Leser] meine Pe-
danterie belächeln, aber ich halte es für richtig, ihn wissen zu lassen, daß, seit ich
diese Aufzeichnungen begann, schon fast ein Jahr ins Land gegangen und über der
Abfassung der jüngsten Kapitel der April 1944 herangekommen ist.«[87] So
kommt es immer wieder zu Beschreibungen des Faschismus und des Zweiten Weltkriegs, und wenn sich die Biographie dem Ende des Ersten Weltkriegs nähert, so
äußert sich der Biograph auf folgende Weise:

Die Zeit, von der ich schreibe, war für uns Deutsche eine Ära des staatlichen Zusammen-
bruchs, der Kapitulation, der Erschöpfungsrevolte und des hilflosen Dahingegebenseins in
die Hände der Fremden. Die Zeit, *in* der ich schreibe, die mir dienen muß, in stiller Abge-
schiedenheit diese Erinnerungen zu Papier zu bringen, trägt, gräßlich schwellenden Bau-
ches, eine vaterländische Katastrophe im Schoß, mit der verglichen die Niederlage von damals als ein mäßiges Mißgeschick, als verständige Liquidierung eines verfehlten Unterneh-
mens erscheint. Ein schmähliches Ende bleibt immer etwas anderes, Normaleres noch als
ein Strafgericht, wie es anjetzo über uns schwebt, wie es dereinst auf Sodom und Gomorra
fiel, und wie wir es jenes erste Mal dann doch nicht heraufbeschworen hatten.[88]

Das epische Doppelsystem, das Thomas Mann hier entwickelt, dient der Realisierung ästhetischer Absichten, die in der deutschen Literatur des 20. Jahrhunderts

singulär sind. Bevor von ihnen die Rede sein kann, müssen die Konsequenzen aus der Ich-Er-Form und ihrer Eigenart gezogen werden. Zunächst haben wir es mit einer Darbietung zu tun, in der der Erzähler Personalität gewinnt, wenn er auch von sich weniger als von einer dritten Person, dem Protagonisten Leverkühn, erzählt. Diese Personalität läßt sich als die eines unterlegenen, der Aufgabe nicht gewachsenen, weil dem Dämonischen abgewandten Berichterstatters qualifizieren, der denn auch am Ende bekennt: »Eine Aufgabe ist bewältigt, für die ich von Natur nicht der rechte Mann, zu der ich nicht geboren, aber durch Liebe, Treue und Zeugenschaft berufen war.«[89] Diese Konstellation führt dazu, daß er von einem Artistenschicksal erzählt, das er in Wahrheit nicht begreift, weshalb auch dem Leser verborgen bleiben muß, was *wirklich* geschehen ist, – jedenfalls wenn man fragt, was es denn mit der diabolischen Genialität auf sich hat. Nicht nur, weil die Kenntnisse des Ich-Erzählers hinsichtlich eines Dritten aus aussagelogischen Gründen begrenzt sind, sondern weil darüber hinaus in dem epischen Doppelsystem des »Doktor Faustus« auch noch ein Erzähler auftritt, der seinem Gegenstand zwar mit Liebe, aber in Unkenntnis gegenübersteht, bleibt dem Leser das erzählte Geschehen im tiefsten rätselhaft. Trotzdem wirkt es glaubwürdig, und zwar gerade weil es von einem inkompetenten Narrator vorgetragen wird. Diese Paradoxie soll am Beispiel der Berichterstattung über jenen Teufelspakt geklärt werden, in dem Leverkühn für den Verzicht, jemals glücklich lieben zu dürfen, die geniale Lösung des Kompositionsproblems eintauscht, in absoluter Polyphonie jenseits harmonischer Zwänge komponieren zu können, ohne ins Chaos reiner Ordnungslosigkeit zu fallen.[90] Die Szenerie des Teufelspaktes hat Adrian Leverkühn selbst aufgezeichnet, Zeitblom gibt lediglich dessen Bericht wieder, aber er schickt ihr eine Einschätzung voraus, die seine Ängstlichkeit und Fremdheit gegenüber abgründigem und gefährdetem Artistentum nur allzu deutlich offenbart:

Das Dokument, auf das in diesen Blättern wiederholt Hinweise geschahen, Adrians geheime Aufzeichnung, seit seinem Abscheiden in meinem Besitz und gehütet als ein teurer, furchtbarer Schatz, – hier ist es, ich teile es mit. Der biographische Augenblick seiner Einschaltung ist gekommen. Da ich seinem eigenwillig gewählten, mit dem Schlesier geteilten Refugium, worin ich ihn aufgesucht, im Geiste wieder den Rücken gekehrt habe, setzt meine Rede aus, und unmittelbar vernimmt in diesem fünfundzwanzigsten Kapitel der Leser die seine.
Wäre es nur seine? Es ist ja ein Zwiegespräch, das vorliegt. Ein anderer, ganz anderer, ein entsetzlich anderer führt sogar vornehmlich das Wort, und der Schreibende in seinem Steinsaal legt nur nieder, was er von ihm vernahm. Ein Dialog? Ist es in Wahrheit ein solcher? Ich müßte wahnsinnig sein, es zu glauben. Und darum kann ich auch nicht glauben, daß er in tiefster Seele für wirklich hielt, was er sah und hörte: während er es hörte und sah und nachher, als er es zu Papier brachte, – ungeachtet der Zynismen, mit denen der Gesprächspartner ihn von seinem objektiven Vorhandensein zu überzeugen suchte. Gab es ihn aber nicht, den Besucher – und ich entsetze mich vor dem Zugeständnis, das darin liegt, auch nur konditionell und als Möglichkeit seine Realität zuzulassen! –, so ist es grausig zu denken, daß auch jene Zynismen, Verhöhnungen und Spiegelfechtereien aus der eigenen Seele des Heimgesuchten kamen...[91]

Warum soll ein Mensch dergleichen nicht träumen, wachträumen vielleicht sogar, der – zudem unter Paralyse leidend – sich mit den Geheimnissen künstlerischer

Freiheit und Gesetzmäßigkeit im wahrsten Sinne des Wortes abquält? – Die Verständnislosigkeit eines ängstlichen Altphilologen von eingestandener Beschränktheit läßt das, was hier aufgezeichnet wurde, außerordentlich glaubhaft erscheinen. Die Ablehnung eines uneinsichtigen Biographen macht glaubhaft, was ohnehin nicht unglaublich wirkt. Freilich bedeutet dies wie gesagt nicht, daß man als Leser wüßte, was nun wirklich vorgegangen ist, – die abgründigen Quellen artistischer Genialität bleiben – natürlich – im Dunkel. Aber gerade dadurch eröffnet sich die Möglichkeit, solche Abgründe zu ahnen und ihre Existenz zuzugestehen. Würde ein solcher Pakt ohne die hier so nachdrücklich eingesetzten epischen Vorbehalte, sozusagen direkt und unumwunden wie im Volksbuch vom Doktor Faust geschildert, müßte dergleichen wohl heutzutage lächerlich wirken. Man sieht also, daß nicht nur das Erzählsystem, sondern auch dessen konkrete Ausgestaltung von entscheidender Bedeutung für die Realisierung ästhetischer Absichten ist. Das Doppelsystem, das Thomas Mann in »Doktor Faustus« schafft und das einen beschränkten Erzähler zum Biographen eines genialen, aber auch diabolisch wirkenden Künstlers macht, gestattet überhaupt erst die Darstellung solch abgründigen Artistentums im 20. Jahrhundert. Denn es läßt die Einzelheiten und die eigentlichen Fakten im Dunkel und macht das Ungefähre glaubhaft. Daß Zeitblom indes seinerseits den Nationalsozialismus mit dem Teufel in Verbindung bringt und auf diese Weise eine Parallele zwischen den kriminellen Politikern des Dritten Reiches und der diabolischen Genialität Leverkühns herstellt, wirkt deshalb befremdlich, weil der Biograph doch den Umgang mit dem Dämonischen ablehnt. Gleichwohl ist sie ersichtlich gewollt. Der Schlußsatz des Romans läßt daran keinen Zweifel: »Ein einsamer Mann faltet seine Hände und spricht: Gott sei eurer armen Seele gnädig, mein Freund, mein Vaterland.«[92]

Ist die Ausgestaltung eines Erzählsystems auch jeweils ein Spezifikum des Textes, so dessen Gerüst nicht. Es gibt z.B. eine Reihe von Doppelsystemen, die sich strukturell sehr ähneln. So sind viele Briefe in Briefromanen als epische Doppelsysteme in Ich-Du-Form gestaltet, allerdings keineswegs durchgängig, so daß der Terminus ›Erzählsystem‹ in solchen Fällen problematisch wird. Denn wenn in einem Briefroman Briefe zusammentreffen, von denen die einen ein episch stabiles Ich-System, andere ein episches Doppelsystem usw. bilden, kann man das Gesamtwerk nicht mehr als Erzählsystem bezeichnen, sondern muß von einem *Textsystem* sprechen, also einen Oberbegriff anwenden. Dieser Schwierigkeit werden wir noch häufiger begegnen. Im übrigen sei darauf hingewiesen, daß in Briefromanen, in denen nicht nur unterschiedliche Adressaten, sondern auch unterschiedliche Schreiber begegnen, die Wahrscheinlichkeit, daß mehrere Erzählsysteme aufeinandertreffen, recht groß ist. Jedenfalls kommen Doppelsysteme häufiger vor, als man auf den ersten Blick annehmen möchte. Schon die Ich-Form selbst ist ja streng genommen beinahe immer ein Doppelsystem, sofern das Ich nämlich auch von Dritten spricht. Aber ich will diese Erscheinung als der Ich-Form immanent betrachten und deshalb den Begriff des Doppelsystems nur für die geschilderten Erzählweisen benutzen.

Seltener ist das epische Tripelsystem, doch kommt es – wiederum im Briefroman – viel häufiger vor, als man anzunehmen geneigt ist. Das folgende Beispiel ei-

nes Ich-Du-Er-Systems (in Gestalt eines Ich-Sie-Er(sie)-Systems) stammt aus Sophie von La Roches »Geschichte des Fräuleins von Sternheim«, einem Roman mit
wechselnden Briefschreibern und unterschiedlichen Adressaten, der als Textsystem
eine Fülle unterschiedlicher Erzählsysteme miteinander vereinigt:

Lieber Freund, ich hörte Sie oft sagen, die Beobachtungen, die Sie auf Ihren Reisen durch
Deutschland über den Grundcharakter dieser Nation gemacht, hätten in Ihnen den Wunsch
hervorgebracht, auf einer Seite den Tiefsinn unsrer Philosophen mit dem methodischen Vortrag der Deutschen, und auf der andern das kalte und langsam gehende Blut ihrer übrigen
Köpfe mit der feurigen Einbildungskraft der unsern vereinigt zu sehen. Sie suchten auch
lang eine Mischung in mir hervorzubringen, wodurch meine heftigen Empfindungen möchten gemildert werden, indem Sie sagten, daß dieses die einzige Hindernis sei, warum ich in
den Wissenschaften, die ich doch liebte, niemals zu einer gewissen Vollkommenheit gelangen würde. Sie gingen sanft und gütig mit mir um, weil Sie durch die Zärtlichkeit meines
Herzens den Weg zu der Biegsamkeit meines Kopfs finden wollten; ich weiß nicht, mein
teurer Freund, wie weit Sie damit gekommen sind; Sie haben mich das wahre Gute und
Schöne erkennen und lieben gelehrt, ich wollte auch immer lieber sterben, als etwas Uned-
les oder Bösartiges tun, und doch zweifle ich, ob Sie mit der Ungeduld zufrieden sein würden, mit welcher ich das Ansehen meines Oheims über mich ertrage. Es deucht mir eine
dreifache Last zu sein, die meine Seele in allen ihren Handlungen hindert; Mylord G. als
Oheim, als reicher Mann, den ich erben soll, und als Minister, dem mich meine Stelle als
Gesandtschaftsrat unterwirft. Fürchten Sie dennoch nicht, daß ich mich vergesse oder Mylorden beleidige; nein, soviel Gewalt habe ich über meine Bewegungen; sie werden durch
nichts anders sichtbar als eine tötende Melancholie, die ich vergebens zu unterdrücken su-
che; aber warum mache ich so viele Umschweife, um Ihnen am Ende meines Briefs etwas
zu sagen, das ich gleich anfangs sagen wollte, daß ich in einer jungen Dame die schöne und
glückliche Mischung der beiden Nationalcharaktere gesehen habe. Ihre Großmutter mütterli-
cher Seite war eine Tochter des alten Sir Watson und ihr Vater der verdienstvolle Mann,
dessen Andenken in dem edelsten Ruhme blühte. Diese junge Dame ist eine Freundin des
Fräulein C, von welchem ich Ihnen schon geschrieben habe, das Fräulein Sternheim ist aber
erst seit einigen Wochen hier, und zwar zum erstenmal; vorher war sie immer auf dem Lande gewesen. Erwarten Sie keine Ausrufungen über ihre Schönheit; aber glauben Sie mir,
wenn ich sage, daß alle möglichen Grazien, deren die Bildung und Bewegung eines Frauen-
zimmers fähig ist, in ihr vereinigt sind; eine holde Ernsthaftigkeit in ihrem Gesicht, eine
edle anständige Höflichkeit in ihrem Bezeugen, die äußerste Zärtlichkeit gegen ihre Freundin, eine anbetungswürdige Güte und die feinste Empfindsamkeit der Seele; ist dies nicht
die Stärke des englischen Erbes von ihrer Großmutter? Einen mit Wissenschaft und richtigen Begriffen gezierten Geist, ohne das geringste Vorurteil, männlichen Mut, Grundsätze zu
zeigen und zu behaupten, viele Talente mit der liebenswürdigsten Sittsamkeit verbunden;
dieses gab ihr der rechtschaffene Mann, der das Glück hatte, ihr Vater zu sein. Nach dieser
Beschreibung, mein Freund, können Sie den Eindruck beurteilen, welchen sie auf mich
machte. Niemals, niemals ist mein Herz so eingenommen, so zufrieden mit der Liebe gewesen! Aber was werden Sie dazu sagen, daß man dieses edle, reizende Mädchen zu einer
Mätresse des Fürsten bestimmt? daß mir Mylord verboten, ihr meine Zärtlichkeit zu zeigen,
weil der Graf F. ohnehin befürchtet, man werde Mühe mit ihr haben? Doch behauptet er,
daß sie deswegen an den Hof geführt worden sei. Ich zeigte meinem Oncle alle Verachtung,
die ich wegen dieser Idee auf den Grafen Löbau, ihren Oncle geworfen; ich wollte das
Fräulein von dem abscheulichen Vorhaben benachrichtigen und bat Mylorden fußfällig, mir
zu erlauben, durch meine Vermählung mit ihr, ihre Tugend, ihre Ehre und ihre Annehmlich-
keiten zu retten. Er bat mich, ihn ruhig anzuhören, und sagte mir; er selbst verehre das
Fräulein und sei überzeugt, daß sie das ganze schändliche Vorhaben zernichten werde; und
er gab mir die Versicherung, daß, wenn sie ihrem würdigen Charakter gemäß handle, er
sich ein Vergnügen davon machen wolle, ihre Tugend zu krönen. »Aber solange der ganze

Hof sie als bestimmte Mätresse ansieht, werde ich nichts tun. Sie sollen keine Frau von zweideutigem Ruhme nehmen; halten Sie sich an das Fräulein C, durch diese können Sie alles von den Gesinnungen der Sternheim erfahren: ich will Ihnen von den Unterhandlungen Nachricht geben, die der Graf F. auf sich genommen hat. Alle Züge des Charakters der Fräulein geben mir Hoffnung zu einem Triumphe der Tugend. Aber er muß vor den Augen der Welt erlangt werden.«

Mein Oheim erregte in mir die Begierde, den Fürsten gedemütigt zu sehen, und ich stellte mir den Widerstand der Tugend als ein entzückendes Schauspiel vor. Diese Gedanken brachten mich dahin, meine ganze Aufführung nach der Vorschrift meines Oheims einzurichten. Mylord Derby hat mir einen neuen Bewegungsgrund dazu gegeben. Er sah sie und faßte gleich eine Begierde nach den seltnen Reizungen, die sie hat; denn Liebe kann man seine Neigung nicht nennen. Er ist mir mit seiner Erklärung schon zuvorgekommen; wenn er sie rührt, so ist mein Glück hin; ebenso hin, als wenn sie der Fürst erhielte; dann wenn sie einen Ruchlosen lieben kann, so hätte sie mich niemals geliebt. Aber ich bin elend, höchst elend durch die zärtlichste Liebe für einen würdigen Gegenstand, den ich unglücklicherweise mit den Fallstricken des Lasters umgeben sehe. Die Hoffnung in ihre Grundsätze und die Furcht der menschlichen Schwachheit martern mich wechselweise. Heute, mein Freund, heute wird sie in der Hofkomödie dem Blick des Fürsten zum erstenmal ausgesetzt; ich bin nicht wohl; aber ich muß hingehen, wenn es mir das Leben kosten sollte.[93]

Gilt die Briefform ohnehin als besonders geeignet, Empfindungen unmittelbar auszudrücken, so führt hier die Einbeziehung des Angesprochenen zu einer gesteigerten Direktheit der Empfindungsmitteilung. Es liegt dies ganz in der Absicht einer Epoche, die es auf das Wecken von Gefühlen wie Mitleid, Schrecken, Trauer, Liebe, Dankbarkeit abgesehen hatte und nicht nur den Redestil, sondern auch den Einsatz literarischer Genres danach richtete. Sogar das Verfahren, Briefe von unterschiedlichen Schreibern an unterschiedliche Adressaten zu senden, dient in diesem Fall der Absicht, Empfindungen jeglicher Art auszudrücken und beim Leser zu wecken: Intriganten schreiben an Höflinge, tugendhafte Damen an Herzensfreundinnen, beobachtende Herren voller Mißtrauen oder Zurückhaltung oder Feigheit oder Anteilnahme an Fremde und Freunde etc., so daß das Ensemble von Erzählsystemen, welches hier zusammenkommt, in seiner Ganzheit auf multiperspektivische Weise sowie mit Hilfe einer sämtliche Empfindungsfiligrane erfassenden Deskription alle Höhen und Tiefen menschlicher Gefühle dem Leser vermittelt.

Im Gegensatz zu solchen Doppel- oder Tripelsystemen, bei denen die einzelnen erzählsystematischen Elemente ja miteinander verbunden bleiben, verstehe ich unter einem Systemwechsel die Aufgabe eines Erzählsystems zugunsten eines anderen.[94] Mögen z.B. die Briefe Werthers auch erzählsystematisch unterschiedlich zu klassifizieren sein, mögen sich darunter Doppel- oder Tripelsysteme finden oder auch nur monologische, also sozusagen eindimensionale Äußerungsarten, so setzt der Systemwechsel doch erst mit Aufgabe der Briefform zugunsten des Er-Berichts im zweiten Teil des Romans ein. In Max Frischs Roman »Stiller« begegnet ein noch variantenreicherer Systemwechsel. Allerdings finden sich die Varianten ausschließlich im ersten Teil des Romans, in dem Stiller seine Aufzeichnungen macht. Der zweite Teil zeigt ihn hingegen stets von außen: Sein Freund, der Staatsanwalt Rolf, erzählt von dem Versuch Julikas und Stillers, ein zweites Mal miteinander zu leben. Auch dieser Versuch mißlingt. Stiller kann einerseits die frigide Julika nicht annehmen, sich andererseits aber mit seinem Leben nicht abfinden. Denn er liebt diese Frau und geht an seinem Verlangen zugrunde, weil den Ungläubigen religiös-metaphysische Tröstungen nicht erreichen, die auch einem unglücklichen Leben, ja gerade dem Leben im Unglück einen Sinn vermitteln:

Warum sagst du's nicht rundheraus, fragte er, auch in deinen Briefen nicht? – Was? – Was du meinst: Sein Wille geschehe! Gott hat es gegeben, und selig sind, die es nehmen, und tot sind, die da nicht hören können wie ich, nicht lieben können in Gottes Namen, die Unseligen, wie ich, die da hassen, weil sie lieben wollen aus eigener Kraft, denn in Gott allein ist die Liebe und die Kraft und die Herrlichkeit, das meinst du doch? Er blickte mich nicht an, sondern hatte seinen Kopf auf die hölzerne Lehne gelegt und zeigte wieder dieses vage Lächeln. Und verloren sind die Hochmütigen, redete er weiter, die mit dem mörderischen Hochmut, auferwecken wollen, was sie getötet haben, die mit der geizigen Reue, die da messen in dieser Zeit und lamentieren, wenn's anders geht, wenn's gar nicht geht, die Tauben und die Blinden, die Gnade erhoffen in dieser Zeit, die Kleinmütigen wie ich, die mit dem kindischen Trotz gegen das Leiden, ja, sollen sie sich besaufen, die Selbstherrlichen in ihrer Sünde wider die Hoffnung, die Verstockten, die Glaubenslosen, die Gierigen, die da glücklich sein möchten, ja, sollen sie sich besaufen und schwatzen, die nicht zerbrochen sein wollen in ihrem Hochmut, die Glaubenslosen, die mit ihrer zeitlichen Hoffnung auf Julika! Selig aber sind die andern, selig sind, die lieben können in Seinem Namen, denn in Gott allein...Ist es das, fragte er, was du die ganze Zeit sagen möchtest?[95]

Rolf ist ein zwar bürgerlich-christlich geprägter, aber durchaus nüchterner Protokollant dieses Gesprächs wie überhaupt der Begegnungen mit Julika und Stiller. Er vermittelt in einer Ich-Er-Form dem Leser den Einblick in ein doppeltes und unumgängliches Leiden beider, in eine doppelte Verzweiflung, die nur eine Außensicht glaubhaft machen kann, weil jede Figurensicht lediglich subjektiv gilt. Und so ist es auch möglich, buchstäblich am Ende des Buches anzudeuten, daß der bisher stets auf den Zuspruch, die Liebe, die Zuwendung anderer angewiesene Stiller nun bei sich selbst angekommen ist und sich in seiner Individualität angenommen hat: »Stiller blieb in Glion und lebte allein.«[96]

Diese Außensicht konterkariert den ersten Teil des Romans, in dem mehrere Erzählverfahren miteinander verknüpft werden. Es handelt sich um Aufzeichnungen Stillers, der unter dem Namen White vor sich und seiner Vergangenheit nach Amerika geflohen ist, jetzt zurückkehrt, an der Grenze als Stiller erkannt und eines sich später als Irrtum herausstellenden Spionageverdachts wegen festgehalten wird. Im ersten Heft dieser Aufzeichnungen, die er auf Bitten seines Verteidigers verfaßt und die mit dem berühmten Satz »Ich bin nicht Stiller«[97] beginnen, begegnet uns weitgehend die Ich-Form, genauer: eine tagebuchartige Darstellung, in der Stiller-White seine gegenwärtigen Erlebnisse notiert, Begegnungen, Anfragen, Briefe und die Einlassungen derjenigen, die sich um seine Identität bemühen. Aber auch Erzählungen werden eingestreut. Im zweiten Heft hingegen überwiegt eine andere Darbietungsart: White erzählt Stillers Lebensgeschichte auf der Grundlage jener Mitteilungen, die Frau Julika, der Staatsanwalt, später auch Stillers frühere Geliebte Sibylle u.a. machen. Hier begegnet die Er-Form, aber doch eine sehr ungewöhnliche. Denn dem von der Erzählform her vorhandenen Abstand zwischen Narrator und Figur widerspricht – jedenfalls auf den ersten Blick – die tatsächliche, nämlich personale Identität zwischen Stiller und White. Andererseits nennt Stiller sich White, weil er glaubt, ein gänzlich anderer geworden und deshalb mit Stiller (innerlich) nicht mehr identisch zu sein. Insofern ist die distanziertere Er-Form gerechtfertigt. White stellt Stiller, also sich selbst auf einer früheren Lebensstufe, denn auch außerordentlich kritisch dar: »Jeder einigermaßen erfahrene Mann – Stiller war es offenbar durchaus nicht – hätte in diesem so faszinierenden Persönchen ohne weiteres einen Fall hochgradiger Frigidität erkannt, mindestens auf Anhieb vermutet und seine Erwartung danach geregelt.«[98] Es ist von Julika, Stillers Frau, die Rede, und es zeigt sich, daß White wirklich glaubt, ein anderer geworden zu sein und einen großen Abstand zu seiner Frau und zu sich auf der früheren Lebensstufe gewonnen zu haben.

Wir haben hier also einen doppelten Systemwechsel vor uns, der mit der Erzählthematik in engstem Zusammenhang steht. Es geht in »Stiller« um das sogenannte Problem der Selbstidentität, also um die Frage, wieweit ein Mensch sich und sein Wesen akzeptieren kann. Stiller akzeptiert sich nicht und will ein anderer werden, ein Mensch, der nicht den Zuspruch der Umgebung braucht und diese nicht mehr durch seine Ansprüche irritiert, im Falle Julikas sogar unglücklich macht, »zerstört« oder gar »ermordet«, wie Stiller-White es nennt. Daraus ergibt sich die Flucht, daraus auch die personale Duplizität. Ihr entspricht der Systemwechsel im ersten Teil des Romans: In den Heften 1, 3, 5 und 7 begegnet uns White. Es handelt sich, wie gesagt, um tagebuchartige Aufzeichnungen in der Ich-Form, in denen der Sistierte seine Begegnungen mit Staatsanwalt, Verteidiger, dem Wärter Knobel und Julika etc. notiert, meistens im Präsens, nur gelegentlich im Rückblick und dann im Präteritum. So unterschiedlich die Notate sind, so unterschiedlich auch die verwendeten Textsorten sein mögen (Gespräch, Überlegung, Anekdote, erfundene Geschichte, Schilderung, Reflexion etc.), so sind sie doch alle als Teile des Tagebuches zu qualifizieren und werden von diesem zu einem ichhaften Erzählsystem miteinander verknüpft. In den Heften 2, 4 und 6 hingegen erzählt White die Geschichte Stillers. Zwar ist sie ichhaft durchsetzt, doch handelt es sich prinzipiell um eine Er-Erzählung: »Ich will aber versuchen, in diesen Heften nichts anderes zu tun als zu protokollieren, was Frau Julika Stiller-Tschudy, der ich so gerne gerecht werden möchte, schon damit sie mich nicht für ihren Gatten hält, mir oder meinem Verteidiger von ihrer Ehe erzählt hat«[99]. Eine Vielfalt von Textsorten läßt sich nicht konstatieren, es handelt sich vielmehr um eine kohärente Erzählung, die Stiller in der Sehweise White's zeigt. Man kann auch formulieren: In dem ersten Erzählsystem lernen wir White, und zwar in seinen Reflexionen auch von innen kennen; im zweiten Erzählsystem begegnet uns Stiller, gesehen von White. Im zweiten Teil des Romans, dem dritten Erzählsystem, erleben wir Stiller-White von außen, in einer Ich-Er-Erzählform, die in gewisser Weise ein Doppelsystem im Kleinen darstellt, – allerdings erfahren wir von den inneren Erlebnissen Rolfs nur wenig und wenn, dann ausschließlich im Hinblick auf Julika und Stiller. Alle drei Systeme umkreisen aber die Frage nach der Identität, der Selbst-Sicht, der Fremd-Sicht und der Außensicht auf einer späteren Lebensstufe. Der Systemwechsel dient also der Vermittlung der eigentlichen Erzählthematik.

Das ist auch bei einem zweiten Systemwechsel der Fall, der sich freilich gänzlich anders ausnimmt. In E.T.A. Hoffmanns Roman »Lebensansichten des Katers Murr nebst fragmentarischer Biographie des Kapellmeisters Johannes Kreisler in zufälligen Makulaturblättern« macht schon der Titel auf den Systemwechsel aufmerksam, der dieses Buch prägt. Es werden die Aufzeichnungen eines schreibkundigen Katers mit Fragmenten aus der Biographie eines Musikers vermischt und in stetem Wechsel miteinander präsentiert. Hier konkurriert also nicht nur die Ich- mit der Er-Form, sondern die menschliche mit der tierischen Welt, die Erfahrungen eines nervösen Künstlers werden mit den Ansichten eines philiströs spießigen Menschentieres konfrontiert. Dies geschieht zudem nicht durch einen Wechsel abgeschlossener Textsequenzen, sondern in einem (künstlerisch natürlich geplanten) Durcheinander von Fragmenten bzw. Teilabschnitten. Bei aller erkennbaren Lust des Romantikers Hoffmann an Zerschlagungen und Wirrnissen bleibt jedoch sichtbar, daß ein thematischer Zusammenhang erzählerisch vermittelt werden soll, nämlich der Ausgleich eines extremen und gefährdeten Artistentums mit der Spießigkeit des Katers zu einem eigentlich Menschlichen. Diesen Ausgleich muß der Leser selbst vornehmen, indem er die Extreme miteinander vermittelt. Man hat mit Recht von der »übersteigerten Formlosigkeit als durchdachter Form«[100] gesprochen, so daß das starke Auseinanderdriften der Erzählsysteme hier noch nicht zu einer Freigabe der Rezeption führt. Andererseits ist dieser ebenso durch seine Radikalität wie durch seine Permanenz ausgezeichnete Systemwechsel auch schon als Montage zu kennzeichnen, weil unterschiedliche Textarten miteinander kombiniert, zudem zwei eigenständige Erzählungen ineinander verschachtelt werden und es erst auf der Rezipientenebene zu einer Sinnkoordination kommt. In Frischs »Stiller« hingegen sind alle drei Erzählsysteme mit demselben Handlungsstrang verbunden.

Schwierig ist die Beantwortung der Frage, ob bei einer Rahmenform textontologische Instabilität, Wechsel oder Montage von Erzählsystemen vorliegt. Zunächst müssen wir zwischen der »klassischen« Rahmenerzählung mit einer Binnenerzählung und jener Rahmenform unterscheiden, die einen Zyklus von Binnenerzählungen umschließt. Den ersten Typus soll hier Theodor Storms »Schimmelreiter«, den zweiten Goethes »Unterhaltungen deutscher Ausgewanderten« vertreten. In beiden Werken stellt sich die Wahrheitsfrage hinsichtlich der erzählten Geschichte, in beiden zudem auf so neue Art, daß sich die Einsicht in das Verhältnis von Erzähler und erzählter Geschichte vertiefen und präzisieren läßt.

»Der Schimmelreiter« besitzt einen Doppelrahmen. Der Text beginnt mit dem Hinweis des Erzählers, daß er das Folgende in frühester Kindheit in einer Zeitschrift gelesen hat, deren Name ihm entfallen ist. Es gelang ihm auch nicht, ihrer durch Nachforschungen habhaft zu werden, so daß man nicht recht weiß, wie genau die Geschichte von damals nun nacherzählt wird, geschweige denn, daß sich der Erzähler für deren Wahrheit selbst verbürgen kann: »vergebens auch habe ich seitdem jenen Blättern nachgeforscht, und ich kann daher um so weniger weder die Wahrheit der Tatsachen verbürgen als, wenn jemand sie bestreiten wollte, dafür aufstehen«[101]. Nun erzählt das zuerst aufgetretene Ich, in das Ich der Zeitschriften-Geschichte schlüpfend und daher ebenfalls in der Ich-Form (zweites Ich), die Geschichte jenes Reiters, der im Sturm den Schimmelreiter zu sehen vermeint und dann von dem Schulmeister in einer weiteren Erzählung – diesmal in Er-Form – die Geschichte vom Schimmelreiter erfährt. Wir haben also einen Doppelrahmen bzw. zwei Binnenerzählungen, von denen die erste den Rahmen für die zweite abgibt. Beide werden hinsichtlich ihrer Richtigkeit und Wahrhaftigkeit im äußeren, ersten Rahmen in Frage gezogen, doch führt dies nicht zu einer Preisgabe der dann folgenden Geschichte als Fiktion, weil einmal nur Zweifel angemeldet werden, nicht aber alles Erzählte bündig als lediglich erfunden bezeichnet wird, und weil das Ich des ersten Rahmens nicht wieder auftaucht, erst recht nicht – wie z.B. in »Jakob der Lügner« oder »Mein Name sei Gantenbein« – als Ich, das das Erzählte erneut und immer wieder als bloß ausgedacht qualifiziert. So bleibt es hier bei einer einmaligen, danach vom Leser vergessenen Unterminierung der Wahrheit, die sich zudem nur als Zweifel geltend macht. In den »Unterhaltungen deutscher Ausgewanderten« indes stellt sich die Wahrheitsfrage anders und schon etwas dringlicher. Die erste Binnenerzählung, die der Geistliche vorträgt, beginnt folgendermaßen:

Als ich mich in Neapel aufhielt, begegnete daselbst eine Geschichte, die großes Aufsehen erregte und worüber die Urteile sehr verschieden waren. Die einen behaupteten, sie sei völlig ersonnen, die anderen, sie sei wahr, aber es stecke ein Betrug dahinter. Diese Partei war wieder untereinander selbst uneinig; sie stritten, wer dabei betrogen haben könnte. Noch andere behaupteten, es sei keineswegs ausgemacht, daß geistige Naturen nicht sollten auf Elemente und Körper wirken können, und man müsse nicht jede wunderbare Begebenheit ausschließlich entweder für Lüge oder Trug erklären. Nun zur Geschichte selbst![102]

Kurz vor dem Ende der Erzählung greifen die Zuhörenden ein: »Als der Erzähler einen Augenblick innehielt, fing die Gesellschaft an, ihre Gedanken und Zweifel über diese Geschichte zu äußern, ob sie wahr sei, ob sie auch wahr sein könne.«[103] Und schließlich gibt selbst der Schluß der Geschichte den »Ausgewanderten« keine Gewißheit: »Die Gesellschaft fing aufs neue an, über die Geschichte zu meinen und zu urteilen.«[104] Danach bietet sich sogar Franz an, »gleichfalls eine Geschichte zu erzählen, die [...] auch von der Art sei, daß man sie niemals mit völliger Gewißheit habe erklären können.«[105]

Nun muß man eingestehen, daß hier wiederum nicht das Erzählte als erfunden deklariert, sondern hinsichtlich seiner Faktizität lediglich in Zweifel gezogen wird. Man kann aber ganz einfach den Fall konstruieren, daß der Geistliche, statt Zweifel zu säen, die Geschichte im vorhinein als Erfindung bezeichnet und die Zuhörer später ebenfalls die Fiktivität der Geschichte hervorheben. Haben wir dann einen Fall wie »Gantenbein« oder »Jakob« vor uns? Könnte man wenigstens in einem solchen Fall von textontologischer Instabilität sprechen? – Nein, das könnte man nicht, und letztlich verhindert dies die Rahmenform. Denn auch wenn der Erzähler der Binnengeschichte diese zur Fiktion erklären und dies dem Leser beständig vor Augen halten würde, so gäbe der Leser gleichwohl nicht sein Fiktional-Bewußtsein zugunsten seines Real-Bewußtseins auf, was die Bedingung dafür ist, daß wir – wie bei »Gantenbein« und »Jakob« – von einer textontologischen Instabilität (zwischen Fiktionalität und Nicht-Fiktionalität) sprechen. Wir würden lediglich zur

Kenntnis nehmen, daß eine fiktionale Figur eine bloß fiktive Geschichte, und eben nicht eine (fiktional) wirkliche erzählt. Denn der Rahmen, an dem wir uns orientieren und von dem aus die Binnenerzählung als erfunden preisgegeben wird, gehört selbst zur fiktionalen Welt. Wir verlassen die Fiktionalität also nicht, wenn in einem fiktionalen Rahmen die Binnengeschichte zur Fiktion erklärt wird. Mehr noch: Nur dann schwankt unser Lesebewußtsein zwischen der Wahrnehmung der Realität und der der Fiktionalität, wenn ein Erzähler auftaucht, der entweder als Ich auftritt oder außerordentlich stark ichhaft wirkt, aber nicht selbst fiktionale Figur ist. Dafür ein Beispiel.

In Frischs Roman »Stiller« erzählt die Hauptfigur, wie erwähnt, im ersten Teil von sich selbst, und zwar in meist tagebuchartigen Aufzeichnungen; dies ist das erste der drei in dem Roman begegnenden Erzählsysteme. In diese Aufzeichnungen sind auch die Erzählungen integriert, mit denen Stiller-White seinen Wärter Knobel unterhält, lauter ausgedachte Geschichten, die Knobel zunächst für wahr hält. Dem Leser hingegen wird von vornherein vor Augen geführt, daß es sich um Fiktionen handelt: »Knobel (so heißt mein Wärter) ist eine Seele von Mensch, der einzige, der mir glaubt, wenn ich etwas erzähle«[106], heißt es, bevor Stiller-White seinen angeblichen Mord schildert. Seinem Verteidiger erzählt er das Märchen von Rip van Winkle und leitet dies mit dem Satz ein: »Das Märchen lautet etwa folgendermaßen«[107]. Nach der langen Geschichte von Jim in der Höhle macht Stiller-White deutlich, daß er sie sich nur ausdachte, weil er einmal einen entsprechenden Gedenkstein gesehen hat. Knobel, noch immer gläubig, will das nicht verstehen und meint, der Ich-Erzähler habe ein eigenes Erlebnis vorgetragen: » – sind Sie denn Jim White?«[108] Am Ende, vor dem Staatsanwalt, muß Knobel sogar die Geschichte vom Mord am Haaröl-Gangster erzählen und erfahren, was dem Leser von Anfang an klar ist, nämlich daß auch dies nur eine ausgedachte Mörder-*story* war. Verläßt der Rezipient, mal vor der Erzählung der Geschichte, mal hinterher über deren bloße Fiktivität aufgeklärt, auch nur für einen Moment seine Rolle als Fiktional-Leser, um die des Real-Lesers einzunehmen? Nein, das wird niemand an sich beobachten. Und dies hängt damit zusammen, daß die Aufzeichnungen und Berichte Stiller-White's, also der Bereich des Fiktionalen, den Rahmen für die Lügen-Geschichten bilden, die mithin als Binnenerzählungen eines fiktionalen Rahmens verstanden werden können. Ob diese nun fiktiv sind oder nicht, ist für das Leseerlebnis ohne Belang, weil der Leser im Rahmen, also im Bereich der Fiktionalität, Fuß gefaßt hat, der alles als wahr beglaubigt und uns hier die Wahrheit erleben läßt, daß die fiktionale Figur Stiller-White erdachte Geschichten auftischt.

Anders in Beckers »Jakob der Lügner« und Frischs »Mein Name sei Gantenbein«. Auch dort begegnet ein Ich, aber es handelt sich nicht um ein Ich, das zur fiktionalen Welt gehört, im Gegenteil: Es bewirkt deren ständige Durchbrechung. Wir erfahren von diesem Ich schlechterdings nichts außer seinen Vorstellungen, die es als solche preisgibt. In »Jakob der Lügner« wissen wir zwar, daß das Erzähler-Ich Augenzeuge war, aber es berichtet nicht von sich und seinen Erlebnissen, so daß wir hier ebenfalls kein mit einer fiktionalen Figur verknüpftes Ich vor uns haben. Dadurch kommt es, daß in solchen Texten eine fiktionale Sphäre im Be-

reich des erzählenden Ich fehlt. Dies unterscheidet diese Romane nicht nur von den
»normalen« Ich-Formen, sondern auch von Figuren-Erzählungen wie in den Binnenerzählungen des »Schimmelreiter« oder der »Unterhaltungen deutscher Ausgewanderten«. Da der Ich-Erzähler (z.B. Stiller) wie auch die Figuren-Erzähler
(das Zeitungs-Ich, der Schulmeister im »Schimmelreiter«, der Geistliche, Fritz u. a.
in den »Unterhaltungen«) selbst eine fiktionale Sphäre besitzen, also zur fiktionalen Welt zählen, weil sie nämlich Erzähler und Figur sind, können ihre als erfunden deklarierten Erzählungen beim Leser keinen Rückfall in das Real-Bewußtsein
auslösen: auch die als erfunden deklarierten Erzählungen bleiben Teil der fiktionalen Textganzheit.

Da dies in »Mein Name sei Gantenbein«, in »Jakob der Lügner« sowie in einer
ganzen Reihe diesem Typus zugehöriger Romane nicht der Fall ist [109], sehen wir
uns gezwungen, das Verhältnis dieser Erzähler zum Erzählten neu und differenziert
zu bestimmen. Bisher haben wir gesagt, der Erzähler – einerlei ob es sich um eine
Ich- oder Du- oder Er-Form handle – sei Teil der fiktionalen Welt. Für einen Erzähler, der nicht zugleich auch als Figur der erzählten Welt auftritt, das Erzählte
aber als fiktiv preisgibt, kann dies indes nicht gelten. Gehörte er im gleichen Maß
wie die anderen zur fiktionalen Sphäre, wäre es nicht möglich, daß seine Preisgabe
des Erzählten als Fiktion einen Wandel vom Fiktional-Bewußtsein zum Real-Bewußtsein beim Leser auslösen würde, – jedenfalls zu dem Zeitpunkt, da das Erzählte als erfunden deklariert wird. Andererseits kann man ihn nicht ohne weiteres
mit dem Autor gleichsetzen. Mag der Narrator in »Jakob« dem Autor Becker auch
außerordentlich nahestehen, so findet sich z.B. kein Hinweis auf eine Identität oder
partielle Identität zwischen dem Buch-Ich in »Mein Name sei Gantenbein« und
Max Frisch. Hier müßte man etwa von einem *Erzähler außerhalb der fiktionalen
Sphäre seiner Geschichte* sprechen, denn alle anderen Erzähler bewirken, wie gezeigt, keinen (vorübergehenden Wandel) des Leser-Bewußtseins, wenn sie ihre Geschichten für fiktiv erklären.

Das gilt freilich auch, wenn ein solches Ich nicht – wie es in aller Regel sowohl
in »Jakob der Lügner« als auch in »Mein Name sei Gantenbein« der Fall ist – von
Dritten, sondern von sich selbst spricht. Redet ein Erzähler-Ich von Ausgedachtem,
so befindet es sich auch dann außerhalb der fiktionalen Sphäre seiner Geschichte,
wenn diese Geschichte von ihm selbst handelt. Nun könnte man noch einwenden,
daß bei textontologischer Instabilität, die »Jakob« wie »Gantenbein« prägt, von
Fiktionalität nicht gesprochen werden kann, weil die Preisgabe des Erzählten als
Fiktion ja bedeutet, daß der Rahmen der Fiktionalität gesprengt wird. Letzteres ist
richtig, aber immer nur in dem Moment, da der Narrator das Berichtete als erfunden deklariert. Am Beispiel von Beckers »Jakob der Lügner« habe ich gezeigt, daß
der Leser nach und nach immer wieder in sein Fiktional-Bewußtsein zurückfällt,
weil die Geschichte nach und nach die Mitteilung, sie sei bloß erfunden, außer
Wirkung setzt. Dies ist die Kraft fiktionalen Sprechens, die sich immer nur für Augenblicke überwinden läßt, nämlich für die Augenblicke, in denen der Narrator
das Erzählte als fiktiv klassifiziert. Dieser Wechselmechanismus gilt für textontologische Instabilität beim Ich-Erzählen nicht weniger als beim Er-Erzählen, – und

auch für das Du-Erzählen besitzt er wohl Geltung; allerdings hat die Literatur dafür bisher noch kein prominentes Beispiel hervorgebracht.

Nach diesen durch die Analyse der Rahmenformen ausgelösten letzten Reflexionen über die möglichen Erzähler-Differenzen, läßt sich das Folgende zusammenfassen. Wir müssen unterscheiden zwischen geschlossen fiktionalen Erzählsystemen und textontologisch instabilen Erzählsystemen. In ersteren gehören Ich-, Du- und Er-Erzähler zur fiktionalen Welt. Das bedeutet nicht, daß ein erzählendes Ich mit dem handelnden Ich identisch ist, wohl aber, daß Erzählvorgang und erzähltes Geschehen gemeinsam den Raum der Fiktionalität bilden. Bei textontologisch instabilen Systemen hingegen gehört der Erzähler nicht zur fiktionalen Welt. Er steht außerhalb und kann sie deshalb durchbrechen. Ob dies dadurch geschieht, daß der Autor selbst als Narrator auftritt oder ein anderes, weiter nicht bestimmbares (wie in »Mein Name sei Gantenbein«) oder auch mit gewissen individuellen Merkmalen ausgestattetes episches Medium (wie in »Jakob der Lügner«), bleibt ohne Belang. Entscheidend ist, daß es das Erzählte als bloße Fiktion preisgibt und damit als ausgedacht entlarvt. Bei Rahmenerzählungen, in deren Binnenerzählung eine Erzähler-Figur das Erzählte als bloß fiktiv preisgibt, oder in geschlossen fiktionalen Systemen, in denen eine Figur als fiktiv deklarierte Geschichten erzählt (wie in »Stiller«), wird das Leserbewußtsein deshalb nicht instabilisiert, weil hier die Erzähler-Figur ihrerseits eine fiktionale Sphäre besitzt, nämlich zur fiktionalen Welt gehört und darum dem Leser nur bewußt wird, daß eine fiktionale Person etwas Ausgedachtes erzählt; dies bleibt – da aus dem Mund einer fiktionalen Figur stammend – der fiktionalen Welt zugehörig. Auch textontologisch instabile Systeme präsentieren fiktionale Passagen, – denn ohne einen Wechsel von Fiktionalität und Nicht-Fiktionalität käme ja gar keine Instabilität zustande. Sie entstehen dadurch, daß der Leser die Erzähler-Eingriffe des außerhalb der fiktionalen Welt befindlichen Narrators kraft der Beglaubigungsmechanismen fiktionaler Rede nach und nach vergißt und erst wieder aus seinem Fiktional-Bewußtsein gerissen wird, wenn das epische Medium abermals dekuvrierend eingreift. Für die Ich-Form eines textontologisch instabilen Erzählsystems muß gelten, daß an sich die Identität in der Duplizität aufgehoben ist, weil das erzählende Ich außerhalb der erzählten Geschichte steht und das erlebende Ich ja hier erklärtermaßen ein fiktives ist; aber das Leseerlebnis des Rezipienten nimmt dergleichen nur bedingt und kurzfristig wahr, was wiederum die Kraft fiktionaler Aussagen bewirkt. Denn insofern dem Fiktional-Leser die Fiktivität des Erzählten und also die Fiktivität des erlebenden Ich aus dem Blick gerät und erst wieder vor den Blick kommt, wenn das erzählende Ich das Erzählte als bloß ausgedacht qualifiziert, erscheint ihm das Erzählte immer wieder auch als fiktional-wirklich, und damit das erlebende Ich als fiktional-wirkliche Figur.

Was die Rahmenerzählung betrifft, so kann also nicht von einer textontologischen Instabilität die Rede sein. Eher müssen wir von einem Systemwechsel sprechen, wenn auch in einem anderen Sinn als dem, der bisher zur Sprache kam. Bei »Stiller« wechseln die Erzählsysteme unter Beibehaltung der Handlungskontinuität, der Personnage, *grosso modo* auch der Zeit und des Ortes. Im »Schimmelreiter« ist

in den einzelnen Sektoren von Unterschiedlichem die Rede: im ersten von der
Quelle, im zweiten von dem Ich der Quelle und seiner Begegnung mit dem Schimmelreiter, im dritten von einer zurückliegenden Zeit und einem Geschehen, das die
Sage vom Schimmelreiter erklären soll. Gleichwohl werden die drei Erzählse-
quenzen wie die Glieder einer Kette durch Handlungsverschachtelung miteinander
verbunden. Es handelt sich also wohl um einen Systemwechsel, der sich allerdings
von dem in »Stiller« unterscheidet. Und auch wenn man in den »Unterhaltungen
deutscher Ausgewanderten« einen Systemwechsel konstatieren will, muß man dessen spezifische Ausprägung beachten. Hier ist der Zusammenhang der Teile untereinander etwas lockerer, aber erst der Schlußbeitrag »Das Märchen« setzt sich stärker ab. Da die ersten Erzählsysteme sich nicht sehr unterscheiden, kann man von
einem Systemwechsel deshalb mit triftigen Gründen erst sprechen, wenn man die
kleinen Erzählungen gegen das »Märchen« stellt. Indes darf man weder den
»Schimmelreiter« noch die »Unterhaltungen« als Montage im eigentlichen Sinne
bezeichnen. Sie setzt nämlich eine große Verselbständigung der Einzeltexte voraus,
die überhaupt nur auf einer höheren Ebene miteinander kommunizieren. Dafür gibt
E.T.A. Hoffmanns schon herangezogener Montage-Roman »Lebensansichten des
Katers Murr« ein gutes Beispiel: Die beiden ineinander verwobenen Textstränge
haben wenig miteinander zu tun, spiegeln und konterkarieren einander aber, so daß
auf einer »höheren« Ebene, nämlich der der Sinnkoordination durch den Rezipienten, die Textblöcke in einen Zusammenhang gebracht werden. An sich sind sie
mehr oder weniger abgeschlossen. Freilich darf man nicht unterschlagen, daß man
sogar Döblins »Berlin Alexanderplatz« als Montageroman bezeichnet [110], obgleich hier die einzelnen Textsegmente in das Textganze hineinmontiert werden
und nicht in gleicher Weise wie bei Hoffmann verselbständigt erscheinen. Sie werden aber ebensowenig wie die zusammenmontierten Texte im »Kater Murr« bereits
auf der Textebene selbst gedeutet und in Zusammenhang gebracht, sondern erst auf
der Meta-Ebene der Rezeption. Im »Schimmelreiter« wie in den »Unterhaltungen
deutscher Ausgewanderten« hingegen werden die Beziehungen der Einzeltexte zueinander erörtert, zumindest inhaltlich, so daß man hier auf keinen Fall von Montage und – angesichts der erzählsystematischen Ähnlichkeiten der kleineren Texte
bei Goethe – nur bedingt von einem Systemwechsel sprechen kann.

Gewiß kann »Kater Murr« recht gut demonstrieren, was eine Montage von einem bloßen Systemwechsel unterscheidet, doch kombiniert Hoffmann eben nur
zwei Erzählstränge miteinander. Aber Goethe hat mit »Wilhelm Meisters Wanderjahre oder Die Entsagenden« ein Beispiel für die Montage zahlreicher Erzählsysteme und dabei zudem Einblick in Leistung und Art eines solchen Verfahrens gegeben. Es handelt sich nicht um eine Rahmenerzählung oder einen »Novellenkranz«,
wie die ältere Forschung meinte, sondern um das Arrangement eines Textre-
dakteurs [111], der aus einer Fülle ihm angeblich vorliegender Quellen einen Ge-
samttext zusammenstellt, der sich als Montage von Nacherzählungen, Dokumenten
wie Briefen und Tagebüchern, von Erzählungen und Betrachtungen etc. zusammensetzt. Schon wegen der Fülle und Unterschiedlichkeit der miteinander montierten
Textsorten wirkt das textuale Profil dieses Werkes weitaus abwechslungsreicher als

das der »Unterhaltungen«, aber auch als das des »Kater Murr«. Im einzelnen unterscheiden wir folgende Textsegmente: die Haupterzählung in der präteritalen Er-
Form, die einen Großteil der Wanderungen und Begegnungen Wilhelms präsentiert; zwei (in diesem Fall wie in einer Rahmenform) in diese Erzählung integrierte
Novellen, nämlich »Die pilgernde Törin« und »Wer ist der Verräter?«, die Wilhelm von anderen Personen zur unterhaltsamen Lektüre erhält, beide im Präteritum
und in Er-Form von einem recht überlegen wirkenden Narrator erzählt; drei durchaus literarisch, nämlich tektonisch auf Pointen zugerichtete Erzählungen in der Ich-
Form, die indes von Figuren der Haupterzählung vorgetragen werden, und zwar in
der Vergangenheitsform, nämlich »Das nussbraune Mädchen«, »Die neue Melusi-
ne« und »Die gefährliche Wette«; von ihnen ist die mittlere als Märchen zu klassifizieren, wenn man einmal von der Erzählform absieht; schließlich zwei Erzählungen, die vom Redakteur des Gesamttextes dargeboten werden und von denen die
erste, »Der Mann von fünfzig Jahren«, erst später als in Zusammenhang mit der
Haupterzählung stehend zu erkennen ist, während die zweite den schon zuvor auf-
getretenen Odoardo in den Mittelpunkt stellt, inhaltlich aber völlig offen endet
(»Nicht zu weit«); außerdem sind Teile von »Lenardos Tagebuch« in zwei Partien
einmontiert, schließlich auch »Die Betrachtungen im Sinne der Wanderer« und am
Schluß Aufzeichnungen »Aus Makariens Archiv«, dazu, über den gesamten Text ver-
teilt, Briefe der unterschiedlichsten Figuren an die unterschiedlichsten Adressaten.

Der Roman umschließt also eine umfängliche Systemvielfalt nicht nur im engeren Sinne epischer, sondern auch deskribierender und reflektierender Texte. Trotz
mancher Ungereimtheiten, die hier und da existieren, sind sie alle mit dem Haupt-
text, der eigentlichen Wilhelm-Erzählung, verbunden. Selbst »Der Mann von fünfzig Jahren«, eine unvorbereitet und unvermittelt einmontierte und ganz in sich geschlossen wirkende Erzählung wird später wenigstens locker mit ihr in Zusammenhang gebracht, indem zwei Hauptfiguren, Hilarie und die Witwe, mit Wilhelm zusammentreffen. Allein, alle diese Geschichten werden meist wie Einzeltexte behandelt und als Montageteile benutzt. Die Frage, warum hier nicht fortlaufend erzählt,
warum nicht die Seitenhandlungen nachgeholt und zur Haupthandlung hingeführt
werden, warum der Roman nicht einmal mit dem eigentlichen Ende, der Fahrt nach
Amerika, schließt, sondern Reflexionen »Aus Makariens Archiv« anbindet, ist
ohne weiteres nicht zu beantworten. Hingegen läßt sich über die Struktur des
Textganzen einiges sagen. Es wird, wie eingangs erwähnt, von einem Redakteur
zusammengesetzt, der die Quellen kennt, sie entweder unmittelbar einmontiert oder
zitiert oder auch umformend nacherzählt. »Unter den Papieren, die uns zur Redak-
tion vorliegen«, heißt es etwa, »finden wir einen Schwank, den wir ohne weitere
Vorbereitung hier einschalten, weil unsere Angelegenheiten immer ernsthafter werden und wir für dergleichen Unregelmäßigkeiten fernerhin keine Stelle finden
möchten.«[112] Und etwas später lesen wir:

Hier aber wird die Pflicht des Mitteilens, Darstellens, Ausführens und Zusammenziehens
immer schwieriger. Wer fühlt nicht, daß wir uns diesmal dem Ende nähern, wo die Furcht,
in Umständlichkeiten zu verweilen, mit dem Wunsche, nichts völlig unerörtert zu lassen,
uns in Zwiespalt versetzt. Durch die eben angekommene Depesche wurden wir zwar von

manchem unterrichtet, die Briefe jedoch und die vielfachen Beilagen enthielten verschiedene Dinge, gerade nicht von allgemeinem Interesse. Wir sind also gesonnen, dasjenige, was
wir damals gewußt und erfahren, ferner auch das, was später zu unserer Kenntnis kam,
zusammenzufassen und in diesem Sinne das übernommene ernste Geschäft eines treuen Re-
ferenten getrost abzuschließen.[113]

Die Formulierung läßt indes erkennen, daß der »Referent« keineswegs gesonnen
ist, ohne Eingriffe zu arbeiten. Er teilt nicht nur mit, er will darstellen, zusammen-
ziehen und »zusammenfassen«. Von Anfang an lassen sich Formulierungen finden,
die auf solche subjektive Einfärbungen des Geschehens durch den Narrator, sogar
auf tektonische Willkür hindeuten. Er ist keineswegs lediglich Referent, sondern er
verfolgt offensichtlich bestimmte, wenn auch schwer bestimmbare Absichten.
»Was es aber gewesen, dürfen wir an dieser Stelle dem Leser noch nicht vertrauen«[114], heißt es im Zusammenhang mit Wilhelms »Besteck«. Warum darf
der Erzähler den Leser nicht von der Wahrheit in Kenntnis setzen? – Man erfährt
es nicht. »Vor dem Abschiede jedoch erhielt unser Freund von einem jüngeren Be-
amten ein Paket mit beiliegendem Schreiben, aus welchem wir folgende Stelle aus-
heben«[115], heißt es, »gar manches anmutig Belehrende kam zur Sprache, davon
wir nachstehendes auswählen«[116], lesen wir später einmal, und wenn es heißt
»Zu diesem Punkte aber gelangt, können wir der Versuchung nicht wiederstehen,
ein Blatt aus unseren Archiven mitzuteilen, welches Makarien betrifft«[117] oder
»Den Brief selbst, den wir unter den vielen uns anvertrauten Papieren gleichfalls
vorgefunden, dürfen wir, als höchst bedeutend, nicht zurückhalten«[118], so regt
sich im Leser der Verdacht, daß der Narrator nicht ohne Willkür verfährt. Er teilt
offenbar mit, was ihm beliebt, und hält zurück, was ihm mißfällt, und auch seine
Art, die Dokumente des Archivs zugänglich zu machen, ist nicht die eines behutsa-
men »Redakteurs«. Gelegentlich hebt dies der Erzähler selbst hervor: »Wir haben,
wie an dieser Stelle auffallend zu bemerken ist, die Rechte des epischen Dichters
uns anmaßend, einen geneigten Leser nur allzu schnell in die Mitte leidenschaftlicher Darstellung gerissen. Wir sehen einen bedeutenden Mann in häuslicher
Verwirrung, ohne von ihm etwas weiter erfahren zu haben«[119]. Dieses Zugeständnis macht der Erzähler in »Nicht zu weit«, nachdem er völlig unvermittelt
eine Szene geschildert hat, die nicht zu verstehen ist, weil dem Leser jedes Hinter-
grundwissen vorenthalten wurde. Solche erzählerische Willkür ist dem epischen
Medium offensichtlich durchaus bewußt, ja dahinter scheint eine Absicht zu stek-
ken:

Wenn wir aber uns bewogen finden, diesen werten Mann nicht lesen zu lassen, so werden
es unsere Gönner wahrscheinlich geneigt aufnehmen, denn was oben gegen das Verweilen
Wilhelms bei dieser Unterhaltung gesagt worden, gilt noch mehr in dem Falle, in welchem
wir uns befinden. Unsere Freunde haben einen Roman in die Hand genommen, und wenn
dieser hie und da schon mehr als billig didaktisch geworden, so finden wir doch geraten,
die Geduld unserer Wohlwollenden nicht noch weiter auf die Probe zu stellen. Die Papiere,
die uns vorliegen, gedenken wir an einem andern Orte abdrucken zu lassen, und fahren
diesmal im Geschichtlichen ohne weiteres fort, da wir selbst ungeduldig sind, das obwalten-
de Rätsel endlich aufgeklärt zu sehen.[120]

Die Stelle zeigt deutlich, wie absichtsvoll der Narrator auf ein kontinuierlich fort-
schreitendes Erzählen verzichtet, wie gezielt er Unterbrechungen, Retardierungen,
kurzum: Montagen einsetzt. Denn wenn schon das »didaktisch« an dieser Stelle
nicht unbedingt »lehrhaft« bedeuten muß, so steht es doch im Gegensatz zu einem
»im Geschichtlichen ohne weiteres« fortfahrenden Erzählen, das also mit Absicht
und im Hinblick auf den Leser unterbrochen und zergliedert wird. Ja, an einer Stelle erklärt der Narrator ohne Umschweife, daß er »stückweise« erzähle:

Der Angewöhnung des werten Publikums zu schmeicheln, welches seit geraumer Zeit Ge-
fallen findet, sich stückweise unterhalten zu lassen, gedachten wir erst, nachstehende Erzählung in mehreren Abteilungen vorzulegen. Der innere Zusammenhang jedoch, nach
Gesinnungen, Empfindungen und Ereignissen betrachtet, veranlaßte einen fortlaufenden
Vortrag. Möge derselbe seinen Zweck erreichen [...][121]

Zwar erklärt das epische Medium nicht, warum und mit welchem Ziel es statt einer
geschlossenen, kontinuierlichen Darstellung die Montage ganz unterschiedlicher
Textarten bevorzugt; aber wenn es an dieser Stelle für ein zusammenhängendes Erzählen plädiert, weil hier ein »innerer Zusammenhang« einen »fortlaufenden Vortrag« nahelegt, so sieht man sich genötigt, zur Kenntnis zu nehmen, daß das Ro-
man-Ganze offenbar keinen ebenso starken inneren Zusammenhang besitzt und
deshalb »in mehreren Abteilungen« dargeboten wird. Fehlt ihm denn wirklich jede
innere Kontinuität und Kohärenz?

Bevor wir uns dieser die Erzählthematik betreffenden Frage zuwenden, wollen
wir genauer bestimmen, welche Wirkung das vom Erzähler selbst dingfest gemach-
te »stückweise« Erzählen besitzt. Und da erkennt man gleich, daß es die einzelnen
epischen Passagen stark isoliert. Wenn Lenardos Tagebuch nicht in einem Zuge
wiedergegeben, sondern an zwei voneinander entfernt liegenden Stellen einmontiert wird, wenn der Narrator den Erzählfluß immer wieder unterbricht, Briefe,
»Betrachtungen«, Novellen, in denen neues Personal eine Rolle spielt, einbaut und
erst danach wieder die Haupthandlung aufgreift, so bilden sich diese Textblöcke
als Inseln heraus, die ein ganz eigenes Gesicht besitzen und von der textualen Umgebung abgegrenzt sind. Das ist ja überhaupt das Wesen einer epischen Montage.
In »Wilhelm Meisters Wanderjahre« können wir aber sogar beobachten, wie der
Erzähler über die Segmentierung der Gesamtdarbietung hinaus auch noch die einzelnen Texte selbst gelegentlich weiter zergliedert, der Kontinuität beraubt und der
Isolierung preisgibt.

Daß die ersten drei Kapitel Überschriften, noch dazu außerordentlich symbol-
trächtige Titel, tragen, die anderen aber nicht (oder nur die Titel der jeweiligen Novelle), mag man auf sich beruhen lassen; daß indes innerhalb des zweiten Kapitels
und hier sogar mitten in der Erzählung des jungen, an den heiligen Joseph erin-
nernden Mannes, zwei Überschriften eingefügt werden (»Die Heimsuchung«, »Der
Lilienstengel«), gliedert diese Erzählung in zwei stark eigenständige Teile. Merkwürdig wirkt auch, daß der Erzähler die Geschichte »Wer ist der Verräter« über
zwei Kapitel, die Novelle »Der Mann von fünfzig Jahren« sogar über drei Kapitel
führt und auf diese Weise eine geschlossene Darbietung zugunsten einer stückwei-

sen verhindert. Gewissermaßen entgegengesetzt verfährt er im 11. Kapitel des ersten Buches, wenn er ihm nämlich die Überschrift »Das nussbraune Mädchen« mitgibt, obwohl die entsprechende, Persönliches enthaltende Mitteilung Lenardos erst
nach einem längeren Gespräch zwischen ihm und Wilhelm einsetzt. Dadurch wird
sie aber verselbständigt, aus der Funktion, lediglich den Bericht einer Figur darzustellen, gelöst und zu einem eigenständigen Textsegment erhoben. Fraglos wirkt
auch die Erzählweise in der zunächst unverständlichen, weil dem Leser ohne Vorgeschichte dargebotenen Geschichte »Nicht zu weit« zerstückelnd. Sie beginnt völlig unvermittelt in der dritten Person und macht erst nach und nach deutlich, daß
hier eine Geburtstagsfeier arrangiert wurde: »Es schlug zehn in der Nacht, und so
war denn zur verabredeten Stunde alles bereit«[122]. Aber nach weniger als einer
Seite, nämlich nach der Mitteilung, daß Vater und Kinder vergeblich auf die Mutter warten, läßt der Narrator plötzlich und ohne Angabe von Gründen die Hauptfigur selbst berichten: »Die Pein des guten Mannes wuchs mit jedem Momente, halb
elf Uhr war vorüber; das Weitere zu schildern, überlassen wir ihm selbst.«[123]
Doch kaum hat dieser – und zwar wiederum auf nicht einmal einer Druckseite –
berichtet, daß er vor Unruhe und Ärger das Haus verließ, da greift der Narrator
schon wieder ein, diesmal nicht erzählend, sondern mit einem auktorialen Kommentar, der teilweise schon zitiert wurde und hier vollständig wiedergegeben werden soll:

Wir haben, wie an dieser Stelle auffallend zu bemerken ist, die Rechte des epischen Dichters uns anmaßend, einen geneigten Leser nur allzu schnell in die Mitte leidenschaftlicher
Darstellung gerissen. Wir sehen einen bedeutenden Mann in häuslicher Verwirrung, ohne
von ihm etwas weiter erfahren zu haben; deshalb wir denn für den Augenblick, um nur
einigermaßen den Zustand aufzuklären, uns zu der guten Alten gesellen, horchend, was sie
allenfalls vor sich hin, bewegt und verlegen, leise murmeln oder laut ausrufen möchte.[124]

Nun also wird die alte Dienerin als episches Medium eingesetzt, doch wiederum
nur kurze Zeit und auf weniger als einer Druckseite. Dann heißt es: »Suchen wir
den Freund nun wieder auf und hören ihn selber.«[125] Allein, auch diesmal erhält
er das Wort nur für eine kurze Passage, dann nimmt der Narrator die Angelegenheit wieder selbst in die Hand: »An dem edlen Manne, den wir hier so unerwartet
über einen gering scheinenden Vorfall in leidenschaftlicher Bewegung sehen, haben unsere Leser gewiß schon in dem Grade teilgenommen, daß sie nähere Nachricht von seinen Verhältnissen zu erfahren wünschen.«[126] Diese breitet der Erzähler nun selbst aus, nimmt sich dafür auch gut zwei Druckseiten Raum, gibt aber
danach, wiederum ohne erkennbaren Grund, der Hauptperson das Wort: »In solchen Gedanken war ich heftig im Zimmer auf und ab gegangen«[127]. Indes
schneidet ihm der Narrator abermals das Wort ab und erzählt die Geschichte selbst
zu Ende.

Kein Zweifel: das zergliedernde, zerstückelnde Erzählen im Detail bestätigt den
Eindruck von ästhetisch gewollter Diffusion im Ganzen, den die Vielfalt epischer
Systeme in den »Wanderjahren« erzeugt und den ja auch die auktorialen Kommen-
tare und Hinweise des Narrators als richtig bestätigen. Aber ist es wirklich denk-

bar, daß Goethe – ganz im Sinne moderner, das Diffuse in den Mittelpunkt rücken-
der ästhetischer Vorstellungen – eine epische Inkoheränz erzeugen wollte, indem er
eine ungewöhnliche, in der Literaturgeschichte bis dahin völlig unbekannte Vielzahl unterschiedlicher Erzählsysteme zusammenfügte?

Blicken wir nochmals zurück zu den »Unterhaltungen deutscher Ausgewanderten«, so sehen wir, daß der Titel zweierlei signalisiert. Einmal handelt es sich um
im ganzen recht anspruchslose Erzählstücke unterhaltsamen Charakters, und außerdem werden sie von denen, die sich unterhalten, zusammengebunden. Im ganzen
gibt der Titel dieses kleinen Werks also dessen Gehalt und Gestalt durchaus tref-
fend an. Der Titel von Goethes spätem Roman ist nicht weniger sprechend, und
auch ihm ist Zweierlei zu entnehmen. »Wilhelm Meisters Wanderjahre oder Die
Entsagenden« gibt jedem kundigen und gab wohl jedem zeitgenössischen Leser zu
verstehen, daß es sich um die Forsetzung des Bildungs- und Erziehungsromans
»Wilhelm Meisters Lehrjahre« handelt und daß dabei das Motiv der Entsagung von
außerordentlich großer Bedeutung ist. Wie eng es sich mit dem des Wanderns verbindet, daß Wandern und Entsagen geradezu identisch sein können, erfährt der Leser bald. Der Titel signalisiert also auch, daß der Roman ein gewichtiges Thema in
den Mittelpunkt rückt, daß das Erzählen ein Zentrum besitzt, welches bei aller Diffusion der epischen Systemvielfalt zugleich die gedankliche Einheit des Romans
garantiert. Hier handelt es sich eben nicht um »Unterhaltungen«, weder im thema-
tisch-gedanklichen noch im tektonischen Sinne, sondern um eine unverbundene
Vielfalt der Formen, die mit einer Sinneinheit verbunden ist. So gering die Sinn-
und Problem-Orientierung dort ausgebildet ist und sich die Einheit durch die lockere Rahmenform ergibt, so sinn- und problem-orientiert ist der erzählsystematisch
diffundierende Text hier angelegt.

Indes muß man zugeben, daß auch in den »Wanderjahren« keine einfache Pro-
blemlösung gegeben wird. Man hat auf die Widersprüche in den einzelnen Erzählsystemen hingewiesen, hat gezeigt, daß weder die »Betrachtungen im Sinne
der Wanderer« noch die Reflexionen »Aus Makariens Archiv« widerspruchsfrei
sind, wie ja denn auch das Roman-Ende selbst aus dem Widerspruch besteht, daß
die Entsagenden, die zu hoher Menschlichkeit gebildeten Glieder des »Bandes«,
der »Vereinigten«, der Gesellschaft um Lenardo, Makarie, Wilhelm das Ziel ihres Lern- und Lebensprozesses sowohl als Auswanderer wie als Bleibende erfahren und erfüllen können. Schon ziemlich am Anfang des Romans bemerkt Hersi-
lie über eine Inschrift im Hause des Oheims: »Die Maximen der Männer hören
wir immerfort wiederholen, ja wir müssen sie in goldnen Buchstaben über unsern
Häuptern sehen, und doch wüßten wir Mädchen im stillen das Umgekehrte zu sagen«[128]. Und Wilhelm betrachtet die Dinge offenbar ebenfalls durch eine doppelte, ja widersprüchliche Optik, wenn er wenig später zu dem Oheim sagt:
»Kurzgefaßte Sprüche jeder Art weiß ich zu ehren, besonders wenn sie mich an-
regen, das Entgegengesetzte zu überschauen und in Übereinstimmung zu bringen.«[129] Entgegengesetztes jeweils in Übereinstimmung zu bringen, scheint –
wiewohl kaum möglich – dennoch notwendig zu sein, und wer die Einheit im
Widersprüchlichen nicht zu finden weiß, findet sich in der Welt, die Goethe in

seinem Altersroman ausbreitet, nicht zurecht. Einer seiner viel zitierten Kernsprü-
che lautet:

> Was ist das Allgemeine?
> Der einzelne Fall.
> Was ist das Besondere?
> Millionen Fälle.[130]

Man hat in dieser Paradoxie wie in vielen anderen Äußerungen Goethes Vorstellungen von der Metamorphose des Lebens, dem Urphänomen, der Einheit in der Vielheit wiedergefunden. Sie umkreisen den nie sich auflösenden Widerspruch des Daseins, der aber auch immer Entsprechungen und Zusammenhängen Raum gibt. Insofern präsentiert uns die diffundierende Vielfalt der in den »Wanderjahren« versam-
melten und in sich oftmals noch weiter zergliederten Erzählsysteme das Widersprüchliche, wie die Thematik, das Wandern als Entsagung, die Einheit des Werkes
stiftet. Wäre dies Letztere, welches der erzählsystematischen Vielfalt ihre Kohärenz
garantiert, nicht vorhanden, müßte Goethes später Roman als Werk der Moderne
klassifiziert werden; so indes macht es zwar vor den Toren der Moderne halt, unterliegt aber auch nicht dem Verdikt des Zerfalls, der diese so oft kennzeichnet.

   Blickt man von hier aus zurück, so läßt sich über die Montage Folgendes zusammenfassen: Sie verbindet unterschiedliche Erzählsysteme miteinander, die nicht
wie beim Systemwechsel bzw. der Rahmenform durch eine Handlungskette miteinander verwoben oder im Text selbst gedeutet, wenigstens diskutiert werden. Erst
auf der Meta-Ebene der Rezeption lassen sie sich in einen Zusammenhang bringen,
– in diesem Fall handelt es sich um eine Montage kohärenter epischer Systemvielfalt. Lassen sich die Montageteile einander aber auch vom Leser nicht zuordnen,
dienen sie also einer Sinndiffusion, so handelt es sich um eine inkohärente, nämlich durch keinen erzählthematischen Zusammenhang miteinander verknüpfte Systemvielfalt. Sie gewinnt in der literarischen Moderne eine große Bedeutung.

3. Inkohärente Systemvielfalt und Auflösung der Erzählsysteme

In der Tat haben die ästhetischen Präferenzen der Moderne etwa seit der Jahrhundertwende dazu geführt, daß der Montageroman, d.h. ein erzählsystematische Vielfalt präsentierendes Textensemble, eine immer größere Rolle in der Geschichte des
Romans spielt. Die Tilgung aller künstlerischen Konventionen, die Auflösung
jeglichen Regelsystems, die Abwendung von der vorgegebenen Realität als Maßstab für die Kunst überhaupt führte auf dem Feld der Erzählkunst zur Sprengung
geordneter Handlungen, zur Aufgabe didaktischer Zielsetzungen, zur Abkehr von
überkommenen Gewohnheiten im Tempus-Gebrauch, in der Bauform, in der Lenkung der Rezeption etc. Im ganzen ist eine Subjektivierung festzustellen. Blickt
man zunächst auf andere Gebiete, so zeigt sich, daß in der Musik die Regelungen
des Klangs durch Tonalität, Formvorgaben und Instrumentarium zugunsten freier
Reihungen, subjektiver Gestaltungsformen ohne vorgegebene Regeln und die

Erweiterung des Klanges durch instrumentale Manipulation oder elektronische Konstruktion zu herrschenden Faktoren geworden sind, die es einerseits dem Komponisten, inzwischen aber auch häufig dem Interpreten freistellen, wie er ein Klangerzeugnis anlegen will. Auf dem Feld der bildenden Kunst läßt sich dergleichen noch leichter feststellen. Die Aufgabe der Gegenständlichkeit setzt den Maler wie den Bildhauer in den Stand, modellfrei nach eigenem Ermessen zu formen, doch führt dies natürlich auch dazu, daß der Rezipient weitgehend der Maßstäbe verlustig gegangen ist, mit denen er ältere Kunst zu verstehen und zu beurteilen vermag. Wo weder die abgebildete Welt noch die erkennbare Absicht die Aufnahme des Kunstwerks lenkt, ist der Rezipient sich selbst und seinen subjektiven Vorstellungen, Erwartungen, Präferenzen überlassen. Kunst ist das, was der Rezipient aus ihr macht, und wenn Beuys prinzipiell jeden Menschen zum Künstler erklärte, so zog er aus dieser Entwicklung nur eine naheliegende Konsequenz.

Die ästhetische Zäsur ist so tief, daß man auch in Untersuchungen, die eigentlich allgemeinen, daher nicht historisch einzuordnenden Phänomenen gelten, inzwischen hinsichtlich der Moderne doch auch geschichtlichen Gesichtspunkten Rechnung tragen muß. Es gibt eben Erscheinungen, die ganz und gar mit der Kunstauffassung in der Moderne zusammenhängen, zuvor nicht existent waren, nun aber zu beherrschenden oder doch besonders wichtigen Kunstelementen geworden sind. Zu ihnen zählt auf dem Feld der Erzählkunst die Etablierung eines Romans, der aus einem Textensemble besteht, welches inkohärente Texte versammelt, sowie die Auflösung der Erzählsysteme überhaupt, nämlich durch solche Texte, die sich nur als Material für die willkürliche Herstellung eines anderen Lesegegenstandes durch den Rezipienten verstehen. Ein inkohärenter Montageroman ist allerdings auch ohne den Einsatz epischer Systemvielfalt denkbar, nämlich dann, wenn er Texte bündelt, die zwar jeweils dasselbe Erzählsystem darstellen, aber von unverständlichen, zumindest unzusammenhängenden Gegenständen, Ereignissen, Personen usf. berichten, so daß der Leser nicht weiß, »was das eigentlich bedeuten soll«. Er erhält keine Rezeptionsanweisung und kann – ja, soll – den Text so verstehen, wie er will. Es findet eine freie Rezeption statt, von der in Umrissen und im allgemeinen schon im Kapitel I,5 die Rede war, und die zur Folge hat, daß der Leser selbst und in aller Subjektivität über das Verständnis des Textes entscheidet.

Auch der surreal-absurde Roman verfolgt und erzielt ja diese Wirkung, aber jener Montageroman, den ich als inkohärente Systemvielfalt bezeichne, hat zumindest in der deutschen Literatur ein größeres Gewicht.[131] Er verbindet die Kombination unterschiedlicher Erzählsysteme mit der vollständigen Diffusion der Erzählinhalte, wie sie oben skizziert wurde, kennt also weder – wie in den »Wanderjahren« – eine kohärente Zentralhandlung noch eine Kernthematik, die den Zusammenhalt der montierten Einzeltexte garantiert. Als Beispiel für diesen inzwischen nicht mehr seltenen Typus soll hier Gerold Späths Roman »Commedia« herangezogen werden, der 1979 als erstes literarisches Werk mit dem von Günter Grass gestifteten »Alfred-Döblin-Preis« ausgezeichnet wurde. Es handelt sich um eine Textmontage, die grob in zwei Teile mit den Überschriften »Die Menschen« und »Das Museum« unterteilt ist, beide Teile aber in keiner Hinsicht miteinander in

Beziehung setzt. Der erste Teil besteht aus 203 Texten von durchschnittlich gut einer Druckseite Umfang, in denen 203 Personen kurze Statements abgeben. Sie reagieren damit auf jene Aufforderung eines in diesem ersten Teil sonst nicht mehr auftretenden »Erzählers«, welche am Anfang der ersten Einlassung zitiert wird. Diese erste Passage hat den folgenden Wortlaut:

Lorenz Aescher

Hier ist ein Blatt Papier, nimm das Blatt Papier und schreib etwas auf aus deinem Leben oder schreib deinen Lebenslauf auf oder schreib einfach auf was du jetzt gerade denkst, du kannst aufschreiben was du willst oder erzähl einfach etwas über dich oder was du willst. Das ist einfach gesagt.
   Ich denke jetzt gerade merde. Ich denke jetzt fuck you. Wieso soll ich irgend etwas für dich aufschreiben. Aufschreiben ist dein verdammter Job, nicht mein Job. Mein Lebenslauf geht dich einen Hundsscheiß an. Das ist so sicher wie die Neger trotz der Rassenintegration weiter nach Niggerschweiß stinken. Ich war in der Neuen Welt, ich folgte kurz dem Trend. Aus meinem Leben könnte ich dir so viel aufschreiben, daß ich nicht genug hätte mit tausend von deinen mickrigen Papierblättchen. Aber das geht nur mich etwas an und geht dich nichts an. Ich sage nein. Ich will nicht. Hochnäsiger Aff. Kratz deinen Dreck selber zusammen. Nimm deinen Fetzen. Verreis.[132]

Es handelt sich um eine Beschreibung, einer Tagebuchaufzeichnung ähnlich, die jedoch die Verweigerung weiter reichender Auskünfte und deren Begründung zum Inhalt hat. Ich-Form im Präsens, auktoriales Erzählverhalten, in der Mitte mit einer kurzen Retrospektive, am Ende als Absage in Du-Form an den Auftraggeber gerichtet, bilden die Elemente dieses Systems. Der vierte Abschnitt präsentiert ein völlig andersartiges:

Ludwig Bachmann

Der Pfarrer hieß Metzger. So klingelte Pfarrer Metzger an der Wohnungstür. Mittagszeit. Sie saßen am Tisch in der Küche und aßen bereits. Er hatte einen Telefonanruf erhalten. Ich war nicht zu Hause. Am Tisch in der Küche meine Mutter, mein Vater, meine Schwester. Mein Bruder bei der Artillerie, seit siebzehn Monaten nicht aus der Uniform, ich seit neun Monaten bei der Infanterie. Der Anruf war vom Stab meiner Division gekommen. Je nach Religion telefonierte man in solchen Fällen mit dem katholischen oder protestantischen Pfarrer des Wohnorts der Eltern oder, falls er verheiratet war, der Frau. Der Pfarrer ist die Treppe hinaufgeschnauft. Pfarrer Metzger war ein schwerer Mann. Meine Mutter sah in sein rotes Gesicht. Feine kleine Schweißtröpfchen. Er sagte, er habe einen Telefonanruf vom Stab meiner Division bekommen. Ein Herr Oberst, ein Herr Major, ein Hauptmann, ein Leutnant und der Feldprediger. Ums Himmels willen! – aber meine Mutter sagte keinen Ton, sie sah nur in sein rotes Schweißgesicht. Der Pfarrer sagte: »Man hat mir gemeldet, ein kleiner gedrungener Infanterist aus Ihrer Familie ist letzte Nacht gestorben, ganz plötzlich.« Die Suppe dampfte auf dem Tisch in der Küche. Pfarrer Metzger schwitzte. Ein kleiner gedrungener Infanterist aus Ihrer werten Familie ist letzte Nacht leider plötzlich ganz gestorben. Militärisches Begräbnis. Ins Grab schießen. Regimentsspiel. Trauermarschmusik einsundzwei einsundzwei. Totenmetzgermarsch.[133]

Bei so kurzen Texten von einem System zu sprechen, mag ungewöhnlich wirken, doch lassen sich eben auch schmale Texte systematisch beschreiben, und der Witz, mit dem das Kapitel über stabile Erzählsysteme eingeleitet wurde (III,1), ist ja noch wesentlich schmaler als die merkwürdige Erzählung des Ludwig Bachmann. Sie scheint sich im dritten Satz als Ich-Erzählung herauszustellen, doch handelt es sich in diesem Fall um ein seltsames System, weil die Form in gewisser Weise dem Inhalt widerspricht: das erzählende Ich erzählt von einer Situation, in der es nicht anwesend ist, in der es aber um dieses Ich geht. Man bekommt die Angelegenheit wohl besser in den Griff, wenn man von einem Doppelsystem spricht, nämlich der Kombination von Ich- und Er-Form. Freilich bleibt die Merkwürdigkeit, daß das sprechende Ich den Sachverhalt nicht aufklärt: Entweder handelt es sich um eine irrtümliche Todesmeldung, oder der Erzähler spricht aus dem Jenseits zu uns. In jedem Fall wird der Rezipient in Unsicherheit gehalten.

Das ist bei dem nächsten Text, der hier angeführt werden soll, nicht der Fall. Er erhält seine spezifische Wirkung aus dem Darstellungsduktus, dem vollständigen Verzicht auf flektierte Verben und das Personalpronomen, welcher die Erzählform offen läßt:

Jürg Stähli

Stähli Jürg, 52, geschieden.
Volksschule, Mittelschule (abgebrochen), praktische Ausbildung Einkauf/Verkauf, Geschäftsführung (Geschäft des Vaters), Heirat mit 24.
Mit 25 Frau bei Ehebruch ertappt, Niederschlag des Liebhabers (vermeintliche Tötung), Demolition des Wohnungsmobiliars, Flucht. Verurteilung (schwere Körperverletzung Liebhaber) und Scheidung in Abwesenheit.
Eintritt in Légion.
14 Jahre, 9 Monate, 11 Tage in Légion.
Anschließend Flucht wegen Désobéissance-Geschichten (Mutinerie, kurz vor Pension).
40.-42. Lebensjahr: Gelegenheitsarbeit in Italien und Österreich.
42.-44. Lebensjahr: auf See (Greek, Liberian, Panama Flag).
45.-49. Lebensjahr: zurück, Verurteilung (fremder Waffendienst, Strafaussetzung auf Bewährung), Verzehr Hinterlassenschaft der Eltern, Gelegenheitsarbeit (amtlicher Bevormundungsversuch erfolgreich abgeschlagen).[134]

Die letzte aus dem ersten Teil von Späths »Commedia« herangezogene Textpassage beschreibt schließlich ein Geschehen, welches am Ende verrätselt wird:

Gabriel Diethelm

Er war zweiundzwanzig, älterer von zwei Söhnen, diplomierter Automechaniker.
Er hätte Juniorchef in der Automobilwerkstatt seines Vaters sein können. Ohne Maulaufreißerei, ruhig, mit Anstand.
Sohn des Chefs, Erbe des Geschäfts.
Sein Vater war der geborene Herumkommandeur. Ein Unteroffizier. Ein Schleifer. In Anwesenheit des hintersten und letzten Lehrlings mußte er sich von seinem Vater herumkommandieren und beschimpfen lassen.
Er wäre lieber ein Bettler in Marokko gewesen.
Seine Mutter nahm ihn oft in Schutz.
Eines Tages, auf Probefahrt, fuhr er einen Kundenwagen, dessen Bremsen NICHT ER repariert hatte, zu Schrott und entstieg leicht blutend dem zerquetschten Blech.

Ein Motorradfahrer, der ihn die wenigen Kilometer zur Werkstatt zurückfuhr, sagte später, er habe den Eindruck gehabt, unterwegs sei der auf dem Soziussitz plötzlich ins Schlottern und Zittern gekommen. Der Unfall, der Schock...
Er dankte dem Motorradfahrer, verwirrt, bleich, und ging gar nicht erst in die Werkstatt, den Selbstunfall zu melden. Er ging gleich ins Wohnhaus nebenan, verkroch sich in sein Zimmer.
Wo er sich ohne verzögernde Umstände erschoß.
Ich weiß, wie es war. Ich war's. Kein Wort.[135]

Das stabile Erzählsystem in Er-Form mit einem Narrator von großem Überblick (»Er wäre lieber ein Bettler in Marokko gewesen. / Seine Mutter nahm ihn oft in Schutz«) und stabilem Präteritum-Einsatz erhält am Ende eine Pointe. Das System wandelt sich zur Ich-Form mit Präsens, wodurch dunkel bleibt, was der Satz sagen will: Spricht hier wieder einer aus dem Jenseits, nämlich die Hauptfigur Gabriel Diethelm? Oder derjenige, der die Bremsen repariert hat? – Man erfährt es nicht. Aber solche Unsicherheiten sind nicht ausschlaggebend für die Inkohärenz, die das Ganze des Textensembles des ersten Roman-Teils bestimmt. Zwar mag die Neigung zur Verrätselung einerseits sowie die Technik Späths, eine Reihe von Figuren aus dem Jenseits sprechen zu lassen, auffällig wirken; dergleichen vermag aber nicht über die ästhetische Diffusion des epischen Gesamtsystems hinwegzutäuschen, welche die Kombination von erzählthematischer Inkohärenz und erzählsystematischer Vielheit hervorruft.

Letztere übertrifft ja diejenige, die in den »Wanderjahren« begegnet, um ein Vielfaches, erst recht wenn man bedenkt, daß bisher nur vom ersten Teil des Romans »Commedia« die Rede war. Die Einzeltexte besitzen zudem nicht, wie jene in Goethes Roman, eine wenn auch oft nur lockere Beziehung zur Haupthandlung; denn eine solche existiert bei Späth gar nicht. Es fehlt außerdem so gut wie jegliche Beziehung der Texte untereinander. Das liegt daran, daß der Roman keine Zentralthematik besitzt, weder eine inhaltliche Tendenz noch eine mit Hilfe von Konterkarierungen, Parallelisierungen, Wiederholungen etc. signalisierte motivliche Kohärenz der Einzeltexte. Genau genommen spiegelt deren erzählsystematische Vielfalt nur formal die Diskrepanz und Inkohärenz der inhaltlichen und thematischen Momente wider. Dies bewirkt die Freigabe der Rezeption: Der Text betreibt keine an irgendwelchen Regelmäßigkeiten, schon gar nicht durch auktoriale Eingriffe oder Hinweise erkennbare Verständnislenkung. Hier erzählen und beschreiben 203 Figuren auf unterschiedliche Weise, in unterschiedlichen Erzählsystemen, Stilarten, Redeweisen unterschiedliche Erlebnisse, Erinnerungen, Obsessionen, Geschehnisse, Beiläufigkeiten usw.

Noch klarer tritt diese Tendenz zur Diffusion mit der Folge einer gänzlich freien Rezeption dadurch zutage, daß dem ersten Teil des Romans, der die Überschrift »Die Menschen« trägt, ein zweiter unter dem Titel »Das Museum« folgt, ohne daß irgendeine Beziehung zwischen dem ersten und dem zweiten Teil erkennbar wäre. Weder haben die hier auftretenden Personen etwas mit den dort auftretenden zu tun, noch sind Parallelen zwischen den Darbietungsformen, den Motiven, den dargestellten Ereignissen oder Szenen erkennbar. Im zweiten Teil, der seinerseits in zwölf Abteilungen gegliedert ist, wird der Besuch eines Museums geschildert, wobei die zwölf Abteilungen den zwölf gezeigten Räumen entsprechen. Zehn Abteilungen sind ihrerseits in sieben Abschnitte untergliedert, die elfte in acht, die zwölfte kennt nur einen Abschnitt. Auch die Abschnitte werden zerteilt, nämlich in jeweils zwei Segmente, von denen das erste aus der Schilderung des Kurators, das zweite aus einem Gespräch oder einer Bemerkung verschiedener Besucher besteht. Sie werden zudem durch recte und kursive Setzung voneinander abgehoben. Der vorgezogene, ungezählte Abschnitt in der ersten Abteilung, die die Überschrift »Die Hellgrüne Kammer« trägt, lautet folgendermaßen:

In der ersten Abteilung, in der sogenannten Hellgrünen Kammer mit den silbernen Zierleisten, versuchen wir Ihnen zu zeigen, wie die Menschen hierzulande sich kleideten, schmückten, betteten.
  Sie sehen Gewobenes, Geklöppeltes, Gesticktes, aber auch einige geschnitzte, gedrechselte, getriebene, geschmiedete Stücke. Ich mache mir ein Vergnügen, Ihnen jeweils den einen oder anderen Gegenstand besonders nahezubringen.
  Die berufene Hand holt das Ding aus sich selbst hervor und macht es, derweil paßt das dergestalt entstehende Ding der Hand sich an und paßt auch die Hand sich an, und weiter verändern die Dinge zuweilen auch jene Hände, durch die sie später gehen.
  Ich hoffe, meine Darlegungen mögen Ihr Vergnügen erhöhen und Ihr Interesse vergelten.

»Komischer alter Knabe, dieser Kurator!« sagte Frau Kasparka aus Reutlingen zu ihrem Mann. »Findest du nicht auch?«
Jaroslav Kasparka hielt den Halbglatzkopf schief, überlegte, sagte nichts. Sie will, dachte er, daß ich ihr sage, wie recht sie wieder habe.[136]

Man sieht, daß der Autor es darauf anlegt, alle Kohärenzen zu tilgen, durch Zergliederung des Ganzen in Teile, Abteilungen, Segmente, Kurzberichte, Kurzbeschreibungen, Kurzdialoge, durch einen konsequent verfolgten Personenwechsel, der zum Auftreten von Hunderten von Figuren führt, durch die Verweigerung von Handlungsparallelen, thematischen Bezügen, inhaltlichen Spiegelungen und Konterkarierungen usw. eine vollständige Diffusion in formaler wie inhaltlicher Hinsicht zu inszenieren und dadurch die Rezeption völlig der Leserwillkür anheimzustellen. Das Textganze versammelt Hunderte von Einzeltexten ohne inneren Bezug und ohne erzählsystematische Regelung zu einem Angebot von Lesematerial, das dem Rezipienten ungeordnet dargeboten wird. Indes sind die Einzeltexte keineswegs surreal, absurd, »Blödsinn« im Sinne Carl Einsteins. Vieles ist interessant, manches witzig, fast alles unterhaltend. Aber diese Vielheit fügt sich nicht durch Sinnkohärenz zur Einheit, wie es in Goethes »Wanderjahren« geschieht.
  In Bezug auf die Freigabe der Rezeption geht Arno Schmidt in seinem Werk »Zettels Traum« noch einen Schritt weiter. Schon das Motto aus Shakespeares »Sommernachtstraum« läßt keinen Zweifel daran, daß das Textganze keineswegs in einem bestimmten Sinne verstanden werden soll, mehr noch: es ist überhaupt nicht zu verstehen:

»Ich hab' ein äußerst rares Gesicht gehabt! Ich hatt' nen Traum – 's geht über Menschenwitz, zu sagen, was es für ein Traum war. Der Mensch ist nur ein Esel, wenn er sich einfallen läßt, diesen Traum auszulegen. Mir war, als wär' ich, und mir war, als hätt' ich – aber der Mensch ist nur ein lumpiger Hanswurst, wenn er sich unterfängt, zu sagen, was mir

war, als hätt' ich's: des Menschen Auge hat's nicht gehört, des Menschen Ohr hat's nicht
gesehen, des Menschen Hand kann's nicht schmecken, seine Zunge kann's nicht begreifen,
und sein Herz nicht widersagen, was mein Traum war.–«[137]

Nachdrücklicher als der direkte Hinweis auf die Unverstehbarkeit des Traums (»Der
Mensch ist nur ein Esel, wenn er sich einfallen läßt, diesen Traum auszulegen«) signalisiert die Verkehrung der Sinnenkomplexe (»des Menschen Auge hat's nicht gehört« usw.), daß der Traum Zettels schlechterdings nicht zu verstehen ist, und da
Schmidt dieses Zitat als Motto nimmt, macht er dem Leser klar, daß auch »Zettels
Traum« nicht auf eine sinnvolle, eindeutige, auch nur fixierbare Rezeption angelegt
ist.

Das wirkt zunächst umso erstaunlicher, als das Buch im Gegensatz zu dem Roman Gerold Späths so etwas wie eine Zentralhandlung besitzt. Bei dem Literaten
Daniel Pagenstecher hält sich für gut einen Tag und eine Nacht das an einer Poe-
Übersetzung arbeitende Ehepaar Wilma und Paul Jacobi mit seiner sechzehnjähri-
gen Tochter Franziska auf, um Übersetzungsprobleme zu besprechen. Pagenstecher
verliebt sich in die ihn umwerbende Franziska, verzichtet aber auf eine Verbindung
mit ihr, nicht nur seines Alters, sondern auch seines Bedürfnisses nach Un-
gestörtheit wegen. Das wirkt wie eine halbe Liebesgeschichte, ist es aber kaum,
weil im Mittelpunkt die Übersetzungsfragen im Zusammenhang mit Poes Schriften
stehen. Trotzdem unterlegt Schmidt seinem Buch immerhin einen Handlungsstrang.
Indes zertrümmert er dessen vermeintlich Einheit stiftende Funktion gründlich
durch sein Erzählverfahren. Dabei ist die Gliederung des Textes in drei Kolumnen
nur ein Mittel. Sie sind parallel geschrieben, sollen auch mit Hilfe einer Assoziati-
on durch den Leser miteinander in Beziehung gesetzt werden, doch stellt Schmidt
dafür keinerlei Regeln auf. Er vermerkt:

Nun hat eine so große Seite eines Flachbuches: das Unangenehme, daß sie dem Leser – un-
bewußterweise suggeriert der rechte Rand ein – bei der Entfernung so ungefähr den Gegensatz des linken. Deswegen ist dem Leser die Hülfsvorstellung zu empfehlen, daß man sich
das Blatt nach hinten in sich zurückgekrümmt vorstellen möge, also: ein Zylinder, den man
rundherum beschrieben hat und der dann von oben nach unten, auf einer Geraden aufge-
schnitten worden ist, und plangelegt; das heißt also der rechte Rand kann durchaus den linken – erläutern – und umgekehrt.[138]

Die drei Textblöcke sind so voneinander getrennt, daß links Anspielungen, Zitate,
Variationen, Übersetzungen von Textstellen aus dem Werk Poes, rechts im allgemeinen die freien Assoziationen des Ich-Erzählers in monologisierendem Duktus
vermerkt sind und in dem umfangreicheren Mittelteil die Gespräche der Hauptfiguren und deren Handlungen präsentiert werden (vgl. Anhang I). Indem Schmidt die
Texte nebeneinander anordnet und dadurch jeden mit jedem in Kontakt bringt,
überläßt er es dem Leser, wie er lesen und also rezipieren will: von links über
rechts zur Mitte, von der Mitte über die linke Spalte wieder zurück, dann nach
rechts, hier vielleicht eine längere Strecke vorauseilend, dann die linke Spalte
nachholend usw. usf. Doch mit solcher Freigabe des Textes als Gegenstand einer
willkürlichen Rezeption durch den Leser hat es in »Zettels Traum« nicht sein Bewenden. Schmidt setzt nämlich seine sogenannte Etym-Technik ein, ein von Freud

und Joyce analysiertes bzw. praktiziertes Verfahren, einem Wort ein weithin freies, kaum begrenzbares Sinnchangieren zu ermöglichen. Es handelt sich dabei um die Schreibung eines Wortes im Sinne der Lautschrift, aber mit normalen Buchstaben, was zur Auflösung fester Wortbedeutungen führt. Wenn der Erzähler gleich zu Beginn im Mittelteil der ersten Seite das Wort »cnorpulend« im Zusammenhang mit dem Versuch verwendet, der dickleibigen weil schwangeren Wilma durch den Drahtzaun der Jungstierweide zu helfen, so darf und soll man gewiß »corpus«, »korpulent«, »Knorpel«, »pulen« assoziieren und vielleicht auch noch einiges mehr, – Schmidt hat es auch darauf abgesehen, fremdsprachliche Assoziationen mit einzubeziehen bzw. auszulösen. Wer also außer den genannten Möglichkeiten noch zusätzlich etwa englisch »pule« für »piepsen, wimmern« oder/und französisch »poule« für »Huhn« oder »Henne« assoziiert, erfüllt die Absichten Schmidts aufs schönste. Man muß dergleichen nicht für besonders geistreich halten, aber man kann deutlich erkennen, wie hier Rezeptionsfreiheit erzeugt wird. Die bloße Unterschiedlichkeit der Textsysteme – von einem Erzählsystem im eigentlichen Sinne kann ja allenfalls bei der Mittelkolumne die Rede sein – ist dabei sogar von untergeordneter Bedeutung. Daß es sich in der linken Spalte meist um erzählerische Zitate oder Übersetzungen in Bruchstücken handelt, daß in der Mitte eine Er-Erzählung mit wechselndem Tempus-Gebrauch vorliegt und rechts eine Ich-Form, die allerdings, wenn Vorstellungen in den Monolog eindringen, weitgehend ihren Charakter verliert und zu einer Art Er-Erzählung werden kann, ist schon deshalb nicht von besonders großer Bedeutung, weil keineswegs die auf der ersten Seite herrschende »Ordnung« sich über das ganze Werk erstreckt; vielmehr greifen die Einzelstränge auch ineinander, partienweise setzt ein Textstrang aus, ein anderer beansprucht dessen Platz mit usw. Dieses Phänomen weist schon darauf hin, daß stärker als die Systematik der Einzeltexte deren assoziative Kombination das freie und willkürliche Rezipieren in Gang setzt. Sie wird durch den Paralleldruck der drei Stränge ermöglicht, der also stärker als die erzählsystematische Vielfalt zur Diffusion und damit zu den willkürlichen Assoziationen des Lesers beiträgt. Vor allem bewirkt eine freie und völlig subjektive Aufnahme des Gelesenen die Darbietungsform, also Sprache und lautliche Wiedergabe. Dieses epische Element gewinnt hier das größte Gewicht, weil es eine unübersehbare Fülle unkontrollierbarer, in ihrer Berechtigung nicht eingeschränkter Wort- und Sinnassoziationen zuläßt. Sie werden vermehrt durch die eigenwillige Zeichensetzung, deren Funktion man wiederum selbst bestimmen muß, wenn sich Schmidt auch über dieses Phänomen gelegentlich geäußert hat.[139]

Mit dieser Schreibweise sowie mit der Parallelanordnung der Textblöcke erreicht Schmidt eine auf den Text selbst zurückwirkende Rezeption. Und in diesem Punkt geht er über die textuale Diffusion bei Späth erheblich hinaus. In »Commedia« wird die Rezeption ebenfalls freigegeben, weil das gesamte Textensemble keinen Zusammenhang, keine Kohärenzen erkennen läßt. Aber der Roman wahrt doch seine textuale Identität: er ist so, wie er erscheint und sich präsentiert. Bei Schmidt kann davon nicht ohne weiteres die Rede sein. Denn wenn es so steht, daß der Leser nach freiem Belieben die Reihenfolge der Leseschritte bestimmen, damit die

Zusammenstellung der einzelnen Textabschnitte eigenmächtig vornehmen und außerdem auch Bedeutungsassoziationen aneinanderreihen kann und soll, wie es ihm
gefällt, dann ist der Text, um den es Schmidt geht, gar nicht mehr ohne weiteres
der vom Autor verfaßte und aufgeschriebene, sondern der vom Leser gedachte und
assoziierte. Der geschriebene Text versteht sich in gewisser Weise nur als Material
für die Rezeption, die jeweils aus ihm erst macht, was der Dichter will, – auch
wenn er gar nicht wissen kann, wie der vom Leser hergestellte Text, genauer: die
potentiell unendliche Vielzahl der von Lesern hergestellten Texte aussieht.

Es handelt sich hier um einen Verlust textualer Identität. Sie herrscht in allen
bisher dargestellten Erzählsystemen, denn stets gilt der vorliegende Text so, wie er
sich präsentiert, während bei Schmidt die Kolumnentechnik sowie die ungelenkte
und jedenfalls unkontrollierte Assoziationsketten auslösende Etym-Technik es dem
Leser anheimgibt, den eigentlichen Text überhaupt erst herzustellen. Andere Autoren haben diese Auflösung textualer Identität noch weiter getrieben und damit zugleich die Erzählsystematik aufgegeben.

So hat Franz Mon in seinem schon 1968, also zwei Jahre vor »Zettels Traum«
erschienenen Buch »herzzero« ebenfalls die Kolumnentechnik angewandt, zudem
mit Wort und Klangspielen eine wenn auch Schmidts Radikalität nicht erreichende
Assoziationsrezeption geweckt, die Auflösung textualer Identität aber viel bewuß-
ter, vor allem viel ausdrücklicher betrieben als Arno Schmidt. Die beiden Spalten
(s. Anhang II) stellen sich nach und nach sehr stark voneinander entfernende, dann
einander wieder nähernde Varianten eines epischen Gebildes dar, das meist im Präsens gehalten ist, die Du-Form in den Vordergrund rückt und oft wie eine lange
Folge von Figurenreden wirkt. Entscheidend für die Unterminierung textualer Identität ist die Absicht, die Mon verfolgt und die er in einer Leseanweisung als »vor-
rede« artikuliert:

der text erscheint in zwei fassungen, die durch die drucktype unterschieden sind, es ist also
jeweils die linke beziehungsweise die rechte spalte im zusammenhang zu lesen. niemand ist
es jedoch verwehrt, von der linken in die rechte oder von der rechten in die linke hinüber-
zulesen.

es wird empfohlen, mit bleistift, kugelschreiber und filzstift zu lesen. mit dem bleistift
streicht man die stellen an, die zusammengehören, auch wenn sie weit auseinander oder in
verschiedenen spalten stehen. mit dem kugelschreiber korrigiert man, was korrekturbedürftig
erscheint, ergänzt, was einem zur ergänzung einfällt, nicht nur die anführungszeichen an
stellen, wo man jemanden sprechen hört, sondern auch wörter, satzteile, redensarten, sprich-
wörter, zitate (auch selbstgemachte, vom himmel gefallene, denkbare, sagbare). der filzstift
macht unleserlich, was überflüssig erscheint. bedenken sie dabei, daß seine schwarzen wür-
mer zum text gehören werden.[140]

Hier wird also dem Leser die definitive Textherstellung ausdrücklich übertragen.
Was wir lesen ist kein Roman, kein geschlossener Text, kein in irgendeiner Hin-
sicht bestimmtes und bestimmbares Kunstgebilde. Es handelt sich vielmehr um das
Materialangebot eines Autors an den Leser, das dieser bei der ihm überlassenen
Herstellung einer Textfassung verwenden soll, allerdings weder vollständig noch in
der ursprünglichen Anlage noch in dem Wortlaut, der vorliegt. Der Autor dankt zu-

gunsten des Lesers ab, der Leser ist Rezipient und Verfasser zugleich. Die Folge:
Es gibt soviele Texte mit dem Titel »herzzero«, wie es Leser gibt. Dies jedenfalls
ist die ästhetische Absicht. Da der Text als bloßes Material fungiert, verliert er seine textuale Identität, was aber nichts anderes bedeutet, als daß die Zuordnung der
einzelnen epischen (oder textlichen) Kategorien zueinander und zu einer etwaigen
Kernthematik nicht mehr festgelegt ist. Sie wird – wenn überhaupt – vom jeweiligen Leser-Autor selbst erst hergestellt. Der Text, der uns vorliegt, d. i. das Material für den erst noch zu verfassenden eigentlichen Text, stellt kein Erzählsystem
mehr dar, weil er als endgültige Erzählung gar nicht existiert. Die Aufgabe textualer Identität bedeutet im Bereich der Erzählkunst die Auflösung der Erzählsysteme.

Deshalb hat z.B. Andreas Okopenko seinem ebenfalls aleatorisch angelegten
Roman gar nicht erst das Aussehen eines epischen Textes gegeben, sondern ihn
entsprechend seinem Titel ausgestattet: »Lexikon-Roman einer sentimentalen Reise
zum Exporteurtreffen in Druden« ist das Werk überschrieben, und als Lexikon ist
das Material, aus dem der Leser sich selbst einen Roman herstellen soll, von A bis
Z geordnet. Es besteht aus Beschreibungen, Ereignissen, Kleinerzählungen, Erzäh-
lungsvarianten, Gesprächen mit dem Leser usw. und ermahnt diesen auch, selbst
tätig zu werden. Unter »A.«, der ersten Rubrik, lesen wir: »Sie sind es gewohnt,
ein Buch – unter Umgehung des Vorwortes – von vorn nach hinten zu lesen. Sehr
praktisch. Aber diesmal schlagen Sie, bitte, zur GEBRAUCHSANWEISUNG zurück, denn ohne die werden Sie das Buch nicht zum Roman machen. Ja: dieses
Buch müssen erst Sie zum Roman machen.«[141] Und die letzte lexikalische Mitteilung, unter »Zz.« beigegeben, lautet ganz ähnlich: »Sie sind es gewohnt, zuerst
nachzulesen, ob sie sich kriegen, Napoleon und Désirée, oder der Bulle und der
Kunde. Sehr praktisch. Diesmal aber erfahren Sie auf diese Weise nur, daß Zz bei
den alten Apothekern Myrrhe, bei den neueren Ingwer bedeutet. Wollen Sie besser
informiert werden, schlagen Sie, bitte, zur GEBRAUCHSANWEISUNG zurück.
Denn Sie selbst müssen dieses Buch erst zum Roman machen.«[142] Diese »Gebrauchsanweisung« ist der Materialsammlung, also dem »Lexikon-Roman«, als
Vorwort vorangestellt und beginnt folgendermaßen:

Dieses Buch hat eine Gebrauchsanweisung, denn es wäre hübsch, wenn Sie sich aus ihm einen Roman basteln wollten. Die sentimentale Reise zum Exporteurtreffen in Druden muß
erst vollzogen werden. Das Material liegt bereit, wie die Donau und die Anhäufungen von
Pflanzen, Steinen und Menschen an ihren Ufern für viele Reisen und Nebenausflüge nach
Wahl bereitliegen. Das Material ist alphabetisch geordnet, damit Sie es mühelos auffinden.
Wie in einem Lexikon. Aus dem Lexikon sind Ihnen auch die Hinweispfeile bekannt (→),
die Ihnen raten sollen, wie Sie am besten weitergehen, wie Sie sich zusätzlich informieren
oder wie Sie vom Hundertsten in Tausendste gelangen können. Wie im Lexikon haben Sie
die Freiheit, jeden Hinweispfeil zu beherzigen oder zu übergehen. (Selbst übergangene Pfei-
le geben dem Reizwort ja eine gewisse räumliche Tiefe.) Die Hinweise, die Ihnen von Etappe zu Etappe die Fortsetzung der Reise ermöglichen sollen und die Sie daher vielleicht mit
Vorrang beachten werden, sind *schräg* gedruckt.[143]

Okopenko selbst spricht statt von einem Roman von Material, das er ausbreitet und
das der jeweilige Leser nach eigenem Gutdünken, eben in »Freiheit«, bei der Erfindung eines Romans benutzen soll. Auch hier wird der Leser zum Autor. Da keiner-

lei Fixierungen mehr vorhanden sind, gibt es auch kein Erzählsystem mehr. Allenfalls könnte man davon sprechen, daß der jeweilige Leser möglicherweise ein eigenes Erzählsystem begründet, wenn er einen Roman herstellen sollte.

Aber nicht nur die »Gebrauchsanweisung«, auch das anschließend mitgelieferte
Material selbst weist alles Erzählsystematische von sich. Das beigegebene Beispiel
(Anhang III) zeigt dies deutlich. Launige Beschreibungen, Kommentare zum vorliegenden »Reise«-Material, Variantenangebote zu dem Stichwort »Katze«, unter
denen die erzählerischen Elemente bei weitem überwiegen, werden gebündelt. Wir
finden Verse, finden Verweise, hier auf die »Gebrauchsanweisung« und auf den
»Allwissenden Erzähler«, so daß hinreichend deutlich wird, wie inkohärent und un-
strukturiert dem Leser-Autor das Romanmaterial präsentiert wird, d.h. wie frei und
willkürlich er mit ihm schalten und walten kann. Alle Möglichkeiten des Umgangs
mit diesem »Lexikon« sind ihm geboten, und so nennt denn auch der Autor selbst
sein Werk einen »Möglichkeitenroman«[144]. Ein Arsenal von Möglichkeiten bildet aber den äußersten Gegensatz zu einem »System«. Auch daran zeigt sich die
Auflösung aller erzählsystematischen Tendenzen. Und noch der folgende Satz belegt, daß alles Systematische, Geordnete beiseitegeschoben wurde und in Wahrheit
der Umgang mit diesem Roman anders und anders sein kann und auf unendliche
Weise und für ewige Zeiten wechseln mag: »Er ist ein Spiel, das nicht nach einma-
ligem Gebrauch ausgespielt ist.«[145]

Anmerkungen

1 Wolf v. Henschelsberg (Hg.): Späth-Witze (W 23), unpaginiert. Der Witz trägt die Überschrift »Wertvoll«.

2 Hebels Werke in einem Band (W 22), S. 127 ff.

3 Es steht keineswegs so, daß dies eine unhistorische Interpretation ist, die ein kritisches Bewußtsein unterstellt, welches weder der Autor noch der zeitgenössische Leser besitzen konnte. Denn abgesehen davon, daß – wie erwähnt – der Leser des »Schatzkästleins« Aufklärung und Französische Revolution hinter sich hatte und durchaus über ein geschärftes soziales Bewußtsein verfügen mochte, zeigen auch andere Geschichten Hebels, daß man den Dichter unterschätzt, wenn man ihm lediglich literarischen Biedersinn attestiert. Greift man nur einige Geschichten heraus, die in größter zeitlicher Nähe zu »Kannitverstan« im »Schatzkästlein des rheinischen Hausfreundes« erschienen, so zeigt sich schnell, daß die für »Kannitverstan« reklamierte Unterminierung eines einfachen Sinns der Geschichte auch in anderen Texten Hebels vorwaltet. Einer der bekanntesten, der den Titel »Der kluge Richter« trägt, scheint auf den ersten Blick ein Lehrstück für überlegene Gerechtigkeit darzustellen. In Wahrheit führt der Spruch des Richters dazu, daß niemand etwas von dem Geld bekommt, auch der ehrliche Finder geht seiner Belohnung verlustig. In »Der kann Deutsch« wird der den Drangsalierungen des Franzosen ohnehin ausgesetzte Bürger von diesem auch noch zusätzlich verprügelt und somit doppelt ungerecht behandelt, während der Grobian triumphiert. In der »Merkwürdigen Gespenstergeschichte« erhält ein Fremder reichen Lohn, weil er Falschmünzer nicht verrät, und die Erzählung »Moses Mendelssohn« beläßt es ja ausdrücklich dabei, daß der Kluge ausgebeutet wird und der Dumme ausbeuten darf, und dies wird auch noch gutgeheißen. Ungebrochener, nur der Unterhaltung dienender Humor kommt hier nicht zum Vorschein.

4 Joseph Freiherr von Eichendorff: Werke und Schriften (W 10), Bd. 2, S. 424.

5 Ebd. S. 431. Vgl. auch Friedrich Schlegels ebenso berühmten wie lakonischen Satz »Der Roman ist ein romantisches Buch.« In: Kritische Schriften (L 65), S. 515.

6 So stellt Friedrich Schlegel in seinem »Gespräch über die Poesie« und darin im »Brief über den Roman« »Richtern also auch darum über Sterne, weil seine Phantasie weit kränklicher, also weit wunderlicher und phantastischer ist« (Kritische Schriften = Anm. 5, S. 511).

7 Vgl. dazu den kurzen Überblick in Ansgar Hillach u. Klaus-Dieter Krabiel: Eichendorff-Kommentar. Bd. 1 (L 32), S. 143 ff.

8 Joseph Freiherr von Eichendorff: Werke und Schriften (= Anm. 4), S. 354.

9 Ebd. S. 357.

10 Ebd. S. 352.

11 Ebd. S. 420.

12 Ebd. S. 380.

13 Ebd. S. 396 f.

14 Ebd. S. 392.

15 Ebd. S. 349.

16 Ebd. S. 369.

17 Ebd. S. 401.

18 Ebd. S. 413.

19 Ebd. S. 363.

20 Ebd. S. 415.

21 Ebd. S. 434.

22 Ebd. S. 433.

23 Ebd. S. 432.

24 Ebd.

25 Ebd. S. 351.

26   Ebd. S. 380.
27   Vgl. dazu Vf.: Kategorien des Erzählens. Zur systematischen Deskription epischer Texte
      (L 52), S. 191, Anm. 60: Dierk Rodewald hat in seinem Aufsatz »Der ›Taugenichts‹ und
      das Erzählen« (L 63, S. 231 ff.) den Versuch unternommen, nachzuweisen, daß – entge-
      gen der überkommenen Auffassung von der Struktur einer Ich-Erzählung – bei Eichen-
      dorff ein Erzähler auftritt, der bezüglich seiner eigenen Geschichte inkompetent ist, der
      also trotz der Retrospektive über das Geschehen nicht wissend verfügt, durch den viel-
      mehr »hindurcherzählt wird« (S. 237 u. ö.); dem Ich, so Rodewald, fehle jede »erzähle-
      rische Autorität«, es handle sich daher lediglich um einen »quasi-Erzähler« (S. 238). Er
      verkennt aber nur, daß ein Ich-Erzähler mit seinem Wissen auch hinter dem Berg halten
      und – wie im »Taugenichts« – streng personal erzählen kann. Darauf beruhen bei Ei-
      chendorff Humor und Ironie. Denn nochmals gesagt: Die Form der retrospektiven Ich-
      Erzählung garantiert dem Leser, daß das Erzähler-Ich den Ablauf der Geschichte und –
      soweit möglich – deren Hintergründe kennt; indem er dieses Wissen für sich behält und
      die Optik des erlebenden Ich wählt, verbirgt er sich hinter der Maske der Unwissenheit,
      was aber als bloße Maskerade vom Leser durchschaut wird, da Unwissenheit des Narra-
      tors der gewählten Erzählform widerspricht und also Spiel, *doxa,* Schein ist: Und dies
      ist der Schein, ohne den poetische Ironie nicht existieren kann.
28   Vgl. Eichendorff-Kommentar (= Anm. 7), S. 144 ff.
29   Ebd. S. 145. Es handelt sich um ein Referat der Thesen von G. T. Hughes: Eichen-
      dorff: »Aus dem Leben eines Taugenichts«, (L 33).
30   Theodor Fontane: Effi Briest (W 14), S. 120.
31   Richard Brinkmann: Theodor Fontane (L 7), S. 122.
32   Aus Entwürfen zu einer unvollendeten Novelle (»L. P.-Novelle«). In: Theodor Fonta-
      ne: Sämtliche Werke , Bd. 24 (W 13), S. 302.
33   Theodor Fontane: Briefe (W 12), S. 290, zitiert bei Brinkmann (= L 7), S. 115.
34   Ebd. S. 291, zitiert bei Brinkmann (= L 7), S. 115.
35   Theodor Fontane: Effi Briest (= Anm. 30), S. 277.
36   Ebd. S. 236.
37   Ebd. S. 237.
38   Ebd. S. 242.
39   Ebd. S. 287.
40   Ebd. S. 219.
41   Ebd. S. 269.
42   Ebd. S. 275.
43   Ebd. S. 294.
44   Richard Brinkmann: Theodor Fontane (= Anm. 31), S. 150.
45   Ebd. S. 183.
46   Immerhin waren die wichtigsten Veröffentlichungen zu erzählpoetologischen Fragen
      von Stanzel ebenso erschienen, als Brinkmann sein Buch in erster Auflage publizierte,
      wie die erste Auflage von Käte Hamburgers »Die Logik der Dichtung«.
47   Theodor Fontane: Effi Briest (= Anm. 30), S. 292.
48   Ebd. S. 265.
49   Ebd. S. 260.
50   Ebd. S. 226.
51   Von Unmittelbarkeit können wir in diesem Zusammenhang sprechen, obwohl aus den
      dargelegten gattungspoetologischen Gründen prinzipiell an der Vermittlung durch ein
      episches Medium festgehalten werden muß (s. II,4 u. 6).
52   Längere Dialoge, in denen der Narrator kaum oder gar nicht auftritt, finden sich z.B. S.
      44–47, 77–80, 83–86, 130–133, 135–138, 139–141, 146 f., 214–216, 234–237, 246–248,
      277, 286–289, 293 f.
53   Carl Einstein: Bebuquin oder die Dilettanten des Wunders. In: C. E.: Werke (W 11),
      Bd. 1, S. 91.

54 Ebd. S. 109 f.
55 Ebd. S. 86.
56 Jurek Becker: Jakob der Lügner (W 2), S. 7.
57 Ebd. S. 24.
58 Ebd. S. 44.
59 Ebd. S. 44 f.
60 Ebd. S. 257 f.
61 Ebd. S. 258.
62 Ebd. S. 24.
63 Ebd. S. 26.
64 Ebd. S. 27.
65 Ebd. S. 43.
66 Ebd. S. 55.
67 Ebd. S. 56.
68 Ebd. S. 57.
69 Ebd. S. 59.
70 Ebd. S. 60.
71 Ebd. S. 77.
72 Ebd. S. 137.
73 Ebd. S. 139.
74 Ebd. S. 207 f.
75 Ebd. S. 258.
76 Ebd. S. 259.
77 Ebd. S. 261.
78 Ebd. S. 262.
79 Ebd. S. 268.
80 Ebd. S. 268 f.
81 Ebd. S. 270.
82 Ebd. S. 272.
83 Ebd.
84 Vgl. zu der Stellung eines solchen Erzählers außerhalb der von ihm erzählten Geschichte die Bemerkungen zum Problem textontologischer Instabilität der Rahmenform
(S. 128ff.).
85 Thomas Mann: Doktor Faustus. In: Gesammelte Werke (W 35), Bd. 6, S. 10.
86 Ebd. S. 183 f.
87 Ebd. S. 334.
88 Ebd. S. 446.
89 Ebd. S. 668.
90 Thomas Mann hat als Lösung das von Arnold Schönberg entwickelte Kompositions-
prinzip der Zwölftontechnik gewählt und geschildert.
91 Ebd. S. 294 f.
92 Ebd. S. 676. Schon bei der Schilderung des Ersten Weltkrieges bringt Zeitblom den
Gesundheitszustand Leverkühns mit dem Untergang der alten Ordnung in Zusammenhang:»Und dennoch: So wenig es möglich war, das Absinken seiner Gesundheit
mit dem vaterländischen Unglück in gemüthafte Verbindung zu bringen, – meine
Neigung, das eine mit dem andern in objektivem Zusammenhang, symbolischer Parallele zu sehen, diese Neigung, die eben nur durch die Tatsache der Gleichzeitigkeit
mir eingegeben sein mochte, war unbesieglich durch seine Ferne von den äußeren
Dingen, mochte ich den Gedanken auch sorgsam bei mir verschließen und mich
wohl hüten, ihn vor ihm auch nur andeutungsweise zur Sprache zu bringen.« (Ebd.
S. 454 f.)
93 Sophie von La Roche: Geschichte des Fräuleins von Sternheim (W 33), S. 75 ff.
94 Geschieht dies so, daß eine Reihe von Einzeltexten, die nicht oder allenfalls durch

Spiegelungen, Konterkarierungen etc. aufeinander Bezug nehmen, nebeneinanderge-
stellt werden, so handelt es sich um eine Systemvielfalt, die sich in einem Textensemble, in aller Regel als Montage, zur Geltung bringt.

95 Max Frisch: Stiller. In: Gesammelte Werke (W 15), Bd. 3, S. 769.
96 Ebd. S. 780.
97 Ebd. S. 361.
98 Ebd. S. 437.
99 Ebd. S. 441.
100 Hartmut Steinecke: Nachwort. In: Lebens-Ansichten des Katers Murr (W 28), S.
    486 ff., hier: S. 510.
101 Theodor Storm: Der Schimmelreiter. In: Sämtliche Werke (W 51), Bd. 7, S. 711.
102 Johann Wolfgang Goethe: Unterhaltungen deutscher Ausgewanderten. In: Werke (W
    16), Bd. 6, S. 146 f.
103 Ebd. S. 156.
104 Ebd. S. 157.
105 Ebd.
106 Max Frisch: Stiller (= Anm. 95), S. 376.
107 Ebd. S. 422.
108 Ebd. S. 521.
109 Vgl. dazu Vf.: Der deutsche Roman der Moderne (L 55), S. 225 ff.
110 Vgl. dazu Otto Keller: Döblins Montageroman als Epos der Moderne (L 39).
111 Vgl. dazu Volker Neuhaus: Die Archivfiktion in »Wilhelm Meisters Wanderjahren«
    (L 48). Ich folge der hier entwickelten Strukturanalyse.
112 Johann Wolfgang Goethe: Wilhelm Meisters Wanderjahre oder Die Entsagenden. In:
    Werke (W 16), Bd. 8, S. 378.
113 Ebd. S. 436.
114 Ebd. S. 40.
115 Ebd. S. 84.
116 Ebd. S. 127.
117 Ebd. S. 448.
118 Ebd. S. 456.
119 Ebd. S. 395.
120 Ebd. S. 118.
121 Ebd. S. 167.
122 Ebd. S. 393.
123 Ebd. S. 395.
124 Ebd.
125 Ebd. S. 396.
126 Ebd.
127 Ebd. S. 399.
128 Ebd. S. 66.
129 Ebd. S. 70.
130 Ebd. S. 301.
131 Vgl. dazu Vf.: Der deutsche Roman der Moderne (= Anm. 109), S. 298 ff.
132 Gerold Späth: Commedia (W 49), S. 11.
133 Ebd. S. 14.
134 Ebd. S. 16.
135 Ebd. S. 197.
136 Ebd. S. 268.
137 Arno Schmidt: Zettels Traum (W 48), zettel 2.
138 Arno Schmidt: Vorläufiges zu Zettels Traum (W 47), S. 3.
139 Vgl. Arno Schmidt: Berechnungen III. In: A.S.: Zur deutschen Literatur (W 45), Bd.
    4, S. 364 ff.

140 Franz Mon: herzzero (W 37), S. 5.
141 Andreas Okopenko: Lexikon-Roman einer sentimentalen Reise zum Exporteurtreffen
     in Druden (W 40), S. 9.
142 Ebd. S. 292.
143 Ebd. S. 5.
144 Ebd. S. 6.
145 Ebd.

IV. Kritik

1. Mängel und Defizite überkommener Theorien und Poetiken

Trotz aller Versuche, sich auf diesem Feld vom Vorbild der Naturwissenschaften leiten zu lassen, fehlt es der überkommenen Erzählforschung nicht weniger als der Gattungspoetologie an einer wirklich widerstandsfähigen Systematik. Auch wenn man, wie in der »Einleitung« geschehen, berücksichtigt, daß im 20. Jh. nicht mehr jene Beliebigkeit der Gedankenabfolge herrscht, die die Poetiken der Renaissance und der nachfolgenden Jahrhunderte in aller Regel prägt, kann man doch nicht leugnen, daß Systeme in jenem Sinn von Funktionalität, der die vorliegende Darstellung trägt, bisher nirgends entworfen wurden. Es versteht sich von selbst, daß kleinere und spezielle Untersuchungen diesem Anspruch gar nicht unterliegen und darum hier auch nicht berücksichtigt werden. Aber auch die größeren Darstellungen halten keineswegs der Forderung stand, die epischen Textphänomene systematisch zu klassifizieren und einander zuzuordnen. Selbst die eingangs erwähnte »Theorie der Prosa« von Viktor Šklovskij, die mit ihrem Ansatz, zwischen Alltagssprache und Kunstsprache zu unterscheiden, der hier vorgetragenen sprachontologischen Differenzierung zwischen Wirklichkeitsaussagen und fiktionalem Sprechen ja gar nicht so fern steht [1], beläßt es letztlich bei einer Katalogisierung von Phänomenen der »Poetizität« oder »Literarität«, ohne daß diese in einer systemlogischen Ordnung fundiert würden. Offensichtlich existiert dergleichen für diese Art strukturalistischen Denkens nicht, das sich denn auch in aller Regel schnell auf die Deskription von Texten verlegt, es aber auch dabei nicht auf die Gewinnung von wiederverwendbaren Beschreibungskategorien abgesehen hat. Selbst das hinsichtlich seines Aufbaus noch stringenteste der in der deutschen Übersetzung übrig gebliebenen 6 Kapitel besteht zu einem guten Teil aus Abschweifungen in die Interpretation vieler Beispiele, die dem Ganzen zwar so etwas wie einen empirischen Halt, aber keineswegs eine systematische Ordnung geben. Nichts wird auseinander abgeleitet, nichts einander funktional zugeordnet, und der einleitende Satz zum Kapitel III,2 darf als in dieser Hinsicht höchst typisch angesehen werden: »Ein anderer Kunstgriff, der beim Aufbau der Novelle angewandt wird, ist der Parallelismus. Wir wollen ihn anhand von Texten Tolstois untersuchen.«[2] Das folgende Unterkapitel beginnt mit dem Satz »Der Vorläufer des Romans war die Novellensammlung«[3], über dessen Richtigkeit man trefflich streiten kann, der indes zweifelsfrei zu erkennen gibt, wie beliebig die Argumentation hier abläuft. Dazu schließlich noch der erste Satz des 4. Subkapitels: »Wenn wir irgendeine typische Novelle oder Anekdote nehmen, sehen wir, daß sie ein geschlossenes Ganzes bildet.«[4] Auch er läßt so wenig wie die Kapitelinhalte ein systematisches Vorgehen erkennen. Genau genommen handelt es sich bei Šklovskijs Buch nicht um eine argumentierende Abhandlung über Wesen und Formen des Erzählens, sondern um einen lockeren Diskurs über weltliterarische Beispiele. Die Kapitel IV und V widmen sich denn auch in ausladenden Einzelinterpretationen einmal dem »Don Quijote« und dann dem »Tristram Shandy«.

Hinsichtlich einer klaren Aufgabenstellung und einer systematischen Darstellung ist das genau 30 Jahre nach Viktor Šklovskijs »Theorie der Prosa« erschienene Buch »Bauformen des Erzählens« von Eberhard Lämmert diesem hoch überlegen. Die ersten beiden Teile der Darstellung, »Der sukzessive Aufbau des Erzählwerks« und »Die sphärische Geschlossenheit des Erzählwerks«, gliedern alles Epische nach den beiden zentralen Merkmalen der Tektonik, weshalb allerdings der dritte Teil, »Die Dimensionen der Rede im Erzählvorgang«, eher wie ein Anhängsel wirkt, weil er nicht tektonische Phänomene behandelt. Freilich hat Lämmert keine Erzählpoetik vorgelegt, was dazu führt, daß die unterschiedlichen Schichten des Erzählens, also Tempusprobleme, Fiktionalitätssignale, Durchbrechung der Fiktionalität, Erzählhaltungen und Erzählverhalten etc. nur beiläufig zur Sprache kommen und daher auch nicht erzählsystematisch klassifiziert und zugeordnet werden. Aber wenn man von der bereits hervorgehobenen Tatsache absieht, daß er sein Buch niemals überarbeitet hat und deshalb die erzähltechnischen Entwicklungen der letzten vier Jahrzehnte ebenso unberücksichtigt läßt wie die Entwicklungen auf dem Feld der Erzählpoetologie, so verdient die Darstellung doch auch innerhalb einer allgemeinen Erzählpoetik eine Erwähnung, weil Lämmert von seiner speziellen Fragestellung aus allgemeinere Probleme wenigstens tangiert.

Die wohl umfänglichste Darstellung epischer Techniken im anglo-amerikanischen Sprachgebiet hat Wayne C. Booth mit seinem Buch »The Rhetoric of Fiction«, in deutscher Übersetzung »Die Rhetorik der Erzählkunst«, vorgelegt. Es handelt sich nicht um eine dem Rhetorischen im engeren Sinne verpflichtete Arbeit, was die Überschriften der drei Hauptteile »Künstlerische Reinheit und die Rhetorik der Erzählkunst«, »Die Stimme des Autors im Erzählwerk« und »Unpersönliches Erzählen« bereits zu erkennen geben. Zwar läßt Booth, wie er im Vorwort erwähnt, viele literarische Probleme außer Betracht, aber die eigentlich narrativen Fragestellungen werden durchaus in den Mittelpunkt gerückt. Problematisch wirkt freilich die Neigung des Verfassers, beständig ins Weltliterarische abzuschweifen, statt Kategorien der Beschreibung zu entwickeln und zu klassifizieren. Der erste Eindruck bzgl. einer streng geordneten Darstellung trügt. In Wahrheit trägt Booth eine stark ausgeweitete Retrospektive vor, die alle möglichen erzählpoetologischen Auffassungen von allen möglichen Dichtern und Theoretikern berührt und referiert. Von erzählpoetologischer Systematik mit Folgen und Hilfen für das Erfassen epischer Tatbestände kann nicht die Rede sein. Man erkennt das auch daran, daß sich im ersten Teil ein Abschnitt »Erzählweisen« findet, der eigentlich der gesamten typologischen Einteilung vorausgehen müßte, damit die Verflechtungsarten der »Erzählweisen«, die sich mit einem Teil der hier entwickelten epischen Kategorien bzw. Textschichten decken, als Maßstab für eine Erzähltypologie verwendet werden könnten. Da das nicht der Fall ist, greift die Analyse der drei Typen viel zu kurz, sie ist bzgl. der Erschließung der textualen Schichten viel zu ungenau, als daß sie die einzelnen Erzählsysteme zu erfassen vermöchte. Wendet man sich lediglich den epischen Elementen zu, die einen der genannten Typen auszeichnen, so bekommt man nur die gröbsten Merkmale des jeweiligen Textes vor den Blick, nicht jedoch die spezifischen Verklammerungen der einzelnen Aspekte, die in ihrer Gesamtheit erst die textuale Individualität ausmachen.

Nicht anders steht es mit den Versuchen Franz K. Stanzels, die Phänomene des Epischen zu systematisieren und erzählerische Texte zu beschreiben. In zahlreichen Aufsätzen und in nicht weniger als drei Büchern hat er immer wieder dasselbe dargelegt, gelegentlich mit neuen Begründungsversuchen versehen, aber im Prinzip ohne Neuerungen. Er entwirft sogenannte »Erzählsituationen«, von denen er in der ersten Buchveröffentlichung »Die typischen Erzählsituationen im Roman« noch vier, in »Typische Formen des Romans« und »Theorie des Erzählens« nur noch drei aufzählt, nämlich unter Fortlassung der »neutralen Erzählsituation« in den beiden letzten Büchern. Diese unterscheiden sich nur noch hinsichtlich Umfang und Wortlaut, aber nicht in ihrem eigentlichen Ergebnis, nämlich einem Deskriptionssystem, das aus der Trias einer auktorialen und personalen sowie einer Ich-Erzählsituation besteht. Ich beziehe mich im Folgenden auf die »Theorie des Erzählens«.

Die Konstituierung dieser drei Erzählsituationen leidet unter einem systemlogischen Mangel, der zu folgenreichen Ungereimtheiten führt. Stanzel glaubt, daß sich drei epische Grundtypen unterscheiden lassen, die sich aus drei unterschiedlich behandelten Konstituenten zusammensetzen, nämlich aus der »Opposition Erzähler – Reflektor«, der »Opposition Identität – Nichtidentität der Seinsbereiche des Erzählers und der Charaktere« sowie der »Opposition Innenperspektive – Außenperspektive«[5]. Daraus ergeben sich für Stanzel die drei Erzählsituationen (= ES), die er wie folgt auflistet:

Auktoriale ES – Dominanz der Außenperspektive
Ich-ES – Dominanz der Identität der Seinsbereiche von Erzähler und Charakteren
Personale ES – Dominanz des Reflektor-Modus [6]

Schon diese Auflistung läßt deutlich werden, daß Stanzel völlig Inkommensurables auf einer Ebene miteinander vergleicht bzw. gegenüberstellt. Auf den ersten Blick ist erkennbar, daß die drei Erzählsituationen kein *quartum comparationis* besitzen, so wenig wie jeweils zwei von ihnen ein *tertium comparationis* haben. Die Dominanz der Außenperspektive der Ich-ES entgegenzustellen bedeutet, daß es keine Ich-ES gibt, in der die Außensicht vorwaltet, schlimmer noch: Indem Stanzel der Ich-ES die Auktoriale ES und die Personale ES gegenüberstellt, verbindet er, ohne dies zu reflektieren, sowohl die Auktoriale wie die Personale ES mit einem Er-Erzählen. Diesem müßte ebenso wie der Ich-Erzählung die Du-Form gegenüberstehen, doch diese kennt Stanzel gar nicht; auf dem ausgeführten großen Typenkreis am Ende des Buches taucht das Wort »Du« kein Mal auf, es existiert lediglich eine »Ich/Er Grenze«. Der Auktorialen ES mit der Dominanz der Außensicht (des persönlichen Erzählers) – nehmen wir einmal an, diese Verbindung ließe sich halten – müßte nicht nur die Personale ES mit der angeblichen Dominanz des Reflektor-

Modus – also der Figurensicht –, sondern auch die Neutrale ES gegenüberstehen, denn es gibt nun einmal ein Erzählen, das kein persönliches Medium in den Mittelpunkt rückt, aber ebenso wenig die Figurensicht. Kurzum: Indem er auf ein und derselben Argumentationsebene drei Gesichtspunkte miteinander in vergleichende Beziehung setzt, muß es zu einem Durcheinander kommen, das so wenig wie bei Kreis und Quadrat durch die Fixierung von Übergängen des einen in das andere zu ordnen ist.

Solche Übergänge finden sich auf Stanzels Typenkreis gleichwohl allenthalben. »Doktor Faustus« von Thomas Mann wird an einer Stelle eingeordnet, die diesen Roman der Ich-Erzählsituation mit der angeblichen »Identität der Seinsbereiche« von Erzähler und Figuren zuordnet. Das ist in doppelter Hinsicht fragwürdig, weil die Ich-Form *per se* ganz und gar nicht eine Identität der Seinsbereiche präsentiert und in diesem speziellen Fall das erzählende Ich zeitlich und erfahrungsmäßig in großer Distanz zur Zeit, von der erzählt wird, steht. Die Plazierung auf jener Stelle, an der die Grenze zwischen Innen- und Außenperspektive verläuft, kann man wohl akzeptieren, da beides vorkommt, wenn nur das entscheidende Merkmal, daß es sich hier nämlich um eine Doppelform, um eine Ich-Er-Erzählung handelt, Berücksichtigung finden könnte. Die »Ich/Er Grenze« verläuft indes an weit entfernter Stelle, Stanzel kann nicht der Position »Ich/Er« und zugleich der Position »Innen-/Außenperspektive« entsprechen, eben weil er sie auf ein und derselben Ebene ansiedelt und entsprechend auseinanderrücken muß. »Effi Briest« findet sich im Sektor der Auktorialen ES, die die Sehweise des Narrators vorherrschen läßt. Das ist schlicht falsch, wie das Kapitel III,1 nachgewiesen hat; aber wo soll Stanzel den Roman unterbringen, da er doch keine Neutrale ES kennt, es sich um keine Ich-Form handelt und auch nicht um ein personales Erzählen in dem Sinne, daß der Narrator eine Figurenperspektive wählt? – Andererseits führt, wie gezeigt, die Neutralität des Narrators hier oftmals dazu, daß die einzelnen Figurenperspektiven in ihrer Vielzahl zum Ausdruck gelangen, und insofern müßte Stanzel »Effi Briest« als Personale ES einordnen. Dann geht ihm aber die Kategorie der Außensicht wieder verloren, – kurzum, man kann nicht zu einer präzisen Deskription gelangen, wenn man keine logisch geordneten Aspekte besitzt.

Es lohnt sich nicht, alle Fixierungen von Romanen auf diesem Typenkreis durchzugehen und jeweils zu zeigen, was nicht stimmt, weil es aus systemlogischen Gründen auf der Hand liegt, daß so gut wie keine Einordnung wirklich richtig und zugleich genau sein kann. Ein System besteht nun einmal aus einer horizontalen und einer (jeweils) vertikalen Zuordnung seiner Elemente. Auf einer Ebene sind nur diejenigen Kategorien zu versammeln und einander gegenüberzustellen, die ein gemeinsames *tertium, quartum, quintum* etc. *comparationis* bzw. ein gemeinsames *genus* haben und sich durch eine auf dieses gemeinsame *genus* beziehende *differentia specifica* unterscheiden. Auf anderen Ebenen sind entsprechend Kategorien mit einem anderen gemeinsamen Bezugspunkt zu versammeln etc. Die Ebenen bleiben untereinander dadurch verbunden, daß sie ein- und dasselbe Objekt beschreiben und jeweils einen Deskriptionsaspekt präsentieren. Ordnet man alle Elemente, also auch solche, die keinen gemeinsamen Orientierungs- und Bezugs-

punkt haben, auf einer Ebene an, so ist man gezwungen, ein Element als vor-
herrschend zu qualifizieren und die anderen damit zu verfehlen oder kaum zu erreichen. Nur wenn man – um Stanzels Gesichtspunkte zu ordnen – eine Ebene mit der
Ich-Form besetzt und ihr die Entgegensetzungen Du-Form und Er-Form ebenfalls
zuordnet, weil diese drei ein gemeinsames *quartum comparationis* (von wem erzählt der Erzähler?) haben, und eine Schicht darunter das Vorherrschen einer Sehweise (Erzählverhalten) – bei Stanzel die des Erzählers oder der Figur oder (was er
nicht kennt) keine von beiden (= Neutralität) – zum leitenden Gesichtspunkt erhebt, kann man ein Ich-Erzählen mit vorherrschender Erzähler-Perspektive ebenso
plazieren wie eine Du-Erzählung mit vorherrschender Figurenperspektive etc. Und
wenn man schließlich eine dritte vertikal angeordnete Schicht, etwa die der Sichtweise, anlegt, kann man den Text weiter bestimmen, nämlich ob dem Erzähler der
Blick in das Innere der Figur gestattet ist oder nicht. Wenn aber ein Ich-Erzähler
das Geschehen weitgehend von außen schildert, dann findet man dafür auf Stanzels
Typenkreis einfach keinen Platz, weil Außensicht mit dem Auktorialen und mithin
mit der Er-Form verbunden wird und diese ES der Ich-ES gegenüberliegt.

Doch Stanzels sogenannte »Theorie des Erzählens« krankt nicht nur an dem geschilderten systemlogischen Fehler, der eine geordnete Klassifizierung epischer
Texte schlichtweg verhindert, sondern zudem an den fehlerhaften Bestimmungen,
welche er zur Grundlage des systemlogisch unhaltbaren Typenkreises von epischen
Texten macht. Nur die gröbsten Irrtümer und Fehldefinitionen seien herausgehoben. Die Auktoriale ES verknüpft Stanzel fest mit der »Außenperspektive«, die der
»Innenperspektive« gegenüberliegt. Daran wird man sich zunächst nicht stoßen,
wohl aber daran, daß er die Außenperspektive ihrerseits fest mit der Eigenschaft
der »omniscience« zusammenbindet. Denn ein von außen auf das Geschehen blik-
kender Narrator besitzt deshalb noch keineswegs den totalen Überblick über das
Geschehen. Wirkliche »omniscience« ist nämlich nur erreichbar, wenn die Innensicht gerade nicht ausgeschlossen bleibt; denn ein Narrator, der nur das Äußere der
Figuren kennt, ist wahrhaftig nicht allwissend. Umgekehrt ist es falsch, die Innenperspektive fest mit dem Attribut »limited point of view« zu verbinden. Was, wenn
ein Erzähler in alle seine Figuren heineinzublicken, deren Gedanken wiederzugeben, sich sogar in sie hineinzuversetzen vermag? Ist dieser Blickpunkt be-
grenzter als der eines Erzählers, der sich stets auf der Höhe der von ihm nur äußerlich wahrgenommenen Hauptfigur hält? – Man sieht, daß Stanzel sich selbst dadurch ins Abseits stellt, daß er stets eine ganze Reihe von Kategorien miteinander
verquickt, was dazu führt, daß jene Texte, die einzelne dieser Kategorien mit anderen zusammen präsentieren, auf Stanzels Typenkreis heimatlos werden oder gar
nicht anders als partiell falsch eingeordnet werden *können*. Die Ich-ES wird fest
mit der »Identität der Seinsbereiche« verschnürt. Indes ist dies *prinzipiell* falsch.
Das erzählende Ich ist nur in einem Fall mit dem erlebenden Ich wirklich identisch, nur hier ist von einer »Identität der Seinsbereiche« zu sprechen, nämlich
wenn es sich um ein monologisierendes Ich-Erzählen handelt oder wenigstens die
Äußerung in so unmittelbarem Zusammenhang mit dem Erlebten erfolgt, daß man
– wie in einigen Brief-Passagen des »Werther« – nicht zwischen sprechendem und

erlebendem Ich zu unterscheiden vermag. Dergleichen ist aber ein Sonderfall. Derjenige, der über sich berichtet, ist nicht schlechterdings derjenige, der auch erlebt.
Selbst Käte Hamburger differenziert hier, wenn sie dem Präteritum beim Ich-Erzählen zeitliche Funktion zuspricht. Deutlich tritt die Nicht-Identität natürlich nur
dann offen zutage, wenn sich das sprechende Ich von sich als erlebendem Ich distanziert (wie an den zitierten Stellen aus Grimmelshausens »Wunderbarlichem
Vogelnest«). Zu welch unsinniger Zuordnung dieser Fehler Stanzels führt, zeigt
sich, wenn man die Stelle sucht, an der das erlebende Ich auf dem Typenkreis
steht: Es findet sich tatsächlich in der Sektion »Erzähler«, die von der Sektion
»Reflektor« abgegrenzt wird. Das handelnde Ich ist das erzählende, – da wundert
man sich, warum Stanzel das Ich überhaupt zweimal aufführt. Nur noch ein letztes
Beispiel: Die »erlebte Rede« findet sich nahe der Grenze »Innen-/Außenperspekti-
ve«, aber auf Seiten der Außenperspektive. Das mag angehen für Passagen, in denen direkte Rede in erlebte Rede verwandelt erscheint. Doch was ist, wenn der
Narrator die Gedanken der Figur wiedergibt? »Aber war es nicht gut so? Auch das
Unglück, dachte er, hat seine Zeit. War es nicht weise, sich still zu verhalten, während es in uns herrscht, sich nicht zu rühren, abzuwarten und in Ruhe Kräfte zu
sammeln?«[7] Das soll Außensicht sein? Wohl kaum. Das »dachte er« läßt hier
keinen Zweifel aufkommen, die eher als innerer Monolog denn als auktorialer
Kommentar einzuordnende Passage »während es in uns herrscht« (Ich-Rede und
Präsens) erst recht nicht. Und wo will Stanzel denn wohl die folgende Passage auf
seinem Typenkreis plazieren, die sich in Eichendorffs »Taugenichts« findet und in
III,1 schon einmal herangezogen wurde:

Da saß ich nun in der Fremde gefangen! Die schöne Frau stand nun wohl an ihrem Fenster
und sah über den stillen Garten nach der Landstraße hinaus, ob ich nicht schon am Zoll-
häuschen mit meiner Geige dahergestrichen komme, die Wolken flogen rasch über den
Himmel, die Zeit verging – und ich konnte nicht fort von hier! Ach, mir war so weh im
Herzen, ich wußte gar nicht mehr, was ich tun sollte.[8]

Da, wo Stanzel die erlebte Rede plaziert hat, ist diese Passage fehl am Platze, und
zwar aus nicht weniger als drei Gründen: Einmal handelt es sich gewiß nicht um
Außensicht, mit der er, wie erwähnt, die erlebte Rede verbindet. Zudem hat Stanzel
sie der »Nichtidentität der Seinsbereiche« des Erzählers und der Figuren zugeschlagen, sicher insofern nicht zu Unrecht, als auch bei der Ich-Form – von der genannten Ausnahme abgesehen – wie in allen Erzählformen zwischen Erzähler und Figur
(auch) zu differenzieren ist; aber im obigen Zitat spricht das Ich doch aus der Perspektive seiner selbst (zu einem anderen Zeitpunkt), was zwar die »Nichtidentität«
nicht aufhebt, aber die Seinsbereiche einander stark annähert. Vor allem jedoch
weist Stanzel die erlebte Rede eindeutig und ausschließlich dem Bereich des Er-Erzählens zu, und damit hat er eine Plazierung der Eichendorff-Passage auf seinem
Typenkreis ausgeschlossen.

Dergleichen ist nichts weiter als eine Folge des gravierenden systemlogischen
Fehlers, dem Stanzel erliegt. Man kann angesichts eines so fundamentalen Mangels
nicht begreifen, warum bisher zwar Einzelheiten hinsichtlich der Erzählsituationen

kritisiert wurden, das Gesamtsystem indes nicht als Ganzes beiseite geschoben worden ist. Es läßt sich nicht halten. Darüber können vereinzelte richtige Einordnungen nicht hinwegtäuschen. Sie ergeben sich gerade aus der fehlenden Systemlogik: Läßt man auf einer Ebene drei unterschiedliche Konstituenten wirksam werden, so ist es wahrscheinlich, daß man einen Aspekt berücksichtigen kann, vielleicht sogar zwei. Es ist deshalb immer etwas »dran«, was Stanzel sagt, – dies ergibt sich aus der systemlosen Deskriptionsordnung. Aber dafür trifft auch niemals wirklich zu, wenn er einen Text einordnet, weil diese Einordnung (natürlich ungenannte) andere Gesichtspunkte der jeweiligen Erzählsituation verfehlt. Aber auch wer meint, ein literarisches Beschreibungsmodell dürfte sich der Systemlogik entziehen, müßte allein durch die wenigen angeführten Beispiele davon überzeugt worden sein, daß Stanzels Trias von Erzählsituationen für das Erfassen epischer Phänomene, erst recht für die detaillierte Beschreibung erzählerischer Textschichten schlechterdings untauglich ist. Ihre jahrelange Wirksamkeit, die sich ihrer Monopolstellung verdankt, hat verheerende Folgen gezeigt, wie man bei der Lektüre vieler Interpretationen feststellen muß.

Indes darf man nun nicht erwarten, daß ein systemlogisches und detailliertes Beschreibungsparadigma seinerseits schon den Deskriptionserfolg garantiere. Dafür sei ein Exponent strukturalistisch-textlinguistischer Betrachtungsweise herangezogen. Vladimir Propps »Morphologie des Märchens« bildet die Grundlage für eine Reihe von Untersuchungen, die bestimmte Erzählgenres typologisch genau und nachgerade formelhaft zu fassen suchen.[9] Sie zielen darauf ab, die invarianten Momente des jeweils untersuchten Textgenres freizulegen. Dabei konzentriert man sich auf die sogenannte »histoire«-Ebene, also auf die Handlungsstruktur, und vernachlässigt die »discours«-Ebene, also die individuelle Gestaltung der Handlung in den einzelnen Texten des gleichen Genres. Propp kommt z. B. zu dem Ergebnis, daß sich das Märchen auf bestimmte Verknüpfungen kleinster Handlungselemente reduzieren läßt, die jedem Märchen entweder ganz oder in Ausschnitten (d. h. in Teilsegmenten der gesamten Kette von Handlungen) zugrundeliegen: »Mit dem Nachweis der Reduzierbarkeit der Märchen [...] auf kleinste Handlungselemente, die in ihrer Gesamtzahl sowie in ihrer relativ unveränderlichen Reihenfolge ein den Textbereich definierendes Strukturschema bilden, dem jeder einzelne Text des Korpus und darüber hinaus auch jeder andere Text dieses Genres folgt, hat Propp die narrative Syntax des Systems ›Märchen‹ erstellt.«[10] Diese Syntax besteht aus einer bestimmten Abfolge von Motifemen, wie Dorner-Bachmann in Anlehnung an Dundes bzw. an Pike [11] »die kleinste handlungstragende Einheit«[12] nennt, und wenn man diese Motifeme mit einem Buchstaben kenntlich macht, so ergibt sich als maximale Motifem-Sequenz für das Märchen nach Propp die Formel

$$\text{ABC} \uparrow \text{DEFG} \quad \left\{ \begin{matrix} \text{H} & & \text{I} \\ & \text{J} & \\ \text{M} & & \text{N} \end{matrix} \right\} \quad \text{K} \downarrow \text{Pr-RsoLQExTUW}^{\ddagger}$$

wobei z. B. A: Schädigung, $\uparrow$: Abreise des Helden; Rs.: Rettung bedeutet usf. Es versteht sich, daß dergleichen nur das Ergebnis einer vergleichenden Struktur-For-

schung sein kann, und es wird klar, daß auf diesem Wege nicht nur die Individual-
form des jeweiligen Textes außer Betracht bleibt, sondern daß auf diesem Wege
sogar die spezifischen Eigenarten der Gattung verlorengehen. Ist ein Märchen noch
ein Märchen, wenn man seine Geschichte – streng der Proppschen Motifemformel
folgend – in der Sprache unserer Comics oder eines Boulevardblattes berichtet?
Und handelt es sich um ein Märchen, wenn man die Motifemsequenz mit der All-
tagsgeschichte eines Gastarbeiters füllt, die sich gewiß ebenfalls nach »Schädigung«, »Mangelsituation«, »Abreise«, »Kampf«, »Sieg« etc. strukturieren ließe?

Mehr noch: Auch ein Märchenfilm würde derselben Motifemformel folgen können, und damit deutet sich an, daß nicht einmal die Textgattung Berücksichtigung
findet, wenn man ausschließlich Handlungsstrukturen erfaßt. In dem Band »Erzählforschung 3« findet sich ein Aufsatz von Rosmarie Zeller mit dem Titel »Überlegungen zu einer Typologie des Dramas«; der Herausgeber des Bandes, Wolfgang
Haubrichs, begründet dies folgendermaßen: »*Rosmarie Zeller* betont in Übereinstimmung mit den Ansichten semiotischer und strukturalistischer Literaturwissenschaft ›die gemeinsame Basis‹, die gemeinsame ›Tiefenstruktur von Drama
und Erzählung‹. So gesehen ist Drama nichts anderes als ein in einem speziellen
Medium produziertes narratives Genre (wie es Bildergeschichten sind, Film sein
kann)«[13]. Damit ist die gattungsspezifische Erfassung epischer Texte hinfällig
geworden. Wie jede Interpretation – einerlei, ob Drama, Film, Gedicht, Comic etc.
den Gegenstand bilden – ist auch die eines epischen Textes zur Erfassung von
Handlungsstrukturen mutiert. Was sich im linguistischen Bereich seit langem etwa
am Gebrauch des Begriffs »Sprachhandeln« zeigt, nämlich daß die Strukturen und
Verknüpfungsmodalitäten von Aktionen zum Maßstab genommen werden, ist spätestens seit Propp auch in die Literaturbetrachtung eingedrungen. Damit läßt sich
freilich ›Erzählforschung‹ – inzwischen häufiger, vor allem von strukturalistisch
und textlinguistisch ausgerichteten Wissenschaftlern als ›Narrativik‹ oder auch
›Narratologie‹ bezeichnet – nur noch bedingt der Literaturwissenschaft und überhaupt nicht mehr der literarischen Gattungsforschung zuordnen.

Man sieht, daß formale Systematik keineswegs das Erfassen der spezifischen
Elemente eines Textes, erst recht nicht die Beschreibung eines Erzählsystems
garantiert. Es kommt auf die Fragestellung und die Stimmigkeit der Prämissen an,
ob man einen Text erfaßt oder verfehlt. Propp und andere Strukturalisten begnügen
sich mit der Erfassung der Tiefenstruktur, als welche sie die Struktur der Handlung
verstehen; hält man dies für ausreichend, wird man so verfahren. Ist man indes der
Auffassung, daß damit allenfalls ein Element des Textganzen erfaßt wurde und die
anderen, vor allem die individuellen Textphänomene, die die Strukturalisten gern
als Oberflächenmerkmale abtun, zum Verständnis eines sprachlichen Gebildes mindestens ebenso wichtig sind, wird man sich mit solcher Analyse nicht begnügen.

Auch Käte Hamburger [14] entwirft ein Beschreibungssystem, sie ist jedoch an
der Definition der literarischen Gattungen orientiert, so daß die Einzelphänomene
eines Genres oder eines Textes nicht ihren Untersuchungsgegenstand bilden. Trotzdem muß sich auch eine Erzählpoetik mit ihr befassen, weil sie zum Epischen ent-
schiedene, weit reichende, systematisch erarbeitete Aussagen macht, die viel disku-

tiert und kritisiert, aber bisher eher im Einzelnen, weniger im Ganzen einer Widerlegung unterzogen wurden. Angesichts der Bekanntheit von Hamburgers Thesen begnüge ich mich mit einer Skizzierung. Sie argumentiert aussagetheoretisch und setzt bei dem Begriff der »Wirklichkeitsaussage« an, also bei alltäglichem, nicht-fiktionalem Sprechen. Für sie handelt es sich dann um Wirklichkeitsaussagen, wenn ein reales Aussagesubjekt, eine sogenannte »Ich-Origo« sich äußert, – einerlei, ob sie Wahres, Wirkliches, Tatsächliches oder Lügen, Ausgedachtes, Phantasien ausspricht: »*Aussage ist immer Wirklichkeitsaussage, weil das Aussagesubjekt wirklich ist, weil, mit anderen Worten, Aussage nur durch ein reales Aussagesubjekt konstituiert wird.*«[15] Das Ausgesagte steht mithin in einer festen Beziehung zum aussagenden Ich, »das Ausgesagte ist das Erfahrungs- oder Erlebnisfeld des Aussagesubjekts«[16]. Dies schließt sowohl eine Begrenzung der Aussagemöglichkeiten ein – ein reales Aussagesubjekt kann nicht sagen, was ein anderer gerade denkt – als auch eine temporale Schichtung: Präsens drückt Gegenwart aus, Präteritalformen bezeichnen Schichten der Vergangenheit (gemessen am Jetzt) usf. Auch Ortsbestimmungen bemessen sich nach dem Hier des Aussagesubjekts.

Da fiktionales Sprechen oder, wie Hamburger zunächst sagt, »Fiktion« das Gegenteil zur Wirklichkeitsaussage bildet – was sie mit Hilfe zahlreicher Textverweise belegen zu können glaubt –, entsteht diese, wenn das reale Aussagesubjekt fortfällt, das Gesagte nicht mehr auf dieses zurückbezogen wird, dadurch Zeitlosigkeit eintritt und die Raumdeiktika auf textimmanente, nicht auf wirkliche, vom Sprecher aus zu bestimmende Räume verweisen. An die Stelle des Aussagesubjekts tritt die Welt der Figuren, an die Stelle des temporalen Präteritums das »epische Präteritum«, das keine Zeitfunktion mehr besitzt, so wenig wie die Ortsbestimmungen reale Orte bezeichnen. Andererseits macht die »Fiktion« etwas möglich, was in Wirklichkeitsaussagen nach Käte Hamburger schon aus logischen Gründen unmöglich scheint: In der »Fiktion« kann von den Gedanken der Figuren die Rede sein, können ihre Gefühle geschildert, kann sogar im inneren Monolog oder in der erlebten Rede aus ihrer Sicht gesprochen, ihre innerste Gedankenwelt zum Vorschein gebracht werden. Man erkennt: Hamburger hat mit der »Fiktion« als Gegenwelt zur Wirklichkeitsaussage das im Blick, was man gemeinhin ein fiktionales Er-Erzählen nennt. Sie bestimmt dieses als ein von einem Aussagesubjekt befreites, daher erzählerloses Präsentieren von nicht-realen Handlungen, Ereignissen, Figuren ohne Bezug zur realen Zeit und zu realen Orten. Die Folgen sind gravierend und verblüffend: Für Hamburger erzählt sich die fiktionale Er-Erzählung selbst, da sie ohne Aussagesubjekt, also ohne Erzähler auskommt. Diese »epische Fiktion« wird deshalb von Hamburger als bloße »Erzählfunktion«[17] bezeichnet: »Die Rede von der ›Rolle des Erzählers‹ ist denn auch in der Tat ebensowenig sinnvoll wie es die von der Rolle des Dramatikers oder Malers wäre.«[18] Zwar wird die Er-Erzählung vom Dichter geschrieben, aber ihr eignet so wenig wie einem Drama das Gattungsspezifikum des epischen Vermittlers. Deshalb bilden Erzählung und Drama gleichermaßen und letztlich unterschiedslos die eigentliche Fiktion: »Daß Epik und Dramatik aufgrund ihres mimetisch-fiktionalen Charakters zusammengehören«[19] und »die dramatische Dichtung unter dieselbe Gattung [...] wie die erzählende

Dichtung«[20] gehört, steht für Hamburger außer Frage. Epik und Dramatik unterscheiden sich nur hinsichtlich ihrer »Darbietungsformen«, wobei indes der Erzähler, wie gesagt, keine Rolle mehr spielt; in Wahrheit handelt es sich eher um Wahrnehmungsformen: »Die dramatische Gestalt ist [...] so gebaut, daß sie nicht nur, wie die epische, im Modus der Vorstellung existiert, sondern dazu bestimmt und angelegt ist, in den Modus der Wahrnehmung (der Bühne) hinüberzutreten«[21]. Weitere Unterschiede erkennt Hamburger nicht.

Hingegen setzt sie die Ich-Erzählung weit von der »epischen Fiktion«, also der Er-Erzählung ab und erklärt sie zu einer bloßen Sonderform. Als solche wird sie zusammen mit der anderen Sonderform, der Ballade, am Ende des Buches kurz abgetan, – zur eigentlichen »Fiktion« zählt sie nicht, und eine Du-Form kennt Hamburger so wenig wie Stanzel und Lämmert. Das Ich-Erzählen wird als eine »Fingierte Wirklichkeitsaussage«[22] klassifiziert, als fingiert, weil kein wirkliches Ich spricht, als Wirklichkeitsaussage, weil die Ich-Form dieselbe Struktur besitzt wie diese: Eine Ich-Origo (bzw. »fingierte« Ich-Origo) sagt über Vorgänge, Gegenstände, Gedanken etwas aus, und zwar im Sinne der Rückbezüglichkeit auf sich selbst. Ist in der Wirklichkeitsaussage das reale Ich mit seinem realen Hier und Jetzt der Bezugspunkt, so in der fingierten Wirklichkeitsaussage ein fingiertes Ich mit einem fingierten Hier und Jetzt. Nicht der Vollständigkeit wegen, sondern damit die ganze Farbigkeit der Ergebnisse von Hamburgers Überlegungen wenigstens in etwa deutlich wird, muß auch von ihrer Bestimmung des Lyrischen kurz die Rede sein. Sie definiert es als Wirklichkeitsaussage, die jedoch »keine Funktion in einem Objekt- oder Wirklichkeitszusammenhang haben will«[23], sondern »sich in sich selbst, d. h. auf den Subjektpol zurückwendet.«[24] Das sogenannte »lyrische Ich« bestimmt sie dementsprechend als »ein echtes, ein reales Aussagesubjekt«[25], doch fragt sich natürlich, wie dieses »zu dem Ich des Dichters«[26] steht. Hamburgers Bestimmung lautet, daß lyrisches Ich und Autor nicht identisch sind, obwohl sie beide als reale Ich-Origines definiert. Es handelt sich nach ihren Worten um ein »Aussagesubjekt, das als lyrisches Ich sich nur anders verhält als das nicht-lyrische«[27], nämlich nicht in der Wirklichkeit wirken will, deshalb über ein Objekt auch gar nichts aussagt, sondern das Gesagte nur auf sich selbst bezieht.

Man hat Hamburger oftmals und gelegentlich nicht ohne Heftigkeit widersprochen, aber, wie erwähnt, genau genommen nur in Details. Ihre Lyrik-Bestimmung wurde zwar von René Wellek[28] etwas ausführlicher – im übrigen aber keineswegs immer differenziert genug – kritisiert; aber im allgemeinen befaßte man sich nur mit Einzelfragen, so mit dem Problem der zeitlichen Abschichtung beim Erzählen, dem Auftreten eines Er-Erzählers usf.[29] Dabei widerspricht das Ergebnis von Hamburgers Überlegungen in einer derart eklatanten Weise allen sonstigen Gattungsbestimmungen, daß man sich fragen muß, wie es kommt, daß man bisher ihren aussagetheoretischen Ausgangspunkt selbst noch nicht wirklich hinreichend und detailliert genug überprüft hat. Da aber Hamburger Er-Erzählen und Dramatik unter ein Gattungsdach zwingt und nur unwesentliche Unterschiede gelten läßt, die Ich-Erzählung hingegen in einen völlig anderen und eigenen Gattungsbereich versetzt und sie gar als Sonderform behandelt, der Lyrik indes die Qualität einer Wirklichkeitsaussage zuspricht, fragt man sich, ob eine solch kuriose Neuordnung des Gattungsgefüges wirklich akzeptiert werden kann. Denn selbst vor der bisher geltenden entscheidenden Gattungsbestimmung des Epischen als einer mit Hilfe eines Narrators zwischen Handlung und Rezipient vermittelnden Kunstart macht Hamburgers aussagelogisch begründete Neuordnung nicht halt. Ist ihr eigener Ansatz, sind ihre eigenen Überlegungen denn ihrerseits haltbar?

Zweifel stellen sich schon zu Beginn ein, wenn Hamburger behauptet, eine Wirklichkeitsaussage stehe stets und ständig im Zusammenhang mit der Ich-Origo. Kennen wir nicht Erzählungen, in denen uns ein Freund von Dritten berichtet, z. B. von deren Erlebnissen, Verhaltensweisen, Erfahrungen etc., und bei denen uns diese Personen und die erzählten Geschehnisse vor Augen stehen, aber keineswegs deren Beziehungen zu unserem erzählenden Gegenüber? Gewiß kann man behaupten, daß die erzählende Ich-Origo *de facto* nicht ausgeschaltet sein kann, da sie redet, aber unser Rezeptionserlebnis ist doch ein ganz anderes. Spricht dieser Real-Narrator von einem »Jetzt« oder »Da«, so muß es sich nicht um auf ihn bezogene Deiktika handeln: »Jetzt eilten sie um die Ecke, da sahen sie den Bus gerade davonfahren.« Solche Deiktika bezieht der Hörer ausschließlich auf die Binnensituation der Real-Erzählung, nicht auf den anwesenden Berichterstatter, – darin unterscheidet sich reales von fiktionalem Er-Erzählen offenbar nicht notwendig. Und wenn man die nächste Passage liest, so kommt wohl niemand auf den Gedanken, das Erzählte auf die reale Ich-Origo Goethe zurückzubeziehen:

Am ersten November 1755 ereignete sich das Erdbeben von Lissabon, und verbreitete über die in Frieden und Ruhe schon eingewohnte Welt einen ungeheuren Schrecken. Eine große prächtige Residenz, zugleich Handels- und Hafenstadt, wird ungewarnt von dem furchtbarsten Unglück betroffen. Die Erde bebt und schwankt, das Meer braust auf, die Schiffe schlagen zusammen, die Häuser stürzen ein, Kirchen und Türme darüber her, der königliche Palast zum Teil wird vom Meere verschlungen, die geborstene Erde scheint Flammen zu speien: denn überall meldet sich Rauch und Brand in den Ruinen. Sechzigtausend Menschen, einen Augenblick zuvor noch ruhig und behaglich, gehen miteinander zugrunde, und der Glücklichste darunter ist der zu nennen, dem keine Empfindung, keine Besinnung über das Unglück mehr gestattet ist. Die Flammen wüten fort, und mit ihnen wütet eine Schar sonst verborgner, oder durch dieses Ereignis in Freiheit gesetzter Verbrecher. Die unglücklichen Übriggebliebenen sind dem Raube, dem Morde, allen Mißhandlungen bloßgestellt; und so behauptet von allen Seiten die Natur ihre schrankenlose Willkür.
Schneller als die Nachrichten hatten schon Andeutungen von diesem Vorfall sich durch große Landstrecken verbreitet; an vielen Orten waren schwächere Erschütterungen zu verspüren, an manchen Quellen, besonders den heilsamen, ein ungewöhnliches Innehalten zu bemerken gewesen: um desto größer war die Wirkung der Nachrichten selbst, welche erst im allgemeinen, dann aber mit schrecklichen Einzelheiten sich rasch verbreiteten. Hierauf ließen es die Gottesfürchtigen nicht an Betrachtungen, die Philosophen nicht an Trostgründen, an Strafpredigten die Geistlichkeit nicht fehlen. So vieles zusammen richtete die Aufmerksamkeit der Welt eine Zeitlang auf diesen Punkt, und die durch fremdes Unglück aufgeregten Gemüter wurden durch Sorgen für sich selbst und die Ihrigen um so mehr geängstigt, als über die weitverbreitete Wirkung dieser Explosion von allen Orten und Enden immer mehrere und umständlichere Nachrichten einliefen. Ja vielleicht hat der Dämon des Schreckens zu keiner Zeit so schnell und so mächtig seine Schauer über die Erde verbreitet.[30]

Hamburger selbst hat am Beispiel der Eingangsszene von Meyers »Jürg Jenatsch«
erklärt, daß der Text selbst zunächst keineswegs erkennbar werden läßt, ob er
fiktionaler oder nicht-fiktionaler Art ist (obgleich hier der Stil den kundigen Leser
sofort Fiktionalität vermuten läßt).[31] Da stellt sich die Frage, worin die Wirklichkeit der Wirklichkeitsaussage besteht. Wenn uns die Mutter erzählte, daß sie den
Weihnachtsmann gesehen, wie er ausgeschaut und was er getan habe, so bezogen
wir schon als Kinder solche Erzählungen sehr bald nicht mehr auf die reale Ich-
Origo, sondern uns verselbständigte sich die Geschichte. Und dasselbe widerfährt
auch dem Erwachsenen, nämlich wenn jemand seine Phantasien erzählt, oder sogar
wenn wir eine spannende Autobiographie lesen: Wie in dem Goethe-Beispiel verlieren wir den Bezug zum Sprechenden immer weiter aus dem Blick, es sei denn,
dieser mischte sich als Sprechender wieder ein, – genauso wie beim fiktionalen Erzählen.

Es ist sogar zu fragen, ob die reale Ich-Origo selbst jederzeit vor Augen behält,
daß sie von Sachverhalten spricht, die zu ihrem Erfahrungsfeld gehören und insofern auf sie zu beziehen sind. Ich möchte behaupten, daß jeder, der von einem umfangreichen Vorfall berichtet, sich selbst immer mehr aus dem Blick verliert und
sich auf die Sache konzentriert, – genau wie der Rezipient. Niemand wird daran
zweifeln, daß eine Wirklichkeitsaussage von einem wirklichen Menschen stammt,
der etwas aussagt, von dem er weiß oder glauben machen will, daß es wirklich (so)
ist. Weil dies niemand bezweifelt, hat man aber auch die meisten anderen Einlassungen Hamburgers ungeprüft durchgehen lassen. Nach dem Gesagten leuchtet
aber ein, daß bei erzählerischen Wirklichkeitsaussagen – und um die muß es hier ja
gehen – keineswegs der Rückbezug des Gesagten auf den Sprecher stets ge-
währleistet und bewußt gehalten wird, – weder für den Sprecher selbst noch für
den Hörer, jedenfalls dann nicht, wenn von Dritten erzählt wird. Um noch ein Beispiel anzuführen: Der Zeitungsbericht über einen Sparkassenräuber und dessen
Raubüberfall bezieht weder die Ich-Origo, also der Berichterstatter, auf sich, noch
der Leser auf diesen zurück. Erst wenn der Redakteur sich selbst ins Spiel bringt,
etwa durch eine Zusatzerklärung oder einen kommentierenden Satz, bezieht er das
Gesagte auf sich und wir beziehen es auf ihn, – genau wie in einer fiktionalen Er-
Erzählung:

Sie band sogleich – weil nicht mehr Zeit zum Kopulieren und Frisieren übrig war – ihren
Hut los und legte das Myrtenkränzchen darunter, das sie im Vorwerke der Leute wegen versteckt, auf den Tisch, damit ihr Kopf gehörig wie der Kopf anderer Honoratioren für die
Trauung zurecht gemacht und gepudert würde durch den schon passenden Mietherrn.
 Du liebe Lenette! Eine Braut ist zwar viele Tage lang für jeden, den sie nicht heiratet,
ein schlechtes, mageres heiliges Schaubrot, und für mich vollends; aber eine Stunde nehm'
ich aus – nämlich die am Morgen des Hochzeitstages [...][32]

Denn wenn Hamburger behauptet, der Übergang von der Wirklichkeitsaussage zur
Fiktion werde durch das Verschwinden der realen Ich-Origo bewerkstelligt, so
bedeutet dies – ob Sie damit Recht hat oder nicht – ja noch keineswegs den Fort-
fall eines Sprechers überhaupt! Was hier stattfindet, ist nichts weiter als der Verlust der Realität des Sprechenden, und dies ist keineswegs überraschend: Wir treten

aus dem Bereich der Realität in den der Fiktionalität über; damit verlieren sich die Real-Bezüge, d. h. die Beziehungen zwischen wirklichem Sprecher, dem wirklichen Rezipienten und den als tatsächlich verstandenen Sachverhalten, kurzum: es tritt der Verlust aller kommunikativen Strukturen ein. Der Zeitbezug, der reale Ort verschwindet. Und so, wie die reale Ich-Origo, die reale Zeit, der reale Ort weicht, so erscheint mit unserem Übertritt in den Raum der Fiktionalität ein fiktionaler Sprecher (Erzähler), eine fiktionale Zeit (äußere Zeitlosigkeit, innere, nur für die fiktionale Welt geltende Zeitabschichtung), ein fiktionaler Raum usf. Und dies gilt für jede Form der Aussage. Lesen wir eine Autobiographie, so gelten Zeit und Ort und Erlebnisse etc. als wirklich, lesen wir einen Roman in Ich-Form, so gelten sie als fiktional. Unterschiede zur Er-Form und zur Du-Form sind in dieser entscheidenden Hinsicht nicht zu konstatieren.

Und in der Tat läßt sich Hamburgers Definition der Ich-Erzählung als einer »fingierten Wirklichkeitsaussage« keineswegs halten. Ein fingierter Selbstmord wird als Selbstmord verstanden, bis sich (vielleicht) seine Fingiertheit herausstellt, oder aber bleibend, wenn sie nicht entdeckt wird. Davon, daß man fiktionales Erzählen zunächst und irrtümlich als Wirklichkeitsaussage einordnet, kann auch bei einer Ich-Erzählung indes nicht die Rede sein. Kein Mensch kommt auf die Idee, den »Grünen Heinrich« als Wirklichkeitsaussage (miß-)zu verstehen, die Fiktionalisierungssignale, von denen in I,1 die Rede war, werden vielmehr sogleich erkannt und erzeugen ein fiktionales Leserverständnis. Dies bedeutet, daß wir nicht danach fragen, ob dies und jenes »wirklich« geschehen, ob es in diesem Sinne »wahr« ist, sondern der Leser nimmt das Gesagte als wahr, als »seiend« hin, solange ihn der Text in seiner Haltung als Fiktional-Leser beläßt.

Es zeigt sich daran, daß Hamburgers Fundamentalbestimmung der Wirklichkeitsaussage – jedenfalls im Hinblick auf das tägliche Sprechen wie das fiktionale Erzählen – nicht haltbar ist. Sie behauptet ja, daß nur die Realität des Sprechenden darüber entscheide, ob eine Wirklichkeitsaussage zustande komme; verhielte es sich wirklich so, dann wäre die Bestimmung des Ich-Erzählens als »fingierter Wirklichkeitsaussage« richtig. Denn beim Ich-Erzählen spricht keine reale Ich-Origo, sondern eine vorgegebene. Wir würden also zunächst die Sätze als Wirklichkeitsaussagen rezipieren, bis wir – und falls wir – erkennen, daß hier kein wirklicher Mensch Aufzeichnungen ausbreitet, daß wir mit dem »Grünen Heinrich« keine Autobiographie des Schweizer Autors Gottfried Keller vor uns haben, sondern die einer erfundenen Figur. Daraus würden wir dann schließen, daß die vorfindlichen Aussagen nichts mit der empirischen Realität zu tun haben, sondern – da von einer fingierten Ich-Origo formuliert – nur fingierte Wirklichkeitsaussagen darstellen. So verhält es sich aber, wie gezeigt wurde, ganz und gar nicht. Vielmehr versetzen die Fiktionalisierungssignale wie Buchdeckel, Titel, Redestil usf. den Rezipienten von vornherein in die Rolle des Fiktional-Lesers, der alle Aussagen als lediglich fiktionale, d. h. der Überprüfbarkeit hinsichtlich ihrer Richtigkeit enthoben aufnimmt und sich in diesem Punkt nicht anders verhält, als hätte er eine Du- oder eine Er-Erzählung vor sich. In keinem Augenblick erliegt er einer fingierten Wirklichkeitsaussage, in keinem Moment glaubt er irrtümlicherweise, eine reale

Ich-Origo würde sprechen: Ein Buch, auf dessen Deckel der Verfasser Gottfried
Keller, der Titel mit »Der grüne Heinrich« angegeben ist und das mit dem Satz
»Mein Vater war ein Bauernsohn« beginnt, fingiert gar nichts, sondern gibt unumwunden und spätestens mit dem ersten Wort »Mein« zu erkennen, daß es einen fiktionalen Text präsentiert.

  Das dadurch ausgelöste (fiktionale) Rezeptionsverhalten – jeder kann es an sich
selbst ausprobieren und feststellen – besteht nun darin, daß alles Gesagte als (fiktional) wahr akzeptiert wird. Handelt es sich bei der Rezeption von Wirklichkeitsaussagen in diesem Punkt um den Gegensatz zur fiktionalen Rezeption, so besteht
diese darin, daß sie alles Gesagte der Überprüfung nach richtig und falsch aussetzt.
Daß die Wirklichkeitsaussagen von einer realen Ich-Origo stammen, versteht sich
da von selbst. Denn sie sind im empirischen Raum angesiedelt, wo allein es um
Richtigkeit und Falschheit geht; und dort fungieren eben keine anderen Aussa-
gesubjekte als reale. Das Auftreten einer realen Ich-Origo als Sprecher reicht deshalb auch nicht als Bestimmungskriterium für die Definition einer Wirklichkeitsaussage aus. Ist die Realität das Andere zur Fiktionalität, sind fiktionale Aussagen das Andere zu Wirklichkeitsaussagen, dann besteht die Wirklichkeitsaussage
eben darin, daß sie sich auf die empirische Realität bezieht und sich daher der
Überprüfbarkeit nach Richtigkeit und Falschheit ihres Gehaltes aussetzt, die fiktionale Aussage hingegen solcher Überprüfbarkeit enthoben ist, weil sie sich nicht auf
einen nach falsch oder richtig, seiend oder nicht-seiend strukturierten Bereich bezieht.

  Auch wenn man sich, zunächst einmal ohne einen Blick auf fiktionales Sprechen zu werfen, mit Hamburgers Begriff von einer »Wirklichkeitsaussage« befaßt,
wird man stutzen. Gewiß hat sie ihre Definition unter Berufung auf diese oder jene
in der sprachtheoretischen oder literarästhetischen Literatur zu findende Äußerung
gestützt; aber um die einzige und fraglose Bestimmung der Aussagelogik und Aussagetheorie handelt es sich bei Hamburgers Begriffsumgrenzung nicht. Denn die
Realität einer Wirklichkeitsaussage steht und fällt eben keineswegs mit ihrer Herkunft von einem wirklichen Sprecher. Kein Zweifel, daß man sie so definieren
kann, aber dann entleert man den Begriff der Wirklichkeit. Eine Wirklichkeitsaussage ist eine Aussage über die Wirklichkeit, sie setzt sich daher der Frage
aus, ob sie richtig ist oder falsch. Erklärt jemand, der Rasen sei rot, so hat er eine
Wirklichkeitsaussage gemacht, und zwar eine falsche, denn die Realität hat er gerade nicht getroffen, – jedenfalls solange uns Rasenzüchter und Gentechniker vor
einem roten Rasen bewahren. Aber der Realitätscharakter dieser Wirklichkeitsaussage verdankt sich nicht der Tatsache, daß sie von einer realen Ich-Origo stammt –
dies scheint mir, wie gesagt, vielmehr selbstverständlich zu sein, da wir uns im
Rahmen des Empirischen bewegen –, sondern dem Faktum, daß sie sich auf die er-
fahrbare Wirklichkeit bezieht, daher an ihr gemessen und mithin auf ihren Richtig-
keitsgehalt überprüft werden kann. Wirklichkeitsaussagen, wie wir sie täglich machen und hören, die also in unserer empirischen Tagesrealität die gesamte verbale
Kommunikation ausmachen, setzen wir als Sprecher wie als Hörer ungesagt, aber
durchgängig der Unterscheidung aus, richtig oder falsch zu sein, d. h. aber die

Wirklichkeit richtig oder falsch zu beurteilen. Eben davon unterscheiden sich fiktionale Sätze, die weder der empirischen Wirklichkeit gelten noch in ihr wirksam werden wollen noch als solche rezipiert werden. Und diese Eigenschaft besitzen sie ganz unabhängig davon, in welcher literarischen Gattung und welchem Sub-Genre sie stehen. Dies verbindet den Gesamtbereich der sprachlichen Kunstwerke miteinander.

Daß Hamburger das wahre Wesen der Wirklichkeitsaussage als eines in der empirischen Realität geltenden und sich daher der Richtigkeitsüberprüfung aussetzenden Urteils verkannte, führte dazu, daß sie die generelle Einheit, d. h. gattungsunabhängige Wesenseigentümlichkeit fiktionalen Sprechens nicht entdeckte. Eben dadurch aber fühlte sie sich genötigt, jenes bunte Gewirr von Definitionen literarischer Gattungen und Erzählformen vorzulegen, das ihre »Logik der Dichtung« von Anfang an prägt. Zu der Klassifizierung der Ich-Erzählung als fingierter Wirklichkeitsaussage kam es wohl nur, weil sie glaubte, eine Bestimmung außerhalb fiktionalen Er-Erzählens, von ihr als »Mimesis« oder »Fiktion« bezeichnet, suchen zu müssen, da diese vermeintlich ohne Erzähler auskommt, die Ich-Form aber ersichtlich einen Erzähler besitzt. Und auch die kurios wirkende Bestimmung der Lyrik als Wirklichkeitsaussage eines realen Ich, das jedoch in der Wirklichkeit nicht wirken will und daher nicht über einen Gegenstand Aussagen macht, sondern mit ihnen über sich selbst, hätte unterbleiben können, wäre ihr nicht die untaugliche Definition der Wirklichkeitsaussage unterlaufen. Hält man sich an die hier vorgetragene Bestimmung, so sieht man, daß für die Lyrik gilt, was für alle poetischen Äußerungen gilt: Ihre Aussagen sind fiktional wahr, d. h. sie gelten nicht für jenen empirischen Realitätsbereich, in dem sie auf ihre Richtigkeit hin überprüft werden können. »Der Mond ist aufgegangen«, – dergleichen spricht keine reale Ich-Origo, aber der Satz ist fiktional wahr. Worin die Gattungsunterschiede im einzelnen bestehen, kann hier nicht weiter erörtert werden. Aber sie bestehen auf keinen Fall in einer stärkeren oder schwächeren Fiktionalität, einem größeren oder geringeren Wahrheitsgehalt der einen gegenüber der anderen Gattung.

Vielleicht wäre Hamburger der fehlerhaften Bestimmung der Ich-Erzählung als einer fingierten Wirklichkeitsaussage auch dann entgangen, wenn ihr aufgefallen wäre, daß selbst bei erzählenden Wirklichkeitsaussagen zwischen Ich-, Er- und Du-Erzählungen unterschieden werden muß und daß dieser Unterschied darin besteht, wovon erzählt wird bzw. von wem (s. II,1). Sie hätte dann vielleicht erkannt, wie unterschiedlich der angebliche Rückbezug auf die reale Ich-Origo erfolgt und dadurch gesehen, daß Fiktionalität nicht einfach durch das Tilgen eines Mediums überhaupt zustandekommt. Dies hätte dann vielleicht die Unterschiede zwischen den Erzählformen erklärt und sie dazu gebracht, deren Gemeinsamkeit zu erkennen, das also, was sie einerseits als Wirklichkeitsaussagen und andererseits als fiktionale Aussagen miteinander verbindet. Freilich muß alles zu einer Korrektur der Definition von Wirklichkeitsaussagen führen, sonst kann man das Wesen fiktionalen Sprechens als einer Nicht-Wirklichkeitsaussage, die dennoch einen spezifischen Wahrheitsanspruch erhebt, nicht fassen.

Das ist aber nicht nur für jede Gattungstheorie und jede Poetik notwendig, sondern dergleichen müßte eigentlich am Anfang jeder literaturwissenschaftlichen Modellanalyse stehen. Nur bei Hamburger ist dies der Fall, und in diesem Punkt bin ich ihr – freilich mit anderen Ergebnissen – gefolgt. Weder Lämmert noch Stanzel nimmt diese Aufgabe in Angriff, wie ja überhaupt die vielen Literatur-, literarischen Kommunikations- und Wissenschaftstheorien glauben, ohne die Sicherung ihres Fundaments, ohne eine zureichende Gegenstandsbestimmung auskommen zu können. Das rächt sich, vor allem bei jenen Darstellungen, die voraussetzen statt zu untersuchen, daß bzw. ob Dichtung und Kommunikation zusammengebunden werden können. Den so in Mode gekommenen Darstellungen kommunikationspoetologischen Zuschnitts hätten solche Überlegungen gewiß so manches Mal den Boden entzogen.[33]

Jochen Vogt indessen beginnt sein flott geschriebenes und erfolgreiches Buch »Aspekte erzählender Prosa« mit einem Kapitel »Die Erzählung als Fiktion«, das zwar keine neuartige Bestimmung fiktionalen Erzählens enthält, aber wenigstens das Fundament sichert, auf dem die nachfolgenden Aussagen gründen. Das Buch wendet sich an eine breite Leserschicht und kombiniert im großen und ganzen die Ansätze Hamburgers mit denen Stanzels, was natürlich zu fragwürdigen Kategorisierungen und Unstimmigkeiten führen muß. Da er aber in sicherem Zugriff die tauglichen Überlegungen beider integriert, was sich eben auch an der Fundierung des Erzählens im Bereich der Fiktionalität zeigt, wirken seine Einlassungen oftmals stimmiger als diejenigen von Hamburger und Stanzel selbst. Freilich gerät auch er auf eine schiefe Argumentationsbahn, wo er den substantiellen Vorstellungen der beiden verbunden bleibt.

Neben den Überlegungen zur Fiktionalität müssen die zum Tempusgebrauch in den überkommenen »Theorien« und Poetiken korrigiert bzw. ergänzt werden. Ausführlich hat sich mit der Zeit-Problematik nur Harald Weinrich in »Tempus. Besprochene und erzählte Welt« befaßt, einer Darstellung, die mit ihrem Ansatz erzählpoetologisch gleich doppelt verblüfft: Es gelingt ihm im Handumdrehen, den Leser davon zu überzeugen, daß Tempus viel weniger eine Zeitfunktion als eine Darbietungsfunktion besitzt, nämlich einerseits erzählerisch, andererseits deskriptiv und erörternd wirkt; deshalb differenziert er jedoch auch nicht zwischen fiktionalem und realem Erzählen bzw. Beschreiben, denn im Bereich der Wirklichkeitsaussagen wie in dem fiktionalen Sprechens hat das Tempus für Weinrich eben vornehmlich eine Darbietungsfunktion, und zwar jeweils dieselbe. Ein »episches Präteritum« wie Hamburger und die bisher geltenden Erzählpoetiken kennt er nicht. Abgesehen davon, daß es wohl doch nicht ganz ohne eine Differenzierung der beiden Sprechweisen mit Folgen für die Tempusgestaltung abgeht, ist Weinrichs Buch bei seinem Erscheinen, spätestens aber beim Erscheinen der zweiten Auflage schon von dem literarischen Faktum überholt worden, daß in der Moderne auch das Präsens als erzählendes Tempus taugt. Dies hat Weinrich bis auf den heutigen Tag nicht zur Kenntnis genommen, was sein sonst so hellsichtiges, materialreiches und weithin überzeugendes Buch ohne Not mehr und mehr ins wissenschaftliche Abseits stellt. Auch Hamburgers Einlassungen zum Tempusproblem wurden von der literarischen Erzählpraxis überholt. In dieser Hinsicht müssen wohl alle vorliegenden erzählpoetologischen Untersuchungen neu geschrieben werden.[34]

2. Mängel und Defizite überkommener Analysen

Ihr sprachontologischer Ansatz und die Entfaltung eines funktionalen Deskriptions-systems bilden zweifellos die entscheidenden Merkmale der vorliegenden Erzählpoetik. Der Ansatz ermöglicht die Klassifizierung der epischen Momente, vor allem der Erzählformen und der textontologischen Instabilität, auf eine neue und die bisherigen Widersprüche ausräumende Weise, die Entfaltung eines funktio-nalen Beschreibungssystems eine einerseits streng geordnete, aber die Individual-merkmale eines jeden Textes andererseits nicht beiseiteräumende Analyse epischer Werke. Demjenigen, der an der Praktizierbarkeit poetologischer Systeme interes-siert ist, wird wohl das Moment des Systematischen willkommen sein, es soll ihm aber vor allem auch die Tatsache entgegenkommen, daß hier das vorgeschlagene Beschreibungssystem praktiziert, an mehreren Texten exemplifiziert und erprobt und nicht nur an jeweils einem Textphänomen belegt wird. Daß Booth und Stanzel, Lämmert und Hamburger darauf verzichten, ihre Vorstellungen durch Interpretation eines umfänglicheren Erzähltextes oder – besser noch – mehrerer und unterschied-licher epischer Texte zu erproben und damit zugleich auch zu kontrollieren, rächt sich auf mehr als eine Art.

Gewiß kann man einwenden, daß Lämmert z. B. ja nur den Gesichtspunkt der Bauform verfolgt, insofern gar keine umfassende und auf eine Gesamtbeschreibung einer Erzählung oder eines Romans angelegte Poetik vorlegt und mithin einen Ge-samttext auch nicht hinsichtlich aller seiner konstitutiven Schichten und Merkmale erfassen kann. Aber abgesehen davon, daß er – wenn nötig – auch andere Aspekte als nur die der Tektonik heranzieht und gelegentlich durchaus Tempusfragen, Dar-bietungsprobleme, Redeweisen mit einbezieht, würde man den Erkenntnisertrag seiner Darstellung erst dann wirklich zu Gesicht bekommen, wenn er die Gesamt-tektonik etwa von Goethes »Wilhelm Meisters Wanderjahre« oder Brentanos »Godwi« oder Brochs »Die Schuldlosen« untersuchen und detailliert nachzeichnen würde. Denn hier liegen komplizierte Fälle vor, bei denen eine tektonische Erhel-lung einen wichtigen Beitrag zur Gesamtinterpretation leisten und damit zeigen könnte, was die Frage nach der Bauform zu erschließen vermag. Verfährt man hin-gegen umgekehrt, indem man immer nur Beispiele für einen bestimmten Fall her-anzieht – und so geschieht es auch in den »Bauformen des Erzählens« –, so ver-meidet man zwar nachdrücklich jede Art des Irrtums, versichert sich aber weder der Tragweite der untersuchten bzw. herausgearbeiteten Kategorie noch der Tragfä-higkeit der tektonischen Analyse im Ganzen. Noch unangebrachter mag man den hier vorgetragenen Hinweis darauf, daß erst die Gesamtinterpretation eines Werks oder mehrerer Werke eine Theorie zu verifizieren vermag, hinsichtlich der »Logik der Dichtung« von Käte Hamburger finden. Denn sie legt ja keine Erzählpoetik mit der Aufschlüsselung eines epischen Textes nach unterschiedlichen Schichten, Aspekten, Kategorien vor, sondern eine Gattungspoetik. Indes ist ein noch allge-meineres, noch »höher« angesiedeltes System als das einer Erzählpoetik so wenig wie diese der Frage enthoben, ob die Ergebnisse in der Praxis wirklich standhalten oder ob sie – in der Romaninterpretation ausprobiert – möglicherweise Korrekturen oder Modifikationen nahelegen. So mag man bezweifeln, daß Hamburger ihre rigide Konfrontation von Ich-Form und Er-Form wirklich aufrecht erhalten hätte, wenn sie »Hesperus«, »Siebenkäs« oder »Quintus Fixlein« von Jean Paul nach ihrem System interpretiert hätte, – nicht zur Bestätigung, sondern nach Maßgabe einer offenen Exegese, die sich von den Textphänomenen leiten läßt und nicht von den eigenen Prämissen. Jedenfalls legt das Hin und Her von Einzelstellen, welche die verschiedenen Kontrahenten jeweils heranziehen und in der Kontroverse um Hamburgers Gattungssystem tatsächlich einander präsentiert haben, die Frage nahe, ob man nicht überhaupt von dem Verfahren, die eigenen Ansichten durch eine einzige Textstelle zu stützen, Abschied nehmen und eine Gesamtinterpretation mehrerer Werke ins Auge fassen müßte, um die Tragfähigkeit eines Deskriptionssystems zu testen, das wissenschaftlichen Rang beansprucht.

Wayne C. Booth greift in seiner »Rhetorik der Erzählkunst« zwar durchaus mehrere Romane heraus, widmet ihnen auch wenigstens gelegentlich größere Abschnitte, stellt diese jedoch stets unter einen einzigen Aspekt. So liest man etwa ein Kapitel über »Kontrolle und Distanz in Jane Austens ›Emma‹« oder eines über »Henry James und der unzuverlässige Erzähler«, aber wie nun die im ersten Teil der Gesamtabhandlung aufgestellten Gesichtspunkte, wie die einzelnen Schichten des Erzähltextes zusammenwirken, erfährt man nicht. Dadurch verflüchtigt sich der Eindruck, man habe es mit einer Erzählpoetik allgemeinen Zuschnitts zu tun, immer mehr, und immer deutlicher entpuppt sich die Arbeit als eine Bündelung von Einzelinterpretationen unter Aspekten, die zuvor zusammengestellt wurden, aber nun lediglich getrennt zum Zuge kommen. Noch funktionsleerer wirken die exegetischen Passagen in Stanzels »Theorie des Erzählens«. Zwar sind sie nicht nur nachgerade zahllos, sondern beziehen auch die anglo-amerikanische, die deutsche und die französische Literatur mit ein; aber an keiner Stelle kann sich Stanzel dazu entschließen, einmal ein Werk eingehend auf alle erörterten Kategorien hin zu untersuchen, also seine »Erzählsituationen« durch Exegese zu überprüfen. Freilich mag man daran zweifeln, daß Stanzel sich aus dem Bannkreis dieser seine zahlreichen und redundanten poetologischen Publikationen durchziehenden Erfindung überhaupt hätte lösen können. Denn selbst die zur Erläuterung des eigenen Systems vorgenommenen Kurzinterpretationen vermögen ihn hinsichtlich der ganz anders lautenden Einordnungen auf dem »Typenkreis« nicht stutzig zu machen. Dazu nur ein Beispiel, nochmals aus dem Komplex »erlebte Rede«. Unter der Überschrift »Die Ich-Erzählsituation und erlebte Rede« kommt Stanzel darauf zu sprechen, daß erlebte Rede (natürlich) nicht nur beim Er-Erzählen, sondern auch beim Ich-Erzählen vorkommt. Er greift auf eine Stelle aus Hesses »Steppenwolf« zurück, die er in einem Aufsatz von Dorrit Cohn [35] gefunden hat:

Ach ja, ich kannte diese Erlebnisse, diese Wandlungen, die das Schicksal seinen Sorgenkindern, seinen heikelsten Kindern bestimmt hat, allzu gut kannte ich sie...Sollte ich all dies nun wirklich noch einmal durchleben? All diese Qual, all diese irre Not, all diese Einblicke in die Niedrigkeit und Wertlosigkeit des eigenen Ich, all diese furchtbare Angst vor dem Erliegen, all diese Todesfurcht? War es nicht klüger und einfacher, die Wiederholung so vieler Leiden zu verhüten, sich aus dem Staub zu machen? Gewiß, es war einfacher und klüger...Nein, bei allen Teufeln, es gab keine Macht in der Welt, die von mir verlangen konnte, nochmals eine Selbstbegegnung mit ihren Todesschauern und nochmals eine Neugestaltung, eine neue Inkarnation durchzumachen...Genug und Schluß damit![36]

Das Beispiel bestätigt in der Tat die erlebte Rede als Element der Ich-Erzählung. Mehr entnimmt Stanzel der Stelle nicht, – auch nicht, daß sie seiner Systematik aufs groteskeste widerspricht. Auf seinem »Typenkreis«, dem Versuch, alle Elemente des Erzählens nach Maßgabe der drei »Erzählsituationen« einander zuzuordnen, findet sich die erlebte Rede nämlich direkt auf der Höhe der »Nichtidentität d. Seinsbereiche« von Erzähler und Erzähltem und also genau der »Identität der Seinsbereiche« als Gegensatz gegenübergestellt. Diese angebliche »Identität der Seinsbereiche« macht aber das Wesen der »Ich-Erzählsituation« aus. Während er in seiner Darstellung also die erlebte Rede – belegt durch das Textbeispiel – der Ich-Erzählsituation zuordnet, stellt er sie auf dem Typenkreis als deren Gegenteil dar. Nehmen wir hinzu, daß sie außerdem – wie oben bereits hervorgehoben – der »Außenperspektive« zugeschlagen wird, während das Beispiel aus dem »Steppenwolf« doch deutlich das Innere der Figur, nämlich deren Gedanken mitteilt, dann läßt sich nicht nur ein weiteres Mal das völlige Durcheinander der kategorialen Zuordnung bei Stanzel erkennen, sondern auch, daß sich die Einzelinterpretationen im Buch mit der entworfenen Systematik nicht in Übereinstimmung bringen lassen. Da dies dem Verfasser nicht auffällt, wäre ihm vielleicht auch bei einer ausladenden Gesamtinterpretation eines erzählenden Textes nicht aufgefallen, daß sich eine solche mit seinem »Typenkreis« nicht durchführen läßt. Aber andererseits scheint nur eine umfängliche Interpretation – nähme sie doch einmal jemand vor! – endlich klarzustellen, daß eine systematische Textexegese mit dem Durcheinander von Stanzels Begriffen schlechterdings nicht geleistet werden kann.

Über solche in den einzelnen Darstellungen unterschiedliche Defizite und Mängel hinsichtlich der Anwendung erarbeiteter Untersuchungskategorien und Untersuchungsaspekte hinaus existieren aber auch Leerstellen, die allen hier berücksichtigten erzählpoetologischen Arbeiten gemeinsam sind. Das hängt wohl damit zusammen, daß sie sich meistens als Theorien mißverstehen und deshalb die interpretatorische Überprüfung des erdachten Systems für überflüssig halten, – abgesehen von Lämmert, der seine »Bauformen« aus nichts anderem ableitet als aus der imposanten Fülle jenes Textmaterials, das er berücksichtigt. Umso erstaunlicher ist es, daß auch er auf ein montierendes Erzählen nicht eingeht, obwohl er nicht nur Hoffmanns »Kater Murr«, sondern auch Goethes »Wanderjahre« und Döblins »Berlin Alexanderplatz« in seine Überlegungen mit einbezieht. Aber er thematisiert nicht die Verselbständigung der epischen Segmente und Einzeltexte, sondern hält im Prinzip am Verständnismodell eines einheitlichen, wenn auch häufig mehrsträngigen Erzählens fest. Das bleibt – wie sich vor allem im Hinblick auf die Strukturen des modernen Montageromans zeigen wird – nicht ohne negative Folgen. Die anderen Abhandlungen, vor allem die von Stanzel und die von Hamburger, befassen sich mit einem Erzählen, das ein episches Textensemble ausbreitet, nicht, und Jürgen Vogt, der immerhin den Begriff des ›Montageromans‹ verwendet, blickt nicht auf die diffundierenden Elemente dieses epischen Vefahrens.

Diese Interpretationsdefizite hätten die bisherigen Verfasser von Erzählpoetiken vielleicht vermieden, wenn sie nicht allesamt die literarische Moderne ignoriert hätten. Denn von dort aus hätte ein Rückblick auf die vorausliegenden Entwicklungen nahegelegen. So aber läßt sich nicht leugnen, daß alle bisherigen epischen Deskriptionssysteme neu- und umgeschrieben werden müssen, und dies aus drei Gründen und deshalb in dreifacher Hinsicht.

Das erste umfängliche interpretatorische wie – in dessen Gefolge – erzähldeskriptive Defizit bildet, wie angedeutet, der Montageroman, und zwar nicht nur der moderate, von dem oben die Rede war und den etwa Hoffmanns »Kater Murr« repräsentieren mag, sondern vor allem auch der radikal inkohärente, der keine Rezeptionslenkung mehr betreibt und schließlich dem Leser gar die Textherstellung überträgt. Für Stanzel mag dieser Mangel am geringsten wiegen, weil er sozusagen nur eine Ergänzung vorzunehmen hätte, etwa ein Kapitel über die Kombination unterschiedlicher Erzählsysteme und Textarten; auch Lämmert käme vielleicht mit einer Überarbeitung und einer umfänglicheren Ergänzung im Kapitel »Gliederung und Verknüpfung mehrsträngiger Erzählungen« davon, blickt man nur auf diese Leerstelle, und erst recht könnte Vogt seine ja nicht auf einem eigenen System basierende Darstellung anpassen. Anders steht es da mit Hamburger und Weinrich. Denn »Die Logik der Dichtung« berücksichtigt an keiner Stelle, daß es mit der überkommenen Gattungsuntergliederung nicht mehr getan ist, jedenfalls nicht im Bereich des Epischen. Dort muß inskünftig berücksichtigt werden, daß in der Moderne nicht mehr nur »erzählt« wird, sondern sich auch andere Formen epischer Darbietung herausbilden und verselbständigen, vor allem Partien deskribierenden und reflektierenden Charakters. Hinzu kommt das Verfahren, überkommene Darbietungsformen blockhaft zu vereinzeln und entsprechende Textsegmente einander gegenüberzustellen. Blicken wir noch einmal zurück auf Gerold Späths »Commedia«-Roman, so zeigt sich schnell, daß die einzelnen Textblöcke aus Kleinerzählungen traditionellen Zuschnitts, aus Reflexionen, Dialogen, Deskriptionen etc. bestehen können und erst als Gesamtensemble den Montage-Roman ausmachen. Solche epischen Kombinationen, erst recht solche Erweiterungen der Darbietungsweisen berücksichtigt Hamburger nicht. Gewiß hat sie sich auch deshalb nicht einmal über die sinnkohärente Systemvielfalt geäußert, weil Vielfalt überhaupt nicht in das Konzept einer poetischen »Logik« paßt; aber die Moderne erzwingt nicht nur eine theoretische Grundlegung, sondern auch einen interpretatorischen Umgang mit epischen Systemen, die sich von der traditionellen Eindimensionalität des Erzählens lösen.

Auch Weinrich hätte sein Buch längst in dieser Hinsicht erweitern und überarbeiten müssen. Selbst wenn er glauben mag, daß eine Kombination erzählender und besprechender Passagen sein Tempussystem nicht zum Einsturz bringt, es sich vielmehr als Element eines solchen Ensembles behauptet, kommt er an einer Erörterung variabler epischer Darbietungsmuster nicht vorbei. Denn man braucht nur rezeptionsästhetisch zu argumentieren, um zu sehen, daß die Dichotomie von »Besprechen« und »Erzählen« für den modernen Kombinationsroman nicht mehr zutrifft. Ein Leser von Späths »Commedia« nimmt ein Erzählganzes wahr, in dem jedoch – anders als im überkommenen Roman – unterschiedliche Verfahrensweisen segmentiert und isoliert begegnen. Sie tragen aber das Ganze, so daß man sich nicht dadurch aus der Affäre zu ziehen vermag, daß man die erörternden oder beschreibenden Passagen, die konstatierenden, monologisierenden oder dialogisierenden Teile als unerzählerisch ausspart. Das erzählende Kunstwerk der Moderne »erzählt« eben nicht nur, sondern es erzählt auch, indem es unterschiedliche Darbietungsweisen miteinander kombiniert und entweder sinnkohärent zusammenbindet oder sinndiffus isoliert.

Aber damit hat es nicht sein Bewenden. Der zweite Grund, der alle hier berücksichtigten poetologischen Modelle außer Kraft setzt und deren Ergänzung, Veränderung oder Tilgung erzwingt, trifft auf Weinrichs Einlassungen besonders nachdrücklich zu. Denn dessen strikte Definition des Präsens als eines besprechenden Tempus, das auf keinen und in keinem Fall als erzählendes Tempus vorkommt und vorkommen darf, ist durch die epische Praxis in der Moderne ganz einfach überspült und falsifiziert worden. Ich habe an anderer Stelle [37] gezeigt, daß Weinrich eigentlich schon bei der Abfassung seines Buches, also vor dessen Erscheinen, Anlaß genug hatte, sein im ganzen ja so außerordentlich scharfsinniges und überzeugendes Tempus-System zu überdenken und zu modifizieren, nämlich im Hinblick auf die moderne Erzählpraxis, die in Frankreich an dem Nouveau roman und in Deutschland z. B. in Klabunds »Rasputin«, in Döblins »Berlin Alexanderplatz«, Brochs »Verzauberung«, in Partien aus Frischs »Tagebuch 1946 – 1949« usf. längst zu erkennen war. Sogar der erste Teil der oben wiedergegebenen Passage aus Goethes »Dichtung und Wahrheit« ist ja deutlich erzählenden Charakters, obgleich er im Präsens steht. Aber Weinrich stößt nicht auf die richtigen Texte für seine Interpretationen, sonst hätte er sein Tempus-System, das möglicherweise für das traditionelle Erzählen weitgehend gelten mag, mit Einschränkungen bzw. Erweiterungen für die Moderne ergänzt. Schon die in I,3 genannten Beispiele zeigen ja, daß hier kein peripheres Phänomen herangezogen wurde, sondern ein für die moderne Erzählpraxis bedeutendes und folgenreiches.

Daß Käte Hamburger, die immerhin auf Werfels Präsens-Roman »Das Lied von Bernadette« gestoßen ist und später auch dem Nouveau roman Beachtung schenkte, wenn auch in einer völlig unzureichenden und zudem falschen Weise [38], nicht weiterforschte und die oben genannten Präsens-Erzählungen bzw. epischen Präsens-Partien eingehend interpretierte, kann man kaum verstehen. In allen diesen Fällen von interpretatorischer Abstinenz mit der Folge, daß Korrekturen an dem theoretisch, besser: abstrakt erarbeiteten Beschreibungs- oder Gattungssystem nicht vorgenommen wurden, muß man wohl davon ausgehen, daß die Autorinnen bzw. Autoren so sehr von ihrer systematischen Begrifflichkeit überzeugt waren, daß sie die exegetische Anwendung mehr oder weniger für überflüssig erachteten. Für Hamburger stellt sich dies als ebenso folgenreich heraus wie für Weinrich. Denn ihr starres Insistieren auf dem »epischen Präteritum« als einzigem Erzähltempus für das Er-Erzählen, dem zudem in keiner Weise Zeit-Funktion zukomme, erweist sich als vergebliche Hartnäckigkeit, blickt man auf die Erzählpraxis der Moderne. Letztere bringt ihre Gattungspoetik zumindest teilweise zum Einsturz, ganz abgesehen davon, daß diese sich, wie im vorigen Kapitel gezeigt, auch aus logischen Gründen nicht halten läßt.

Nun könnte man der Meinung sein, daß wenigstens Lämmert keine Probleme mit dem neuartigen Tempus-Gebrauch der Moderne habe, da ein Buch, das den »Bauformen des Erzählens« gilt, die Tempus-Frage gar nicht berühren muß. Daß es sich ganz anders verhält, zeigt sich, wenn man den dritten Grund analysiert, der alle überkommenen Erzähl-Poetiken außer Kraft setzt, nämlich die Preisgabe des Erzählten als bloße Fiktion, also die textontologische Instabilität. Denn diese ist in aller Regel mit dem Einsatz des Fiktions-Tempus Präsens verbunden und bedeutet ein tektonisches Hin und Her zwischen fiktionalen und nicht-fiktionalen Passagen. Aber auch das erörterte Tempus-Gemisch – einerlei, ob es eine Zeit-Funktion besitzt oder nicht – zwingt Lämmert wenigstens zu einer Ergänzung und Erweiterung seiner Ausführungen. Für die Tektonik eines erzählenden Textes mag der Einsatz eines Tempus-Gemischs ohne Zeit-Funktion unwichtig scheinen, für das Lese-Erlebnis des Rezipienten hat es gelegentlich eine instabilisierende Wirkung. Kommt aber ein Tempus-Gemisch mit Zeit-Funktion zum Einsatz, so hat dies Folgen für die Bauform, die durch intensive Interpretationen analysiert und belegt werden müßten.

Was nun das Fiktions-Präsens selbst bzw. die textontologische Instabilität betrifft, so versagen hier alle genannten Poetiken, und alle geraten dadurch außer Kurs. Eine Erzählweise wie die in »Mein Name sei Gantenbein« oder in »Jakob der Lügner« stellt weder eine »epische Fiktion« noch eine »fingierte Wirklichkeitsaussage« im Sinne Hamburgers dar, als episches stellt sich das Präsens nicht nur an die Seite des epischen Präteritums und damit als ein Zeichen für den Zusammenbruch des Tempus-Systems von Harald Weinrich heraus, sondern als Fiktions-Präsens auch als eines, das dem Erzählen einen völlig ungewohnten und bisher unbeachteten Charakter verleiht. Daß weder Booth noch Stanzel, weder Lämmert noch Vogt dieser Erscheinung ihre Aufmerksamkeit widmen, sei nur am Rande erwähnt. Hinsichtlich des Fiktions-Präsens sind alle erzählpoetologischen Darstellungen miteinander verwandt: Sie weisen durchweg dieselben exegetischen wie kategorialen Defizite auf.

Es muß zum Schluß aber vor allem noch von jenen Lücken die Rede sein, welche die üblichen Interpretationen lassen. Schon in der »Einleitung« war davon die Rede, daß die heute gängigen Exegesen – zumindest wenn sie epische und dramatische Werke betreffen – in aller Regel inhaltsanalytisch und historisch vorgehen. Das gilt ganz unabhängig von den gewählten Problemstellungen, Fragerichtungen und Methoden wie auch von den untersuchten Werken, ihrem Umfang, ihrer Entstehungszeit, ihrem Genre. Ob man das »Lebensgefühl einer Epoche« oder den diesem außerordentlich ähnlichen »Erwartungshorizont des Lesers« untersucht, ob man die »gesellschaftlichen Reflexe« oder die »psychischen Modelle« zu klassifizieren, die »bürgerlichen Verfallserscheinungen« oder das »kritische Potential« aufzudecken trachtet, – kaum ist von den epischen Techniken, nie von epischen Systemen die Rede, in denen bestimmte Formphänomene auf bestimmte Weise miteinander verknüpft werden. Die »historische Rekonstruktion« ist an der Tagesordnung, gelegentlich liest man auch komparative Analysen, aber Form- und Systeminterpretationen hat man nicht gekannt und kennt man auch heute nicht. Die textlinguistisch und strukturalistisch orientierten Literaten machen da in Wahrheit keine Ausnahme. Auch wenn man an Propps Märchenformel denkt und also daran, daß hier doch Struktur- und Bauelemente im Mittelpunkt stehen, läßt sich nicht verkennen, daß lediglich die Handlungsfolgen formalisiert, nicht jedoch die eigentlich ästhetischen Textmerkmale erfaßt werden. Diese gehören ja zu jenen »Oberflächenphänomenen«, denen das Interesse des Strukturalisten so gut wie niemals gilt. Alles was die individuelle Erscheinungsform eines epischen Textes ausmacht, also Erzählform und Erzählhaltung, point of view und Erzählverhalten, Sichtweisen und Figurenstil etc., bleibt unberücksichtigt und damit in gewisser Weise das ästhetische Wesen des Textes selbst. Schon die gängigen Klassifizierungen des Romans heben ins Bewußtsein, daß zwar Inhalte, nicht jedoch ästhetische Strukturen die Literaturwissenschaft bewegen: Bildungsroman, Erziehungsroman, Sozialroman, Kriminalroman, Raum- und Figurenroman, Dorf- und Arztroman, Schicksals- und Schelmenroman, Zeitroman und Politthriller, – der Leser mag die Reihe selbst verlängern.

Auch die sogenannte »werkimmanente Interpretationsmethode« hat so wenig wie der »New Criticism« das Formbewußtsein der Literaturwissenschaft so nachhaltig befördert, daß die Interpretationen heute formfreudiger wären als früher. Vielleicht gilt dies für die Lyrik-Analyse nicht in gleichem Maße wie für die Roman- und Dramen-Analyse, weil die formalen wie die sprachlichen Signale als epochentypische Phänomene, aber auch als autorenindividuelle Merkmale im Gedicht deutlicher in Erscheinung treten als die entsprechenden Elemente in den beiden anderen Gattungen. Gleichwohl läßt sich auch das Erzählen in seinen individuellen wie typischen Ausprägungen genauer erfassen, als es bisher geschehen ist. Das möchte der »Praxis« überschriebene Teil dieses Buches wenigstens in Ansätzen zeigen. Jedenfalls kann nicht strittig sein, daß ein erzählendes Kunstwerk in seiner ästhetischen Dimension unberücksichtigt bleibt, wenn es zwar inhaltlich, aber nicht erzählsystematisch analysiert wird. Da der Begriff des Erzählsystems hier als ein die epischen Schichten ebenso wie die »Aussage« berücksichtigendes, die einzelnen Ebenen im Sinne des Funktionalen miteinander verknüpfendes Gebäude entworfen und vorgeführt wurde, läßt sich dagegen auch keineswegs der Vorwurf eines blinden Formalismus erheben, der die ästhetischen Erscheinungen verselbständigt und am Ende nur noch Äußerlichkeiten zusammenträgt, auflistet und abzählt. Gewiß ist Formanalyse viel aufwendiger, viel schwieriger als Inhaltsanalyse, aber sie zu entwickeln und auszubauen ist heute andererseits auch ein viel stärkeres Desiderat der Literaturwissenschaft.

Dabei muß die historische Dimension nicht unberücksichtigt bleiben. Das mögen die bisher unternommenen Versuche, literarische Formen historisch zu behandeln, zwar nahelegen, denn alle bekannten Gattungsgeschichten, jedenfalls die epischer Textarten, bewegen sich weitgehend auf inhaltsanalytischen Pfaden, und auch Böckmanns »Formgeschichte der deutschen Dichtung« mißlingt, weil sein Formbegriff von vornherein stark mit Inhaltlichem verquickt und demzufolge verwässert wird. Aber den Gattungsgeschichten wie der »Formgeschichte« muß man auch zugute halten, daß das formanalytische Instrumentarium nicht tauglich genug war. An einer Besserung auf diesem Gebiet muß die Literaturwissenschaft inskünftig besonders intensiv arbeiten. Hat sie Erfolg, dann ist nicht einzusehen, warum nicht auch die geschichtlichen Wandlungsprozesse im Bereich des Ästhetischen, der Formensprache, in unserem Zusammenhang: hinsichtlich der Konstitution und der Verwendung von Erzählsystemen beschreibbar sein sollten. Jedenfalls möchten die Analysen des »Taugenichts« und von »Effi Briest« in Hinsicht auf die Konstituierung eines Erzählsystems vor dem Hintergrund bestimmter ästhetischer Absichten zeigen, daß das sich historisch wandelnde Kunstverständnis auch in sich wandelnden Erzählsystemen Ausdruck findet.

Anmerkungen

1 Vgl. auch Robert Champigny: Ontology of the Narrative (L 8), der ebenfalls von diesem Ansatz ausgeht, aber kein kategoriales Modell zur systematischen Deskription epischer Texte ableitet, sondern einzelnen Zentralfragen nachgeht.
2 Viktor Šklovskij: Theorie der Prosa (L 70), S. 66.
3 Ebd. S. 71.
4 Ebd. S. 74.
5 Franz K. Stanzel: Theorie des Erzählens (L 77), S. 74.
6 Ebd. S. 79.
7 Thomas Mann: Buddenbrooks. In: Gesammelte Werke (W 35), Bd. 1, S. 468.
8 Joseph von Eichendorff: Aus dem Leben eines Taugenichts. In: Werke (W 10), Bd. 2, S. 396 f.
9 Ein außerordentlich detailgenaues und umfangreiches Beispiel dafür wird hier herangezogen: Hannelotte Dorner-Bachmann: Erzählstruktur und Texttheorie (L 12). Vgl. zu diesem Komplex auch Vf.: Erzählforschung als Spiegel literaturwissenschaftlicher Theorie-Diskussion (L 53).
10 Hannelotte Dorner-Bachmann (= Anm. 9), S. 45.
11 Vgl. A. Dundes: The Binary Structure of ›Unsuccessfull Repetition‹ in Lithuanian Folk Tales (L 13); K. L. Pike: Language in Relation to an Unfied Theory of the Structure of Human Behavior (L 58).
12 Hannelotte Dorner-Bachmann (= Anm. 9), S. 58.
13 Wolfgang Haubrichs: Erzählforschung 3 (L 29), S. 11 (»Einleitung«).
14 Käte Hamburger: Die Logik der Dichtung (L 25).
15 Ebd. S. 49.
16 Ebd. S. 53.
17 Ebd. S. 123 u. ö.
18 Ebd. S. 127.
19 Ebd. S. 173.
20 Ebd. S. 170.
21 Ebd. S. 177.
22 Ebd. S. 6 u. ö.
23 Ebd. S. 236.
24 Ebd. S. 238.
25 Ebd. S. 241.
26 Ebd.
27 Ebd. S. 251.
28 René Wellek: Genre Theory, The Lyric and ›Erlebnis‹ (L 88).
29 Herbert Koziol: Episches Präteritum und historisches Präsens (L 40); Herbert Seidler: Dichterische Welt und epische Zeitgestaltung (L 69); Franz K. Stanzel: Episches Präteritum, erlebte Rede, historisches Präsens (L 75); Wolfdietrich Rasch: Zur Frage des epischen Präteritums (L 62); Roy Pascal: Tense and Novel (L 50); Harald Weinrich: Tempusprobleme eines Leitartikels (L 87); Erwin Leibfried: Kritische Wissenschaft vom Text (L 43); Friedrich Wilhelm Zimmermann: Episches Präteritum, episches Ich und epische Normalform (L 84); Vf.: Kategorien des Erzählens. Zur systematischen Deskription epischer Texte (L 52). – Die umfangreichste und detaillierteste Kritik an Hamburgers Darlegungen hat Klaus Weimar vorgelegt (Kritische Bemerkungen zur »Logik der Dichtung«, L 85). Er unterzieht sie einer systemimmanenten Analyse und stößt dabei auf zahlreiche Widersprüche, mit denen er ihr System nachgerade zertrümmert. Aber abgesehen davon, daß Weimar gelegentlich seinerseits zum Widerspruch reizt (wenn auch nur selten zugunsten Käte Hamburgers), fehlt seinen Einwänden mitunter die Außenperspektive, die es Weimar ermöglichen würde, Hamburgers Ansatz nicht nur mit dessen Widersprüchen,

sondern seinen falschen Prämissen zu konfrontieren. Der bedenkenswerte Versuch, gegen Ende »mit Hilfe der demontierten Bausteine« von Hamburgers Buch »ein neues Gebäude« (a.a.O., S. 23) wenigstens in Umrissen zu skizzieren, läßt von diesem Gebäude noch nicht genug erkennen, als daß man sich mit ihm ausführlich auseinandersetzen könnte. – Auch Klaus W. Hempfer (L 31a) unterzieht Hamburgers Einlassungen einer ausführlicheren Kritik, konzentriert sich dabei auf die Mängel ihrer Aussagetheorie, entwirft aber ebenfalls kein Gegenmodell.

30 Johann Wolfgang Goethe: Aus meinem Leben. Dichtung und Wahrheit. In: Werke (W 16), Bd. 9, S. 7 ff., hier: S. 29 f.

31 Käte Hamburger: Die Logik der Dichtung (= Anm. 14), S. 61 ff.

32 Jean Paul: Blumen-, Frucht- und Dornenstücke oder Ehestand, Tod und Hochzeit des Armenadvokaten F. St. Siebenkäs. In: Werke (W 41), Abt. I, Bd. 2, S. 7 ff., hier: S. 36.

33 Vgl. etwa die folgenden Arbeiten: Dieter Breuer: Einführung in die pragmatische Texttheorie (L 5); Rolf Breuer: Literatur. Entwurf einer kommunikationsorientierten Theorie des sprachlichen Kunstwerks (L 6); Dietrich Krusche: Kommunikation im Erzähltext 1 (L 41); Heinrich F. Plett: Textwissenschaft und Textanalyse (L 59); Siegfried J. Schmidt: Texttheorie (L 67); ders.: Grundriß der empirischen Literaturwissenschaft (L 68); Karlheinz Stierle: Text als Handlung (L 79); Günter Waldmann: Kommunikationsästhetik 1 (L 81).

34 Vgl. dazu auch I,3 und IV,2; s. auch Vf.: Erzählen im Präsens. Die Korrektur herrschender Tempus-Theorien durch die poetische Praxis in der Moderne (L 56).

35 Dorrit Cohn: Erlebte Rede im Ich-Roman (L 9). Die Erörterung findet sich in Stanzels »Theorie des Erzählens« (L 77), S. 278 f.

36 Hermann Hesse: Der Steppenwolf. In: Gesammelte Schriften (W 24), Bd. 4, S. 255 f.

37 Erzählen im Präsens (= Anm. 34).

38 Vgl. ebd.

Siglen

DVjs	Deutsche Vierteljahrsschrift für Literaturwissenschaft und Geistesgeschichte
GRM	Germanisch-Romanische Monatsschrift
MLR	The modern Language Review
PMLA	Publications of the Modern Language Association of America
SuF	Sinn und Form
WB	Weimarer Beiträge
WW	Wirkendes Wort
ZfdPh	Zeitschrift für deutsche Philologie

Werkverzeichnis (W)

W 1   Konrad Bayer: Das Gesamtwerk. Hg. v. Gerhard Rühm. Revidierte Neuausgabe mit bisher unveröffentlichten Texten. Reinbek b. Hamburg 1977.

W 2   Jurek Becker: Jakob der Lügner. Ffm. 1982.

W 3   Gottfried Benn: Gesammelte Werke in vier Bänden. Hg. v. Dieter Wellershoff. [6]Stuttgart 1986.

W 4   Thomas Bernhard: Auslöschung. Ffm. 1986.

W 5   –: Holzfällen. Ffm. 1984.

W 6   Johannes Bobrowski: Gesammelte Werke. Hg. v. Eberhard Haufe. 4 Bde. Stuttgart 1987.

W 7   Hermann Broch: Der Tod des Vergil. Bd. 2 der kommentierten Werkausgabe, hg. v. Paul Michael Lützeler. Ffm. [3]1982.

W 8   Georg Büchner: Werke und Briefe. Nach der historisch-kritischen Ausgabe von Werner R. Lehmann. München 1980, [2]1981.

W 9   Alfred Döblin: Berlin Alexanderplatz. München 1965, [15]1974.

W 10   Joseph von Eichendorff: Werke und Schriften. Hg. v. Gerhard Baumann in Verbindung mit Siegfried Grosse. 2 Bde. Sonderausgabe Stuttgart, Zürich, Salzburg o.J.

W 11   Carl Einstein: Werke. Bd. 1: 1908–1918. Hg. v. Rolf Peter Baacke unt. Mitarbeit v. Jens Kwasny. Berlin 1980.

W 12   Theodor Fontane: Briefe. Erste Sammlung. Berlin [6]1911.

W 13   –: Sämtliche Werke. Bd. 24: Fragmente und frühe Erzählungen, Nachträge. Hg. v. Rainer Bachmann u. Peter Bramböck. München 1975 (= Nymphenburger Ausgabe).

W 14   –: Effi Briest. München 1983.

W 15   Max Frisch: Gesammelte Werke in zeitlicher Folge. Jubiläumsausgabe in sieben Bänden. 1931–1985. Hg. v. Hans Mayer unt. Mitarbeit v. Walter Schmitz. Ffm. 1986.

W 16   Johann Wolfgang Goethe: Werke. Hamburger Ausgabe in 14 Bänden. Hg. v. Erich Trunz. Je nach Bd. 6. bis 12. neubearbeitete Aufl. München 1981.

W 17   Günter Grass: Die Blechtrommel. Danziger Trilogie 1. Darmstadt 1974, [27]1988.

W 18   –: örtlich betäubt. Darmstadt 1978. [9]1987.

W 19   Johann Jakob Christoffel von Grimmelshausen: Der abenteuerliche Simplizissimus. Nach den ersten Drucken des »Simplicissimus Teutsch« und der »Continuatio« von 1669 hg. u. m. einem Nachwort versehen v. Alfred Kelletat. Sonderausgabe Stuttgart, Zürich, Salzburg o.J. (München 1956).

W 20   –: Simplizianische Schriften. Nach dem Text der Erstdrucke hg. u. m. einem Nachwort versehen v. Alfred Kelletat. München 1958.

W 21   Peter Härtling: Hölderlin. Darmstadt u. Neuwied 1978, [3]1981.

W 22   Johann Peter Hebel: Werke in einem Band. Berlin u. Weimar 1984.

W 23   Wolf von Henschelsberg (Hg.): Späth-Witze. Cleverle schlägt zu. Ffm. 1989 (unpaginiert).

W 24   Hermann Hesse: Gesammelte Schriften. Ffm. 1957.

W 25   Wolfgang Hildesheimer: Marbot. Eine Biographie. Ffm. 1984.

W 26   –: Tynset. Ffm. 1965.

W 27 E.T.A. Hoffmann: Werke in vier Bänden. Ffm. 1967.

W 28 –: Lebens-Ansichten des Katers Murr [...]. Mit Anhang u. Nachwort hg. v. Hartmut Steinecke. Stuttgart 1972.

W 29 Gert Jonke: Der ferne Klang. Salzburg u. Wien 1979.

W 30 Franz Kafka: Der Verschollene. Hg. v. Jost Schillemeit. (F. K.: Schriften, Tagebücher, Briefe. Kritische Ausgabe). Ffm. ^{2}1983.

W 31 Gottfried Keller: Der grüne Heinrich. In: G. K.: Sämtliche Werke u. ausgewählte Briefe. Hg.v. Clemens Heselhaus. 3 Bde. München o. J. Bd. 1.

W 32 Brigitte Kronauer: Rita Münster. Stuttgart 1983, ^{3}1988.

W 33 Sophie von La Roche: Geschichte des Fräuleins von Sternheim. München 1985.

W 34 Jürgen Lodemann: Essen Viehofer Platz oder Langensiepens Ende. Zürich 1985.

W 35 Thomas Mann: Gesammelte Werke in zwölf Bänden. Ffm. 1960.

W 36 Monika Maron: Die Überläuferin. Ffm. 1988.

W 37 Franz Mon: herzzero. Neuwied u. Berlin 1968.

W 38 Irmtraud Morgner: Leben und Abenteuer der Trobadora Beatriz nach Zeugnissen ihrer Spielfrau Laura. Darmstadt 1976, ^{10}1984.

W 39 Robert Musil: Der Mann ohne Eigenschaften. In: R. M.: Gesammelte Werke in neun Bänden. Hg.v. Adolf Frisé. Reinbek b. Hamburg 1978 (Bde. 1–5).

W 40 Andreas Okopenko: Lexikon-Roman einer sentimentalen Reise zum Exporteurtreffen in Druden. Ffm., Berlin, Wien 1983.

W 41 Jean Paul: Sämtliche Werke. Hg. v. Norbert Miller. Abt. I. München 1971 ff.

W 42 Christian Reuter: Schelmuffkys wahrhaffte curiöse und sehr gefährliche Reisebeschreibung zu Wasser und Lande. Hg. v. Eberhard Haufe. Bremen o. J. (1986).

W 43 Hans Werner Richter: Sie fielen aus Gottes Hand. München 1988.

W 44 Paul Scheerbart: Rakkóx der Billionär. Ffm. 1976.

W 45 Arno Schmidt: Das essayistische Werk zur deutschen Literatur in vier Bänden. Zürich 1988.

W 46 –: Das erzählerische Werk in acht Bänden. Zürich 1985.

W 47 –: Vorläufiges zu Zettels Traum (Kassette mit zwei Schallplatten und einem Textheft). Ffm. 1977.

W 48 –: Zettels Traum. Studienausgabe in acht Heften. Ffm. ^{2}1986.

W 49 Gerold Späth: Commedia. Ffm. 1983.

W 50 Günter Steffens: Der Platz. Köln u. Berlin 1965.

W 51 Theodor Storm: Sämtliche Werke. Hg. v. Christian Jensen. Bd. 7. Dreieich o. J.

W 52 Klaus Theweleit: Buch der Könige. Bd. 1. Basel, Ffm. 1988.

W 53 Christa Wolf: Kindheitsmuster. Darmstadt 1979, ^{9}1983.

W 54 –: Nachdenken über Christa T. Darmstadt 1971, ^{17}1981.

W 55 Ror Wolf: Das nächste spiel ist immer das schwerste. Königstein/Ts. 1982.

W 56 Paul Zech: Die Geschichte einer armen Johanna. Berlin 1925.

Erzählpoetologische und andere
wissenschaftliche Literatur (L)

L   1   Aristoteles: Poetik. Griechisch/Deutsch. Übersetzt u. hg. v. Manfred Fuhrmann. Stuttgart 1982.

L   2   Christoph Bode: Ästhetik der Ambiguität. Tübingen 1988.

L   3   Paul Böckmann: Formgeschichte der deutschen Dichtung. Hamburg 1949.

L   4   Wayne C. Booth: Die Rhetorik der Erzählkunst. 2 Bde. Heidelberg 1974. (Erstmals unter dem Titel »The Rhetoric of Fiction«, Chicago u. London 1961, ²1983).

L   5   Dieter Breuer: Einführung in die pragmatische Texttheorie. München 1974.

L   6   Rolf Breuer: Literatur. Entwurf einer kommunikationsorientierten Theorie des sprachlichen Kunstwerks. Heidelberg 1984.

L   7   Richard Brinkmann: Theodor Fontane. Über die Verbindlichkeit des Unverbindlichen. München 1967.

L   8   Robert Champigny: Ontology of the Narrative. The Hague, Paris 1972.

L   9   Dorrit Cohn: Erlebte Rede im Ich-Roman. In: GRM, N.F. 19, 1969, S. 303 ff.

L 10   R. M. Davis (Hg.): The Novel. Modern Essays in Criticism. Englewood Cliffs 1965.

L 11   Inge Diersen: Darbietungsformen des Erzählens. In: WB 13, 1967, S. 630 ff.

L 12   Hannelotte Dorner-Bachmann: Erzählstruktur und Texttheorie. Zu den Grundlagen einer Erzähltheorie unter besonderer Berücksichtigung des Märchens und der Gothic Novel. Hildesheim 1979.

L 13   A. Dundes: The Binary Structure of ›Unsuccessfull Repetition‹ in Lithuanian Folk Tales. In: Western Folklore 21, 1962, S. 165 ff.

L 14   Umberto Eco: Das offene Kunstwerk. Ffm. 1977.

L 15   Konrad Ehlich (Hg.): Erzählen im Alltag. Ffm. 1980.

L 16   Käte Friedemann: Die Rolle des Erzählers in der Epik. Leipzig 1910. Nachdruck: Darmstadt 1965.

L 17   Norman Friedman: Point of View in Fiction. The Development on a Critical Concept. In: PMLA 70, 1955, S. 1160 ff. Auch in: R. M. Davis (Hg.): The Novel (L 10), hier benutzt.

L 18   Wilhelm Füger: Zur Tiefenstruktur des Narrativen. In: Poetica 5, 1972, S. 268 ff.

L 19   Johann Christoph Gottsched: Versuch einer Critischen Dichtkunst. Unveränderter reprographischer Nachdruck der 4., vermehrten Auflage, Leipzig 1751. Darmstadt 1982.

L 20   Elisabeth Gülich u. Wolfgang Raible: Textsorten. Ffm. 1972.

L 21   Dieter Gutzen/Norbert Oellers/Jürgen H. Petersen: Einführung in die neuere deutsche Literaturwissenschaft. Berlin 1976, ⁶1989.

L 22   Käte Hamburger: Zum Strukturproblem der epischen und dramatischen Dichtung. In: DVjs 25, 1951, S. 1 ff.

L 23   –: Das epische Präteritum. In: DVjs 27, 1953, S. 329 ff.

L 24   –: Die Zeitlosigkeit der Dichtung. In: DVjs 29, 1955, S. 413 ff.

L 25   –: Die Logik der Dichtung. Stuttgart 1957, ³München 1987 (diese Auflage wird hier benutzt).

L 26   –: Noch einmal: Vom Erzählen. In: Euphorion 59, 1965, S. 46 ff.

L 27   Wolfgang Haubrichs (Hg.): Erzählforschung 1. Göttingen 1976.

L 28   –: Erzählforschung 2. Göttingen 1977.

L 29   –: Erzählforschung 3. Göttingen 1978.

L 30   Martin Heidegger: Der Ursprung des Kunstwerks. In: M. H.: Holzwege. Ffm. 1957, S. 7 ff.

L 31   Erich Heller: Thomas Mann. Der ironische Deutsche. Ffm. 1959.

L 31a   Klaus W. Hempfer: Gattungstheorie. München 1973.

L 32   Ansgar Hillach u. Klaus-Dieter Krabiel: Eichendorff-Kommentar 1. München 1971.

L 33   G. T. Hughes: Eichendorff: »Aus dem Leben eines Taugenichts«. London 1961.

L 34   Wolfgang Iser: Der implizite Leser. München 1972, ^{2}1979.

L 35   –:   Der Akt des Lesens. München 1976. Zweite, durchgesehene Auflage 1984.

L 36   Wolfgang Kayser: Das sprachliche Kunstwerk. Bern 1948 u. ö.

L 37   –: Entstehung und Krise des modernen Romans. Stuttgart 1955.

L 38   –: Wer erzählt den Roman? In: W. K.: Die Vortragsreise. Bern 1958, S. 82 ff.

L 39   Otto Keller: Döblins Montageroman als Epos der Moderne. München 1980.

L 40   Herbert Koziol: Episches Präteritum und historisches Präsens. In: GRM, N. F. 6, 1956, S. 388 ff.

L 41   Dietrich Krusche: Kommunikation im Erzähltext. 2 Bde. München 1978.

L 42   Eberhard Lämmert: Bauformen des Erzählens. Stuttgart 1955, ^{8}1989.

L 43   Erwin Leibfried: Kritische Wissenschaft vom Text. Stuttgart 1970.

L 44   Percy Lubbock: The Craft of Fiction. New York 1921 u. ö.

L 45   Otto Ludwig: Romanstudien. In: O. L.: Gesammelte Schriften. Hg. v. A. Stern u. Erich Schmidt. 6 Bde. Leipzig 1891. Bd. 6, S. 59 ff.

L 46   Georg Lukács: Die Theorie des Romans. Ffm. 1971, ^{12}1989.

L 47   Günter Müller: Erzählzeit und erzählte Zeit. In: Festschrift für Paul Kluckhohn und Hermann Schneider. Tübingen 1948, S. 195 ff.

L 48   Volker Neuhaus: Die Archivfiktion in »Wilhelm Meisters Wanderjahren«. In: Euphorion 62, 1968, S. 13 ff.

L 49   Martin Opitz: Buch von der Deutschen Poeterey (1624). Hg. v. Cornelius Sommer. Stuttgart 1983.

L 50   Roy Pascal: Tense and Novel. In: MLR 57, 1962, No. 1, S. 1 ff.

L 51   Jürgen H. Petersen: Die Rolle des Erzählers und die epische Ironie im Frühwerk Thomas Manns. Köln 1967.

L 52   –: Kategorien des Erzählens. Zur systematischen Deskription epischer Texte. In: Poetica 9, 1977, S. 167 ff.

L 53   –: Erzählforschung als Spiegel literaturwissenschaftlicher Theorie-Diskussion. In: ZfdPh 99, 1980, S. 597 ff.

L 54   –: Zu Franz K. Stanzels »Theorie des Erzählens« (L 77). In: Poetica 13, 1981, S. 155 ff.

L 55   –: Der deutsche Roman der Moderne. Stuttgart 1991.

L 56   –: Erzählen im Präsens. Die Korrektur herrschender Tempus-Theorien durch die poetische Praxis in der Moderne. In: Euphorion 86, 1992, S. 65 ff.

L 57   Robert Petsch: Wesen und Formen der Erzählkunst. Halle 1934, ^{2}1942.

L 58   K. L. Pike: Language in Relation to an Unfied Theory of the Structure of Human Behavior. The Hague, Paris ^{2}1967.

L 59   Heinrich F. Plett: Textwissenschaft und Textanalyse. Heidelberg 1975.

L 60   Vladimir Propp: Morphologie des Märchens. Hg. v. Karl Eimermacher. München 1972 (Zuerst auf Russisch 1928 erschienen).

L 61   Quintus Horatius Flaccus: Ars Poetica. Die Dichtkunst. Lateinisch und deutsch. Übersetzt u. m. einem Nachwort hg. v. Eckart Schäfer. Stuttgart 1972.

L 62   Wolfdietrich Rasch: Zur Frage des epischen Präteritums. In: WW, 3. Sonderheft 1961, S. 68 ff.

L 63   Dierk Rodewald: Der »Taugenichts« und das Erzählen. In: ZfdPh 92, 1973, S. 231 ff.

L 64   Bertil Romberg: Studies in the Narrative Technique of the First-Person-Novel. Stockholm 1962.

L 65   Friedrich Schlegel: Kritische Schriften. Hg. v. Wolfdietrich Rasch. München [3]1971.

L 66   Siegfried J. Schmidt: Ist »Fiktionalität« eine linguistische oder eine texttheoretische Kategorie? In: Elisabeth Gülich u. Wolfgang Raible (L 20), S. 59 ff.

L 67   –: Texttheorie. München 1976.

L 68   –: Grundriß der empirischen Literaturwissenschaft. München 1991.

L 69   Herbert Seidler: Dichterische Welt und epische Zeitgestaltung. In: DVjs 33, 1959, S. 1 ff.

L 70   Viktor Šklovskij: Theorie der Prosa. Ffm. 1984.

L 71   Friedrich Spielhagen: Beiträge zur Theorie und Technik des Romans. Leipzig 1883.

L 72   Emil Staiger: Grundbegriffe der Poetik. Zürich 1946 u. ö.

L 73   Richard Stang: The Theory of the Novel in England 1850–1870. London 1959.

L 74   Franz K. Stanzel: Die typischen Erzählsituationen im Roman. Dargestellt an »Tom Jones«, »Moby-Dick«, »The Ambassadors«, »Ulysses« u. a. Wien u. Stuttgart 1955.

L 75   –: Episches Präteritum, erlebte Rede, historisches Präsens. In: DVjs 33, 1959, S. 1 ff.

L 76   –: Typische Formen des Romans. Göttingen 1964, [7]1974.

L 77   –: Theorie des Erzählens. Göttingen 1979 u. ö.

L 78   Hartmut Steinecke: Nachwort. In: E.T.A. Hoffmann: Lebens-Ansichten des Katers Murr (W 28), S. 486 ff.

L 79   Karlheinz Stierle: Text als Handlung. München 1975.

L 80   Jochen Vogt: Aspekte erzählender Prosa. 7., neubearbeitete u. erw. Auflage. Opladen 1990.

L 81   Günter Waldmann: Kommunikationsästhetik 1. München 1976.

L 82   Rainer Warning: Rezeptionsästhetik. München 1975.

L 83   Dietrich Weber: Theorie der analytischen Erzählung. München 1975.

L 84   Robert Weimann: Erzählsituation und Romantypus. In: SuF 18, 1966, S. 109 ff.

L 85   Klaus Weimar: Kritische Bemerkungen zur »Logik der Dichtung«. In: DVjs 48, 1974, S. 10 ff.

L 86   Harald Weinrich: Tempus. Besprochene und erzählte Welt. Stuttgart 1964, [4]1985.

L 87   –: Tempusprobleme eines Leitartikels. In: Euphorion 60, 1966, S. 263 ff.

L 88   René Wellek: Genre Theory, The Lyric and ›Erlebnis‹. In: Festschrift Richard Alewyn. Hg. v. Herbert Singer u. Benno von Wiese. Köln, Graz 1967, S. 392 ff.

L 89   René Wellek u. Austin Warren: Theorie der Literatur. Ffm. u. Berlin 1969.

L 90   S. F. Witcomb: The Study of the Novel. Boston 1905.

L 91   Gero von Wilpert: Sachwörterbuch der Literatur. 5., verbesserte u. erweiterte Auflage. Stuttgart 1969.

L 92   Erika Wirtz: Stilprobleme bei Thomas Mann. In: Stil- und Formprobleme in der Literatur. Hg. v. Paul Böckmann. Heidelberg 1959, S. 430 ff.

L 93   Rosemarie Zeller: Überlegungen zu einer Typologie des Dramas. In: Erzählforschung 3 (L 29), S. 293 ff.

L 94   Friedrich Wilhelm Zimmermann: Episches Präteritum, episches Ich und epische Normalform. In: Poetica 4, 1971, S. 306 ff.

Autoren- und Titelregister

In diesem Register werden alle im Text genannten Autoren sowie die Titel der berücksichtigten poetischen Werke aufgeführt. Anmerkungen wurden nur in Ausnahmefällen eingearbeitet.

Sachregister

Anhang: Drei Textbeispiele

:'Anna Muh=Muh !' -

:'Ana moo=moo !'

:MUUHH ! -(immer näher ad
Zaun : immer (B)Rahma=
bullijer

xxxxxxxxxxxxxxxxxxxxxxxxxxxxxxxxxxx xxxxxxxxxxxxxxxxxxxxxxxxxx
xxxxxxxxxxxxxxxxxxxxxxxxxxxxxxxxxxx ;" - :king !"- xxxxxxxxxxxxxxxxxxxxx
xxxxxxxxxxxxxxxxxxxxxxxxxxxxxxxxxxx

Nebel schelmenzünftich. 1 erster DianenSchlag;(LerchenPrikkel). Ge-
stier von JungStieren. Und DizzyKöpfigstes schüttelt den Morgen aus./
:"Sie diesen Galathau, Wilma. Und wie Herr Teat'on mit Auroren dahlt :
jetzt ist die Zeit, voll itzt zu seyn !"/(Aber Sie, noch vom vor=4
benomm'm,shudderDe mit den (echtn !) Bakk'n):" Dän - Ich bin doch wirklich a woman, for whom the outside world exists. Aber verwichne Nacht...";(brach abjund musterDe Mich,/Den Ihr gefälligst den Draht aus-
'nander Haltndän :-? -/:"Singularly wild place -";(hatte P indessn
genurmlt. Er ragte, obm wie untn, aus seiner WanderHose;Er, lang=dünn
& haarich)./ :"HasDu überhaupt zugehört ? Was Ich gesagt hab' ?"/(Voll-
komm' Wilma. Aber a)M:" hatt'Ich eine (sündije) Vision zu bekämpfn..."
/(;"?! -")//(Galant):" So im Stiel von 'Achab + Zedecias durch 2' :Dich;

(? :NOAH POKE ? (oder fu=?))

(Als Kind hab'Ich 'Euter' es-
sn müssn : Meine Mutter usw.-
(tz,Wahnsinn;&=Brrr...)

(:we'cher Hals ! We'che Stimme ! (Der eine voll,die andre
rauh : kein Zug mehr wie früher,aber noch gans dasselbe G
esicht...)

(Goloka=Goloka;The World of C
ows;(+ Galaxy):('La vaca,la
cabra y la oveja nos dan su
leche';sagde gleich Eins auf;
aus'm DERNEHL=LAUDAN...

in einem Zuber voll Thau ! -";(dann hattn Wir Se,endlich, cnorpulend,
hindurch. Und b):"Hab'Ich den D=Zug, von Eschede, rumpln hör'n. -(?)-

?-:"Lama=Lama !" -(:werdt!:Nu 'Eintrübunc'.";(Vorkeime v Wolckn; Windwebm.):" Was willsDü nehm
ihr früh.(Sie schüttltn au
ch die Ohren so=oft...))

('watered by a beautiful
stream,which bears the
name of ISIS,the divini-
ty of the Nile & the CeresGrabm,
of the Egyptians'.(RECH.
WALSH))

Fränzel ? : 's DopplGlas ? Oder die YASHIKA ?"./(Sie griff stumm. Und
der LederRiem'm teilde. ('Das ließ Ihr schön zu den dunkelblauen Aug-
en'. (Und dem Pleas'see=Rock;waid genoug für Zwee.)))/(?-):" Ganz=
winzij'n Moment nur...(:dreh langsam, 1 Mal, den Kopf in die Wunder
einer anderen AtmoSfäre...(?)-:nu, ne Sonne von GoldPapier,mit roth'n
Bakkn et=caetera ?)) -: verfolg ma das WasserlinsnBlättchin, Franzis-
ka=ja ? -(?)-:Ganz=recht;(Ch kuck auf die Uhr). -";(und knien;am Wege-
zu Anfang des Schauerfeld's):" Ch wollt die StrömungsGeschwind-
ich keit ma wisan : Wir habm Zeit, individuell zu sein, gelt Fränzi?"
(Und erneut zu W,/(Die;irgndwie=gereizt, Paul just ein'n 'Altn Dämi-
an' hieß :!-)//:"Lieb=sein Wilmi. Villeicht sind Wa, an Unserm 1 Tag
Fee'rij'n, ooch noch grawitätisch ! - :Iss'oweit Friendsel ?" -;/-:-/
:" Jetz ! -"(versetzDe der GlocknRock nebm Mir:-M(präziser die Bluse
von schlankstim Ausschnitt, satinisch ainzuschau'n. Der RotHund voller
SchneideZähne;(aber unlächlnd).)/(P ließ eine Art geduldij'n Schneuzns

(?-:b/uffDe's nich ? Bescheid
ntl cn ich;von hintn ?.../('D
ie Gopis (=KuhHirtinnen) ware
n rasend vor Liebe zu Krisch-
na;als er seine Flöte spielde
, kamen sie=Alle,mit ihm zuta
nzn...').(:'did diuide her
daintie paps';SPENSER...

(da W Uns,anschein'd n Auspu-
tzer gebm wollte:(:heut regie
r'Ich : morgn fahrt Ihr wieder

(Sie nickde,schweignd...

((ein 'leidliches Lärvchin' ?
m=m !:reicht nich ganz !...

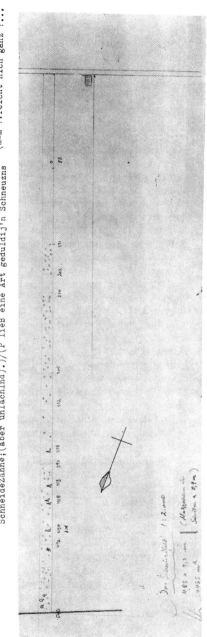

Arno Schmidt: Zettels Traum. Zettel 4

eins
macht
nichts. es macht nichts, wenn dus
genau überlegst
doch, es muss was machen
was solls machen
zwei
behauptest du
es ist doch logisch
logisch, aber nicht anschaulich. sagt
man nicht: eins und eins „ist"? und
zwei und zwei „sind"? ich seh da
keinen übergang. so heisst es zum
beispiel: „einst kam ein herr gezogen
wohl durch den weissen schnee."
dagegen heisst es immer noch: „zwei
reiter sind gezogen wohl übern
grünen klee, ach dass ich sie belogen
und nimmermehr sie seh." merkst du
den qualitativen unterschied
quantität schlägt um in qualität
und die lässt sich nicht in zahlen
ausdrücken
jedenfalls gehts über eins raus
eins könnte man auch ruhig
vernachlässigen
aber all die andern
die zählen nicht, wenn man sie nicht
zählt. wer weiss, ob es die überhaupt
gibt
wenn es sie aber gibt, werden sie
mitgezählt, wenn alle gezählt werden
denkbar wärs. stell dir zum beispiel
vor, du begibst dich auf einen
grossen, leeren platz. du hast zeit
und wartest. was wird nach einer
weile geschehen
nichts. was soll geschehen
es muß was. sonst wärs ja wie im
himmel
nun ja. es wird dunkel
und dann

also sags auch
genau wie mans spricht
du hörst doch nicht richtig zu
doch ich höre
dein glück. denn wer nicht hören
will, muss fühlen
fühlst dus federchen
vollkommen
und wie ists
überall
und wieviel sinds
eins
falsch
weniger
nein, noch weniger
viel weniger
noch viel weniger
hundert
mehr
hunderttausend
beinah
donnerwetter. und alle für einen
beinahe alle, wenn sie beisammen
sind
alle auf einmal auf einem haufen. man
kann sichs kaum vorstellen

stell dir einfach einen sehr grossen
platz vor, auf dem sich keine
menschenseele befindet. auch kein
vogel, überhaupt kein lebewesen. nur
die sonne scheint. trotzdem wird nach
einer weile was geschehen, ob du
willst oder nicht
ich will ja auch gar nicht
wirst nicht erst gefragt. stell dir ein
iksbeliebiges ereignis vor
wenn gar nichts los ist
zum beispiel: es wird dunkel
wenn das ein ereignis ist,
meintwegen
und noch eins

Franz Mon: herzzero. S. 8/9

wenn man lang genug wartet, wird es
wieder hell
und wenn es wieder hell ist
es kommt wer
nein
es könnte wer kommen
kaum
aber es sollte doch wer kommen
wer soll schon auf einen platz
kommen, den wir selbst uns kaum
richtig vorstellen können
zum beispiel funke
wer ist das denn
ein fähnrich
ohne fahnentuch
doch, er hats in der hand
um zu winken
um abzuwinken
dann besser: um ab und zu zu winken
wenn man wüsste, wem er ab und zu
winken soll
dir
wieso mir? mich kennt er doch gar
nicht
aber du kennst ihn
bloss vom sehen
dann kann er auch dich vom sehen
kennen
ich sehe ihn aber noch gar nicht
er winkt ja auch noch nicht
vielleicht ist er davongekommen. auf
und davongekommen
zuzutrauen wärs ihm
mach dir nichts draus. er hat sich eben
rechtzeitig aus dem staub gemacht
wem die hose voll ist, schlägt das
herz höher
es kann auch von der hitze kommen
so heiss ist es doch gar nicht
von der hitze des gefechts, meine
ich. die knallrote fahne passt dazu
eine fahne passt immer dazu

wenns dunkel ist
ja. zum beispiel: es wird wieder hell
einleuchtend. wenns aber wieder hell
ist
das will ich ja von dir hören
was soll schon
es muss was. sonst wärs ja wie im
himmel
es kommt wer
wieso
oder es könnte wer kommen
wer soll schon kommen
aber irgendwer sollte doch kommen
wer soll auf einen platz kommen, den
wir selbst uns nur mit mühe vorstellen
können
ich kann es gut
und was siehst du
funke
was ist das
funke — ein fähnrich
wohl mit ner fahne
jawohl. jedenfalls flattert was. er
winkt
wem soll er winken
zum beispiel dir
aber mich sieht er doch gar nicht
trotzdem kann er dich kennen, wenn
auch nicht vom sehen
und ich, ich sehe ihn erst recht nicht
er ist auch noch ganz klein, mit
blossem auge kaum zu erkennen
vielleicht ist es bloss ein kadett.
oder ein schüler, der einen kadetten-
anzug trägt. oder überhaupt nur ein
kind, das mal ein schüler mit einem
kadettenanzug werden will, ein ganz
kleines kind, das noch kaum laufen
kann, und was da winkt, ist sein
lätzchen, das weht im wind
wenn aber kein wind weht
wenn es ein kind ist, kanns auch ein

Johannisbeerwein. Erfreuversuch mit abseitigen Mitteln. Dabei differenziert, der Humbug: schwarze, rote, sogar weiße Beeren, nun Wein. (J. gedachte des jungen Chemikers J., der neben dem gewohnten Äthyl- plötzlich einen Propyl-, Butyl-, Amyl-Alkohol zubuchefand und hunderte, tausende weitere, teils dickflüssig, teils ungenießbar, teils tödlich, rote Pulver, braune Kristalle, wilde Aromen, krumme Gestänke; sogar Karbol, mit dem betrogene Krankenschwestern sich zunichteätzen, spielt Alkohol.)

Irrwein, dreifarbig trinkbar, im Freien, flirtbeleuchtender Johanniskäfer eingedenk, pulpigen Johannisbrots der Jahrmärkte, Wildhonigs des geköpften Johannes. Durstnichtstillend, im Nippen wie Stürzen, laevulo-süß, elegisch, casanovisch, schwerberauschend, aufs Herz anlegend: Kollaps-Füsilier. Glückliche Mädchen, glückliche Gelsen, glückliche Manschettenknöpfe in glücklichen langgezogenen Flußrestaurants.

Joyce. Ist der Tag, der meine sentimentale Reise einschließt, ein Abklatsch des Bloom-Tages? Nein. Meine Sekunden sind nicht die Sekunden des Denkkontinuums, sondern Blick- und Blindsekunden eines Weltmodell-Diskontinuums. (Einbekenntnis der Kleinheit meines Weltmodells: → Gebrauchsanweisung.) Darum auch ist der innere Monolog nur sparsam angewandt und die angebliche Sünde des Allwissendspielens und Ex-machina-Tretens freigebig begangen. (→ Allwissender Erzähler.)

Jung (werbesprachlich): Junges Zyklam. Junges Ingwergelb, Lindgrün, Curry. Junges Altrosa. Junge Schlüpfer. Junge Pyjamas. Junge Umstandsmieder. Jung sein in Baumwolle. „LK-Mode wird täglich jünger." Junge Möbel, Margarine. Die junge Tankstelle, Zahncreme. Die junge Nähmaschine. Junge Limonade, junges Hopfenbier, junges Bock. Junge Intimfrische. Junge Fleischbrühe. Junge Taille. „Schlüpf in eine junge Haut." Die junge Verdauungshilfe. „Wie jung du heute bist!" „So jung war noch keine Jugend!" „Junge Generation" (SPÖ). „Junge Generation" (ÖVP).

Eine junge Bombe, sagten wir 1940 gern, wenn wir eine kleine meinten. Etwa die herzigen Thermitbomben, vor denen der Luftschutzwart nicht abzuhauen riet, denn sie sprühten ja bloß so unheimlich, konnten aber mit einer Feuerzange in die Sandkiste gelegt werden.

Kamille. Bröslige Köpfchen, Schwämmchen, eure heilsame Abkochung, Reim auf Stille, Sommerpension, eine kamillengelb und kamillengrün stickende grüngelbe Camilla, Bahnsteigkräutlein, tagelanger Geruch beim Teerplankenschwimmbad, lebenslanger Geruch aus den Laborfenstern des Dürrkräutlers (noch Hoflieferanten!), Bienen + Schmetterlinge, öfter Begleitlied von Faulenzung als von Unternehmung, eigentlich harmonisch zu Lindenblüte, sich bückende Sammelaktionskinder, Rascheln beim Dörren, benachbart auf dem Dachboden trocknen Pilze, Dachbodenstaub das Dritte im Geruch, zwischen den Handflächen zerreiben, duftende Dampfwolke im Flur, Pritscheln im Mädchenspülbecken.

Katze 1. Du hast mich gekratzt, Katze, sagte der Gast zu der Katze, als sie ihn zum Dank für eine dargereichte Wurstscheibe vor 21 boshaften Mitzechern kratzte; ich verurteile dich zur Aufschneidung deines Bauchfellchens mit einer Schneidfeder, zur Abtragung deiner Ohren mit einer Laubsäge; zur Schließung deiner Augen durch den Lötkolben, zur Kappung deines Schwanzes in der Kreissäge; zur Verschlechterung deines Geruches im Kachelherd. Aber er tat nichts dergleichen. Beim Fortgehen, auf dem Weg zum WC, schnappte der Gutmütige die Katze dann doch, an einer Fellfalte nahe den Ohren, legte sie sich unter die Füße und zertrat sie. Im wilden Klee reinigte er sich die Schuhe.

Katze 2, fellis ludens, Susi. Froschsprung durch die Luft. Junge weiße (rostgefleckte) Katze. „Das faule Menschi!" Das Tatzen. Schmiegen, schleichen, spielen. Diese hier will eher spielen als gestreichelt werden. Mit Katzen spielen Sylvia, Monika.

Katze 3. Die Barbarakatze traute sich nur bis aufs Dach rüber, weil die Eigenkatzen sie zerkratzten. Sie stammte vom verkommenen Nachbarn und war nur Haut über Katzenknochen. Ihre rosabraunen Haare standen in die Höhe, und auf jeden ansteppenden Spatzen reagierte sie panisch. Das Futter mußte man ihr geschickt aufs Dach zielen. Verfehlte man, so sah die Barbarakatze auf den fetten gelben Käskeil hinunter, spannte sinnlos ihren Rücken und forschte, warum das getan worden war.

Katze 4. Ich liebe Hunde, sagt die Fremde, ich Katzen, sagt Alphard Mutz, und Pferde, ergänzt unnötig die Fremde. Zuerst will Alphard Mutz ihr sagen, Hundeliebhaber sind *meist* auch Pferdeliebhaber, aber das wird ihm bald unnötiges Informieren. „Jeder ist allein", zitiert er lohnender.

Katze 5.

      Drei, vier, fünf, sechs, sieben,
      die Katz hat hingespieben.
      Was das für eine Mieze ist,
      wenn sie nur frische Leber frißt!
      Verdient noch dieses Biest,
      daß man sie höflich grüßt?

Katze 6. Ein Neukätzchen hat den Sack überlebt. Es hoppelt. Es überfällt die Mutter, ohrfeigt, beißt sie. Ulrike nimmt es weg,

Über Einheit und Vielfalt
der deutschen Literatur

===== VERLAG =====
J. B. METZLER

V, 674 Seiten, 330 Abb.,
Ln., DM 49,80
ISBN 3-476-00599-2

Deutsche Literaturgeschichte
Von den Anfängen
bis zur Gegenwart

Vierte, überarbeitete Auflage
1992. X, 626 Seiten, 404 Abb.,
geb., DM 39,80
ISBN 3-476-00776-6

2., überarbeitete Auflage 1990.
VI, 525 Seiten, geb.,
DM 39,80
ISBN 3-476-00560-7

J. B. Metzler Verlag
Postfach 10 32 41
7000 Stuttgart 10